Angelita Cools - Hildegard van de Wijnpersse

Sein Werk - nicht das meine

einhard-verlag, Aachen / Butzon und Berker, Kevelaer

Titel der niederländischen Originalausgabe:
Moeder Magdalena Damen
en de ontwikkeling van haar Congregatie
in de negentiende eeuw
Heythuysen 1966

Titel der ersten deutschen Ausgabe:
Mutter Magdalena Damen
und die Entwicklung ihrer Kongregation
im neunzehnten Jahrhundert
nach Übersetzungen von:
S. Richmodis Link, S. Ursula Ostermann, S. Annetta Schild +
Dietrich-Coelde-Verlag, Werl, 1985

Titel der zweiten deutschen Ausgabe:
SEIN WERK - NICHT DAS MEINE
Mutter Magdalena Damen
und ihre Kongregation der Franziskanerinnen
von Heythuysen im neunzehnten Jahrhundert
Deutsche Provinzhäuser:
Kloster St. Clemens, Nonnenwerth im Rhein
Kloster St. Antonius, Lüdinghausen, Westfalen
nach Bearbeitung durch:
Gian Ackermans, Siegfried Koß, S. Ursula Ostermann,
Petra Schmitz: Titelblattentwurf unter Verwendung eines Details vom Türblatt
des Klosters St. Josef (1884-1992) in Mönchengladbach-Hermges. Kupferguß (1978).
Ferner folgende Fotos: Mutter Magdalena Damen - S. 26, 72, 187; S. 152 Provinzarchiv
Nonnenwerth; S. 233 Generalatsarchiv Rom; S. 267 Provinzarchiv Lüdinghausen.
Bild der Stifterin Mutter Magdalena Damen, 1852, Öl auf Leinwand, 72 x 69 cm,
von H. F. Jansen, Alkmaar.

Angelita Cools - Hildegard van de Wijnpersse

Sein Werk - nicht das meine

Mutter Magdalena Damen
und ihre Kongregation
der Franziskanerinnen von Heythuysen
im neunzehnten Jahrhundert

Deutsche Provinzhäuser:
Kloster St. Clemens, Nonnenwerth im Rhein
Kloster St. Antonius, Lüdinghausen, Westfalen

Die Deutsche Bibliothek - CIP-Einheitsaufnahme

Cools, Angelita:
Sein Werk - nicht das meine: Mutter Magdalena Damen und ihre Kongregation der Franziskanerinnen von Heythuysen im neunzehnten Jahrhundert / Angelita Cools; Hildegard van de Wijnpersse. [Nach Übers. von Richmondis Link ... Nach Bearb. durch: Gian Ackermans ...]. - Aachen: Einhard-Verl.; Kevelaer: Butzon und Bercker, 1992
Einheitssacht.: Moeder Magdalena Damen en de ontwikkeling van haar Congregatie in de negentiende eeuw ⟨dt.⟩
ISBN 3-920284-67-4 (Einhard-Verl.)
ISBN 3-7666-9809-5 (Butzon und Bercker)
NE: Wijnpersse, Hildegard van de:; Ackermans, Gian [Bearb.]

Grafische Gestaltung: Stephanie Gröger
Satz: MAC, Studio für Satz und Design GmbH, Düsseldorf
Druck: Druckerei Erdtmann, Herzogenrath

Printed in Germany

Mutter Magdalena Damen

(1787—1858)

Inhaltsangabe

Vorwort

Nach Unterdrückung und Kirchenverfolgung in der Zeit nach der Französischen Revolution gab es in den Niederlanden zu Beginn des 19. Jahrhunderts verschiedene Stifter von Kongregationen für Ordensfrauen. Catharina Damen war zu der Zeit die einzige Frau, die Stifterin einer Ordensgemeinschaft wurde, Stifterin der Franziskanerinnen von Heythuysen, Niederlande.

Heute leben und wirken in ihrer Kongregation unter einer Generalleitung in Rom etwa dreitausend Franziskanerinnen in verschiedenen Ordensprovinzen in Europa, Asien, Nord- und Südamerika, "entsprechend dem besonderen Charakter und der Kultur" des jeweiligen Landes (Generalkonstitutionen [GK] Nr. 50).

Die Kongregation trägt den offiziellen Namen: Schwestern von der Buße und der christlichen Liebe vom Regulierten Dritten Orden des heiligen Franziskus.

"Von der Buße", so nannte Franziskus seine Brüder und Schwestern. Gemäß dem Wort Jesu bedeutet Buße tun für Franziskus: umkehren und glauben an das Evangelium (vgl. Mk 1,15). Buße ist für Franziskus ein lobpreisendes Antworten auf die Liebe und die Heilstaten Gottes (vgl. Nicht bullierte Regel (NbReg) Nr. 23).

So ruft er alle Gläubigen auf, "mit ungeteiltem Herzen in die alles umfassende Liebe hineinzuwachsen und sich beständig zu Gott und zum Nächsten zu bekehren" (Drittordensregel 2,8; vgl. Brief an die Gläubigen I 1,5 - 10, Brief an die Gläubigen II 48 - 53).

Buße tun ist für Franziskus nicht in erster Linie ein Erfüllen bestimmter Übungen und Bußwerke.

Die Generalkonstitutionen der Gemeinschaft beschreiben Buße kurz so: "Durch unsere Profeß verpflichten wir uns zu einem Leben ständiger Umkehr in Offenheit für den Heiligen Geist." (GK 3)

"Von der christlichen Liebe" - dieser Zusatz wurde später angefügt um der Unterscheidung willen im Hinblick auf andere franziskanische Gemeinschaften. In den Generalkonstitutionen heißt es: "Um des Himmelsreiches willen leben wir inmitten des Gottesvolkes als mindere Schwestern und werden so zu einem Zeichen der Hoffnung für die Welt, die in vielerlei Anfechtungen nach Vollendung strebt.

Wir sind hellhörig für die fortschreitende Offenbarung Gottes, die zu uns kommt im Evangelium und die sich zu erkennen gibt in allen lebenden Wesen und Elementen der Natur, in den Zeichen der Zeit und in dem, was das Volk Gottes in der Welt von heute von uns erwartet." (GK 3 u. 4) So suchen wir ein Leben in christlicher Liebe zu verstehen.

Die eingehende Beschäftigung mit Leben und Werk unserer Stifterin Mutter Magdalena, Catharina Damen (1787 - 1858), im Jubiläumsjahr (1985) der Gründung unserer Kongregation am 10. Mai 1835 in Heythuysen, Niederlande, weckte den Wunsch, "beim Studium der Quellen und bei der Rückkehr zum Geist des Ursprungs unserer Gemeinschaft" (vgl. Konzilsdekret über die zeitgemäße Erneuerung des Ordenslebens vom 28. Oktober 1965, Nr. 2) ausreichende Hilfen zu haben.

Eine solche Hilfe bot sich an in dem 1966 erschienenen Buch von Schwester Angelita Cools und Schwester Dr. Hildegard van de Wijnpersse, Franziskanerinnen von Heythuysen (L.):

Moeder Magdalena Damen en de ontwikkeling van haar Congregatie in de negentiende eeuw.

Die erste deutsche Ausgabe erschien 1985. Sie ist vergriffen. Obwohl sie nicht erhältlich war im Buchhandel, weckte sie Interesse in der Öffentlichkeit, weil dieser erste Abschnitt der Kongregationsgeschichte von Bedeutung ist für die Euregio, für die Geschichte des Rheinlandes, für die Geschichte Westfalens.

Darum haben sich die beiden deutschen Provinzen zu einer weiteren, in großen Teilen neu übersetzten, durch ein Namen- und Ortsregister ergänzten neuen deutschen Ausgabe entschlossen.

Wir legen der Öffentlichkeit den ersten Teil unserer Kongregationsgeschichte vor, weil wir Einsicht geben möchten in das Werden und Wachsen einer geistlichen Gemeinschaft, in der Frauen sich zusammengefunden haben und zusammenfinden, die "im Geiste des heiligen Franziskus und Mutter Magdalenas das Evangelium leben wollen mit den Schwestern, die Gott ihnen gibt" (GK Nr. 34), in der Bindung an die evangelischen Räte.

Dabei wird deutlich, daß das Werden und Wachsen dieser geistlichen Gemeinschaft nicht Menschenwerk war. Es kann nur verstanden werden als "Sein Werk", das Werk Gottes, der sich einer einfachen Frau bediente. Sie verfügte nicht über besondere natürliche Gaben, ließ sich aber mit Glaubenssinn, mit sicherem geistlichen Gespür und einer vorbehaltlosen

Bereitschaft auf die Führung durch den Geist Gottes ein. Wiederholt sagte sie: "Es ist sein Werk, nicht das meine."

Ursula Ostermann *Lüdinghausen, 10. Mai 1992*

Geleitwort

Mit Bewunderung für die sorgfältige Übersetzung, für die Kenntnisse der Geschichte und das Sprachgefühl, das aus diesem Werke spricht, begrüße ich die deutsche Übersetzung des Buches:

"Moeder Magdalena Damen en de Ontwikkeling van haar Congregatie in de Negentiende Eeuw".

Es ist der damals noch nicht geteilten deutschen Provinz zu verdanken, daß bereits im Jahre 1910 die von Schwester Paula Münster geschriebene Geschichte unserer Kongregation herausgegeben wurde. Im Jahre 1911 erschien eine Übersetzung in niederländischer Sprache.

Es war ein wertvolles Geschenk, und das ist es bis heute geblieben. Hunderte unserer Mitschwestern lernten dadurch Mutter Magdalena kennen. Weitere Studien ermöglichten es, diese Kenntnisse über sie zu vertiefen. Die vorliegende Übersetzung bringt die neuesten Angaben über das deutsche Sprachgebiet.

Die Feier des 150jährigen Bestehens unserer Kongregation in so vielen Ländern der Welt hat das Gefühl der Einheit zwischen den Provinzen gestärkt und uns diese Einheit als Wert erfahren lassen.

Das Bewußtsein, daß wir zusammengehören, wurzelt in der Liebe und Bewunderung für die Frau, die es Maria, der Mutter des Herrn, nachsagen durfte, daß Gott Großes tut an Armen und Kleinen.

Wie aus dem Buch hervorgeht, zeigt das Leben von Mutter Magdalena eine wellenartige Bewegung, die auf- und niedergeht, sich hebt und senkt: aus der Verträumtheit ihrer Kinderjahre, über die nicht zurückzuhaltende Unternehmungslust auf dem Höhepunkt ihres Lebens, zur Zurückgezogenheit und Einkehr ihres 'frühen' Alters. Ihr ganzes Leben war: DIENST für die KIRCHE CHRISTI: wie Maria Magdalena horchend zu Füßen ihres Herrn, wie Martha sorgend für Ihn in den Geringsten der Seinen.

Angelita Cools *Heythuysen, 07.06.1985*

Einleitung

Bereits von den ersten Jahrhunderten an bestand in der Kirche bei manchen Gläubigen das Verlangen, sich ganz in den Dienst Gottes und der Menschen zu stellen. Für eine solche Lebensweise waren die Zeiten nicht immer gleich günstig. Die nach außen wahrnehmbare Form, in der man diesem Ideal und Ziel zustrebte, war stark abhängig von sozial-ökonomischen, politischen und anderen äußeren Umständen. Einer der schwierigsten Zeitabschnitte für jede Form von Ordensleben war in Westeuropa die zweite Hälfte des 18. Jahrhunderts. Rationalismus und Aufklärung hatten in intellektuellen Kreisen die Meinung aufkommen lassen, vor allem kontemplative Klöster seien nutzlos. Hunderte von Abteien wurden durch Kaiser Josef II. aufgehoben. Der durch die Französische Revolution entfachte Religionshaß setzte den Niedergang fort, und die Spannungen zwischen Kirche und Staat zur Zeit Napoleons verschärften die Situation auf eine subtile Weise. Widerstand und Verfolgung aber haben zu keiner Zeit die gläubige Antwort auf Gottes Ruf verhindern können. "Der Geist weht, wo er will." vgl. Joh 3,8

Wir beschränken uns bei unserer Arbeit auf die Situation der katholischen Frauen in den Niederlanden nach 1800 und stellen fest, daß sich trotz allem nicht nur einzelne Gruppen behaupten konnten, sondern daß sich sogar neue Vereinigungen bildeten. Diese Entwicklung wurde dadurch begünstigt, daß das kirchliche Recht bis 1900 Frauenvereinigungen ohne päpstliche Klausur und feierliche Gelübde nicht als vollwertige Gemeinschaften von Ordensfrauen anerkannte. Das bedeutete jedoch für Rom kein Hindernis, ihnen unter bestimmten Bedingungen zu gestatten, gemeinsam zu wohnen und einfache Gelübde abzulegen. Die Kongregation der Franziskanerinnen von Heythuysen war nach staatlichem Recht bei ihrer Gründung eine "Moralische Körperschaft", und die niederländische Provinz trug als juristische Person noch bis zum 14. Juni 1979 die Bezeichnung "Vereinigung von Frauen zur Förderung des häuslichen Glücks". Gegen solche Vereinigungen erhob die Regierung verständlicherweise keinen Einspruch.

Die sozial-ökonomischen Zustände in den Niederlanden förderten geradezu solche Kongregationen. Der Volksschulunterricht war im 18. Jahrhundert mehr als mangelhaft, und seit der Franzosenzeit hatte sich dieser Zustand nicht gebessert. Zusehends wuchs die Verelendung. Schulpflicht gab es noch lange nicht, im Gegenteil. Bald waren neu entstehende Fabriken die Ursache von Kinderarbeit mit all ihren bedauerlichen Folgen. Möglichst kostenloser allgemeiner Unterricht gehörte zu den dringendsten Forderungen der Zeit. Kleine Orte erfuhren an erster Stelle die Nachteile des Lehrermangels und häufig auch die Unfähigkeit der Lehrpersonen. In katholischen Gegenden nahmen die Dinge nun wiederholt folgenden Verlauf: Ein Pastor hat in seiner Pfarrei Hilfe nötig, einige junge Mädchen oder Frauen erklären sich selbstlos bereit, unter Verzicht auf persönliche Vorteile der Not der Armen abzuhelfen. Sie unterrichten die Kinder und sorgen für Kranke und Gebrechliche. Gottes Segen ruht auf ihrer Arbeit. Sie verlangen danach, sich ganz in den Dienst Gottes und der Menschen zu stellen und schließen sich deshalb zu einer Gemeinschaft zusammen. Allein in den Niederlanden entstanden vor 1850 19 solcher Vereinigungen, im deutschen Sprachraum von 1831 bis 1859 49 - davon allein 32 franziskanische Kongregationen - und in Frankreich im Laufe des Jahrhunderts mehr als hundert. Für die genannten caritativen Werke bot in dieser Zeit eine religiöse Gemeinschaft die beste Grundlage.

Die Kongregation der Franziskanerinnen von Heythuysen zeigt in großen Zügen dieselbe Grundform, allerdings mit einer bemerkenswerten Ausnahme, die sie unter den anderen Stiftungen als einzigartig erscheinen läßt. Während man sonst überall einen energischen Priester und meistens eine begabte Frau an der Spitze findet, war die Stifterin in Heythuysen eine zwar einfache, aber mit gesundem Menschenverstand begabte Frau aus dem Volk mit einem tiefen Gebetsleben und felsenfestem Vertrauen auf die göttliche Vorsehung. Der Pastor hingegen, auf dessen Aufforderung hin sie sich anbot, die von ihm gewünschte kleine Schule zu beginnen, hatte Bedenken gegen eine Klostergründung. Er meinte, hemmen zu müssen, wo er nur konnte. Erst als das Kloster gegründet war, half er mit Hingebung.

Catharina Damen vereinigte in ihrem Wesen zwei Gegensätze: Eine ausgesprochen kontemplative Persönlichkeit kommt nach Heythuysen, um im Dienste der Pfarrei aktiv zu wirken. Gegen den anfänglichen Widerstand des Klerus gründet sie eine vorwiegend tätige Kongregation. Den Frauen, die sich ihr anschließen, bietet sie nicht viel mehr als das Beispiel eifrigen Gebetes und unwandelbaren Gottvertrauens und als Richtlinien religiöse Klischees. Und nach noch nicht fünf Jahren kehrt sie in ihre beschauliche Stille zurück. Welch eine eigenartige Stifterin!

Im Entstehen und in der Entwicklung der Kongregation Mutter Magdalena Damens spiegelt sich ein Stück niederländischer Kirchengeschichte des neunzehnten Jahrhunderts. Die vorliegende Arbeit will einzelne Gesichtspunkte deutlicher hervorheben und beitragen zu einer Würdigung der bewundernswerten Frau, die Mutter Magdalena Damen gewesen ist.

Quellen

1. Statuten der Terziarinnen im "Kloster der Heiligen Herzen Jesu und Mariä" in der Pfarrei Heythuysen.

   Diese Statuten sandte Pastor Van der Zandt im Sommer 1835 an den Bischof von Lüttich, der ihnen seine Approbation erteilte.

   Ferner die durch Mutter Aloysia Lenders 1860 entworfenen Konstitutionen und die veränderten Konstitutionen aus den Jahren 1869, 1900, 1929, 1957 und 1984.

2. Verzeichnis der eingetragenen Schwestern - begonnen durch Mutter Theresia Rooyackers.

   Professionsbuch: Registrum tertii ordinis S.P.N. Franc. sororum professarum - begonnen durch Pastor Van der Zandt.

3. Briefwechsel: betreffend 1. (oben), Schriftwechsel mit der kirchlichen Behörde, Gesuche an und Dekrete von Rom; Eingaben an und Antworten von Bischöfen, in deren Diözesen die Kongregation Klöster hat (hatte).

   Korrespondenz von Obern und anderen Mitgliedern der Kongregation.

4. Unterlagen aus bischöflichen, pfarramtlichen und Gemeinde-Archiven; Kaufakte und dergleichen.

5. Hauschroniken der einzelnen Klöster.

   Das Schreiben einer solchen Chronik wurde in den 1869 bestätigten Konstitutionen vorgeschrieben. Hier und da hatte man bereits früher damit begonnen, im allgemeinen begann man 1869 oder später damit. Häufig wurde die Geschichte der vergangenen Jahre aus dem Gedächtnis aufgezeichnet; dabei schlichen sich manche Irrtümer ein.

   Obwohl die Hauschroniken viel Wertvolles enthalten, mußten sie doch mit Vorsicht benutzt werden. Ein bestimmtes System liegt ihnen nicht zugrunde. Die eine Chronik schildert ausführlich, die andere faßt zusammen. Über das, was wichtig ist, sind die Auffassungen verschieden. Fast alle Chronistinnen sind der Ansicht, ungünstige und unangenehme Angelegenheiten solle man der Nachwelt nicht überliefern. Infolgedessen wird der Sachverhalt manchmal nicht ganz klar.

6. Die Chronik der Schwestern des Dritten Ordens des heiligen Franziskus zu Heythuysen.

Auch in dieser allgemeinen Chronik sind die Ereignisse aus den ersten Jahrzehnten viel später aufgezeichnet worden. Es war nicht immer leicht und manchmal unmöglich, die Richtigkeit der Angaben festzustellen, wenn die Chroniken nicht mit anderen Quellen des ältesten Zeitabschnitts übereinstimmen. Seit der Amtszeit von Mutter Aloysia Lenders gelten die unter 5. genannten Bedenken in viel geringerem Maße für die allgemeine Chronik. Die Schreiberinnen stützen sich von diesem Zeitpunkt an auf bessere Informationen.

7. Denkwürdigkeiten vom Ursprung, vom Fortgang und von der Entwicklung des Klosters St. Elisabeth zu Heythuysen nach der Dritten Regel unseres heiligen Seraphischen Vaters Franziskus - genannt von der Buße, 1835.

   Dies ist die sogenannte Chronik von Pastor Van der Zandt. Sie enthält einen zusammenfassenden Bericht über die Ankunft von Catharina Damen in Heythuysen bis zum Rücktritt des Pastors als Direktor im Jahr 1860; dann folgen noch einige flüchtige Aufzeichnungen bis 1867.

   Aus späteren Jahreszahlen, denen man bereits anfangs begegnet, und aus gewissen Ausdrücken wie: "Einst sagte ich zu...", ist zu ersehen, daß der erste Teil beträchtlich später als 1835 notiert wurde. Selbst der Name des Klosters ist ungenau, da der Name "St. Elisabeth" erst 1842 vorkommt. Zuerst hieß das Kloster "von den heiligen Herzen Jesu und Mariä".

   Obwohl diese Chronik für die Geschichte der Kongregation bis 1860 sehr wertvoll ist, mußten einige Ungenauigkeiten mit Hilfe anderer Quellen verbessert werden. Ferner war der Tatsache Rechnung zu tragen, daß der Pfarrer sich selbst zu sehr in den Mittelpunkt rückt, seinen eigenen Anteil am Verlauf der Dinge etwas überschätzt und Begebenheiten, die ihn weniger interessieren, unterschlägt, z. B. alles, was die Konstitutionen betrifft, eine für die Schwestern doch sehr wichtige Angelegenheit. Ein bezeichnendes Beispiel dafür ist das Schweigen über die zweite Reise von Catharina Damen nach Lüttich, die ausschlaggebend war für die Erlangung der bischöflichen Approbation.

   Für die äußeren Angelegenheiten der Kongregation - wie die Gründung von Filialklöstern - ist die Chronik von Pastor Van der Zandt eine ausgezeichnete Quelle.

8. Sanct Franciscus Blütengärtlein - das ist: Das Leben der gottseligen Stifterin Schwester Maria Magdalena und wundersame Thaten und erbauliche Reden ihrer mindern Schwestern, so sind aus dem dritten

Orden der Buße des viellieben Herrn Sanct Franciscus zu Heythuysen bei Roermond Anno Domini 1862 in altdeutscher Zunge geschrieben.

Das Blütengärtlein ist zusammengestellt von Schwester Lina Hoster, die 1857 in Heythuysen ihre Gelübde ablegte, also Mutter Magdalena noch gekannt hat. Sie schrieb unter Aufsicht von Mutter Aloysia Lenders, ebenfalls in Heythuysen, wo damals auch noch Schwester Antonia Kirkels, Schwester Francisca Deckers und andere Gefährtinnen der ersten Stunde lebten. Obwohl die romantische Form, die sichtlich an die Fioretti des heiligen Franziskus erinnern will, auf den ersten Blick kein großes Vertrauen erweckt, kann sich Schwester Lina - was den Inhalt angeht - nicht viele Freiheiten erlaubt haben. Schwester Pacifica Grimmelt (von ihr später mehr) hat mit Nachdruck auf einige Fehler aufmerksam gemacht. Die Belehrungen von Mutter Magdalena sind in dem Zusammenhang nicht gegeben worden, wie sie in Schwester Linas 13. Kapitel vorkommen, sondern gelegentlich, beiläufig; sie irrt sich ferner in einigen Nebensächlichkeiten.

Wir glauben, anders als Schwester Paula Münsters Berater, Pater Dr. L. Lemmens OFM, das "Blütengärtlein", was den Inhalt angeht, mit einigem Vorbehalt gebrauchen zu sollen.

9. Aufzeichnungen von älteren Schwestern

Gegen Ende des Jahrhunderts begann man den Mangel an zuverlässigen historischen Unterlagen aus der ersten Zeit zu bedauern. Ungefähr seit 1890 haben mehrere Schwestern, sei es aus eigener Initiative, sei es im Auftrag von Vorgesetzten, ihre Erinnerungen schriftlich niedergelegt. Die wichtigsten sind die von Schwester Crescentia Lenders, Schwester Pacifica Grimmelt und Schwester Célestine Bollen.

Schwester Crescentia wurde 1830 geboren und legte am 10. Oktober 1848 in Heythuysen ihre Gelübde ab - also 10 Jahre vor Mutter Magdalenas Tod. Sie war Lehrerin. Einige Jahre verwaltete sie das Amt der Oberin in Thorn und in Mook. Später war sie eine Zeitlang als Sekretärin ihrer Schwester, der Generaloberin Mutter Aloysia, tätig. Ihre sachlichen und sehr gewissenhaften Aufzeichnungen zeugen von großer Liebe zur Kongregation und von guter Auffassungsgabe. Schwester Crescentia begann mit ihren Eintragungen im Jahr 1890; nach 1900 fügte sie wiederholt Ergänzungen hinzu.

Schwester Pacifica Grimmelt war zwischen 1870 und 1876 Oberin in Almelo und Oldenzaal und von 1876 bis 1901 Oberin im Mutterhaus. In dieser Zeit hatte sie nicht nur vollauf Gelegenheit, allerlei Erzählungen nachzuprüfen; sie gewann auch, wie das in einer kleineren Gemeinschaft möglich ist, leicht Kontakt zu einigen Dorfbewohnern, die Mutter Magdalena noch persönlich gekannt hatten.

Schwester Célestine Bollen legte 1850 ihre Gelübde ab. Bereits zwei Jahre danach wurde sie zur Oberin ernannt: nacheinander in Freckenhorst, Trier und Heythuysen. Nach ihrer Amtszeit im Mutterhaus (1858 - 1876) folgte sie Mutter Alphonsa Houben im Amt der Oberin in Semarang.

Die genannten drei Schwestern waren eine Zeitlang Assistentinnen der Generaloberin. Infolgedessen hatten sie Einblick in die Angelegenheiten der Kongregation, sie konnten Entstehen und Entwicklung mancher Situation verfolgen. Ihre Aussagen sind von großem Wert.

Ferner zeichneten andere Schwestern vor und nach 1900 einige kurze Erinnerungen von unterschiedlicher Bedeutung auf.

10. Dasselbe gilt von den Nachforschungen, die von der Kongregation angestellt wurden bei Personen, die sich selbst an Mutter Magdalena erinnerten oder durch Verwandte und Bekannte von ihr hörten. Wo von solchen Erklärungen Gebrauch gemacht wurde, ist das an Ort und Stelle vermerkt.

Die bedeutendsten gedruckten Arbeiten sind:

a) Schwester Paula Münster, Geschichte der Kongregation der Franziskanerinnen von der Buße und der christlichen Liebe (Heythuysen - Nonnenwerth), Freiburg i. Br. 1910 - Niederländische Ausgabe (Übersetzung) 1911, unter Mitwirkung von P. Leonhard Lemmens OFM - Diese Ausgabe erschien bei Gelegenheit des 75-jährigen Bestehens der Kongregation im Jahr 1910. Das damals bekannte Material wurde darin zu einem - für die damalige Zeit - guten Ganzen verarbeitet. Der deutschen Schreiberin fehlten jedoch hinreichende Kenntnisse der politischen und sozialen Zustände in den Niederlanden für den Zeitraum, über den sie schreibt.

b) Sister M. Liguori Mason, Mother Magdalen Daemen and her Congregation, Stella Niagara N.Y. USA, 1935.

Dieses Werk wurde veröffentlicht gelegentlich der Jahrhundert-Feier der Kongregation 1935. Nach 1874 (erste Gründungen in den Vereinigten Staaten) bleibt die weitere Geschichte in Europa unberücksichtigt, dagegen wird die Entwicklung in Amerika weitergeführt. Schwester Liguori hat außer den Unterlagen von Schwester Paula auch anderes Material gebraucht, dessen Herkunft nicht mehr festzustellen ist. Auch die amerikanische Schreiberin war nicht in der Lage, Mutter Magdalenas Gründung vor dem Hintergrund der niederländischen Verhältnisse zu sehen.

c) Deus providebit - Feestuitgave in het eeuwjaar van de stichting 1935, door enige Zusters van het Generalat der Congregatie te Heythuysen, onder redactie van P. Pontianus Polmann OFM - Dieses Werk will einen Überblick bieten. Es gibt eine sehr gute Auswahl des vorhandenen Materials ohne erhebliche neue Hinweise.

d) P. Gerlachus OFMCap: Heythuysen en de Minderbroeders-Capucijnen, Heythuysen-nummer van Franciscaans Leven, maandschrift van Franciscaanse Ascese, Geschiedenis en Kunst onder redactie der Niederlandse Minderbroeders-Capucijnen, 18ter Jhrg, Mai 1935. Diese Schrift ist von besonderem Interesse, da sie über den am wenigsten bekannten Zeitabschnitt in Mutter Magdalenas Leben berichtet, über ihren Aufenthalt in Maaseik unter der geistlichen Leitung der Kapuziner.

e) W. Sangers OSC en A.H. Simonis, Er ligt een eiland in de Maas, Drukkerij J. Valkenburg, Echt (L.), 1955.

   Eine Artikelserie über das zwischen zwei Maas-Armen gelegene "Eiland von Stevensweert", worin sich eine kurze, gut lesbare Lebensgeschichte von Catharina Damen findet, die warmes Interesse und persönliche Anteilnahme bezeugt.

Einige weniger wichtige Einzelheiten haben sich später als unrichtig herausgestellt. Die Behauptung, daß Catharina als Stifterin von zwei Priestern: Pater Leonardus van de Poel OFMCap und Pastor Peter Van der Zandt geführt worden sei, muß eine bloße Vermutung genannt werden. Was den Erstgenannten betrifft, ist die Behauptung annehmbar, obwohl nicht bewiesen, in Hinsicht auf den Pastor ist sie unrichtig. Wir glauben, das in dieser Arbeit dargelegt zu haben.

Viele andere Schriften über Mutter Magdalena schöpfen aus den bereits genannten Quellen, sofern sie nicht eigenen Gedanken entspringen. Sie werden hier nicht angeführt.

In den Quellenangaben zu den verschiedenen Kapiteln wird zuweilen auf Literatur hingewiesen, die nicht ohne weiteres für einen deutschen Leser zugänglich ist. Es erschien uns verfehlt, neuere Literatur anzugeben, um mit deren Hilfe den Standort eines älteren Buches (1966) aufzuzeigen.

Erster Teil

Stifterin und Stiftung

I. De Laak

In Mittel-Limburg ist der Erdboden sandig und trocken. Wer heute über die gut unterhaltenen Asphaltstraßen fährt, kann überall feststellen, was die modernen Methoden der Landwirtschaft auf den hier und da sanft ansteigenden Äckern und Feldern erreicht haben. Vor 200 Jahren waren die Verhältnisse ganz anders. Die ländliche Bevölkerung mußte sich abmühen um die kärglichen Erzeugnisse des Bodens. Vielleicht ist darin eine der Ursachen zu sehen, weshalb der Volkscharakter des Mittel-Limburgers im Gegensatz zu dem des freundlichen und gemächlich lebenden Süd-Limburgers eher etwas abweisend, schweigsam und konservativ erscheint.

Die Maas, die von Borgharen bis Stevensweert die Grenze zwischen den Niederlanden und Belgien bildet, hat im Laufe der Jahrhunderte an ihren Ufern einen Streifen fruchtbaren Erdreichs abgesetzt. Überschwemmungen im Winter taten noch mehr. Sie bildeten Nebenarme, die im Sommer austrockneten oder im weiteren Lauf irgendwo wieder in das alte Flußbett einmündeten und so eine Art kleiner Inseln formten. Auf einer solchen Insel in der Maas liegt das alte Festungsstädtchen Stevensweert und die zu einer Gemeinde vereinigten Dörfer Ohé-en-Laak[1]. De Laak zählte um das Jahr 1800 etwa 200 Einwohner, die hauptsächlich vom Ackerbau lebten[2].

War die Gegend auch etwas fruchtbarer als in anderen Landstrichen, reich wurden die meisten Bewohner nicht, am wenigsten die Landarbeiter. Da wir wissen, wie erbärmlich die wirtschaftlichen Verhältnisse der limburgischen Landbevölkerung noch im ersten Jahrzehnt des 20. Jahrhunderts waren, brauchen wir uns über die weit verbreitete Verelendung der Massen am Ende des 18. Jahrhunderts nicht zu wundern[3].

Schlecht entlohnte, lange und schwere Arbeitstage im Sommer wurden im Winter häufig abgelöst von Arbeitslosigkeit. Infolge der geringen Bindung an ihre Arbeitgeber war es üblich, daß Landarbeiter selbst für eine Wohnung sorgten irgendwo auf einem brachliegenden Stück Land am Wegrand oder an der Böschung eines Deiches, das für nichts zu gebrauchen und daher billig zu haben war[4].

In ein solches Häuschen führte der nicht mehr junge Cornelis Damen seine Frau Geertruida van Bree aus Sint Odilienberg nach der Hochzeit. Von beiden ist uns im übrigen wenig bekannt[5]. Sie müssen einfache, schlichte Leute gewesen sein, verständig und nüchtern, tief gläubig und von dem zähen Fleiß ihrer Landsleute. Das Häuschen steht noch.

Aus seinem Zustand können wir die soziale Lage der Familie Damen ableiten. Es liegt etwas außerhalb des Dorfes De Laak in der Nähe des Deiches, der an dieser Stelle eine weite Biegung macht und dadurch die Wohnung nach allen Seiten hin schützt. Das Haus ist 6 m lang und 4,5 m breit. Die roten Ziegelfliesen in den Räumen und die Dachpfannen stammen aus späterer Zeit. Die zum Haus gehörende Scheune stand noch im ersten Viertel des 20. Jahrhunderts.

In diesem dürftigen Häuschen[6], das einsam in der weiten Landschaft liegt, wurde am 19. November 1787 das erste Töchterchen der Familie Damen geboren[7]. "Hora prima nocturna" meldet das Taufregister der Pfarrkirche zu Echt. Das Kind wurde noch an demselben Tag auf die Namen Maria Catharina getauft und später höchstwahrscheinlich nach Limburger Sitte Trieneke genannt. An diesem Tag soll es geschneit haben, doch die tiefgläubigen Eltern wollten die Taufe trotz des beschwerlichen Weges - die Kirche lag eine Stunde Fußweg entfernt - nicht aufschieben.

Mutter Magdalenas Geburtshaus in der ursprünglichen Form

Drei Jahre später wurde ein Schwesterchen geboren, Jenneke, offiziell Johanna genannt. Mehr Kinder hatten Damens nicht.

Man könnte annehmen, daß der geistige Horizont der Kinder wie bei den meisten Landleuten in De Laak nicht über das hinausreichte, was das Eiland in der Maas zu bieten hatte. Das Gegenteil ist wahr.

Trieneke Damen lebte in einer bewegten Zeit, in einem höchst dynamischen Abschnitt der europäischen Geschichte. Moderne Ideen erhoben sich gegen geheiligte und überlebte Traditionen. Alle bisher unangefochtenen Standpunkte wurden erschüttert sowohl auf politischem und gesellschaftlichem als auch auf religiösem Gebiet.

Auch das Eiland von Stevensweert erfuhr die Auswirkung der neuen Ideen. Es hatte als Teil der Herrschaft Montfort bis 1713 zum spanischen Oberquartier Geldern gehört, war seit dem Ende des Spanischen Erbfolgekriegs (1713) staatisch. Daraus ergaben sich für die Katholiken keine Schwierigkeiten. Die Toleranzideen der Aufklärung begannen sich durchzusetzen. Durch Verordnung vom 28. November 1787 (neun Tage nach der Geburt des Töchterchens der Familie Damen) wurde die Religionsfreiheit, die man tatsächlich bereits in ziemlich weitem Maß genoß, durch die Generalstaaten bestätigt. Die Bewohner von Ohé-en-Laak brauchten jedoch nur die Berichte zu hören, die vom anderen Ufer der Maas aus den südlichen Niederlanden zu ihnen drangen, um mit ganz anderen Zuständen bekannt zu werden.

Das 18. Jahrhundert war belastet durch die Klosterfrage[8]. Überall träumten die Regierungen von "Reformen", das heißt, Kirche und Klöster sollten den sozialen, ökonomischen und sogar den politischen Zwecken der Fürsten dienen. Wenn sie sich weigerten, mußten sie die Aufhebung in Kauf nehmen.

Kaiser Josef II. von Österreich, der auch über die südlichen Niederlande und damit über Weert und Roermond regierte, begann gegen Ende des Jahres 1781 mit der Durchführung der österreichischen Klosteredikte in den Niederlanden. Zuerst wurde die Aufhebung der "nutzlosen" rein kontemplativen Orden von Männern und Frauen befohlen. Für den Fortbestand eines Frauenklosters wurde die Bedingung gestellt, eine Schule oder ein Krankenhaus zu unterhalten. Wenn sich auch bald herausstellte, daß die Durchführung der Gesetze in ihrem ganzen Umfang unmöglich war, so war doch bereits unübersehbarer Schaden angerichtet worden, nicht nur auf religiösem, sondern auch auf kulturellem und materiellem Gebiet. Es gab wohl niemanden in den Limburger Dörfern, der nicht persönlich oder durch Berichte anderer von dem Leid der vertriebenen Ordensleute oder von den Folgen der Beschlagnahme ihrer Klöster erfahren hätte. Überdies war der Bischof von Roermond auch ihr Bischof, und seine Schwierigkeiten waren die ihrigen.

Aber dabei blieb es nicht. Das Eingreifen des Kaisers in die südniederländische Verfassung weckte allgemein Widerstand. Religiöse und nationale Beweggründe flossen ineinander und bewogen das Volk - auch die Bürger von Weert und Roermond -, zu den Waffen zu greifen. Als Josef II. 1790 starb und sein Bruder und Nachfolger Leopold II. alle Verordnungen auf kirchlichem Gebiet widerrief, war die Zerstörung der Klöster bereits so weit fortgeschritten, daß nicht mehr viel zu retten war.

In Trienekes Kinderzeit waren Denken und Trachten von Vater und Mutter Damen erfüllt von Sorge um ihre Töchter, aber auch von Sorge um ihr bescheidenes Zuhause, vor allem von Sorge um das kirchliche Leben in ihrer Heimat. Als die Franzosen im Verlauf der großen Revolution die südlichen Niederlande besetzten, besserte sich die Lage nicht, im Gegenteil. Nach der Kriegserklärung an den Statthalter der Niederlande wurde im Februar 1792 Limburg eingenommen, wieder aufgegeben und im Oktober/November 1794 aufs neue besetzt. Bereits am 16. Mai 1795 trat die junge Batavische Republik Limburg mit den Festungen Venlo, Stevensweert und Maastricht an Frankreich ab. Das Leben der Bewohner von Ohé-en-Laak wurde fortan von Paris aus geregelt.

Dieser Eingriff war tiefer, als es bei oberflächlicher Betrachtung scheinen mag. Die Landbevölkerung konnte kaum den zahlreichen Beschlagnahmungen von Pferden, Vieh und Lebensmitteln nachkommen, die für das französische Heer aufgebracht werden mußten.

Das Vertrauen auf Gottes Vorsehung war in allen Zeiten des Christentums die charakteristische Tugend der Armen. Schon lange vor der Revolution war der Bauer überall der Mann, auf dessen Schultern alles Schwere geladen wurde. Und wenn schon er unter schwerer Last gebeugt einherging, wie stand es dann erst um den Tagelöhner? Wenn Gottes sorgende Vorsehung bereits unter gewöhnlichen Verhältnissen die einzige Zuflucht für eine Familie wie die von Cornelis Damen war, um wieviel mehr in einer Zeit, in der die bürgerliche Gesellschaft materiell und geistig so zerrüttet war wie während Trienekes Jugend. Unzählige Male wird das Kind aus dem Mund von Vater und Mutter und von ihren Dorfgenossen das Wort "God zal het voorzien!" - Gott hat es bereits in den Blick genommen! - Gott wird es schon wissen! gehört haben[9], nicht als Redensart, sondern als Hinweis auf den einzigen Halt, wenn die Not aufs Höchste gestiegen war. Catharinas unerschütterliches Gottvertrauen wurzelt hier.

Viel härter noch als die Requisitionen traf das gläubige Volk das Gesetz, nach dem alle Priester den Eid auf die Französische Republik ablegen mußten. Wer sich weigerte, hatte das Land zu verlassen. Unter anderem verpflichtete dieser Eid zu ewigem Haß gegen das Königtum und zur Treue gegenüber der atheistischen Regierung. Priester wurden zu Staatsbeamten gemacht. 1791 hatte Pius VI. verboten, den Eid abzulegen und diejenigen, die ihn leisteten, suspendiert. 1797 wurde der Eid auch von den Priestern in den südlichen Niederlanden gefordert. Dort war die Lage anders als in Frankreich. Kein einziger Limburger Priester konnte verdächtigt werden, Anhänger des Königtums zu sein. Die Ansichten über die Eidablegung waren denn auch geteilt, und eine klare Entscheidung des Papstes ließ auf sich warten[10]. Die meisten Priester verweigerten den Eid, und die Bevölkerung bestärkte sie in dieser Haltung. Das gesamte kirchliche Leben geriet aus dem Gleichgewicht. Die wenigen vereidigten Priester wurden abgelehnt, die treugebliebenen zogen im Land umher, als Hausierer oder Handwerksleute verkleidet. Heimlich spendeten sie die Sakramente, nachts schliefen sie in armseligen Hütten oder auf Heuböden. Sie schwebten fortwährend in Lebensgefahr, weil die Regierungsbeamten hinter ihnen her waren und sie wie Jagdhunde hetzten.

Josef II. handelte bei der Aufhebung der Klöster aus Nützlichkeitserwägungen, die Französische Republik aus reinem Religionshaß. Nachdem die österreichischen Niederlande und Limburg Frankreich einverleibt worden waren, wurden alle Klöster, die den Sturm unter Josef II. überdauert hatten, aufgehoben. Eine zeitgenössische Chronik von der Hand des früheren Franziskaners und damaligen Hilfspastors Christiaan Op 't Endt[11] gibt einen ausführlichen Bericht über die Geschehnisse des Jahres 1797 in Maaseik. In den Monaten Februar und März wurden nacheinander die Schwestern des St.-Agnes-Klosters und des Klosters Unserer Lieben Frau, ferner die Kreuzherren, die Kapuziner, die Kapuzinerinnen und die Franziskaner aus ihren Klöstern vertrieben. Für einen kleinen Ort mit etwa 2200 Einwohnern sehr viele Ordensleute! Diese Ereignisse spielten sich zwei Wegstunden von Damens Häuschen entfernt ab. Die Vertriebenen suchten ein Unterkommen bei Familienangehörigen und Freunden in der Umgebung. Die Priester bemühten sich, heimlich etwas Seelsorge auszuüben. Ihre traurigen Schicksale erzählte man von Mund zu Mund. Solches lernte Trieneke im Alter von zehn Jahren über das Ordensleben und sah, daß die Berufung zum Priester die Hingabe des Lebens bis in den Tod bedeuten konnte.

Gerade damals kam sie in das Alter, in dem sie anfing, das Tun und Lassen der Erwachsenen bewußt wahrzunehmen. Das Kind bemerkte, daß Eltern und Dorfbewohner in innerer Unabhängigkeit die Verantwortung für ihr religiöses Leben übernahmen. Durfte man dadurch, daß man sonntags zur Feier der Eucharistie zusammenkam, sich selbst gefährden und den Priester sogar in Lebensgefahr bringen, oder war es richtiger, davon abzusehen? Mußte man einen Priester bitten, ein Kind zu taufen, oder sollte man mit der Taufe lieber warten, vielleicht die Nottaufe spenden? Trieneke lernte, solche Fragen in eigener Verantwortung zu lösen. Hierin ist vermutlich die Erklärung zu suchen für die merkwürdige Tatsache, daß sie später bei ihren höchst wichtigen Schritten auf religiösem Gebiet - soweit bekannt - niemals jemanden um Rat gefragt hat.

Vermutlich empfing sie im Alter von 12 oder 13 Jahren die erste heilige Kommunion, wie es in der Gegend Brauch war. Darüber ist weiter nichts bekannt.

Welche Möglichkeiten bestanden für ihre schulische Ausbildung? In der zweiten Hälfte des 18. Jahrhunderts lag das Unterrichtswesen in den Niederlanden tief darnieder[12]. Viele aufgeklärte Bürger klagten darüber, daß die Volksschullehrer, vor allem auf dem Land, ihrer Aufgabe nicht gewachsen, die hygienischen Zustände erbärmlich, Klassenräume und Schuleinrichtung unzureichend seien. Das französische Schulgesetz von 1795 suchte die Verhältnisse zu bessern, aber der Erfolg war gering. Das Volk war trotz der Revolutionsideen gläubig geblieben, und mancher Vater ließ seine Kinder lieber ohne Unterricht aufwachsen, als sie Lehrern anzuvertrauen, die mit den Kirchenverfolgern an einem Strick zogen.

Wie konnte Trieneke da Unterricht erhalten? Die Schule lag wie die Pfarrkirche in Echt. Die französischen Beamten klagten, daß sie in Limburg keine geeigneten (lies: willfährigen) Lehrer finden könnten, und der Kommissar des Departements Niedermaas meldete in seinen Berichten nach Paris, daß im Schulwesen Chaos herrsche[13].

Im günstigsten Fall hatte die Bevölkerung einen annehmbaren Lehrer, aber die Schule lag immerhin eine Wegstunde entfernt; die Kinder mußten im Sommer oft bei der Landarbeit helfen, und im Winter waren die Wege noch schlechter als im Sommer, besonders wenn die Maas über die Ufer trat.

Von Catharina sind nur wenige handgeschriebene Sätze erhalten. Im Haushaltungsbuch, in das sie zwischen 1836 und 1838 die wichtigsten Ausgaben und Einnahmen eintrug, befinden sich hinten einige Aufzeichnungen anderer Art (s. Kap. VII). Wenn man will, kann man diese als orthographisch mangelhaft bezeichnen. Man muß jedoch bedenken, daß damals noch keine einheitliche Rechtschreibung bestand. In den verschiedenen Landstrichen waren die Lehrer frei, ihre Schüler schreiben zu lassen, wie es ihnen zusagte. Catharina schrieb ihren heimischen Dialekt nach dem Gehör. Wer die Prosa von Pastor Van der Zandt in Heythuysen und von Pater Op 't Endt in Maaseik kennt, wird im Urteil vorsichtig sein. Erstaunlich ist aber die Tatsache, daß dieses Mädchen in solchen Orts- und Zeitverhältnissen keine Analphabetin geblieben ist wie viele andere. Das Erreichte spricht für ihre Intelligenz und die Bemühungen ihrer Eltern. Sie lernte lesen und mit der Feder umgehen, etwas Rechnen für den Hausgebrauch und den Katechismus. Für ihr Lebenswerk genügte das, weil es Gottes Werk war. Catharina hatte eine kräftige, feste, wenn auch ungeübte Handschrift. Das fällt vor allem da auf, wo sie sich besondere Mühe gab, z. B. bei der Aufzeichnung der Worte des Bischofs von Lüttich.

Versuchen wir nun abzuwägen zwischen Entbehren und Besitzen, zwischen Haben und Sein.

Das Kind Catharina entbehrte materielle Güter und den Grundunterricht für eine weiterführende Ausbildung.

Es besaß ein gutes Elternhaus, eine religiöse Erziehung und trotz der ungünstigen Verhältnisse ländliche Ruhe in freier Natur mit mehr Möglichkeiten zu harmonischer Entfaltung, als sie das 20. Jahrhundert einem Dorfkind bieten kann.

Dieses "Haben" wird ein wesentlicher Bestandteil ihres "Seins". Sie ist eine nach innen gewandte tiefreligiöse Natur, besitzt einen unkomplizierten Geist, einen guten Verstand und einen starken, gradlinigen Willen. Anlage und Charakter treten erst später ans Licht. Aus ihrer Jugend wird diesbezüglich nur wenig berichtet.

Die Leute im Dorf waren der Ansicht, daß Trieneke lieber betete als arbeitete. Diese Mitteilung stammt selbstverständlich aus späterer Zeit, nachdem Catharina als Klosterstifterin etwas bekannt geworden war und man in ihrem Geburtsort Erkundigungen eingezogen hatte. In der einfachen religiösen Welt des Dorfes braucht diese Charakterisierung nicht geringschätzig gemeint zu sein, aber sie erinnert zu sehr an traditionelle Lebensbeschreibungen von Heiligen, als daß wir ihr großen Wert beilegen möchten.

Von größerer Bedeutung ist, was Catharina später selbst und - wie es scheint - mehr als einmal ihren Schwestern erzählte. Von Natur aus war sie wenig gesprächig. Ihr Vater sagte zuweilen: "Man kann dich fast nicht für die Arbeit gebrauchen, weil du immer dastehst und träumst"[14]. Es klingt wie eine scherzhafte Entschuldigung bei der einen oder anderen Ungeschicklichkeit, etwa so: Nehmt es mir nicht übel, ich bin immer so gewesen. War sie in der Tat unbeholfen bei häuslichen Arbeiten? Nirgendwo ist das festzustellen. Im Gegenteil! Nach einigen Wochen im Pfarrhaus zu Heythuysen war der doch voreingenommene Pastor sehr zufrieden mit ihrer Arbeit und ihrem Verhalten. In den Jahren, in denen sie am meisten geleistet hat, griff sie überall energisch zu.

Oder betrifft die Bemerkung Augenblicke der "Zerstreutheit"? Es gibt glaubwürdige Zeugnisse, daß sie später, nachdem sie sich aus dem aktiven klösterlichen Wirken zurückgezogen hatte, wiederholt so ins Gebet versunken war, daß sie nicht merkte, wenn man das Wort an sie richtete[15]. War das natürlicher Art oder übernatürlich? Limburg ist nicht Italien! Frauen aus dem Mittelstand oder Bäuerinnen des flachen Landes sind eher geneigt, Versunkenheit im Gebet als Zerstreutheit anzusehen als umgekehrt. Wir dürfen annehmen, daß Catharinas Geistesabwesenheit in Wirklichkeit tiefer innerer Wandel mit Gott war. Und wenn wir zurückschauen auf ihre Jugendzeit, war es allein Träumerei oder war sie damals schon im Gespräch mit dem "dulcis hospes animae"?

Spröder Mittel-Limburger Boden - eine einfache, arbeitsame Bevölkerung - tiefreligiöse Vorfahren - ländliche Lebensweise - Armut - Analphabetismus - Krieg - Kirchenverfolgung - alle diese Faktoren trugen dazu bei, den Charakter des Kindes zu formen, das Catharina Damen hieß und Mutter Magdalena werden sollte. Nun, sie galten gleichermaßen für das nur wenig jüngere Schwesterchen, das zu einer lebenslustigen jungen Frau heranwuchs und - soweit bekannt - zu einer gesunden Hausmutter, die sich von anderen Müttern in ihrer Umgebung nicht unterschied. Die entscheidenden Voraussetzungen, die aus Catharina Damen Mutter Magdalena machten, müssen darum anderswo gesucht werden; die Voraussetzungen waren: Gottes Auserwählung und Catharinas Jawort darauf mit allen Konsequenzen.

Quellenangaben zu Kapitel I

1 W. Sangers OSC und A. H. Simonis, Er ligt een eiland in de Maas, Geschichte von Stevensweert und Ohé-en-Laak, Echt, 1955, 27 Seiten.

2 Gerlach OFMCap, Heythuysen-Nummer der Zeitschrift Franciscaans Leven, Mai 1935, 130 Seiten.

3 A. van Gestel SJ, Pauperisme en Christendom, Maastricht, 1868 - und u. a. Jac. Schreurs, Dochters van Moeder Magdalena een eeuw lang te Brunssum, Maastricht, 1957.

4 De Woningwet 1902 - 1929 - Gedenkboek van het Nederlands Instituut voor Volkshuisvesting en stedebouw, 1936.

5 Cornelis Damen starb am 10. Mai 1820, seine Frau am 23. April 1825.

6 De Laak liegt am Ufer der Maas, wo der Boden aus Flußkleie besteht (Tonerde). Es ist nicht richtig, Catharina "das arme Heidekind" zu nennen. Das Dorf Heythuysen lag, als sie dorthin zog, auch nicht "einsam auf der Heide". In der französischen Zeit war es Kantonssitz.

7 Im Register des Gemeindehauses zu Heythuysen steht der Geburtstag am 18. November 1786 eingetragen. Es ist anzunehmen, daß bei der Registrierung in vornapoleonischer Zeit ein Irrtum unterlaufen ist. Wir halten uns darum an das Taufbuch der Pfarrkirche zu Echt. Der Familienname wird verschieden geschrieben. Im Taufzeugnis steht Daemen, aber Catharina selbst schrieb Damen unter das Testament, das wir in ihrem Haushaltungsbuch finden, unter den Schuldbrief für die Haushälterin des Dechanten von Maaseik und in ein Gebetbuch, aufbewahrt in dem kleinen Mutter-Magdalena-Museum in Heythuysen. Im Register des Gemeindehauses zu Heythuysen steht ebenfalls Damen.

8 G. de Schepper, La reorganisation des paroisses et la suppression des convents dans les Pays-Bas Autrichiens sous le règne de Joseph II., Louvain, 1942.

9 Pastor Van der Zandt schreibt in seiner Chronik mehrmals, daß Catharina Abrahams berühmtes Wort in dieser Form wiedergab.

10 L. J. Rogier, Limburg in de Franse tijd, in "Beschouwing en onderzoek", Utrecht - Antwerpen, 1954, 183 - 203.

11 Beschreibungen und Aufzeichnungen seit dem Jahre '92, alle Besonderheiten enthaltend, die in unserer Stadt Maaseik vorgefallen sind, aufgezeichnet durch C. Op 't Endt OFM, Hilfspastor der Pfarrkirche von Maaseik, veröffentlicht von S. Drost in "De Maasgouw", 1906/07.

12 Siehe, was den Unterricht in den Jahren betrifft: F. P. C. de Koch, De Kerk en de Volksschool, Meppel, 1949.

13 De Décadaire bzw. Monatliche Berichte (Gutachten) der ausführenden Kommissare des Departements Niedermaas 1797/1800 - herausgegeben durch D. L. Roppe, G. W. H. Panhuysen und Elisabeth M. Nuyens, Maastricht, 1956.

14 Schwester Walburga Dahlmann erzählt den Sachverhalt so: "Von einigen älteren Schwestern habe ich gehört, daß sie manchmal mit ihrem Vater zur Arbeit auf das Feld ging, daß der Vater mit ihr nicht so recht vorwärts kam, weil sie viel betete und viel nachdachte über andere Dinge. Er nahm lieber ihr Schwesterchen mit."

15 vgl. Kapitel XII.

II. Maaseik

Allzu früh war Trienekes Kinderzeit vorbei, und sie mußte das elterliche Haus verlassen. Zwei Frauen hatten dort keine Arbeit, dafür war es zu klein. Wie die meisten Mädchen ihres Standes und Alters suchte sie sich eine Dienststelle. Sie fand eine solche in der kleinen Stadt Maaseik, zwei Stunden von De Laak entfernt, am westlichen Ufer der Maas.

Maaseik ist ein anziehender kleiner Ort. Der Marktplatz mit alten Bäumen und den stattlichen Giebeln der Bürgerhäuser gilt als einer der schönsten in Belgien. In den anderthalb Jahrhunderten, seit Trieneke dort wohnte, hat sich das Städtchen äußerlich nur wenig verändert. Laut offiziellem Bevölkerungsregister von 1803 hatte es damals 2205 Einwohner, Roermond dagegen 3788 und Heythuysen 1384.

Denken wir nicht, daß Trieneke das Gefühl hatte, ins Ausland zu gehen. "Vaterland" muß für Dorfbewohner in Mittel-Limburg ein unbekannter Begriff gewesen sein. Es kostet wenig Mühe, sechs nahe beieinanderliegende Orte zu suchen, deren Bewohner zu sechs verschiedenen Staaten gehörten. Bis 1794 lagen Stevensweert und Echt in Niederländisch Geldern, Roermond und Weert waren österreichisch, Venray preußisch, Heythuysen gehörte zum Stift Lüttich, Sittard im Herzogtum Jülich wurde durch den Kurfürsten von der Pfalz regiert, und nördlich von Stevensweert führte die Äbtissin des reichsunmittelbaren Thorn den Krummstab[1].

Aber kirchlich gehörte der größte Teil von Limburg zum Bistum Roermond. Dieser Einheit waren die Leute sich bewußt, und sie bedeutete der einfachen Landbevölkerung viel.

Im Zusammenhang mit den Spannungen zwischen Papst Pius VI. und Napoleon wurde das Bistum Roermond 1801 aufgehoben. Limburg gehörte bis 1840 zur Diözese Lüttich. Auf Drängen der niederländischen Regierung wurde 1840 das Apostolische Vikariat Limburg errichtet. 1853 entstand daraus das Bistum Roermond, als in den Niederlanden wieder eine bischöfliche Hierarchie errichtet wurde.

Hatte Trieneke in ihren Kinderjahren Bekanntschaft gemacht mit Kälte und Überschwemmungen, mit Hunger infolge übermäßiger Verteuerung der Lebensmittel wegen der Requisitionen der Franzosen, so gehörte das in Maaseik wohl der Vergangenheit an. Was bedauerlicherweise nicht der Vergangenheit angehörte, waren die Behinderungen des religiösen Lebens. Im Konkordat von 1801 trat die Kirche als Partner auf, obwohl man sie während der Französischen Revolution für tot erklärt hatte. Aber solange Napoleon die Zügel in Händen hatte, konnte ausdrücklich nicht von Religionsfrieden gesprochen werden. In Maaseik selbst spielten sich heftige Kämpfe ab zwischen Aufklärern, Antiklerikalen auf der einen und treuen Katholiken auf der anderen Seite, wenn es um die Rückgabe der verstaatlichten Güter und um die Rückgabe der Güter ging, die Privatpersonen aus kirchlichem Besitz erworben hatten. Die bereits erwähnte Chronik des aus seinem Kloster vertriebenen Franziskaners Christiaan Op 't End gibt einen ausführlichen Bericht über Freud und Leid, über Gutes und Böses; er berichtet von dem, was er wahrnimmt und sieht bei den Menschen, die mit ihm leben. Nachdrücklich wird festgestellt, einerseits gibt es eine Verwilderung der Sitten als Auswirkung der Kriegsjahre, andererseits aber auch das Wiederaufblühen des religiösen Lebens in den Formen, die zu der Zeit gefüllt werden konnten: beispielsweise Andachten zu Ehren des heiligen Antonius von Padua, Prozessionen. Im Volk lebte noch Glaubenskraft.

Von Catharinas Kinderjahren in De Laak kann wenig erzählt werden, ebensowenig kann davon gesagt werden, wie das junge Mädchen die Vorkommnisse und Erlebnisse während der Napoleonischen Zeit innerlich verarbeitete. Haben diese Geschehnisse sie beunruhigt, oder aber kam ihre tiefreligiöse, auf das Ewige gerichtete Natur verhältnismäßig leicht darüber hinweg? Hinweise, die diese Fragen beantworten könnten, gibt es nicht. Man darf annehmen - aber das führt uns nicht viel weiter -, daß sie gern eine hilfreiche Hand bot, um Leid zu lindern, wo es ihr möglich war und wo sie ein einfaches Trostwort und guten Rat im rechten Augenblick geben konnte. So wird es erzählt von ihren ersten Jahren in Heythuysen. Catharina wird in bewegter Zeit gelassen und pflichtbewußt ihre tägliche Arbeit verrichtet haben.

Inzwischen war sie von den Kapuzinern in die franziskanische Spiritualität eingeführt worden. Sie lernte einfache Volksandachten, die zu ihrer Zeit wieder große Bedeutung erlangten, kennen: die Verehrung des heiligen Antonius, die Gewinnung des Portiunkula-Ablasses[2].

Den genauen Zeitpunkt kennen wir nicht, zu dem Catharina den Dienst im Haushalt von Fremden aufnahm. Wenn Cornelis und Geertruida Damen ihre Tochter zu Hause behielten, bis sich die Religionsverfolgung etwas gelegt hatte, könnte sie etwa 1802 oder 1803 im Alter von vierzehn oder fünfzehn Jahren nach Maaseik gekommen sein.

Vermutlich wurde zu Haus gesponnen, genäht und gestrickt, und als die bescheidene Aussteuer fertig war, wanderte Catharina zu Fuß nach

Maaseik. Vielleicht ließ sie sich nahe bei der elterlichen Wohnung übersetzen, so daß sie bei "de Leeuwerik" landete. Dort lag eine kleine Gruppe Häuser zwischen Bäumen versteckt. Über Aldeneik, etwas außerhalb der Wälle im Norden des Städtchens gelegen, erreichte sie Maaseik. Es ist aber auch möglich, daß sie den "Mis- oder Lijkweg" benutzte und bei Aasterberg südlich von Echt die "Oude Maas" überquerte.

Wer ihr Arbeitgeber war, das ist nicht bekannt; vermutlich war es eine bürgerliche Familie.

Aus ihrer Maaseiker Zeit erzählte Catharina später folgende Begebenheit: 1810 heiratete Napoleon in zweiter Ehe die Erzherzogin Marie-Louise von Österreich. Am 6. Mai fand in "Het Lemken" in Maaseik für den ganzen Bezirk ein Ball statt. Catharinas jüngere Schwester Jenneke überredete sie mit viel Mühe, mit ihr zum Tanz dorthin zu gehen. Catharina ließ sich überreden und machte sich fein mit einer roten Schürze. Im Festsaal angekommen, sah sie sich unbehaglich das "Getue" an und war tief enttäuscht, besser: Sie hatte einfach keine Freude daran, denn sie äußerte später: "Einmal - und nicht wieder!"

Es ist bekannt, daß solche Tanzvergnügen nicht immer unschuldig waren und häufig Anlaß gaben zu allerlei Ausschweifungen[3]. Die zwei Schwestern müssen von dem einen oder anderen gewußt haben. Daß bei der Älteren die angeborene Zurückhaltung die Oberhand gewonnen hat nach diesem ersten Versuch, braucht nicht als eindeutiger Beweis von Heiligkeit ausgelegt zu werden, ebensowenig wie die fröhlichere und, wenn man so will, natürlichere Jüngere leichtsinnig genannt werden kann. Jenneke lernte bei diesem Ball ihren späteren Mann Steven Suylen kennen, und Catharina wurde sich ihrer Berufung bewußt.

Sie suchte ihre Freude anderswo. Die Pfarrkirche, in jenen Jahren die Kirche der vertriebenen Minderbrüder, befand sich in der Nähe ihrer Wohnung. Die Kirche, zu der De Laak gehörte, lag eine Wegstunde von ihrem Elternhaus entfernt in Echt. In Maaseik konnte das stille, bescheidene Mädchen in seiner knappen Freizeit ohne Mühe und Zeitaufwand zur Kirche gehen, um dort zu beten. Neben ihren täglichen Arbeiten und Beschäftigungen schaffte sie sich einen inneren Freiraum für Gott.

Etwa seit 1810 wohnte sie im Pfarrhaus. Im Archiv der Kongregation befindet sich ein Brief folgenden Inhalts:

"Sehr geehrter Herr Claesen,

Unterzeichnende, Schwester Agnes Céline Danis, kann wegen mangelnder Sehkraft das Nachstehende nicht persönlich schreiben, aber sie möchte Ihnen durch Vermittlung einer ihrer Mitschwestern einige Fragen stellen, die sich auf unsere ehrwürdige Stifterin, Schwester Magdalena, Maria Damen, beziehen.

Laut Mitteilung meiner Großmutter hat Schw. Magdalena bei dem Herrn Dechant gedient; später soll sie sich den "Masoeurkes op de Trepkes" angeschlossen haben. Da Ihr Sohn Kaplan in Maaseik ist, würde er uns einen großen Dienst erweisen, wenn er in der Pfarrchronik nachsehen wollte, wie der Herr Dechant hieß, der in den Jahren 1810 - 1817 in dieser Eigenschaft fungiert hat. Ich erinnere mich, daß auf der Eikerstraat ein gewisser v. d. Sandt, Seiler, wohnte, dessen Bruder, wie ich meine, Priester und Pastor in Heythuysen war. In diesem Fall wäre Seine Hochwürden Mitstifter unserer Kongregation und vielleicht in Maaseik geboren.

Sie würden uns sehr verpflichten, wenn Sie uns einige Auskünfte über das eine oder andere geben wollten und uns mitteilen, ob die Vereinigung der Masoeurkes noch besteht. Bei meinem Fortgehen im Jahre 1866 war nur noch Masoeur Maria da.

Ihnen im voraus für verursachte Mühe dankend, zeichnet mit höflichen Grüßen

Ihre i. Ch. ergebene

gez. Zuster Agnes Céline Danis."[4]

Der erwähnte Dechant war Herr L. de Borman. Er bekleidete das Amt bis 1824. Nach der Überlieferung hatte Catharina sich 1817 den "Masoeurkes op de Trepkes" angeschlossen. 1810 wird vermutlich das Jahr ihres Dienstantritts in der Dechanei gewesen sein.

Wir dürfen annehmen, daß das Zeugnis von Schwester Agnes' Großmutter zuverlässig ist. Sie mag Catharina Damen in den angegebenen Jahren persönlich gekannt haben, und in der kleinen Stadt irrt man sich sicher nicht hinsichtlich des Dienstpersonals des Dechanten. Ob Catharina damals - sie war 1810 erst dreiundzwanzig Jahre alt - Haushälterin des Dechanten oder Gehilfin seiner Haushälterin war, ist aus dem Brief nicht zu ersehen.

Nach ihrem Weggang im Jahr 1825 unterhielt sie noch Verbindungen mit Hausgenossen von Dechant de Borman. In ihrem Haushaltungsbuch zeichnet sie eigenhändig auf: "Unterzeichnete erklärt, dreihundert Franken schuldig zu sein an Megteldes junge Tochter, mehrere Jahre wohnhaft in Maaseik bei dem Dechant." Darunter die Handzeichnungen: Magdalena, unw. (unwürdige) Oberin des Klosters. Taufname: M. C. Damen. Ger. Kerkels. M. C. Dekkers.

Im Jahr 1810 geschah etwas für Catharinas Zukunft Wesentliches. Den Kapuzinerpatres war es gelungen von Velp bei Grave aus, ihrem letzten Kloster in den Niederlanden, ihren im Jahr 1797 aufgehobenen Konvent in Maaseik offiziell wiederherzustellen.

Sie waren sechs Kapuziner, als Guardian waltete Pater Eleutherius Meers seines Amtes; er war gebürtig aus Sussen bei Tongeren, damals 53 Jahre alt.

Der Jüngste in der Gruppe war Pater Leonardus van de Poel, geborener Maaseiker, von dem wir später noch hören werden[5]. Vielleicht hatte Catharina in den stürmischen neunziger Jahren noch nie einen Franziskaner gesehen, der einen Habit trug, aber franziskanischer Geist kann ihr nicht ganz fremd gewesen sein. In Echt und auf der Insel von Stevensweert bestanden keine Klöster, aber Ordensberufe muß es genug gegeben haben, davon zeugt die große Zahl Ordensmänner und Ordensfrauen in der Umgebung.

Die Kapuziner waren als Volkspriester bekannt. Hervorgegangen aus einer der zahlreichen Reformbewegungen im Orden der Minderbrüder, wurden die Kapuziner im Jahr 1528 von Papst Clemens VII. anerkannt. Als der Orden 1619 unter einem eigenen General-Minister selbständig wurde, war er bereits mehr als dreißig Jahre in den Niederlanden ansässig und erlebte dort unter dem Herzog von Parma und später unter den Erzherzögen Albertus und Isabella eine hohe Blütezeit. Zwischen ihrer Ankunft in Antwerpen 1586 und dem Jahr 1628 wurden in den Niederlanden vierundfünfzig Kapuzinerklöster gegründet.

Diese Männer, die auf das Urfranziskanertum zurückgriffen, waren in allen Kreisen so angesehen, daß Kardinal de Jong sie den "populärsten Orden" nennen konnte[6]. Das Geheimnis ihrer Volkstümlichkeit lag in ihrer radikalen Weltentsagung, ihrem bescheidenen, uneigennützigen Auftreten, in ihren sehr gepflegten Predigten und in ihrer Nächstenliebe. Sie waren nicht allein eifrig im Predigen, Beichthören, in der Organisation von Prozessionen, Novenen und dem Vierzigstundengebet, sie besuchten auch die Gefangenen, sie widmeten sich der Krankenpflege, der Sorge für Geisteskranke, sie unterrichteten die Kinder und halfen beim Löschen der zahlreichen Brände in der Stadt.

Das Geheimnis all ihres Wirkens lag in der zentralen Stellung, die das Gebet im Leben der Kapuziner einnahm. "Die strenge Bußfertigkeit, die Treue in der Klosterzucht, das fruchtbare Apostolat in Wort und Werk, die Begeisterung des Volkes finden keine befriedigende Erklärung, es sei denn im Gebetsleben, in dem die Kapuziner sich auszeichnen. Wer ihre Wertschätzung für das Gebet versteht, hat damit einen Zugang gefunden zur Kapuziner-Spiritualität."

Im Sommer 1814 bezogen die Patres ihr Kloster am "Kapuciene-plaatske". Dieser liegt ganz nahe bei dem stattlichen Marktplatz, ist aber von der Straße aus nicht mehr zu sehen, weil er in den großen Gebäudekomplex der Zusters van Liefde von Msgr. Zwijsen eingebaut ist. Der Kapuziner-Platz wurde ein kleiner Innenhof. Die einfache, aber schöne kleine Barockkirche, welche die Maaseiker früher so gern besuchten, ist nun ihrer Benutzung entzogen. Catharina muß zu ihrer Zeit das "Kapucieneplaatske" wohl sehr vertraut gewesen sein.

Wir vermuten, daß sie in De Laak oder in Stevensweert die Kapuziner bereits kennengelernt hatte. Seit 200 Jahren leisteten diese ihre Dienste der Bevölkerung in dem Gebiet von Maastricht, Geldern und Maaseik, wo sie ihre Niederlassungen hatten. An Sonn- und Feiertagen predigten sie in den Pfarrkirchen und hörten die Beichten der Gläubigen. So berichtet das alte Archiv des Klosters zu Maaseik[7].

Wurden die Patres auch durch die ungünstigen Zeitumstände vertrieben, die Erinnerung an sie blieb in der ganzen Umgebung lebendig. Ohne Zweifel hörte Catharina seit ihrer Ankunft in Maaseik von früheren guten Tagen erzählen, "als die Patres noch hier waren, die Patres... und die Kapuzinerinnen". Catharina war eine durch und durch religiöse Natur. Gerade solche Erzählungen interessierten sie, sie prägten sich ihrem Gedächtnis ein, und bei ihr fand Gottes Gnade einen günstigen Nährboden, in dem das Samenkorn der Berufung in Ruhe keimen konnte.

Zur geistlichen Erneuerung durch die Kapuziner gehörte auch die Wiedererrichtung eines Zweiges des franziskanischen Weltlichen Dritten Ordens.

Es ist bekannt, daß dieser durch den heiligen Franziskus vorgesehen war für verheiratete und unverheiratete Laien, die in ihrer Familie oder an dem Platz, an dem sie ihren Beruf ausübten, ein mehr Gott geweihtes Leben führen wollten. Die Mitglieder sollten keine teure Kleidung tragen, ihre Güter ordnungsgemäß verwalten, sich von üppigen Festen fernhalten, Mäßigkeit üben im Essen und Trinken, fasten, sich der Fleischspeisen enthalten und die kirchlichen Tagzeiten beten. Catharina scheint eine der ersten gewesen zu sein, die in den Dritten Orden eintrat. Sie legte nämlich bereits am 12. Oktober 1817 ihre Profeß ab, war also vor dem 12. Oktober 1816 eingekleidet worden. Sie legte ihre Gelübde ab in die Hände von Pater Eleutherius Meers in seiner Eigenschaft als Guardian, wozu er am 30. Mai desselben Jahres in Velp gewählt worden war. Ihre Profeßurkunde, die sie eigenhändig ausfüllte, ist nach der Eintragung ihrer Taufdaten in das Pfarregister zu Echt die zweite authentisch-historische Angabe, die wir von ihr besitzen. Das Dokument wird im Generalats-Archiv unserer Kongregation in Rom aufbewahrt.

Catharina war nun in den mächtigen Strom franziskanischer Geisteserneuerung einbezogen, der seit dem dreizehnten Jahrhundert von Italien her sich über Europa auf die anderen Erdteile erstreckte. Ihre Profeß im Weltlichen Dritten Orden hat ihr alles bedeutet. Bis zum Tag ihrer Profeß im Regulierten Dritten Orden am 11. Juni 1839, als sie bereits seit drei Jahren das Ordenskleid trug, hat sie diese als Grundlage ihres gottgeweihten Lebens verstanden.

Ihr Wunsch, in einer bestimmten Lebensform Gott und den Menschen zu dienen, ließ die junge Frau den Schritt tun, der sie weiterführte zu ihrer endgültigen Lebensbestimmung. Sie schloß sich den "Masoeurkes op de Trepkes" an.

Im Einwohnerregister von Maaseik von 1821, Stadtarchiv Maaseik, ist zu lesen, daß auf dem Capucieneplaats Nr. 191 gemeinsam wohnten: "Nr. 890 Catharina Damen, 30 Jahre; Nr. 891 Helena Gelissen, 29 Jahre; Nr. 892 Dina Gelissen, 28 Jahre; Nr. 893 Catharina Palenberg, 28 Jahre". Die Altersangabe von Catharina Damen ist falsch, sie wurde am 19. November 1821 34 Jahre alt. Das Haus lag neben dem Kloster der Kapuziner. Wie alle Maaseikschen Häuser trug es einen eigenen Namen: "Unsere liebe Frau", aber im Volksmund hieß es nicht anders als "op de Trepkes", weil man über vier Stufen hineinging. Das Haus steht noch, es grenzt an das Institut für blinde und taubstumme Kinder, das die "Zusters van Liefde" aus Tilburg später im ehemaligen Kapuzinerkloster eingerichtet haben. Wer heute nach den "Trepkes" sucht, wird sie nicht mehr finden; bei einem Umbau im 20. Jahrhundert sind sie entfernt und durch einige Stufen im Gang ersetzt worden.

Das Haus war Eigentum von Catharina Palenberg. In ihrem Testament aus dem Jahr 1846 verfügt sie: "Ich vermache an Helena Gelissen, an Johanna Gelissen und an Helena Janssens, die bei mir wohnen, mein Haus und den dahinter liegenden Garten und weiteres Zubehör, das steht und liegt in Maaseik, neben dem Haus 'de Son'." Vielleicht war die Tatsache, daß sie Eigentümerin des Hauses war, der Grund, weshalb sie als Oberin der kleinen Gemeinschaft dieser "Schwestern von der Buße" auftrat. "Schwestern von der Buße", so lautete der offizielle Titel der Weltlichen Terziarinnen. Die Tradition bezeichnet Catharina Palenberg als Cousine von Catharina Damen. In offiziellen Dokumenten ist jedoch ein Beweis dafür nicht zu finden, wenn auch die Tatsache, daß die Mutter von Catharina Palenberg auch Catharina Damen hieß, auf die Möglichkeit einer Blutsverwandtschaft hinweist.

Daß die Bewohner von Maaseik die vier jungen Frauen "Masoeurkes" nannten, beweist, daß man in ihrer Gemeinschaft etwas anderes sah als ein mehr oder weniger zufälliges Zusammenwohnen von Freundinnen. Auch die Geistlichkeit sah in ihnen eine Klostergemeinschaft. Pastor Van der Zandt von Heythuysen nannte ihre Gemeinschaft eine "vergadering", darin könnte eine Übersetzung des lateinischen Wortes congregatio gesehen werden. Eine Gemeinschaft von Beginen wurde auch so genannt[8].

Daß Catharina Palenberg Oberin genannt wird, weist auf das Bestehen einer Art klösterlicher Gemeinschaft hin, einer Art Tagesordnung, Arbeitseinteilung, einer Form gemeinschaftlichen Gebetes, auf gemeinsame Mahlzeiten. Vorsteherin einer Pension war Catharina Palenberg mit Sicherheit nicht.

Die Art und Weise, wie die "Masoeurkes" lebten, hatte sich selbstverständlich aus dem alltäglichen Leben ergeben, anderes hatten sie aus ähnlichen Vereinigungen übernommen oder auch den Lebensgewohnheiten vertriebener Religiosen abgeschaut. Gleich in der Nähe ihres Hauses wohnten die Kapuziner. Sie waren betraut mit der geistlichen Formung der Mitglieder des Dritten Ordens. Es ist nur zu gut zu verstehen, daß die Kapuziner den vermutlich nur im kleinen Kreis ausgesprochenen Wunsch hegten, den Konvent der Kapuzinerinnen wieder zu begründen, nachdem ihnen die Neugründung ihres Konventes gelungen war.

Pater Leonardus von Maaseik (Nicolaas van de Poel) war der jüngste und tatkräftigste Mönch der Kommunität. Nach Abschluß des Konkordats mit Napoleon wurde durch seine Bemühung das ehemalige Klostergebäude zurückgekauft, und er nahm darin Wohnung. Nachdem einige Mitbrüder ebenfalls dorthin zurückgekehrt waren, führten sie im geheimen ein gemeinschaftliches Leben, bis sich im Juni 1814 die Möglichkeit bot, den Konvent wieder offiziell zu errichten und sich im Habit auf der Straße zu zeigen. Das war in jenen Tagen ein Wagnis. Leider war das öffentliche

Tragen des Ordensgewandes von kurzer Dauer, bereits 1816 wurde es von der niederländischen Regierung verboten. Das Kloster konnte weiterbestehen, aber weil die Ordensprovinz Novizen nicht aufnehmen durfte, war sie zum Aussterben verurteilt. Pater Leonardus lebte seit dem 19. Februar 1831 wieder allein.

Aber er gab seine Pläne nicht auf. Bemühungen bei seinen Vorgesetzten und beim Bistum Lüttich waren vergeblich. Weil er den Erhalt des Klostergebäudes sichern wollte, wurde es schließlich dem Bistum übertragen mit dem Vorbehalt, daß das Haus und der weitere Besitz dem Orden zurückgegeben werden sollten, falls die Kapuziner zurückkehrten.

Es hat nicht sollen sein! Im Jahr 1840 übernahmen die "Zusters van Liefde van Tilburg" das Haus. Pater Leonardus übernahm für eine Zeit noch das Amt des Rektors. Alt und enttäuscht wegen des Scheiterns seines Lebenswerkes zog er sich im Jahr 1846 in das Kapuziner-Kloster Velp bei Grave zurück. Dort konnte er noch einige Jahre seinen geliebten Habit tragen, bis er 1850 im Alter von 75 Jahren eines heiligmäßigen Todes starb.

Dieser Pater Leonardus war es, der nur einen Gedanken und ein Ziel hatte: Er wollte nach dem Tod von Pater Eleutherius die geistliche Leitung der Masoeurkes übernehmen, weil er hoffte, den Konvent der Kapuzinerinnen mit ihnen wieder begründen zu können. Jedenfalls ist das so anzunehmen.

Vorläufig bot sich dafür jedoch keine Möglichkeit. Da waren die Schwierigkeiten mit dem Bischof von Lüttich wegen des eigenen Klosters. Aber auch die Gesetzgebung König Willems I. erschwerte Neugründungen. Trotz allem hielt er daran fest, in der Gemeinschaft der Masoeurkes ein Samenkorn zu sehen, aus dem sich zu einem günstigen Zeitpunkt ein Kloster entwickeln konnte.

Die nächste Frage ist zu stellen nach den Kapuzinerinnen, deren Kloster 1797 aufgehoben wurde. Sie gehörten zum Regulierten Dritten Orden und hatten sich im Kloster "St. Marie und St. Jan" in Sion niedergelassen[9]. Nach der Einnahme von Den Bosch im Jahr 1629 scheinen sich die Schwestern - die eine nach der anderen - nach Maaseik begeben zu haben. Vermutlich von 1641 an hielten sie Verbindung mit den Kapuzinern, die ihre Nachbarn waren. Die Patres standen den Schwestern als Spirituale zur Verfügung. 1672 nahmen die Franziskanerinnen die Reform von Mutter Taffin an, so daß sie Kapuzinerinnen wurden[10].

Françoise Taffin war eine adelige Dame von Broekberg (Borbourg) in Französisch-Flandern. Sie ließ, nach kurzer glücklicher Ehe Witwe geworden, ihr Haus zu einem Kloster umbauen. Obwohl sie nach der vollkommenen Armut der Klarissen verlangte, begriff sie, daß weder die Stadt noch die geistliche Obrigkeit ihre Zustimmung geben würden zu einer ungesicherten Stiftung. Mutter Taffin und die Frauen, die sich ihr angeschlossen hatten, wurden nun Kapuziner-Tertiarinnen nach der Regel des Regulierten Dritten Ordens. Sie erhielten die von Papst Leo X. 1521 von der Regel des heiligen Franziskus abgeleitete Regel, versehen mit den besonderen Bestimmungen und Gebräuchen, die mit der Kapuziner-Spiritualität gegeben waren. Die päpstliche Klausur mit Gitter im Sprechzimmer gehörte dazu. Das Kloster bekam schon bald einen guten Ruf. Neue Stiftungen wurden errichtet, und zahlreiche andere Ordenshäuser in Frankreich und den südlichen Niederlanden schlossen sich dieser Lebensform an, 1672 auch die Schwestern in Maaseik.

Zwischen 1672 und 1797, in 125 Jahren, konnte viel geschehen! Aber der gute Geist der Kapuziner bürgte allezeit für den guten Geist der Kapuzinerinnen.

Das Leben der "Masoeurkes op de Trepkes" war kirchenrechtlich kein Klosterleben, glich ihm aber in der Praxis sehr. Obwohl sie nicht zur Ehelosigkeit um des Himmelreiches willen und zum gemeinschaftlichen Leben verpflichtet waren, hielten sie sich daran. Ihren Lebensunterhalt verdienten sie mit Anfertigen und Ausbessern von Kirchenwäsche und Paramenten, Erteilung von Katechismusunterricht, Anleitung der Mädchen zum Nähen und Stricken. Solche Beschäftigungen hätten sich auch mit der Klausur vereinbaren lassen. Doch diese bestand noch nicht. Catharina Damen pflegte später auch Kranke in deren Wohnung, dabei den Geist der Kapuziner über den Buchstaben der Kapuzinerinnen stellend.

Die Masoeurkes bedurften eines edelmütigen Herzens und einer großen Dosis Takt, wenn sie sich der Erziehung und dem Unterricht widmeten. Die Klage über die Verwilderung der Sitten in und nach der französischen Zeit war allgemein. Hilfe von seiten der Eltern und Erzieher sollen sie wohl ebensoviel und ebensowenig gehabt haben, als es gegenwärtig der Fall ist. Für Catharina war die Arbeit in Maaseik die Lehrschule für die fruchtbare Tätigkeit, die sie später in ihrer kleinen einklassigen Schule in Heythuysen entfalten konnte.

Außer mit den Eltern brachte der Unterricht bei den Kindern auch Verbindungen mit der Pfarrgeistlichkeit. Der Pastor des fünf Wegstunden entfernten mittellimburgischen Dorfes Heythuysen muß sie von seiner

Kaplanszeit in Maaseik gekannt haben. Er brachte sich in Erinnerung und bat die Masoeurkes, die Sorge für seine Kirchenwäsche zu übernehmen. Von Zeit zu Zeit wanderten nun zwei von ihnen von Maaseik nach Heythuysen in sein Pfarrhaus, um dort zu waschen und auszubessern[11]. Pastor Van der Zandt wird bei solchen Gelegenheiten vermutlich mit Catharina gesprochen, sie wenigstens gesehen haben. Aber sie "lag ihm" nicht allzusehr. Er selbst war eine spontane und aktive Natur, und mit dieser schweigsamen, bescheidenen Frau entstand nicht leicht Kontakt.

Die Arbeit jedoch, die "op de Trepkes" geleistet wurde, schätzte er. In seiner eigenen Pfarrei war ihm das Herumtreiben vieler unbeaufsichtigter Kinder auf der Straße schon lange ein Dorn im Auge, und so entstand der Wunsch, Catharina Palenberg möge ihre kleine Kommunität teilen und zwei der vier Schwestern nach Heythuysen senden. Dort sollten sie ihr segensvolles Werk fortsetzen.

Was genau abgesprochen wurde, wissen wir nicht. Daß die "Oberin" selbst nicht nach Heythuysen kommen würde, lag auf der Hand, denn das Haus "op de Trepkes" war ihr Eigentum. Die zwei Schwestern oder Cousinen Gelissen wollten natürlich lieber zusammenbleiben in Maaseik. Übrig blieb Catharina Damen.

Es wurde schon einmal vermutet, sie habe bereits in Maaseik eine Offenbarung von Gottes Wegen gehabt. War ihr dort der Auftrag gegeben worden, ein Kloster zu stiften, erwuchs daraus ihr unerschütterliches Vertrauen: "Gott wird sorgen!"

Das ist möglich, aber doch nicht wahrscheinlich. In der hagiographischen Literatur ist der gewöhnliche Gang der Dinge dieser: Ein Mensch strebt danach, uneigennützig und mit voller Hingabe an Gottes Führung zu handeln und entdeckt erst infolgedessen, daß er oder sie in der Tat Gottes Werkzeug in einer wichtigen Angelegenheit sein durfte. Wahrscheinlich gab Catharina ihre Zustimmung zur Übersiedlung nach Heythuysen, weil dort Gutes zu tun war; ihre persönlichen Wünsche traten zurück.

Was dieser Schritt für sie bedeutete, können wir nur vermuten. In ihrem Leben ist eine auffallende Geradlinigkeit festzustellen. Ein tieffrommes, bescheidenes, in sich gekehrtes Kind arbeitet bei Fremden, wie das in ihren Kreisen selbstverständlich ist. Bald darauf wohnt das junge Mädchen im Pfarrhaus - für sein Empfinden näher bei Gott. Sobald sich die Gelegenheit bietet, verbindet sich die junge Frau durch Gelübde dem Regulierten Dritten Orden des heiligen Franziskus. Dann wohnt sie in einer Art Konvent und führt ein nahezu klösterliches Leben. Und dies alles geschieht in einem Zeitraum von mehr als 20 Jahren. - Aber das Verlangen nach einem wirklichen Klosterleben, durch Gottes Ruf in ihr geweckt und durch die Umstände begünstigt, kann dennoch nicht Wirklichkeit werden. Die Hoffnung auf die Rückkehr der Kapuzinerinnen wird vereitelt durch den Widerstand sowohl des Bischofs als auch der Regierung.

Nun bietet sich ihr eine Gelegenheit, die sie in der Zeit und an dem Ort als Gottes Wille erkannt haben muß. Die Arbeit in Heythuysen mußte getan werden. Nicht ihr Wille oder ihre persönliche Neigung, sondern der klare Verstand, erleuchtet durch Gottes Gnade, sah es so.

Nicht leicht war der Verzicht auf das Leben mit drei gleichgesinnten Gefährtinnen, die Wohnung nahe bei der Kirche, der Verzicht auf ein beschauliches Leben, die Begleitung durch einen verständnisvollen hochstehenden Ordenspriester. Künftig erwartete sie Aktivität, Vereinsamung, Unterordnung unter einen Vorgesetzten, mit dem sie wenig harmonierte, der, bestenfalls, die stille, wenig anziehende Frau übersah.

Es muß für Catharina Damen ein wahres Abrahamsopfer gewesen sein, Abschied zu nehmen vom klösterlichen Leben. Nur so konnte sie es sehen. Aber nun zeigte sich das Wunder der Gnade, wie Gott mit Abrahams gutem Willen zufrieden war und ihn zum Stammvater eines großen Volkes machte, so wurde das Kloster, das in Maaseik nicht zustande kommen konnte, Wirklichkeit in Heythuysen. Catharina Damen wurde Stamm-Mutter einer Weltkongregation.

Quellenangaben zu Kapitel II

1 Vgl. Josef Engel (Red.), Großer Historischer Weltatlas, Teil III, München, ^{3}1967, S. 144.

2 Chronik Op' t Endt, "Im Jahr 1809 gab es einen großen Andrang zur Verehrung des heiligen Antonius. Etwa 2000 Gläubige bemühten sich im Laufe des Jahres 1812, den Portiunkula-Ablaß zu gewinnen."

3 Chronik Op' t Endt.

4 Im Archiv des Generalates zu Rom.

5 Über Pater Leonardus ausführlich: P. Gerlach OFMCap, Franciscaans Leven, Heythuysen-Nummer, 18. Jahrgang, Mai 1935.

6 Kardinal de Jong, Handbuch der Kirchengeschichte, Utrecht, 1947, (4. Auflage).

7 Zitiert von Gerlach, a.a.O.

8 Solche waren im 17. und 18. Jahrhundert nicht ungewöhnlich. Sie wurden durch die calvinistischen Staaten zugelassen.

9 L. H. C. Schutjes, Geschichte des Bistums 's Hertogenbosch, Teil IV, St. Michielsgestel, 1873.

10 Leben der sehr edlen und tugendhaften Jungfrau Franziska Taffin, Frau van Hocquet usw., Tot Ghendt, 1721. Im Auftrag der Schreiber sich als J. B. O. Priester andeutend, Bibliothek der Minderbrüder, Weert.

11 Chronik von Pastor Van der Zandt.

III. Heythuysen

Heythuysen ist ein freundliches Dorf zwischen Weert und Roermond. Mittel-Limburg hat nur mageren Boden, und bis zum Jahrhundert des Kunstdüngers und der motorisierten Landwirtschaft war der Wohlstand der Bevölkerung nur bescheiden. Der Name scheint "Häuser auf der Heide" zu bedeuten. Die Entstehung des Ortes mag in die karolingische Zeit zurückgehen und ist anzusetzen zwischen 750 und 900.

Die vielen Ortsnamen auf -huizen und -hausen hier und in den angrenzenden deutschen Landstrichen weisen auf diese Periode hin. Bodenfunde in Mittel-Limburg bestätigen diese Annahme[1].

Erst von der Mitte des 13. Jahrhunderts an gibt es historisch greifbare Angaben über den Ort Heythuysen. Das höchst verwickelte mittelalterliche politische Geschehen ist für die hier zu behandelnde Periode nicht von Bedeutung.

Ab 1715 gehörte Heythuysen zum Oberquartier Geldern der Generalstaaten und nach 1815 natürlich zum Königreich der Vereinigten Niederlande, aber mit tief eingewurzeltem und nicht ganz ungerechtfertigtem Mißtrauen gegen das protestantische "Holland". Wir wissen, daß König Willem I., wenn auch beseelt von noch so guten Absichten, den Katholiken gegenüber wenig taktvoll auftrat. Es war denn auch nicht zu verwundern, daß fast ganz Limburg bei dem belgischen Aufstand im Jahr 1830 die belgische Seite wählte.

1839 fiel Ost-Limburg endgültig an das Königreich der Niederlande zurück, und es ist dabei nicht schlecht gefahren. Das Dorf Heythuysen zählte laut offiziellen Unterlagen im Jahr 1803 1348 Einwohner[2], 1825 war die Bevölkerung etwas gewachsen. Doch vernehmen wir, daß es ein etwas anderes Aussehen hatte als die umliegenden Dörfer Baexem, Roggel, Leveroy. Es machte mehr den Eindruck eines kleinen Städtchens. In der Franzosenzeit war es Mittelpunkt eines Kantons gewesen. Wenn man zu Fuß, zu Pferd oder mit dem Wagen hineinkam, hatte man bereits Bekanntschaft mit den sehr schlechten Wegen gemacht. Heythuysen scheint ein einigermaßen bedeutender Kreuzungspunkt gewesen zu sein, ein Halteplatz mit bekannten Dorfherbergen und einem Stammcafé für angesehene Leute. Die Einwohner von Heythuysen betrieben ein wenig Handel und eine bescheidene Industrie.

Als Catharina Damen 1825 nach Heythuysen kam, war ein Herr M. Raetsen Bürgermeister. Er muß ein gutes, freundschaftliches Verhältnis zu seinen Gemeindemitgliedern gehabt haben. Nachdem seine Frau ihm von der Sorge Catharinas und ihrer "Masoeurkes" wegen des Umbaus ihres Häuschens, den sie selbst vornehmen wollten, erzählt hatte, ging er selbst 1835 mit Catharina auf die Wohnungssuche.

Selbstverständlich gab es in Heythuysen eine Pfarrkirche. Der älteste Teil ist datiert aus dem Jahr 1504 und wurde von dem limburgischen Geschlecht der Grafen von Hoorne gebaut. Die derzeitige Kirche ist dieselbe wie in Catharinas Tagen, sie wurde lediglich etwas vergrößert. Das Marienbild, vor dem Catharina so gern betete, hat einen Platz gefunden in der kleinen Kapelle an der Ecke der Vlastraat. Fast möchte man wünschen, Catharina hätte ihre Initialen in die Bank gekratzt, in der sie mit Vorliebe kniete.

Nach den Aufzeichnungen im Gemeindearchiv war das Pfarrhaus im Jahr 1821 so baufällig, daß es schwierig war, einen Bewohner zu finden. Die Gemeinde bat damals um Geld für die Restaurierung. Pastor Peter Van der Zandt war seit 1821 Ortspfarrer. Für Catharinas Stiftung sollte er von großer Bedeutung werden. Er war in Berchem bei Oss in Nord-Brabant im Jahr 1784 geboren, hatte am Lateinischen Kolleg zu Maaseik und danach in Münster seine Studien gemacht. Nach seiner Priesterweihe im Hohen Dom zu Münster im Jahr 1814 hatte er in einigen Orten, u. a. in Maaseik, als Kaplan gewirkt und stand bei seiner Berufung nach Heythuysen in der Vollkraft seiner Jahre[3]. Er war nicht der Mann, den herrschenden Mißständen tatenlos zuzusehen. Und die gab es in der Tat.

Aus einer Eintragung im Gemeindearchiv geht hervor, daß das Dorf eine Schule hatte. Das Schullokal sollte 1821 umgebaut werden "für hundert Kinder, auf deren Schulbesuch man in dieser Gemeinde rechnet". Über den Lehrer, der diese hundert Kinder regieren mußte, weiß man wenig. Bis Ende 1828 empfing er, ein gewisser Jan Cornelis van Dijk, ein Jahresgehalt von 100 niederländischen Gulden. Er starb, 65 Jahre alt, am 20. Februar 1833. Am 17. April wurde ein Nachfolger ernannt[4]. Um diese Zeit hatte sich Masoeur Catriens kleine Schule bereits gut entwickelt.

Pastor Van der Zandt erweckt in der Chronik, die er später über das Entstehen der Kongregation schrieb, den Eindruck, in Heythuysen habe keine Schule bestanden[5].

In seiner "Memorie van den Oorspronk opkomst en Voortgang van het klooster s.Elisabeth te Heythuysen", gewöhnlich Chronik von Pastor Van der Zandt genannt, erzählt er folgendes:

"Unter vielem anderen, was notwendig wäre zum Nutzen der mir anvertrauten Herde, kam ich zur Überzeugung, daß der Unterricht der zarten Jugend, oder besser gesagt: ihre Erziehung, der Grundstein sei, auf dem das ganze Gebäude des christlichen Lebens ruhen müsse; aber wie beginnen? Wo Mittel suchen? Wo eine geeignete Person? Vom Morgen bis zum Abend sah ich die Straßen voller Kinder (so nachteilig für die Sitten), die spielten. Ach, könnte ich sie anstelle solch gefährlichen Müßigganges in einem Raum unter Führung einer guten, frommen Seele sammeln!

Ich gab meinen Gefühlen Ausdruck bei den Schwestern Catharina Palenbergs; ich schlug Schwester Catharina, Oberin der genannten Gemeinschaft, vor, daß sie ihre Hausgemeinschaft teilen möge und daß wenigstens zwei von ihnen hier Wohnung nehmen möchten, um die kleinen Kinder, besonders die Mädchen, von der Straße fortzuholen und sie in den Anfängen der Christenlehre und in kleinen Handarbeiten (Nähen und Stricken) zu unterweisen. Sie stimmten zu. Ich mietete ein Haus; und die genannte Schwester Catharina Palenberg sandte mir nur eine Schwester namens Catharina Damen..."

Es mag schönes Wetter gewesen sein an dem Mittsommertag, dem 21. Juni 1825, als Masoeur Catrien nach Heythuysen fuhr, 25 km auf einem kleinen Planwagen, auf dem sich außer ihr selbst und dem Fuhrmann ihr ärmlicher Hausrat befand: ein Tisch, ein Stuhl, ein Ofen und ein Koffer mit Kleidungsstücken. Vielleicht haben die Lerchen in der Luft gejubelt, vielleicht hat der blaue Himmel Kunde getan von all dem Guten, das Gott mit Heythuysen vorhatte.

Vorwärts ging es über lockere Sandwege und schlecht gepflasterte Dorfstraßen - stundenlang. Die Reisende war nicht die Person, die sich in sentimentale Träumerei oder in das, was hinter ihr lag, verlor. War sie in ihrer Jugend eine kleine Träumerin genannt worden, später bewies sie, daß sie alles andere als auf sich bezogen lebte. Jetzt, in diesem entscheidenden Augenblick ihres Lebens, wußte sie wie Abraham, der Mann des Glaubens, daß sie dem Besten, was sie in sich hatte, untreu würde, wenn sie dem inneren Drang nicht folgte, der ihr den Weg nach Heythuysen wies, um der Bitte des dortigen Pfarrherrn zu entsprechen.

Dieser war voller Erwartung. In einem abgelegenen Dorf in Limburg empfing man nicht jeden Tag Besuch und sicher keinen Besuch, der bemerkenswerte Folgen haben konnte. Auf die Mitteilung seiner Schwester, die seine Haushälterin war: "Sie ist da!", wird er dann wohl zur Tür geeilt sein... Da war nur eine, und dazu noch die in seinen Augen wenig anziehende Soeur Catrien. "Die hätten sie auch wohl behalten können", entschlüpfte es ihm, laut genug, daß der Fuhrmann es verstand und also auch Catharina. Ein gewisser Ganzen, Einwohner von Heythuysen, stand zufällig dabei. Er hat es den Schwestern später erzählt[6].

Offensichtlich war sie durchaus nicht willkommen. Sie wurde für unfähig gehalten. Die Sorge für die Kinder, wofür sie ihr Lebensopfer gebracht hatte, wurde ihr nicht anvertraut. Was nun? Ach, sie war einmal da, so sollte sie wenigstens die gewohnte Arbeit der Masoeurkes tun: Kirchenwäsche waschen und ausbessern.

Wie nahm Catharina das auf? Der Bericht erwähnt keine Äußerung von ihrer Seite, obwohl sie allen Grund gehabt hätte, gekränkt zu sein. Sie wußte nur eins: Ich muß tun, was Gott von mir hier in Heythuysen erwartet. Und sie fügte sich so vollkommen in die Verhältnisse, daß der Pastor später in seiner Chronik schreiben konnte: "Ich hielt sie etwa sechs Wochen oder ungefähr zwei Monate im Pfarrhaus. Als ich ihren Eifer sah, ihr starkes Vertrauen in die Göttliche Vorsehung (denn ihr beständiges Sprichwort war: Gott wird sorgen!), mietete ich ihr ein Haus (bei Abelen genannt)[7]. Sie bezog es am 2. Mai 1825 mit einem jungen Mädchen als Dienstmagd und begann sofort mit dem Unterricht; nicht durch ihre Geschicklichkeit, sondern durch ihre Frömmigkeit und ihr erbauliches Leben wurde die Jugend angezogen."

Die Ereignisse der ersten Jahre müssen erst viel später aufgeschrieben worden sein, jedenfalls sind einige Versehen unterlaufen. Das Datum vom 2. Mai kann nicht stimmen, da Catharina erst am 21. Juni ankam[8]; wahrscheinlich ist dies der Tag, für den das Häuschen angemietet wurde, das der Pastor, wie er oben schrieb, für die von ihm erwarteten zwei Terziarinnen vorgesehen hatte. Ferner kann man sich von Catharina schwerlich vorstellen, daß sie sich bedienen ließ im gebräuchlichen Sinn des Wortes. Mit Dienstmagd wird wohl eine Hausgenossin oder Gehilfin gemeint sein, weil Catharina nicht gut allein wohnen konnte. Auf jeden Fall war sie eine bezahlte Kraft im Unterschied zu ihren Gefährtinnen seit 1827. Später wird dieses Mädchen nicht mehr erwähnt.

Wurde die Jugend durch ihr erbauliches Leben angezogen? Kinder im Vorschulalter interessieren sich nicht für das persönliche Leben eines anderen, höchstens hören sie etwas davon durch ihre Eltern oder andere Dorfleute. Aber Catharina hatte Takt und war liebenswürdig, einfach fraulich, mütterlich lieb. Ein Kind fühlt unmittelbar, ob eine Lehrerin es gern hat, ob sie uneigennützig ist. Das war das Geheimnis von Catharinas unerwartetem Erfolg, neben dem demütigen Bekenntnis ihres Unvermögens stand das felsenfeste Vertrauen auf Gottes Hilfe und Führung.

Befähigt im Sinne wissenschaftlicher Bildung war sie nicht. Das wußte sie. Aber die Kinder fühlten keinen Mangel. Sie lernten etwas Nähen und Stricken und erhielten Religionsunterricht anhand des Katechismus. Die Eltern waren damit mehr als zufrieden. Bald war Masoeur Catrien im Dorf allgemein bekannt und beliebt. Schon bald sah man sie die Kranken in ihren Wohnungen versorgen, und in der wenigen freien Zeit, die ihr verblieb, konnte man sie in der Dorfkirche finden, vor dem Tabernakel kniend oder vor dem Bild der Gottesmutter.

Welcher Art waren die Kinder, die Catharinas kleine Schule bevölkerten? Genaues ist nicht überliefert, aber aus beiläufigen Mitteilungen läßt sich das eine oder andere entnehmen.

Zunächst: Der Pastor spricht von "gefährlichem Müßiggang" der Kinder und von dem "Unterricht", den Catharina gab. Man denke also nicht an drei- oder vierjährige Kleinkinder. Solche waren zu jung für "Unterricht" in Stricken und Nähen. Andererseits war Catharina bestimmt keine Konkurrenz für den Lehrer Van Dijk in seiner Gemeindeschule. Soweit reichten ihre Fähigkeiten nicht, und das Verhältnis zu Bürgermeister Raetsen, der das Monopol des Staates wahren mußte, war ausgezeichnet. Nehmen wir an, daß die Kinder nicht so kleine Mädchen waren, dann fügt sich gut die Erzählung von Fräulein Gertrude Raetsen, einer Enkelin des Bürgermeisters, ein, daß ihr Vater Antonius Raetsen, Patenkind von Catharina, einmal zu ihren Füßen einschlief, ein Junge im Knirpsenalter. Die Eltern brachten nämlich, wenn sie zu Hause viel Arbeit hatten, zuweilen ihre Kinder zu Catharina, damit sie auf sie aufpasse.

Es waren also Vöglein von verschiedenem Gefieder, die in Catharinas Bauer kamen, verschieden nicht allein nach Alter und Geschlecht, sondern auch aus den unterschiedlichsten sozialen Schichten. Die Dorfbevölkerung setzte sich zusammen aus einigen Vornehmen, aus Leuten des Mittelstandes, reichen Bauern, und vielen Menschen aus der Arbeiterschicht. Catharina und ihre Gefährtinnen lebten von freiwilligen Gaben.

Wie es weiterging mit der kleinen Schule, kann man nur vermuten. Als Catharina in den außerhalb des Dorfes gelegenen Kreppel umzog, ging die Zahl der Schulkinder vorübergehend zurück[8a]. Da die Zahl der Schwestern zunahm, konnten mehr Schwestern mit größerer Sorgfalt die Kinder "unterrichten". Der Bericht über die Preisverteilung im Jahr 1846 (siehe Kap. VIII) erweckt den Eindruck von einer Schule, in der unentgeltlich unterrichtet wurde, aber eben doch einer Schule.

Mit dem Einsatz aller Kräfte hatte Catharina ungefähr zwei Jahre lang diese Arbeit in der Pfarrei geleistet, als eine Näherin, Anna Maria oder Annemie Verkoulen[9], den Wunsch äußerte, sich ihr anzuschließen. Sie war am 4. April 1782 in Heythuysen geboren und somit fünf Jahre älter als Catharina. Nicht viel später kam eine Witwe, Gertrudis Kirkels, geboren in Wessem am 4. März 1790, mit derselben Bitte und kurz danach ein kräftiges fröhliches Bauernmädchen, Maria Catharina Deckers, geboren am 13. Mai 1804 in Hunsel, also beträchtlich jünger als die anderen.

Über die Art und Weise, wie diese Verbindung zustande kam, bringt uns das "Blütengärtlein"[10] einen anziehenden Bericht. Mit einigem Vorbehalt geben wir ihn wieder.

Catharinas überall im Dorf geschätzte Tätigkeit hatte bei Annemie, die Analphabetin war, den Gedanken aufkommen lassen, ihre Fähigkeiten als Näherin in den Dienst der kleinen Schule zu stellen, damit den anderen mehr Zeit für den Religionsunterricht bliebe. Freudig nahm Catharina diesen Vorschlag an mit den Worten: "Ja, ja, Gott schickt euch, bleibt bei mir."

Wenn diese ersten Worte der Stifterin wörtlich überliefert worden sind (Und warum sollten sie das nicht? Annemie, später Schwester Clara, muß von dem für sie so wichtigen Ereignis später erzählt haben.), dann fällt auf, mit welcher inneren Sicherheit sie antwortet. So empfängt man eine Stellenbewerberin nicht, wie immer es sei. Eine neue Lehrkraft brauchte gewiß nicht bei ihr zu wohnen, auch nicht in dem Heythuysen von 1827. Annemie möchte Catharinas Leben als Masoeurke teilen, das wird deutlich aus dem Bericht, und Catharina verstand das auch so und nahm sie als Schwester an.

Nicht lange danach bat Gertrudis Kirkels, sich den beiden anschließen zu dürfen. Früh Witwe geworden, mußte sie für ihr Kind und für ihre alte Mutter sorgen, deshalb arbeitete sie auf einem Bauernhof. Als Mutter und Kind gestorben waren, war sie frei von ihren Verpflichtungen. Sie sprach zu Pastor Van der Zandt von ihrem Plan, sich Catharina und Annemie anzuschließen. Vor allem Catharinas Frömmigkeit und ihre gesammelte Haltung in der Kirche zogen sie an. Wider Erwarten nahm der Pastor ihre Absicht nicht ernst. "Ach was, das ist nichts für euch. Bleibt, wo ihr seid, und sorgt für das Vieh wie bisher." Gertrudis ließ sich jedoch nicht beirren. Als sich die Gelegenheit bot, wartete sie beim Verlassen der Kirche auf Catharina, nahm ihren ganzen Mut zusammen und sagte: "Was seid Ihr glücklich, daß Ihr für Gott allein leben und Euch ganz guten Werken widmen könnt." Sie bekannte darauf, sie habe nichts anderes als ein Paar kräftige Arme, damit könne sie die grobe Arbeit tun. Die beiden anderen könnten sich dann ganz den Kindern widmen. "Seid willkommen", antwortete Catharina, "Gott segne Euren Eintritt. Er hat Euch zu mir gesandt, weil er weiß, daß ich Hilfe nötig habe."

Halten wir den "Eintritt" dem "Blütengärtlein" zugute, dann bleibt noch die überraschende Vorstellung, daß Gott in der Tat Catharina zu Diensten steht! Der Grundgedanke stimmt überein mit dem, was sie zu Annemie Verkoulen gesagt hat.

So kam denn auch Gertrudis und wohnte mit ihnen in dem kleinen Haus. Sie konnte ein wenig lesen und schreiben, aber die alten Schwestern erzählten später, daß es ihr mehr Mühe machte, eine Seite zu schreiben, als ein Feld umzugraben. Gertrudis wurde später Schwester Antonia. Sie starb in Heythuysen am 23. November 1873.

Ausführlicher ist die Berufungsgeschichte von Maria Catharina Deckers, die als Schwester Francisca am 17. Mai 1874 starb. Das fröhliche fromme Mädchen diente auf einem Pachthof nicht weit von Heythuysen. Einmal kam sie aus der Kirche nach Hause, tief beeindruckt von einer Predigt über die Vergänglichkeit alles Irdischen. Die Tochter des Bauern bemerkte ihren ungewöhnlichen Ernst und fragte lachend, was sie doch habe. Von der spontanen Antwort: "Ach, gäbe es doch noch Klöster, dann würde ich allem Lebewohl sagen, um Gott allein zu dienen!" überrascht, lief die andere fort und erzählte jedem, der es hören wollte, was Maria gesagt hatte. Natürlich wurde diese gründlich geneckt, doch der Gedanke ließ sie nicht mehr los. Als sie zufällig von den drei Masoeurkes in Heythuysen sprechen hörte, erschien ihr das wie ein Lichtstrahl vom Himmel. Es war, als ob ihr jemand sagte, dahin mußt du gehen, das ist der Platz, wohin dich Gott ruft.

Sobald sich die Gelegenheit bot, ging sie nach Heythuysen, fand aber Catharina nicht zu Hause. Erst fünf Monate später hatte sie wieder die Gelegenheit, nach Heythuysen zu gehen, wieder war Catharina abwesend. Aber diesmal wartete Maria ihre Rückkehr ab. Als Catharina das junge Mädchen in ihrer Wohnung antraf, war sie durchaus nicht verwundert, es hatte sogar den Anschein, sie habe jemanden erwartet. Maria trug ihr Anliegen vor. Catharina drückte ihr herzlich die Hand und sagte ihr als Antwort: "Wir wollen gemeinsam dem guten Gott dienen."

Überglücklich kehrte Maria nach Hause zurück, und es dauerte keinen Monat, da zählte Catharinas Häuschen eine Bewohnerin mehr.

Bald stellte sich heraus, daß die neu Angekommene, obwohl sie bisher nur grobe Arbeit verrichtet hatte, praktisch und geschickt war und sehr gut nähen konnte. Sie wurde eine wertvolle Stütze für die anderen.

Mögen einem auch einige Zweifel an der historischen Wahrheit dieser Berufungsgeschichten kommen, der Kern ist vertrauenswürdig: Catharina, Profeß-Tertiarin, hervorgegangen aus der kleinen Gruppe der Masoeurkes in Maaseik, wird als Ordensfrau angesehen, der nur das Kloster fehlt. Die drei Frauen, die sich ihr zugesellt haben und deren Zukunftsideal das religiöse Leben ist, werden ebenso angesehen. Mit dem kleinen Konvent in Maaseik, den Catharina verlassen hatte, scheint kein Zusammenhang zu bestehen. Die Gemeinschaft, die sich in Heythuysen bildete, war durch kein Band mit den "Masoeurkes op de Trepkes" verbunden[11].

Es mag befremden, daß Pastor Van der Zandt kein Auge für das hatte, was in seiner Pfarrei zu keimen begann. Weder aus seiner eigenen Chronik über die Stiftung der Kongregation, noch aus den obigen Berichten wird ersichtlich, daß er handelnd in die Geschehnisse eingriff, es sei denn in negativer Hinsicht, wenn man an die schroffe Antwort denkt, die er Gertrudis Kirkels gibt. Seine Haltung ist jedoch zu verstehen. Einerseits war er besser vertraut mit den Schwierigkeiten, die mit einer Klostergründung verbunden sind, und gerade deshalb hielt er das für undurchführbar, was die vier Frauen erhofften; andererseits hat er - das wird später immer wieder deutlich - es nicht als seine Aufgabe angesehen, ihnen eine geistliche Führung zu geben, die sie auf ein klösterliches Leben vorbereitete. Wohl erweckt es den Anschein, er sei es gewesen, der Catharina den Rat gegeben habe, den Kreppel für ein Kloster zu kaufen. Aus anderen Quellen ist aber zu entnehmen, daß er ihr bereits früher ihren Herzenswunsch abschlug. Catharina ihrerseits ahnte, falls sie es nicht sogar "wußte", wohin die Entwicklung ging. Sie hatte gesagt: "Gott schickt Euch, bleibt bei mir" und "Er hat Euch zu mir gesandt" und "Wir wollen gemeinsam Gott dienen". Darin war für die vier Frauen ein Lebensprogramm enthalten, das sich zu verwirklichen begann. Catharina verhielt sich in dieser Angelegenheit vollkommen selbständig. In dem, was sie anging, frei und unbeeinflußt zu handeln, das war ihr eine Selbstverständlichkeit. In der Pfarrei von Heythuysen wurde sie neben dem Pastor "eine Hilfe, ihm gleich" (Gen 2,18), wenn sie sich das auch sicher nicht bewußt gemacht hatte.

Seit dem Herbst 1827 wohnten die vier Gefährtinnen zusammen. Sie widmeten ihre Zeit dem Gebet und den Werken der Nächstenliebe. Die geschickte Maria Deckers vor allem nähte auch für die Leute der Umgegend, sie fertigte sogar neue Paramente an für die Kirche. Neben der Schule versorgten die Masoeurkes die Kirchenwäsche. Einige von ihnen pflegten die Kranken im Dorf, manchmal blieben sie wochenlang bei Familien, die ihrer Hilfe bedurften. Bei armen Leuten schliefen sie mehrmals auf Stroh auf dem Boden, und ihre Nahrung war mager und ungenügend[12].

Das ursprünglich von Pastor Van der Zandt für Catharina gemietete Häuschen erwies sich bald als zu klein. Die Chronik erzählt:

> "Nur zwei Jahre bewohnte sie das Haus. Gott segnete alle ihre Unternehmungen, und brave Einwohner waren ihr immer behilflich, und sie wollte mit aller Gewalt voran. Sie kaufte ein baufälliges Häuschen, in der Straßenreihe gelegen neben Conradus van Laer ter Westen; sie brach es ab und baute es selbst von unten wieder auf - täglich arbeitete sie mit ihren Mitschwestern..., und als es einigermaßen bewohnbar war, bezogen sie es in der Woche oder in der Oktav von Christi Himmelfahrt (1828)[13]. Die genanten Schwestern lebten da sehr streng und arm vom Spinnen, Nähen... und von den guten Leuten, besonders von jenen, deren Kinder sie betreuten. Täglich gingen sie zur Kirche, kommunizierten zwei- bis dreimal in der Woche und erbauten meine Pfarrkinder - sie pflegten die Kranken und halfen jedem, der ihren Dienst und Trost in geistlicher Hinsicht nötig hatte, ... sie wurden deswegen von vielen geschätzt, so daß sich an ihnen der Spruch aus Judith bewahrheitete: Nec erat qui loqueretur de illa verbum malum. Niemand sagte über sie ein abfälliges Wort." (Judith 8,8)

Daß die Masoeurkes mit ihrem ärmlichen Erbteil und dem Geld guter Menschen das baufällige Häuschen kauften, abbrachen und selbst wieder aufbauten, rief einige Aufregung im Dorf hervor. Catharina und ihre Gefährtinnen waren allgemein beliebt, und gar bald kam dieser und jener und brachte Baumaterial oder bot seine kräftigen Arme an, um bei dem Neubau zu helfen. In diesem Zusammenhang wird berichtet, Gertrudis habe eines Tages gesagt: "Masoeur Catrien, wenn ich an ihrer Stelle wäre, könnte ich nachts aus lauter Sorge kein Auge zumachen. Die Mauern stehen jetzt, aber wie bekommen wir Holz für das Dach und die Pfannen?" "Gott wird sorgen!" war die ruhige Antwort. Und dann: "Aus diesem Haus werden vor meinem Tod noch siebzehn Häuser entstehen." Die Voraussage hat sich bewahrheitet. Die Ehefrau von Bürgermeister

Raetsen stand dabei und war, begreiflicherweise, sehr überrascht. Sie vergaß die verblüffende Antwort nicht. Als sie im Jahr 1858 hörte, daß das siebzehnte Haus[14] angenommen sei, begab sie sich zum Kreppel, um die Stifterin zu sprechen, denn sie dachte, nun hat Mutter Magdalena nicht mehr lange zu leben. Die Pförtnerin meldete den Wunsch der alten Dame der Hausoberin, Mutter Célestine Bollen. Diese ließ Gertrudis, bereits seit Jahren Schwester Antonia, rufen und fragte sie, ob die Behauptung von Frau Raetsen stimme. Schwester Antonia bestätigte das, sie erinnerte sich des Vorfalls noch sehr gut[15]. In demselben Jahr, am 7. August 1858, starb Mutter Magdalena.

Auch Pastor Van der Zandt teilt die Voraussage mit. Von einer bestimmten Anzahl Häuser spricht er in seiner Chronik nicht.

"Ich selbst habe sie oft sagen hören: 'Viele Häuser werden von da aus entstehen.' Fragte man sie dann etwa: Wie kann das möglich sein? Dann blieb sie bei ihrem alten Sprichwort: 'Gott wird sorgen.'" Wenn auch der Wortlaut vielleicht nicht genau wiedergegeben ist, der Hauptinhalt der Voraussage ist zuverlässig überliefert. Wie konnte Catharina das wissen? Auch wenn wir die unbestimmte Anmerkung des Pastors "viele Häuser" als authentisch ansehen, würde das noch eine lächerliche Behauptung sein, selbst wenn sie in allerbester Absicht ausgesprochen wäre, etwa in der, den Hausgenossen in schwierigen Tagen Mut zu machen. Sollten wir an eine Offenbarung Gottes glauben oder an ein "zweites Gesicht"? Seherische Begabung ist nicht auszuschließen. Gerade bei einfachen, naturverbundenen Landleuten kommt sie vor. Warum sollten wir nicht annehmen, daß Gott ihr durch das Mittel dieser natürlichen Begabung eine Offenbarung schenken wollte? Auf jeden Fall - und darum geht es hier -, Catharinas "Gott wird sorgen!" war nicht vergeblich gesprochen.

Von der Lebensweise der vier Gefährtinnen sind einige Aufzeichnungen aus den Jahren 1828 bis 1835 erhalten geblieben. Im hohen Alter erzählte Schwester Antonia:

> "Die Schule brachte wenig ein, weil wir die meisten Kinder aus Liebe zu Gott unterrichteten. Als wir das neue Haus bezogen, bestand der ganze Hausrat aus einem kleinen Herd, der nur brannte, solange gekocht wurde. Der nackte Boden oder eine Tonne dienten als Tisch. Da wir auf Stroh schliefen, hatten wir durch Kälte viel zu leiden. Maria Catharina (Deckers) wußte einmal kein besseres Mittel, um in ihre erstarrten Glieder wieder etwas Leben zu bringen, als mitten in der Nacht durch den Schnee hin und her zu laufen. Manchmal nähten wir die ganze Nacht hindurch, nur um etwas

zu verdienen. Nach und nach konnten wir uns mit dem Notwendigsten versorgen, zuweilen bekamen wir etwas geschenkt von wohltätigen Leuten. Viele Jahre hindurch aßen wir weder morgens noch nachmittags etwas zum Kaffee. Mittags und abends nahmen wir mit dem vorlieb, was der gute Gott uns schickte. Nie gaben wir einen Cent aus für Fleisch, aber bei all unserer Armut waren wir glücklich und zufrieden. Und Catharina dankte Gott oft mit diesen Worten: 'Was ist Gott doch gut, daß er uns mitten in unserer Armut eine solche Zufriedenheit verkosten läßt.' Wahrlich, wir fühlten uns an unserem Franziskustisch viel glücklicher als mancher Reiche an wohlgedeckter Tafel."

Man erschrickt vor solch einem Dasein. Wenn die Gefährtinnen nicht von Jugend auf ein sehr dürftiges Leben gewöhnt gewesen wären, dann hätten sie es in diesen Jahren unmöglich durchhalten können. Aber auch so muß dieses Leben äußerst hart genannt werden. Vor allem der jungen, kräftigen Maria fiel es unsagbar schwer. Sie durchlebte Tage der Entmutigung und des inneren Kampfes, immer mehr drängte sich ihr der Gedanke auf, die Masoeurkes zu verlassen. Als sie eines Abends, in solch düsteren Gedanken versunken, in ihrem Dachkämmerchen nähte, öffnete sich die Tür. Catharina stand auf der Schwelle. Sie war nie reich an Worten, aber die Möglichkeit, sich bei ihr auszusprechen, die liebevolle Teilnahme und die Ruhe, die von Catharina ausging, und einige behutsame Trostworte ließen Maria wieder Mut fassen. Mit Gottes Hilfe durchstand sie die schwierige Situation, so daß wir doch für wahr halten dürfen, was später erzählt wurde: "Catharina", so berichtet eine von den dreien, "sprach oft mit uns über das Glück des Klosterlebens, und wir priesen uns selig, daß wir in einer Zeit, da in den Niederlanden keine Klöster bestanden, ein Leben führen durften, das dem Leben der Religiosen nahe kam." An dieser Stelle möge noch ein Zitat von Schwester Pacifica Grimmelt angefügt werden: "Sie sprach nicht viel, nur zu gelegener Zeit ein gutes Wort oder einen kurzen Satz, aber diese waren bei aller Einfachheit und Kürze reich an Bedeutung. Sah sie zum Beispiel, daß eine Schwester viel Kampf oder viele Schwierigkeiten hatte, dann sagte sie wohl: 'Hab guten Mut, mein Kind!' oder: 'Vertraut auf Gott, es wird gewiß gut gehen.' 'Kind, macht eine gute Meinung, ich werde eine Novene für Euch halten.' Oder: 'Ich opfere morgen die heilige Kommunion für Euch auf.' Vor allem ermutigte sie die Schwestern oft mit den Worten: 'Laßt uns als wahre Kinder des heiligen Franziskus leben, dann wird Gott für uns sorgen.'

Catharina widmete ihre Aufmerksamkeit nicht nur der gemeinsamen Tätigkeit in der kleinen Schule und im Haushalt, sie hielt nicht nur ein mütterliches Auge auf die geistliche Ausgeglichenheit ihrer Hausgenossen, auf das, was sie zum Leben brauchten, sondern sie schätzte vor allem ihre Zugehörigkeit zum Franziskanischen Dritten Orden und die Gelübde, die sie an Gott selbst banden und die für sie die Grundlage ihres gemeinsamen Lebens waren. Es muß ihr wohl selbstverständlich gewesen sein, daß sie mit ihren Gefährtinnen zunächst eine Vereinigung werden müßten, wie die "Masoeurkes op de Trepkes" eine war. Darum nahm sie die drei Gefährtinnen mit nach Maaseik, und am 9. Oktober 1828 legten Anna-Maria, Gertrudis und Maria ihre Gelübde im Weltlichen Dritten Orden des heiligen Franziskus ab in die Hände von Pater Leonardus, der damals Guardian der Kapuziner war. Vor dem 9. Oktober 1827 hatten sie also ihre Probezeit begonnen, einige Monate nach ihrem Anschluß an Masoeur Catrien.

Hat Pater Leonardus vielleicht einen Hoffnungsschimmer gesehen für die Verwirklichung seines Lieblingsgedanken? Bot sich nun in Heythuysen die Möglichkeit, einen Kapuzinerinnenkonvent zu gründen, der in Maaseik nicht zustandegekommen war? War Catharina sich in diesen Tagen bewußt, daß der Verzicht auf ihr Lebensideal, den sie mit dem Fortgehen von Maaseik geleistet hatte, nun auf ungeahnte Weise Frucht trug? Wir nehmen an: Ja!

Quellenangaben zu Kapitel III

1 Mitteilung von L. van Hommerich, Heerlen.

2 Jos. Habets - W. Goossens, Geschichte des gegenwärtigen Bistums Roermond, Roermond, 1927.

3 Bruder Theodorus, Kirchenglocken des Dekanates Oss, (o.O.) 1935.

4 Gemeindearchiv, Heythuysen.

5 Ein schwacher Punkt in der sonst so wertvollen Chronik, sowohl an dieser Stelle als auch weiterhin ist, daß der Schreiber sich selbst zu sehr in den Mittelpunkt stellt. Siehe Hauptquellen.

6 Paula Münster, Geschichte der Kongregation der Franziskanerinnen von der Buße und der christlichen Liebe, (Heythuysen-Nonnenwerth), Freiburg, 1910, (S. 15) Sie verwendet eine Aufzeichnung von Schwester Pacifica Grimmelt. Hieraus ist nicht deutlich zu ersehen, ob Ganzen die betreffenden Worte vom Pastor wörtlich hörte. Wohl geben sie seine Einstellung wieder.

7 Das Häuschen lag der Kirche gegenüber. Es muß wohl abgebrochen worden sein, als das heutige Pfarrhaus erbaut wurde. (Sister Liguori Mason, Mother Magdalen Damen and her congregation, Stella Niagara, NY-USA, 1935.)

8 Canters, Registrum memoriale monasterii S. Elisabeth; J. Canters war Rektor des Mutterhauses von Januar 1844 bis zu seinem Tod am 20. Mai 1875.

8a Nach Aufzeichnungen von Schwester Crescentia Lenders.

9 Die Schreibweisen dieser und der folgenden Worte sind unterschiedlich angegeben. Verkoulen oder Verkolen; Dekkers oder Deckers, auch Bongars genannt (Warum, weiß man nicht!), in dem Testament nach der Einkleidung.

10 siehe: Quellen

11 Sangers und Simonis, a.a.O., geben eine kurze würdige Lebensbeschreibung von Catharina, der späteren Mutter Magdalena. Die Absicht jedoch, Catharinas Verhaltensweise zurückführen zu sollen auf einen Rat von P. Leonardus OFMCap und eine Verbindung suchen zu wollen zu den Masoeurkes von Maaseik und denen von Heythuysen, scheint mir nicht genügend begründet zu sein. Solche Gruppierungen waren damals in den Niederlanden keine Ausnahme trotz der mißtrauischen Wachsamkeit der Regierung, u.a. wurden gegründet die "Gesellschaft von Jesus, Maria und Josef" unter der Leitung von P. Wolff SJ und die Kongregationen der Pönitentinnen-Recollectinnen von Dongen und von Etten.

12 Nach Zeugnissen der ältesten Schwestern.

13 Nach Ankauf des Kreppels wurde dieses Häuschen verkauft. Es lag Dorpstraat 31.

14 Zu der Zahl 17 kommt man, wenn das Mutterhaus und die vor 1858 aufgehobenen Häuser nicht mitzählen, also: Alkmaar, Mook, Oldenzaal, Neeroeteren, Brunssum, Almelo, Freckenhorst, Kapellen, Nonnenwerth, Mönchengladbach, Trier, Linz, Till, Karthaus, Zons, Oberwesel und Süchteln.

15 Erzählung von Mutter Célestine Bollen, siehe: Quellen.

IV. Staat, Kirche und Unterricht in der ersten Hälfte des 19. Jahrhunderts

Während der Regierung König Willems I. von 1815 bis 1840 sind die wichtigsten Aspekte diese: der wirtschaftliche Aufbau und die belgische Frage, mit denen die Schwierigkeiten der Katholiken eng zusammenhängen. Von ersterer, der Lichtseite, wird Catharina Damen in dem damals noch wenig fortschrittlichen Limburg wohl nicht viel erfahren haben, von der zweiten, der Schattenseite, umso mehr.

Obwohl das Prinzip der Trennung von Kirche und Staat im Grundgesetz von 1815 verankert war, hat Willem I. sich oft in kirchliche Angelegenheiten eingemischt.

Die Regierung hielt noch an den Klostergesetzen Napoleons fest: Kontemplative Klöster ließ man aussterben, Konvente, die in Unterricht und Krankenpflege tätig waren, bedurften der königlichen Genehmigung[1]. Ein Dorn im Auge der Katholiken, besonders der süd-niederländischen Bischöfe, war das Recht des Placet, der landesherrlichen Genehmigung. Es bedeutet: Der König war befugt, päpstliche Erlasse vor ihrer Veröffentlichung zu überprüfen und eventuell ihre Veröffentlichung zu verbieten. Ferner konnte er die Korrespondenz des Klerus mit dem Papst kontrollieren. Das eine oder andere vergrößerte die Spannung zwischen den Katholiken und der Regierung und gehörte schließlich zu den auslösenden Gründen für den belgischen Aufstand.

Willem war nicht antikatholisch, aber seine Mentalität war mehr die eines aufgeklärten absolutistischen Herrschers als die eines konstitutionellen Monarchen. Zudem war er von Natur aus ungemein aktiv. Weil er eine gefügige Geistlichkeit heranziehen wollte, hob er im Jahr 1825 durch königlichen Erlaß die Kleinen Seminare auf. Die jungen Leute mußten die öffentlichen Lateinschulen besuchen, und er errichtete ein Collegium Philosophicum, einen zweijährigen Lehrgang in Löwen, der vor dem Übergang in das Priesterseminar absolviert werden mußte. Die Professoren ernannte die Regierung. Der Widerstand hiergegen nahm im Norden und Süden solche Ausmaße an, daß der König kapitulierte. Der Besuch des Collegium Philosophicum wurde freigestellt. Aus Mangel an Hörern mußte es bald geschlossen werden.

Nach dem Konkordat von 1801 war das Gebiet oberhalb des Moerdijks in sieben Erzpriesterschaften eingeteilt, in Nord-Brabant bestanden die Apostolischen Vikariate Den Bosch und Breda. Limburg unterstand dem

Bistum Lüttich. Die nördlichen Niederlande hießen somit Missionsgebiet, die sogenannte Missio Hollandica, die südlichen bildeten eine eigene Kirchenprovinz. Der König hätte, nicht zu Unrecht, gern mehr Einheit gesehen. In der ersten Hälfte des Jahrhunderts war die Lage in dem Bezirk, der von 1853 an wieder Bistum Roermond heißen durfte, bedeutend günstiger als in den Gebieten nördlich von Rhein und Maas. Seit dem unseligen Jansenistischen Schisma von Utrecht waren die Erzpriesterschaften ohne Bischof. Sie wurden von 1727 an von Brüssel aus durch die päpstlichen Nuntien verwaltet, von Italienern, die der Landessprache nicht mächtig waren und die den Volkscharakter nicht kannten, die nur dann und wann mit den Priestern in Verbindung kamen und nur selten oder gar nicht mit den Laien. Es blieb nicht aus, daß sich Unregelmäßigkeiten einschlichen, administrativer, liturgischer und seelsorgerischer Art, andere entstanden aus persönlichem Versagen oder aus Unverständnis. Zwischen dem Ordens- und dem Weltklerus gab es Autoritäts- und Prestigefragen. Ein Jahrhundert lang wurde im Norden der Niederlande nicht gefirmt. All das konnte nicht verhindern, daß sehr viele ausgezeichnete Katholiken, die unter Andersdenkenden aufgewachsen waren, mit jeder Faser an ihrer Kirche hingen. Limburg hingegen hatte im 18. Jahrhundert, die Revolutionsjahre ausgenommen, eine fast normale Administration gekannt, und als der Sturm sich gelegt hatte, konnte die Wiederherstellung auf der alten Grundlage vorgenommen werden. Daher war die Situation in diesen Jahren im limburgischen Bistum weit günstiger als in anderen.

Was das Glaubensleben angeht, so hatte die Aufklärung in den Städten, namentlich in Roermond und Maastricht, einen Einfluß auf die begüterte Bürgerschaft ausgeübt, dem Leben in den Dorfpfarreien hatte diese Strömung aber nichts anhaben können. Einige Honoratioren vielleicht ausgenommen, gab es dort keine liberalen Katholiken. Das Landvolk war mit Herz und Seele gläubig, aufrichtig verbunden mit seinem Bischof und den Priestern. Im Glauben und in der Person ihrer Priester wußten die kleinen Leute sich zur Einheit gebunden, nicht durch den niederländischen Staat, zu dem sie seit 1815 gehörten. Die Kirche war es, die bereits jahrhundertelang das staatsrechtlich äußerst zersplitterte Gebiet zusammenhielt.

Wenn wir in Pastor Van der Zandt einen zu der Zeit typischen Landpfarrer sehen - und warum sollten wir das nicht -, dann konnte die Diözese Roermond sich mit Recht glücklich preisen.

Nach dem Tod des von Napoleon ernannten, sehr angesehenen, aber zu milden Msgr. Zaeppfel, war der Bischofssitz von Lüttich seit 1808 vakant geblieben. Ein Generalvikar verwaltete ihn. Es war Generalvikar Barrett, der im Jahr 1821 Peter Van der Zandt als Pastor für Heythuysen ernannte. Nach Jahren der Spannung und Auseinandersetzung zwischen Kirche und Staat erhielt Lüttich endlich wieder einen Bischof. Am 15. November 1829 empfing Msgr. Cornelis Van Bommel die Bischofsweihe.

Wer war dieser Mann, an den sich Catharina Damen wenden sollte mit ihrer Bitte, ohne Mittel ein Kloster gründen zu dürfen und ohne Lehrerinnen ein Pensionat?

Cornelis Van Bommel wurde am 5. April 1790 in Leiden geboren, war somit 2 1/2 Jahre jünger als Catharina. Er stammte aus einem alten Leidenschen Patriziergeschlecht von wohlhabenden Geschäftsleuten. Das Milieu, in dem er aufwuchs, verschaffte dem hochbegabten Kind gesellschaftliche Vorteile. Bereits der junge Van Bommel wurde an den Umgang mit Protestanten aus begüterten Kreisen gewöhnt. Wenn es um religiöse Streitfragen ging, mußte er erleben, daß solche zuweilen noch mit der Faust ausgefochten wurden. Wir können uns gut vorstellen, wie das zuging. In den buntgemischten Bevölkerungsschichten der nördlichen Niederlande war das hundert Jahre später noch keine Seltenheit. Wie auch immer, Van Bommel lernte die starken und die schwachen Seiten der Protestanten kennen und blieb frei von dem nur mühsam verborgenen Mißtrauen, das so viele Niederländer kennzeichnete und das zur Zeit König Willems I. der Einheit so sehr im Wege stand.

Abgesehen von seiner Erziehung im Elternhaus, bekam der Junge seine religiöse Ausbildung von den aus Paris geflüchteten Unbeschuhten Karmeliten, die in jenen Jahren die Stationskirche von der "Aufnahme Mariens in den Himmel" betreuten. Auf ihren Rat hin wurde Cornelis Van Bommel im Jahr 1803 nach Wilkinghege bei Münster geschickt. Dort leiteten Priester, die sich geweigert hatten, den von den Franzosen verlangten Eid auf das Revolutionsregime abzulegen, ein kleines Konvikt. 1809 wurde das Institut nach dem in der Nähe gelegenen Schloß Borg verlegt.

"Borg" hat einen bedeutenden Einfluß auf den Jungen ausgeübt. Mit Begeisterung und Dankbarkeit hat er sich immer an die Zeit in Deutschland erinnert. Der berühmte Priester-Pädagoge Bernard Overberg (1754 - 1826), der katholische Pestalozzi, war Regens des Priesterseminars in Münster und Regens des kleinen Priesterseminars in Schloß Borg. Die Erziehung und Ausbildung, die Cornelis Van Bommel in Borg bekommen hatte, stand auf höchstem Niveau. Vieles von dem, was er damals in sich aufnahm, verwandte er später, als er als Bischof von Lüttich in der alten Abtei Rolduc nahe bei Herzogenrath ein Modell-Seminar errichtete. Auch an anderen Orten und in andersartigen Instituten verbesserte er den Unterricht und die Schulorganisation gemäß der Auffassungen Overbergs. Er war wohl dessen bester Schüler und derjenige, der Overbergs pädagogische Ideen in den Niederlanden am wirkungsvollsten realisiert hat.

Am 8. Juni 1816 wurde Cornelis Van Bommel in Münster zum Priester geweiht. Einige Monate danach kehrte er in sein Vaterland zurück, um in der Missio Hollandica die Errichtung eines Konviktes (gymnasiale Bildung für Priesteramtskandidaten) vorzubereiten. Hageveld wurde eine private Stiftung, welche durch eine gnädige königliche Verfügung vom 2. August 1815 entstehen konnte. Jeder, der sich selbst für befähigt hielt, durfte anderen "höheren" Unterricht erteilen.

Van Bommels Hageveld wurde geradezu legendär. Er wußte seine Schüler zu begeistern. Die Begeisterung war nicht überschwenglich, ihre Kennzeichen waren Klugheit und Maß. Das Institut wuchs und blühte, gerade das weckte das Mißtrauen des Königs und der Regierung. Man wünschte einen fügsamen Klerus, von dem keine versteckte oder öffentliche Betätigung gegen die "ketzerische" Regierung zu befürchten war. Am 1. Oktober 1825 wurde Hageveld offiziell geschlossen. Inzwischen war Anhängern und Gegnern klargeworden, was man an Van Bommel hatte. Er war ein Patrizier mit gesellschaftlichen Umgangsformen und ein fähiger Politiker, ein seltener Fall im niederländischen Klerus, jemand, der, anders als die echten Ultramontanen, bereit war, mit der Regierung zusammenzuarbeiten, vorausgesetzt, daß die Rechte der Bischöfe und der Kirche nicht verletzt wurden. König Willem I. wußte das wohl zu schätzen. Im Januar 1829 gab er seine Einwilligung zur Ernennung Van Bommels zum Bischof von Lüttich. Von den vielen Spannungen, die vorausgingen zwischen dem katholischen Volksteil und der protestantischen Regierung, brauchen wir nicht zu sprechen. Es genügt, zu bemerken, daß Msgr. Van Bommel gegen 1830 der einflußreichste Führer der Katholiken war und daß er enge Verbindungen mit der Umgebung des Königs und selbst mit Willem I. unterhielt. Er wollte, daß Staat und Kirche unabhängig voneinander waren, aber sie sollten sich auch gegenseitig stützen und schützen. Dafür schien die Zeit jedoch noch nicht reif zu sein. Van Bommel verlor an Autorität und Sympathie bei seinen eigenen Anhängern, und seine Gegner trauten ihm noch weniger. Er stand isoliert und wurde die Zielscheibe der boshaftesten Verdächtigungen und Beleidigungen der Presse. Sein Einfluß auf den König ging verloren.

Dies alles, so peinlich es auch für Msgr. Van Bommel selbst war, verschaffte ihm die Gelegenheit, dem Bistum Lüttich seine volle Aufmerksamkeit zuzuwenden. Auf jedem Gebiet drängte er auf Verbesserungen: im Leben der Pfarreien, in der Spendung des Sakramentes der Firmung, im Kirchenbau, in der Errichtung von Schulen. In diesen sorgte er für besseren Unterricht, für eine Überarbeitung des Lehrstoffs, eine geeignete Unterrichtsmethode, für gute Disziplin.

Im August 1830 brach der belgische Aufstand aus. Politische und religiöse Motive richteten sich einmütig gegen das verhaßte Holland. Für das französisch sprechende Lüttich war die Entscheidung keine Frage. Aber auch Limburg schloß sich dem Süden an, die Stadt Venlo allerdings erst im November. Weil die kriegerischen Handlungen ziemlich schnell eingestellt wurden und die neue Regierung in Brüssel die Lage fest in der Hand hielt, konnte die vollständige Religionsfreiheit im Bistum Lüttich ohne Schwierigkeiten erlangt werden. Infolgedessen wurde es leichter, Klöster zu gründen, und in die bestehenden konnten Novizen wieder aufgenommen werden.

Für Catharinas Pläne war der Weg gebahnt. Nach der endgültigen Grenzregelung zwischen Belgien und den Niederlanden von 1839 bat der Papst auf Drängen der niederländischen Regierung Msgr. Van Bommel, auf seine Jurisdiktion im niederländischen, ost-limburgischen Teil seines Bistums zu verzichten. Bereitwillig entsprach der Bischof der Bitte. So konnte das Apostolische Vikariat Limburg errichtet werden. 1853 wurde das Bistum Roermond wiederhergestellt. Im Jahr 1840 verzichtete Willem I. zugunsten Willems II. auf den Thron. Dieser legte den Klöstern keine Schwierigkeiten mehr in den Weg.

Die Einschränkung seines Bistums auf den belgischen, größtenteils wallonischen und west-limburgischen Teil bedeutete für Msgr. Van Bommel durchaus nicht, sein Interesse für die ost-limburgischen Angelegenheiten aufzugeben. Bei den Unterhandlungen mit Rom über die Wiederherstellung der bischöflichen Hierarchie dort spielte er in späteren Jahren noch eine bedeutende Rolle.

Die Wiedererrichtung der bischöflichen Hierarchie in den Niederlanden hat der vortreffliche Bischof aber nicht mehr erlebt. Er starb in Lüttich am 7. April 1852 im Alter von 62 Jahren.

Der Nachfolger von Msgr. Van Bommel in Ost-Limburg war Msgr. Joannes Augustinus Paredis, geboren am 28. Mai 1795 in Bree, im späteren Belgien. Er trug zunächst den Titel eines Apostolischen Administrators. In den schwierigen Jahren 1830 bis 1839 hatte er als Pastor und Dechant von Roermond verstanden, die politischen Klippen zu umschiffen. Bei der Rückgliederung Ost-Limburgs in das Königreich der Niederlande 1839, der man dort im allgemeinen ablehnend gegenüberstand, hatte er eine Haltung weiser Mäßigung angenommen und alles getan, was in seiner Macht stand, um die verstimmte Bevölkerung zu beruhigen. Vermutlich war das der Grund, weshalb König Willem II. Msgr. Paredis "einen Engel des Friedens" nannte. Sein gesunder politischer Opportunismus und sein Ansehen in Roermond waren wohl hauptsächlich die Gründe für seine Ernennung zum Apostolischen Administrator im Jahr 1840 und seine bald darauf folgende Erhebung zum Titular-Bischof von Hirene am 30. Juni 1841.

Der Bischof von Lüttich hielt ihn nicht für besonders begabt. Jedoch, er war allen anderen Bischöfen voraus in der Einrichtung von Mittelschulen. Dafür brachte er große Opfer. Verglichen mit seinem Vorgänger, mangelte es ihm an vielseitiger Bildung, nicht aber an Weisheit, Mut und Energie.

So war Msgr. Paredis. Fast 60 Jahre lang beseelte und lenkte er das religiöse Leben in Limburg. Er war ein heiligmäßiger Priester, ein einfacher und tief demütiger Mensch, der vor allem in Roermond wie ein Vater verehrt wurde. 91 Jahre alt, starb er am 18. Juni 1886 in Roermond. Nur etwas mehr als ein Jahr hatte er in der Person seines ehemaligen Sekretärs, Msgr. F. A. H. Boermans 1886 - 1900, einen Koadjutor neben sich.

Bei der Erneuerung des religiösen Lebens in Limburg darf das Wiederaufleben des franziskanischen Einflusses in diesem Gebiet nicht übergangen werden. Neben der von den Kapuzinern ausgeübten Seelsorge war die der Franziskaner-Recollecten (kurz Franziskaner genannt) nicht ganz verdrängt, aber doch sehr behindert. Die Minderbrüder konnten in den Niederlanden bereits auf eine jahrhundertelange Tätigkeit zurückblicken. Bereits zwei Jahre nach dem Tod des heiligen Franziskus wird ein kleines Kloster in 's Hertogenbosch (1228) erwähnt. In Maastricht ließen sie sich im Jahr 1234 nieder. Die Franziskaner brachten ihre Armutsauffassung, ihren Sinn für das Apostolat und die gläubige Haltung, alles mit Gelassenheit und Fröhlichkeit zu betrachten, mit in die Niederlande. So konnten sie in den folgenden Jahrhunderten Schwierigkeiten und Enttäuschungen aller Art überwinden. "Der Optimismus des Minderbruders macht sich keine falschen Vorstellungen von der Güte der menschlichen Natur, er vertraut allein auf das Versprechen und die Liebe Gottes. Er liebt das Leben, weil er es als Geschenk Gottes ansieht, und er liebt die Geschöpfe, weil sie losgekauft sind durch das Blut Christi. Die franziskanische Freude ist nicht abhängig von der gebrochenen Schönheit der

Dinge oder von einer ungestillten Befriedigung; sie läßt das Herz sein Ideal suchen im ewigen Gut. Die franziskanische Freude ist keine Naivität oder Unempfindlichkeit, sie ist Weisheit."[2]

Der erste Orden der Minderbrüder hat im Laufe der Jahre größere Spaltungen erlebt. Im späten Mittelalter waren es vor allem die Observanten, die sich in den nördlichen und südlichen Niederlanden gemeinsam mit den Weltgeistlichen der Seelsorge widmeten. Zu ihnen gehörte im 15. Jahrhundert der berühmte Prediger Jan Brugman. Elf der neunzehn Märtyrer von Gorcum (1572) waren Franziskaner. In jenen Jahren war das gesamte kirchliche Leben in Unordnung. Das hielt die Minderbrüder nicht ab, zurückzukehren, sobald wieder ein wenig Ordnung und Ruhe eingekehrt waren. Sie gingen nach Bolsward und Franeker 1609, nach Gorcum 1628, nach Gouda 1633, ferner nach Amsterdam und anderen Orten. Sie übernahmen dort Pfarreien, die sogenannten Stationskirchen. Bei diesen Franziskanern handelte es sich gewöhnlich um Recollecten. Einer von ihnen war der wallonische Pater Petrus Marchant, aus dessen Apostolischen Konstitutionen für Pönitentinnen-Recollectinnen Mutter Magdalena manches entnommen hat für ihre ältesten Statuten.

Während der Französischen Revolution erlitten 180 Brüder und Schwestern aus den drei franziskanischen Orden das Martyrium. Aber die Minderbrüder kehrten zurück, sobald sie eine Möglichkeit dazu sahen. Nach Weert kamen sie im Jahr 1836. Seit 1461 hatten die Söhne des heiligen Franziskus dort in einem Kloster außerhalb der Stadt gelebt. Graf Jakob I. von Horn hatte es gestiftet. Als das Kloster im Jahr 1566 im Bildersturm verwüstet wurde, war bereits ein Jahrhundert lang mit Hingabe Seelsorge in Weert und in der weiteren Umgebung ausgeübt worden. Bereits 1573 setzten die Patres ihr segensreiches Werk fort bis zur Auflösung ihres Konventes 1797. Die Bevölkerung kaufte das Kloster und gab schriftlich die Zusage, es zurückzugeben, sobald dies möglich sei. Die Vertriebenen blieben in der Nähe. 1836 konnte endlich wieder ein normales Kommunitätsleben beginnen.[3]

Damals wohnte Mutter Magdalena Damen bereits ein Jahr im Kreppel. Bald kamen die ersten Verbindungen zum Franziskanerkloster in Weert zustande.

Wenn die kirchlichen Verhältnisse in Limburg noch ziemlich günstig genannt werden konnten, auf sozial-ökonomischem und kulturellem Gebiet stand es dort sehr schlecht um die Bevölkerung, schlechter als in den anderen Teilen der Niederlande[4].

Für Katholiken waren während der Zeit der Republik bis 1815 öffentliche Ämter und Tätigkeiten im Unterrichtswesen unzugänglich. Intellektuelle wurden in den handeltreibenden Mittelstand und das alte, solide Handwerk abgedrängt. Diese Kreise wurden oder blieben wohlhabend und angemessen gebildet. Katholiken in den ausgesprochen intellektuellen Berufen waren gering an Zahl und Einfluß. Neben dem wohlhabenden Mittelstand lebte in den Städten und auf dem Land die große Menge der Arbeiter, deren Los sich wenig unterschied von dem Los der Armen. In ausgesprochen landwirtschaftlich geprägten Gegenden war das auch nicht besser. Die Wohnverhältnisse waren erbärmlich. Die Zahl der Unterstützungsbedürftigen betrug durchschnittlich 10 % der Bevölkerung. In den Jahren zwischen 1840 und 1850, als Kartoffelkrankheit und Mißernten die Grundnahrungsmittel verteuerten, waren es mehr als 20 %.

In dem Gebiet der früheren Generalstaaten mit überwiegend katholischer Bevölkerung waren die Mißstände am schlimmsten, namentlich in dem alten ausgeplünderten Brabant. Die Verhältnisse in Limburg waren etwas besser, abgesehen von dem Proletariat der Maastrichter Fabrikarbeiter.

Mitunter gab man der katholischen Kirche die Schuld an den Mißständen. Katholizismus war gleichbedeutend mit Armut, die Fakten wiesen das aus und dem war nicht zu widersprechen. Aber in der Angabe der Begründungen hierfür war man doch zu voreilig. Nach der jahrhundertelangen Zurücksetzung der Katholiken sollte man sich über die Mißstände und ihre Auswirkungen in den Niederlanden nicht wundern.

Wenn man das mühsame Werk auf religiösem, sozialem und kulturellem Gebiet, das zu einer Emanzipation der Katholiken führte, richtig einschätzen will, muß man es auf dem oben skizzierten Hintergrund betrachten. Die Franziskanerinnen aus Mutter Magdalena Damens Kongregation haben ihren Teil zu einer positiven Entwicklung beigetragen.

Der weit verbreitete Analphabetismus, den das Durcheinander auf dem Gebiet von Unterricht und Erziehung seit 1795 noch vermehrte, wurde bereits erwähnt. Eine große Zahl sich abrackernder Menschen, die selbst keinen Schulunterricht genossen hatten, schätzte den geringen Lohn, den die Kinder mit nach Hause brachten, mehr als den Unterricht in der Schule. Das schreckliche Übel der Kinderarbeit in den Fabriken begann. Abgesehen von Maastricht, war sie allerdings in Limburg weniger verbreitet.

Unter diesem Gesichtspunkt ist die unentgeltliche kleine Schule zu beurteilen, mit der Catharina Damen in den Monaten Juli/August 1825 begann, obwohl in Heythuysen eine Volksschule mit einem staatlich angestellten Lehrer bestand. Eine Schulpflicht gab es nicht. Die kleine Schule war entstanden aus sozialem Empfinden im Sinne der Richtlinien des Lütticher Generalvikars Barett. Sie war entstanden, weil Pastor Van der Zandt ein Herz hatte für die Kinder und weil Catharina Damen sich bereitwillig für jedes gute Werk zur Verfügung stellte.

Sie wird sich dessen nicht bewußt gewesen sein, daß sie und ihre Schwestern an der Linderung der Nöte ihrer Zeit mitwirkten. Sie begann zu handeln, wie Frauen das für gewöhnlich tun, sie packte an, was sich ihren Händen zu tun anbot. In der freien Zeit, die die Arbeit in der kleinen Schule ihr ließ, pflegte sie die Kranken in ihren Wohnungen. Das wurde bald eine zweite Tätigkeit für sie und ihre Gefährtinnen.

Zum Vergleich sei angeführt, was ungefähr gleichzeitig (1832) durch den späteren Erzbischof Msgr. Joannes Zwijsen in Tilburg zustandekam. Sobald er in dem emporkommenden Industriestädtchen zum Pastor ernannt war, fing er an, Schulen und Waisenhäuser zu gründen, die geleitet werden sollten durch seine "Zusters van Liefde en Fraters". Dem unseligen Übel der Fabrikarbeit kleiner Kinder machte er entschlossen ein Ende durch das ungeschriebene Machtwort, daß kein Kind die Fabrik betreten dürfe vor Empfang der ersten heiligen Kommunion, also nicht vor dem Alter von 12 Jahren.

In der ersten Hälfte des neunzehnten Jahrhunderts entstanden in den Niederlanden neunzehn Frauenkongregationen und in dem Staatsgebiet des heutigen Deutschland 49 mit ungefähr den gleichen Zielen wie Catharina Damens Gemeinschaft.

Quellenangaben zu Kapitel IV

benutzte Literatur für dieses Kapitel:

- P. Albers SJ, Geschiedenis van het herstel der Hierarchie in de Nederlanden, Nijmegen, 1903.
- L. J. Rogier und N. de Rooy, In Vrijheid herboren, 's Gravenhage, 1953.
- A. F. Manning, De Betekenis van C. R. A. Van Bommel voor de noordelijke Nederlanden, Spectrum, Utrecht, 1956.

- S. Stokman OFM, De religeuzen en de onderwijspolitiek der regierung in het Verenigd Koninkrijk der Nederlanden (1814 - 1830), 's Gravenhage, 1935.
- H. T. Colenbrander, Willem I., koning der Nederlanden, 1931 - 1935.
- Jos. Habets - W. Goossens, Geschiedenis van het tegenwoordige bisdom Roermond, Roermond, o. J.

Ferner:

1 Die neuen apostolischen (aktiven) Kongregationen waren keine Orden im kirchenrechtlichen Sinn. Sie konnten sich zu Recht eine Vereinigung weltlicher Personen nennen. Aufgrund dessen bekamen sie die königliche Genehmigung sowohl in Belgien - bereits vor 1830 - als auch in den Niederlanden. Die Schulaufsicht der Regierung behinderte die Klosterstiftungen, deren Mitglieder apostolisch tätig waren, nicht. Von den Pönitentinnen-Recollectinnen, Oirschot, wurde jährlich die Liste der Neueingetretenen eingereicht. Die Ursulinen hatten bereits 1806 eine Unterrichtsgenehmigung, die Kongregation Onder de Bogen, Maastricht, bekam eine solche Erlaubnis 1838 von Willem I. (Mitteilung von Schwester Alix Alkemade). 1848 wurde das Vereinsrecht allgemein freigegeben.

2 Agostino Gemelli OFM, Das Franziskanertum, Leipzig, 1936.

3 Bruno Groen, minderbroeders tussen adel, burgers en buitenlui, in: Bijdragen voor de geschiedenis der Minderbroeders in de Nederlanden, dl. 13, fasc. 37, 1962, 11 - 30.

4 Zu diesem Thema gibt es verschiedene Publikationen. Bekannt sind die Berichte des Arztes Coronel. Er ist einer der ersten, der sich über die Verarmung des Volkes Rechenschaft gab; vgl. I. J. Brugmans, De arbeidende klasse in Nederland in die 19de eeuw, 1925.

V. Der Kreppel

Arm, arbeitsam und glücklich lebten die vier Masoeurkes in ihrem kleinen selbstgebauten Haus, von allen geachtet und geschätzt. Es war selbstverständlich, daß sie auch in der weiteren Umgebung bekannt wurden. Dann und wann kam eine junge Frau zu ihnen mit der Frage, ob sie sich ihnen anschließen könne. Das war nicht möglich, weil es an Wohnraum fehlte.

Immer deutlicher erkannte Catharina Damen die Notwendigkeit eines größeren Hauses. In den beengten Verhältnissen, in denen die Masoeurkes lebten, war ein Kloster nicht zu gründen. Eines Tages sah Catharina sich gemeinsam mit Bürgermeister Raetsen in der Nachbarschaft um, ob ein Haus zu kaufen sei. Bemerkenswert ist, daß nicht der Pastor sie begleitete, obwohl dieser bei einer in Frage kommenden Klostergründung die Mitverantwortung zu tragen hatte. Als die beiden bei der Rückkehr auf dem Weg von Weert nach Heythuysen an dem Landgut "der Kreppel" vorüberkamen, sagte Catharina unvermittelt mit Nachdruck: "Das ist das Haus, das ich gesehen habe. Hier muß ich leben. Hier will der gute Gott mich haben."

Im Geist hatte sie geschaut - man sagte später, betend vor dem Bild der Gottesmutter in der Pfarrkirche -, welches Haus ihr Kloster werden sollte und auch, wie es vor ihrem Tod nach einem Umbau aussehen sollte.

Ihre Hausgenossinnen konnten nicht begreifen, daß Catharina den Kreppel kaufen wollte. "Wir konnten es nicht fassen, warum Catharina, die sonst so zurückgezogen lebte, ab und zu mit den Kindern zum Kreppel ging. Immer sagte sie bei ihrer Rückkehr: 'Dahin müssen wir. Gott wird sorgen.' Wir sahen uns dann an, wagten aber nicht, ihr zu widersprechen und auf unsere Armut hinzuweisen. Der Pastor fand den Plan einfach lächerlich, denn es war kein Geld vorhanden. Catharina sagte auf alles nur: 'Gott wird sorgen!'"[1]

Den Dorfbewohnern scheint der Einfall nicht so abwegig vorgekommen zu sein. Ladenbesitzer Cillekens, bei dem sie einkaufte, sagte eines Tages: "Man sagt, daß der Kreppel verkauft werden soll. Den müßt Ihr für ein Kloster kaufen." "Ja, das würde ich gern tun, aber ich habe kein Geld." "Nun, ich gebe Euch hundert Gulden, Ihr könnt sie mir später zurückerstatten, wenn es Euch möglich ist." In jenen Jahren war das ein schöner Betrag[2].

Vorderansicht des Kreppels im Jahre 1835

Allmählich änderte auch Pastor Van der Zandt seine Ansicht. Er schätzte Catharina hoch, und er erkannte natürlich die Bedeutung eines Klosters für seine Pfarrei. Er sah durchaus auch die Möglichkeit, daß die Masoeurkes ihre caritativen Tätigkeiten ausdehnen konnten.

Der Pastor erzählt in seiner Chronik: "Einmal sagte ich zu der vorgenannten Schwester C. Damen: Was pfuscht Ihr hier noch länger in dem kleinen Häuschen herum? (Sie machte auf dem Speicher Zellchen für die Schwestern.) Seht Ihr denn nicht, wie man in Belgien stets neue Klöster errichtet? Ihr müßt den Kreppel kaufen, da habt Ihr Raum, um Zellen zu bauen und ein Kloster einzurichten. Obwohl sie schwerhörig war, hatte ich das nicht tauben Ohren gesagt. Von Tag zu Tag drängte sie mehr auf ihr Ziel zu, ein Kloster zu gründen, dabei konnte sie sich auf nichts anderes stützen als auf die Göttliche Vorsehung. Ihr Wahlspruch war: Gott wird sorgen..."

Wenn man solches liest, sollte man vermuten, der Pfarrer selbst habe die Initiative ergriffen. Daß die Absicht, ein Kloster zu gründen, jedoch von

Catharina ausging, das zeigt sein Lachen, als sie ihm von ihrem Plan spricht.

Auch in dem hier folgenden Brief an den Bischof von Lüttich betont er, daß es Catharinas Wunsch sei, nicht der seine. Wie auch immer, der Pastor war für die Angelegenheit gewonnen. Das Kloster sollte gegründet werden, natürlich nur mit Zustimmung der kirchlichen Obrigkeit. Der nächste Schritt war infolgedessen ein Gesuch um die Errichtung eines Klosters an den Bischof von Lüttich.

Das Generalatsarchiv der Kongregation in Rom besitzt das Konzept des Briefes, den Pastor Van der Zandt wahrscheinlich Ende des Jahres 1834, auch im Namen von Catharina, an Msgr. Van Bommel gesandt hat. Der Brief, aus dem Lateinischen übersetzt, lautet:

> "Durchlauchter, Hochehrwürdiger Herr!
>
> In aller Demut und mit schuldiger Ehrerbietung lege ich Ihnen in diesem Schreiben die innigen Gedanken vor, die der Geist Gottes dem Herzen der gottesfürchtigen und frommen Religiosen Catharina Damen von der Dritten Regel des heiligen Franziskus eingegeben hat. Es sind schon mehr als elf Jahre verflossen, seitdem vorgenannte Person auf meine Bitte hin aus Maaseik nach hier gekommen ist und in meiner Pfarrei Wohnung genommen hat. Gleich nach ihrer Ankunft wählte sie für den beabsichtigten Zweck einige fromme Frauen aus und begann mit ihnen, die Mädchen zu unterrichten und die Kranken zu versorgen und zwar auf solch löbliche Weise, daß für die Pfarrei nichts Besseres und Nützlicheres zu wünschen übrigbleibt. Die Zahl der Schwestern, denen sie vorsteht, wuchs so an, daß ihre Zahl schon sechs beträgt, darunter vier, die feierlich Profeß auf die vorerwähnte Regel abgelegt haben. Sehr häufig klagte Catharina aufrichtig, daß es ihr unmöglich sei, die Anfragen all jener zu erfüllen, die wünschten, sich ihrer Vereinigung anzuschließen: Ihre Wohnung sei zu klein. Darum hat sie mir sehr oft vertrauensvoll ihr Herz geöffnet und erklärt, daß sie Tag und Nacht von Gott kräftig gedrängt würde, einen geräumigeren und geeigneteren Aufenthaltsort zu suchen, wo sie wenigstens zwölf bis fünfzehn Schwestern unterbringen und unterhalten könne, mit denen sie ihre Regel strenger und in einem der Regel entsprechenden Kleid leben könne. Sie hat nun eine Wohnstätte gefunden. Sie wurde ihr durch den früheren Distrikt-Kommissar von Roermond, den Herrn Michiels, für den geringen Preis von 9500 frs. angeboten. Das Gebäude ist für ein Kloster sehr geeignet. Es liegt ein wenig außerhalb des Dorfes und ist mit den angrenzen-

den Ländereien und dem Bauernhof 15 Hektar groß, rundum von Grachten umgeben und wird gewöhnlich 'der Kreppel' genannt.

Wohl ist sie, Hochehrwürdiger Herr, im Augenblick nicht in Besitz der großen Summe, dennoch hat sie die feste Hoffnung, daß der gute und sehr barmherzige Gott, der ihr eingibt, ein solch großes Werk zu unternehmen, auch die Herzen der Wohltäter bewegen wird, das begonnene Werk zu vollenden. Schon jetzt haben viele sie ihres Wohlwollens versichert, falls Euer Durchlaucht die Zustimmung erteilt.

Und, sollte sie auch nicht sofort die ganze Summe zusammenbringen, der Verkäufer ist recht gern bereit, eine günstigere Zeit abzuwarten.

Wenn Euer Hochwürden damit einverstanden ist, bleibt sie bei ihrem Vorhaben, die Kranken zu versorgen und sich mit ihren Gefährtinnen ganz und gar dem Unterricht der Jugend zu widmen. Um ihr Ziel leichter zu erreichen, will sie so bald als möglich eine Mädchenschule - gewöhnlich Pensionat genannt - errichten. Bevor sie jedoch weitere Schritte tut, möchte sie die ganze Angelegenheit Ihrem Urteil und Ihrer Autorität demütig unterbreiten, darum - für den Fall, daß der Antrag die Gutheißung Eurer Durchlaucht findet - bittet sie um Ihre Meinung über folgende Punkte:

1. Auf wessen Namen soll (der Sicherheit halber) das Haus mit der Bauernwirtschaft usw. eingetragen werden?
2. Wird den vorgenannten Schwestern zugebilligt, ein ihrer Regel entsprechendes Kleid zu tragen?
3. Da sich in dem Haus eine Kapelle befindet, würde es den Schwestern sehr angenehm sein, wenn Euer Durchlaucht erlaubte, daß jeder Priester dort die heilige Messe lesen, Beichte hören und die Kommunion austeilen dürfte."

Bei aufmerksamem Lesen können wir in dem Schreiben nicht soviel Sachlichkeit entdecken, wie man es sich wohl wünschte.

a) Es berichtet über Catharinas Werk und das ihrer Gefährtinnen aus den vergangenen Jahren. Der Wunsch besteht, ein größeres Haus beziehen zu können. Das Haus, das sie im Auge hat, ist für ein Kloster geeignet. Sie kann dort ihre Regel strenger und in einem zur Regel passenden Kleid besser beobachten.
b) Sie besitzt kein Geld, rechnet aber damit, in kurzer Zeit etwas zu erhalten.

c) Sie möchte gern ihr Werk, nämlich Unterricht und Krankenpflege, fortsetzen, selbst ein Pensionat eröffnen, und für alles dieses bittet sie um die Erlaubnis.

d) Sie bittet um Meinungsäußerungen bezüglich dreier Punkte:
   - Auf welchen Namen soll der Kreppel eingetragen werden?
   - Dürfen die Masoeurkes Habit und Schleier tragen?
   - Kann jeder Priester in der Kapelle des Kreppel Gottesdienst feiern?

Wir können hierzu bemerken:

zu a) Die Angaben zu Catharinas Arbeitszeit sind ungenau. Sie arbeitete nicht 11, sondern 9 1/2 Jahre in der Pfarre. "Gleich nach der Ankunft" will sagen: ungefähr zwei Jahre später. Sie "wählte sich" fromme Frauen, ist so nicht wahr, auch nicht im weiteren Sinne. Schärfer umrissen ist jedoch, was Catharina Damen Pastor Van der Zandt zu verstehen gab, nämlich: Gott bewege sie dazu, für ein größeres Haus, eine strengere Erfüllung der Regel und für ein klösterliches Kleid zu sorgen.

zu b) Solches muß auf den Empfänger des Briefes einen sonderbaren Eindruck gemacht haben. Aber zu verbieten gab es nichts.

zu c) Das Erste konnte Msgr. Van Bommel unmöglich verweigern, das Zweite war absurd, da sie weder Lehrerinnen noch Geld hatte.

zu d) Habit und Schleier zu tragen, war für die Bittstellerin von wesentlichem Interesse. So verlangte es ihre Zeit.

Der Inhalt des Briefes läßt Fragen stellen. Der Pastor nennt sie in seinem Schreiben katholische "Religiosa" und ihre Gefährtinnen "sorores". Sind sie nun Ordensfrauen, oder sind sie es nicht? Werden sie es, wenn sie einen Habit anziehen? Bezüglich "ihrer" Regel, nämlich der des Weltlichen Dritten Ordens, waren sowohl Pastor Van der Zandt als auch Catharina im Irrtum. Beide meinten, diese Regel genüge als Klosterregel. Jedoch, wenn sie sich ihrer verhängnisvollen Situation bewußt gewesen wären (wie später Mutter Angela von Cordier in Nonnenwerth), würden sie dann wohl den Mut aufgebracht haben? Wie bei vielen historischen Dokumenten ist es interessant, auf das zu achten, was nicht darin steht. Es gibt nur einen kleinen Hinweis auf eine nicht näher bestimmte Ordensregel. Sie enthält nichts über ein Noviziat, über geistliche Begleitung. Binnen kurzem wird es sich zeigen, daß weder Catharina noch der Pastor sich eindeutig bewußt waren, welche kirchenrechtliche Bedeutung die Profeß im Weltlichen Dritten Orden hatte. Sie meinten, wenn der Bischof das Tragen eines Ordensgewandes erlaube, sei alles in Ordnung.

Schließlich: Die Angelegenheit mit dem Pensionat, welches Catharina wünschte, war schon recht sonderbar. Ein Internat sollte eröffnet werden ohne die notwendigen Geldmittel, ohne Aussicht auf Unterstützung - wie auch immer -, ohne daß eine einzige Lehrerin da war. Wir müssen wohl dem Rechnung tragen, daß in Catharinas Kindertagen, als ein Kloster nach dem anderen aufgelöst wurde, gerade die Kommunitäten sich behaupten konnten - wenigstens eine Zeitlang -, die interne Schülerinnen hatten. Folgende Erklärung wäre möglich, obwohl sie nicht befriedigt. Catharina ist der Ansicht gewesen, ein Kloster sei nur lebensfähig, wenn es Schülerinnen habe. Zudem mußte ein etwas größeres Kloster auch eine feste Einnahmequelle besitzen. Ein Pensionat zu eröffnen, war also eine notwendige Bedingung.

Eine andere Begründung mag noch gelten können. Die Vorstellung, ein Pensionat gründen zu sollen, entstammt der Regel von Pater Marchant OFM für die Pönitentinnen-Recollectinnen von Limburg. Eine solche Begründung schlösse ein, daß Catharina sich bereits mit der genannten Regel vertraut gemacht hätte, bevor sie sich um die Einwilligung des Pastors und des Bischofs bemühte (Darüber später mehr!).

"Gott wird sorgen!" Wir können nicht anders, wir müssen annehmen, daß Catharina wußte: Das Pensionat wird entstehen, ebenso wie die 17 oder 20 Filialklöster. Woher sie das wußte, bleibt eine Frage, die wir mit Ehrfurcht eine Frage sein lassen.

Der Kreppel mit dem dazu gehörenden Grundbesitz war in jenen Jahren Eigentum von Baron R. H. Th. Michiels van Verduynen, das Haus wurde von einem Pächter bewohnt. Es war feucht und verwahrlost, die Ländereien lagen zum Teil brach und waren von Unkraut überwuchert. Aber all das beeindruckte Catharina nicht. Sie sah allein mit den Augen gläubigen Vertrauens ein Bild. Der Umzug zum Kreppel lag für sie im Willen Gottes, und damit war das letzte Wort gesagt.

Der Pastor erzählt:

> "Jeder spottete über uns und hielt unser Unternehmen für unmöglich, ja töricht... unterdessen blieb Catharina Damen voll Vertrauen auf die Göttliche Vorsehung sich immer gleich. Ohne Mittel blieb sie mit Eifer bei ihrem Vorhaben, sie trieb, ja, drängte mich, das begonnene Werk fortzusetzen."

Sehnsüchtig warteten sie auf die Antwort von Msgr. Van Bommel. Aber diese ließ auf sich warten. Als nach etwa sechs Wochen noch kein Brief aus Lüttich gekommen war, begann das Stimmungsbarometer des Pastors zu sinken. Er begriff, daß sein Brief einer Antwort nicht wert war, und die arme Catharina bekam die Schuld an allem. Ihre Pläne änderten sich jedoch nicht. Sie bat ihn um die Zustimmung, ihre Angelegenheit selbst vertreten zu dürfen. Schon wieder so ein unbegreiflicher Einfall von Masoeur Catrien, soll Pastor Van der Zandt wohl gedacht haben. Er hatte jedoch genug Erfahrungen gesammelt und Ehrfurcht bekommen vor ihrem unwandelbaren Gottvertrauen, als daß er sie mit einem schroffen Nein fortgeschickt hätte. Nach einigem Sträuben gab er nach und fand sich sogar bereit, ihr ein Empfehlungsschreiben an Msgr. Kerkhoffs, den Generalvikar, mitzugeben.

> "Da die Antwort auf den Brief, den ich unlängst an unseren Durchlauchten Bischof geschrieben habe, und in dem ich um die Genehmigung zur Errichtung eines Klosters für Ordensfrauen in meiner Pfarrei zu Heythuysen bat, wider Erwarten lange ausbleibt, hält die Überbringerin dieses Briefes, die zugleich diejenige ist, die die oben erwähnte Bitte an Monseigneur richtet, es für notwendig, selbst in aller Demut vor Ihnen, Hochwürdigster Herr, zu erscheinen, um diese Angelegenheit mündlich mit Ihnen zu besprechen und Herz und Plan genau vor Ihnen darzulegen.
>
> Das Unternehmen einer so wichtigen Sache wird Ihnen, Hochwürdigster Herr, vielleicht sehr sonderbar vorkommen; nichtsdestoweniger wage ich hierzu öffentlich zu erklären, daß sie keine unverständige, geschwätzige Person ist, auch keine Windfahne, die vom Winde hin- und herbewegt wird (wie es in ähnlichen Fällen häufig vorkommt), sondern daß sie standhaft, ernst, gediegen, sittsam, sehr fromm und religiös ist, daß sie auch in allem vollkommen hingegeben ist an Gottes heiligen Willen und daß der Herr oft auf ihr Gebet hin andere Dinge getan hat, die jedem beinahe unmöglich schienen.
>
> Und da ich weiß, daß Gott, der sehr wunderbar in seinen Werken ist, gewöhnlich für seine Unternehmen gebrechliche Werkzeuge erwählt, die von der Welt verachtet werden, darum habe ich, was mich betrifft, um so weniger gewagt, ihre Bitte abzuschlagen oder mich ihrem Wunsch, sich zu Ihnen zu begeben, entgegenzustellen."

Im Gegensatz zum ersten Brief, der eher sachlich gehalten war, spricht aus diesem zweiten Schreiben eine gewisse Herzlichkeit, vermischt mit Güte, Bescheidenheit und Vertrauen. Catharinas Überlegenheit gegenüber ihrem Direktor ist spürbar.

Sie wollte also nach Lüttich. Gut, aber dann mußte sie allein gehen, und selbstverständlich zu Fuß, wie arme Leute das taten, die kein Fahrzeug zur Verfügung hatten. Im Winter, wahrscheinlich am 22. Februar 1835 legte die Frau von 47 Jahren einen Weg von 60 km, eine 12stündige Wanderung, zurück. Feste Verkehrsverbindungen gab es noch nicht. Hätte der Pastor nicht bei Freunden oder Bekannten erreichen können, daß einer von ihnen Catharina bei Gelegenheit mitnahm? Nichts davon! Catharina kleidete sich in ihr sonntägliches schwarzes Kleid, zog ihre Jacke an und machte sich auf den Weg. Es lag Schnee. Sie ermüdete bald, und in einem unglücklichen Augenblick glitt sie aus und fiel in den Graben am Weg. Während sie sich mühsam aufrichtete, kam ihr der Gedanke: "Ich armes Mensch, ich kann mich selbst nicht auf den Beinen halten und will ein Kloster gründen."[3] Aber JEMAND sorgte doch für Fahrgelegenheit! "Zufällig" kam Kaplan G. Th. H. Scheijven, gebürtig aus Heythuysen und zur Zeit in Nederweert, im Wagen hinter ihr her und brachte sie sicher nach Lüttich. Dort überreichte sie den Brief von Pastor Van der Zandt dem Generalvikar. Dieser begleitete sie freundlich zum Bischof.

Und dann standen sie sich gegenüber: Van Bommel, einer der bedeutendsten Bischöfe seiner Zeit, der Grandseigneur, Freund König Willems I., die Autorität auf dem Gebiet des Unterrichts, und die unwissende, bescheidene Frau aus dem Volke mit ihrer natürlichen Höflichkeit und einer einzigen Idee wie ein Kreuzfahrer vor Jahrhunderten: Gott will es!

Schlechter hätte Catharina es mit ihrem Pensionatsplan nicht treffen können. Wenn Msgr. Van Bommel kurz nach der Unterredung zu seinem Generalvikar sagte: "Es läßt sich nicht mit ihr reden", dann ist das in mehr als einem Sinne wahr. Der Gebildete erwartet bei seinem Gesprächspartner Einsicht, der Diplomat erwartet Argumente, der Menschenkenner erwartet Gemütsbewegung und vielleicht Selbstbewußtsein, die Autorität auf dem Gebiet des Unterrichtswesens erwartet Fähigkeiten. Aber nichts von alledem, Catharina hat auf die Einwände des Bischofs nichts anderes zu sagen als: "Gott wird sorgen." Das aber sagt sie mit Ruhe, Bescheidenheit und Vertrauen.

Kein Wunder, daß das Gespräch einen schwierigen Verlauf nahm. Das Ende kam dann auch schnell. Msgr. Van Bommel war der Ansicht, er dürfe Catharina nicht auch noch ermutigen, und das war von seiner Seite gesehen gut zu verstehen und zu rechtfertigen. Geldmittel, Ausbildung, einflußreiche Gönner - nichts war vorhanden. Catharinas einzige Begründung für ihre Bitte: Es soll nicht mein Werk sein, es ist Gottes Werk, mußte ihm wohl ein Zeichen sein für ihren Mangel an Erfahrung, ihm als

Beschränktheit vorkommen, wie sehr er auch ihre Aufrichtigkeit und Uneigennützigkeit erkannte. Es fehlte dem Werk die unverzichtbare Grundlage.

Catharina mußte also unverrichteter Sache nach Heythuysen zurückkehren. Nach der Überlieferung sagte sie zu den Dreien, die in Spannung auf sie warteten: "Ich komme zurück, ohne etwas erreicht zu haben. Aber wir wollen weiter auf Gott vertrauen. Er wird sorgen." Kein Wort, das auf Erschöpfung, Empfindlichkeit oder Entmutigung hinwiese. Nur Demut, Gelassenheit und Vertrauen!

Wer nicht so leicht über die Enttäuschung hinwegkam, war Pastor Van der Zandt. Einige Tage später erhielt er einen Brief des Generalvikars, datiert vom 27. Februar 1835.

> "Ich habe die gottesfürchtige Person aus Ihrer Pfarrei, die Anfang dieser Woche in Lüttich war, zum bischöflichen Palais begleitet und für sie eine Audienz beim Bischof erlangt, mit dem sie, in meiner Gegenwart, eine etwa viertelstündige Unterredung hatte. Nachdem Msgr. sie angehört hatte, nahm er das Wort, lobte sie und ermutigte sie mit den Worten: 'Ich lobe ihre frommen Absichten und heiße sie gut. Das Ziel, das Sie bei der Gründung Ihrer Vereinigung anstreben, ist vortrefflich, erstens die Erziehung und der Unterricht der Jugend durch Einrichtung einer christlichen Schule und zweitens die Pflege der Kranken in der Pfarrei.
>
> Äußerst fromme Gedanken! Aber besteht die Möglichkeit, sie in die Tat umzusetzen? Sind unter Ihnen wenigstens zwei, die für eine solche Aufgabe vorbereitet sind?' Ihre Antwort war unsicher und eher verneinend als bejahend. Alles erwartet sie von der Zukunft. Was mich angeht, bester Pastor, ich bin der Meinung, daß man sich einer großen Unvorsichtigkeit schuldig machen würde, wenn man, im Hinblick auf den Stand und die Verhältnisse dieser Person, alles der göttlichen Vorsehung überließe; denn im allgemeinen spornt Gott nicht nur zu einer Aufgabe an, sondern Er gibt auch die Mittel in die Hand, die zur Erreichung dieses Zweckes notwendig und geeignet sind oder die wenigstens mit einiger Sicherheit von der Zukunft erwartet werden können. Und diese allernotwendigsten Mittel scheinen hier ganz und gar zu fehlen. Bis jetzt ist, wie ich aus allem entnehmen konnte, unter den frommen Töchtern keine einzige imstande, mit gutem Erfolg eine Schule zu eröffnen, die einigermaßen den Forderungen der heutigen Zeit entspricht, insofern als man dort gut lesen und schreiben lernen könnte.

Was die Krankenpflege anbetrifft, ist es für sie gewiß nicht passend, männliche Kranke zu versorgen; und, was die Frauen angeht, wieviele würden sich in Ihrer Pfarrei im Laufe eines Jahres finden, die ihre Pflege in Anspruch nehmen möchten? Etwas anderes wäre das in Städten und größeren Dörfern.

Das war in der Hauptsache der Inhalt der Unterredung zwischen dem Hochwürdigsten Herrn und der geistlichen Schwester. Sie ersuchte den Bischof um eine schriftliche Gutheißung, aber Msgr. erteilte sie nicht. Und ich glaube auch, daß die Gutheißung durch Seine Hochehrwürden (für den Fall, daß dieser Landstrich wieder dem König von Holland unterstellt wird), dem Haus und der Kommunität eher zum Nachteil als zum Nutzen gereichen würde.

Möge dieses genügen, um Ihnen Gesinnung und Ansicht des Bischofs zur Kenntnis zu bringen. Immerhin hat Msgr. ein ausdrückliches Verbot nicht ausgesprochen.

M. S. Kerckhoffs, Vic. Gen."

Dieser Brief gibt sehr klar und deutlich den Standpunkt des Bischofs wieder. Er glaubt nicht an die Möglichkeit, Catharinas Pläne zu verwirklichen, und er erteilt ihr die erbetene schriftliche Gutheißung nicht. Aber um was hat sie, genau genommen, gebeten?

Da wir um ihre Absichten und ihre Einstellung wissen, dürfen wir wohl vermuten, sie hat darum gebeten, ein klösterliches Kleid tragen zu dürfen. So gekleidet, könnte sie sich selbst und ihre Gefährtinnen als Ordensfrauen betrachten. Und selbstverständlich wünschte sie sich die Anerkennung ihrer Tätigkeiten zu ihrer Ermutigung. Aber vor allem, sie wollte ihre Regel strenger halten, wie es in dem ersten Brief des Pastors heißt. Sie wollte ein klösterliches Leben führen. Der Diplomat jedoch ist vorsichtig, er gibt nichts Schriftliches. Das Tragen des Ordenskleides meint er verweigern zu müssen. Andererseits kann er schwerlich verbieten, eine einfache Schule zu unterhalten, die Kranken im Dorf zu pflegen und, falls genügend Geldmittel vorhanden, ein größeres Haus zu kaufen. Vor diesem Hintergrund muß wohl der Schluß des Briefes gesehen werden: "Immerhin hat Msgr. ein ausdrückliches Verbot nicht ausgesprochen." Die Art des gemeinsamen Lebens wird also offengelassen.

Aber Catharina kam nach Hause mit der Mitteilung: Kein Ergebnis! Für sie war "nein" die Alternative zu "ja".

Selbstredend war von einer Hauskapelle keine Rede mehr. Das Pensionat, eine höchst unsichere Angelegenheit in den Augen des Bischofs, verdiente keine nähere Beachtung.

Pastor Van der Zandts Chronik berichtet über Catharinas Reise wie folgt, verbunden mit einer später an den Rand geschriebenen Bemerkung aus einem anderen Brief, der von niemand anderem als dem Bischof persönlich sein kann.

> "Magdalena ging mit einem Empfehlungsschreiben von mir zum Hochw. Bischof von Lüttich; auf seine Frage wußte sie nichts zu antworten als: 'Gott wird sorgen'. Unverrichteter Sache kehrte sie wieder nach Hause zurück. Hierauf erhielt ich einen sehr scharfen Brief: Pastor, sind Sie nicht gescheit, die Schwester auf Trab zu bringen? Mittel oder Aussicht auf solche hat sie nicht, sie sagt nichts als 'Gott wird sorgen'."

Diese Bemerkung gegenüber dem Pastor fehlte gerade noch. Selber sehr empfindlich, aber auch schnell wieder beruhigt, im Grund gutherzig und bereit, Unrecht anzuerkennen, nahm er dasselbe auch von anderen an. Der Brief traf ihn empfindlich und prägte sich tief in seine Erinnerung ein, aber später, als sich alles zum Guten wandte, konnte er darüber lachen und die Bemerkung ohne Ärger in seine Chronik einfügen. Als Randbemerkung macht sie sich an dieser Stelle etwas eigenartig, denn der Text fährt fort:

> "Ich erkläre hiermit (dem Bischof), daß die Pacht der Ländereien ausreicht, die Schulden zu tragen. Seine Hochwürden, den Bischof sehr demütig um Erlaubnis bittend, ihnen zu erlauben, den Habit des III. Ordens der Pönitentinnen tragen zu dürfen; was er mir erlaubte."

Hier und an anderen Stellen der Chronik fällt auf, daß der Pastor sich beim Schreiben an den rechten Zusammenhang der Geschehnisse nicht mehr genau erinnerte. Seinen eigenen Anteil, die Bitte um Erlaubnis für die Einkleidung, hielt er fest, auch die erhaltene Zustimmung, die ein halbes Jahr später, am 11. November, erfolgte; aber alles, was Catharina inzwischen aus eigenem Antrieb unternommen hatte, u.a. ihren zweiten Gang nach Lüttich mit dem höchst überraschenden Ergebnis, unterschlug er.

Wir müssen jedoch in unserem Bericht zu den Tagen zurückkehren, in denen der Pastor die beiden angeführten Briefe erhielt. Das war Ende Februar oder Anfang März 1835. Er reagierte, wie man es von ihm erwarten konnte, er ging schnurstracks zu Masoeur Catrien.

> "Ihr habt mir da was Schönes angefangen. Monseigneur ist unzufrieden. Ihr hättet auch auf mich hören sollen. Schlagt Euch nun endgültig die Gedanken aus dem Kopf."

Catharina antwortete demütig und ergeben:

> "Vergebt mir, Herr Pastor, daß ich Euch Unannehmlichkeiten gemacht habe."

Sie begriff, daß die Angelegenheit vorläufig ruhen mußte.[4]

In der zweiten Hälfte des Monats März wurde jedoch die finanzielle Lage etwas günstiger. Eine neue Postulantin, Gertrudis Berben, brachte ungefähr 3000 frs. mit. Eine gewisse Elisabeth Geurts, ehemalige Haushälterin eines Pastors, wollte sich für ihre alten Tage einkaufen, wenn Catharina im Kreppel wohnte. Dazu kam, daß diese ihr Häuschen für 1400 francs verkaufen konnte. Nun zögerte sie nicht länger. Sie kaufte den Kreppel. Der fehlende Betrag konnte später abbezahlt werden.

In dem hier folgenden Brief, datiert vom 30. März 1835, informierte Pastor Van der Zandt den Generalvikar von Lüttich.

> "Die gottesfürchtige Tochter Catharina Damen, (die kürzlich bei Euer Hochwürden war und die Ihnen ihren allerherzlichsten Dank sagt für die Wohltaten, die sie damals erfahren hat), beeilt sich, wie es ihre Pflicht ist, hiermit seiner Durchlauchten Hochehrwürden und Ihnen, Hochwürden, mitzuteilen, daß sie endlich zu dem in Frage stehenden Zweck das Haus für 9500 francs gekauft hat, wovon sie augenblicklich 5500 francs bezahlen kann, und daß sie, so bald wie möglich, das Haus mit ihren Mitschwestern bewohnen will.
>
> Ich hatte den Eindruck, als machten Euer Hochwürden sich nicht nur Sorge über die Gefahr, der sich die vorerwähnte Person aussetze durch ihr Vertrauen auf die Göttliche Vorsehung, da sie keinerlei Existenzmittel besaß, sondern auch über die geistliche Leitung! Nun, Hochwürdiger Vikar, seien Sie darüber beruhigt. Wir wissen sehr gut, daß ihre Schultern die ganze Last eines solchen Unternehmens nicht tragen können; und da jener nur ein- oder zweimal im Jahr bei Gelegenheit der Einkleidung oder Gelübdeablegung oder um die Generalabsolution zu erteilen nach hier

kommt, wird er sehr wenig - im Guten oder weniger Guten - auf sie einwirken können. Ich stehe ihnen immer zur Seite, und sie haben niemals etwas ohne meinen Rat unternommen; darum würde es uns angenehmer und erwünschter sein, wenn die Sache eine Zeitlang nicht berührt würde, um sie später in Ehren zu begraben... Dann werden wir weiter miteinander über diese Angelegenheit sprechen. Sollten Euer Hochwürden anderer Meinung sein, dann wollen Sie die Güte haben, mir mitzuteilen, was nach Ihrem Wunsch in diesem Fall geschehen soll, denn es sind da zwei Novizen, die so bald wie möglich eingekleidet werden sollen.

Ich zeichne ... usw."

Die geistliche Leitung, auf die der Pastor anspielt, war die von Pater Leonardus von Maaseik, Catharinas früherem geistlichen Begleiter und Geistesverwandten. Dieser hatte gegen den Wunsch des Bischofs bis 1831 das Recht auf sein Kloster aufrecht erhalten. Er wohnte allein darin und wurde deshalb in Lüttich nicht gern gesehen. Offenbar fürchtete man auch seinen Einfluß auf Catharina und ihre Gefährtinnen.

Welche Angelegenheit eine Zeitlang nicht berührt werden sollte, ist nicht bekannt. Der Kapuziner, der die vier Masoeurkes von Heythuysen zur Profeß im Dritten Orden angenommen hatte, hoffte möglicherweise, eine Verbindung der jungen Franziskanerinnen-Kongregation mit seinem Orden zustandezubringen. Aber die Weltgeistlichkeit, hier Msgr. Van Bommel und Pastor Van der Zandt, beanspruchten das Mitbestimmungsrecht für sich. Ähnliche Meinungsverschiedenheiten bestanden auch in neuen und wiederhergestellten Kongregationen für Ordensfrauen in Brabant.

Mit dem Ankauf des Kreppels war das Ziel jedoch noch nicht erreicht. Die Zustimmung des Bischofs zu Catharinas Plänen würde von höchster Bedeutung sein. Mit Recht war sie der Ansicht, daß sie erst mit einer solchen Zustimmung in Wirklichkeit Ordensfrauen seien. Noch einmal bat sie den Pastor, nach Lüttich gehen zu dürfen, und dieser stimmte nach einigem Zögern zu.

Über diesen zweiten Besuch beim Bischof ist ein Dokument von Monseigneur Van Bommel selbst erhalten geblieben. Er schrieb an Pastor Van der Zandt:

"Ich weiß nicht, was mich abhielt; ich empfing sie mit dem festen Entschluß, sie abzuweisen[5]. Ich sehe keinen Fortschritt, keine Aussichten für die Zukunft bei diesem Unternehmen; und doch war ich

> nicht imstande, ihr zu widerstehen. Mag sie also mal anfangen und tun, was Gott ihr eingibt."

Und zu seinem Vikar soll er später gesagt haben:

> "Selbst wenn ich ihr hätte widersprechen wollen, es wäre mir unmöglich gewesen."

Wirklich: Gott hat gesorgt[6].

Catharina und ihre Gefährtinnen mußten zunächst dafür sorgen, den Kreppel bewohnbar zu machen. Die Instandsetzung des feuchten und verwahrlosten Gebäudes verlangte wochenlange Arbeit. Es scheint, daß Annemie, Gertrudis und Maria-Catharina[7] bei ihren Wegen vom alten zum neuen Haus die Schwierigkeiten erst so recht zum Bewußtsein kamen. Der Kreppel lag zwei Kilometer von der Dorfkirche entfernt, und vorläufig war die Erlaubnis für eine eigene Kapelle nicht zu erwarten. Vor allem war das für Annemie beschwerlich, sie konnte schlecht gehen. Man fürchtete - und nicht zu Unrecht, wie es sich später erwies -, daß die Zahl der Kinder in der kleinen Schule rückläufig sein würde. Im eigenen Haus auf eigenem Grund und Boden würde man nicht frei sein. Der Pachtvertrag mit dem alten Pächter lief noch drei Jahre.

Wer geradeheraus aussprach, was er dachte, das waren einige Gruppen von Dorfbewohnern: Das sei Großtuerei! War sie noch gescheit? Wie soll das noch ausgehen? Sie hatte nun sicher ihre Unterstützung nicht mehr nötig!

Natürlich kamen die Redereien Catharina zu Ohren. Sie kümmerte sich nicht viel darum, sie wußte, alles würde gut werden. Der Pastor litt mehr darunter. Er versuchte, den Sturm in seiner Pfarrei, so gut es ging, zu beschwichtigen und die Schwestern mit der Aussicht zu trösten, daß sie bald das Heiligste Sakrament in der eigenen Kapelle haben würden.

Endlich, in den ersten Mai-Tagen 1835, ungefähr sechs Wochen nach Abschluß des Kaufvertrages, konnte der Wohnungswechsel stattfinden. Wir können uns den ärmlichen Zug vorstellen: auf einem Wagen der dürftige Hausrat, daneben einige Handkarren, davor und dahinter die Masoeurkes und einige hilfreiche Freunde. So ging es über die Dorfstraße hinaus über den schlechten Landweg zwischen den Feldern hin zum Kreppel, der da einsam lag hinter der schlammigen Gracht. Das war der Geburtsort, den Gott für Catharinas Kongregation ausgewählt hatte.

Am 10. Mai 1835 feierte der Pastor in der Pfarrkirche die Votivmesse vom Heiligen Geist. Alle waren in innigem Gebet vereint. Danach begab man sich glücklich zum Kreppel. Mit Weihwasser segnend, ging der Pastor durch die gereinigten, aber noch kahlen und unwohnlichen Räume. Es war noch viel zu tun! Aber das bedeutete nichts, der erste Schritt zu einem wirklichen Kloster war getan. Es bekam den Namen Kloster von den Heiligsten Herzen Jesu und Mariä.

Der 10. Mai 1835 ist der Stiftungstag der Kongregation der Franziskanerinnen von der Buße und der christlichen Liebe.

Von wem und wann der Kreppel gebaut wurde, ist unbekannt[8]. Es mag um 1700 gewesen sein, denn das Haus wird zum ersten Mal erwähnt in Dokumenten aus dem Jahr 1731. Sie befinden sich im Archiv des Bistums Lüttich. In ihnen ist die Rede vom Verkauf durch "de joffrouwen erfgenamen van wijlen den Erentfesten Heer Adt Charles, t' sijnder tijt officiael des bisdombs van Ruremonde" (die Damen Erbinnen des verstorbenen Hochwürdigsten Herrn Administrators Karl, seinerzeit Offizial des Bistums Roermond). Der Name Kreppel war also lange vor der französischen Zeit im Gebrauch. Es hat keinen Sinn, ihn in Zusammenhang zu bringen mit crapule, Gesindel, wegen der Gendarmerie, die gegen 1820 das Haus und die Ländereien besaß. Manche vermuten, daß "Kreppel" in Zusammenhang stehe mit "kreupelhout", dem vielen Krüppelholz, das früher in der Umgebung zu finden war.

Interessenten bei dem Verkauf im Jahr 1731 waren merkwürdigerweise Franziskanerinnen-Tertiarinnen. Infolge der Begründung der General-Staaten aus ihrem Kloster zu Ommel bei Asten (Nord-Brabant) vertrieben, suchten sie eine neue Bleibe. Aber der Kauf kam nicht zustande. Die Ordensfrauen ließen sich in Nuenhem nieder. Dann schweigt die Geschichte vorläufig über den Kreppel.

Von 1757 an sind Namen von Eigentümern bekannt. Schulze Charles de Borman und seine Ehefrau Elisabeth Jeanfils "erhielten das Landgut und das kleine Kastell, 'de Creppel' genannt, beim Dorf Heythuysen an der Roerstraße." 1792 verkauften die Erben dieses Ehepaares das Gut an einen französischen Emigranten, Pierre Charles Parceval de Brion und seine Gemahlin Alexandrine Maria Gabriele Maracin. Als aber die Franzosen 1794 Limburg besetzten, wurde ihnen der Boden zu heiß unter den Füßen. Sie verschwanden bei Nacht, und die Regierung beschlagnahmte den herrenlosen Besitz. Vom Oktober 1795 an bewohnte ihn der französische Verwaltungsbeamte Hanf.

Das folgende Dokument ist interessanter. Die Übersetzung lautet:

> "Verkauf von Dominal-Gütern. In der Durchführung des Gesetzes vom 9. Februar 1818 und des Königlichen Erlasses vom 9. Mai 1819. Nr. 63. Das Gehöft, genannt Kreppel, mit Zubehör, aus dem Nachlaß des Emigranten De Brion, gelegen in der Gemeinde Heythuysen...
>
> Das Eigentum, sowohl das Herrenhaus, an der Binnenseite des genannten Gehöftes gelegen, als die Ländereien, die die königliche Gendarmerie in Benutzung hat, sollen dem Käufer Arnold Michiels, Bürgermeister von Roermond, gehören."

Wann dieser Verkauf stattfand, ist nicht angegeben. Daß die Gendarmerie den Kreppel eine Zeitlang als Kaserne benutzte, ist aus dem Beschluß des Provinzialausschusses vom Jahre 1821 ersichtlich, durch welchen die Gemeinde Heythuysen entschädigt wird für den Gebrauch seitens der Gendarmerie, u. a. ist die Rede von der Miete für die Kreppel-Gebäude. Am 5. April 1826 verzog die Brigade nach Kessel. Möglicherweise ist der Verkauf an Baron Michiels van Verduynen danach erfolgt.

Daß der Kreppel in den Jahren wohl einmal einem Betrunkenen oder einem Nachtschwärmer gratis ein Nachtlager geboten hat, muß man nicht allzu romantisch nehmen. Die Tatsache, daß nur eine Gefängniszelle in der Südostecke des alten Gebäudes war, ist Beweis genug, daß man sich nicht für die Unterbringung von mehreren Häftlingen und nicht für längere Zeit eingerichtet hatte.

Nicht überraschend ist, daß der Kreppel damals gebaut war wie ein Limburger Bauernhof. Er war eben ein Dominal-Gut. Den viereckigen Binnenhof umstanden Wohnhaus, Scheunen und Ställe.

Baron Michiels van Verduynen bewohnte das neuerworbene Eigentum nicht selber, er übergab es einem Pächter. Es scheint, daß dieser nicht im Hauptgebäude wohnte, denn die Masoeurkes fanden dieses in ganz verkommenem Zustand vor. Und als sie das Haus bezogen, blieb der Pächter, wo er war.

Quellenangaben zu Kapitel V

1 Aufzeichnungen von Schwester Crescentia Lenders nach den Erzählungen von Schwester Franziska (Maria Cath. Deckers) und Schwester Antonia (Gertrud Kirkels).

2 Aufzeichnungen von Schwester Pacifica Grimmelt.

3 Aufzeichnungen von Schwester Pacifica Grimmelt.

4 Blütengärtlein (Siehe Quellen).

5 Manning, a.a.O., bemerkt, daß Msgr. Van Bommel impulsiv von Natur war.

6 Es ist nicht amtlich, ob Catharinas zweite Reise vor oder nach dem Ankauf des Kreppels stattfand.

7 Professionsregister, Provinz-Archiv, Heythuysen.

8 Über die Vorgeschichte des Kreppels hat W. Goossens, Provinz-Archivar von Limburg, Angaben gemacht; siehe auch P. Gerlach OFMCap in: Franciscaans Leven, Heythuysen-Nummer, 1935. Über die französische Zeit und später: Mitteilung des Gemeinde-Archivars, Heythuysen.

VI. Das junge Kloster

Was war es eigentlich, genau gesagt, was Bischof Van Bommel erst verweigerte, aber später zum 10. Mai 1835 guthieß? Nicht das große Haus an sich! Ein Wohnungswechsel von Laien interessierte die kirchliche Behörde nicht. Auch nicht das Ordenskleid, das wurde später im November auf eine erneute Anfrage hin zugestanden. Die Annahme von Postulantinnen? Wenn diese bei den ersten drei Masoeurkes nicht und für Angeline Kusters und Gertrudis Berben, um den Vorschriften zu genügen, wohl beantragt wurde, dann folgt daraus unseres Erachtens, daß man nun, um es einmal so auszudrücken, mit dem Klosterleben ernst machen wollte. Msgr. Van Bommel hatte geschrieben: "Sie mögen mal anfangen." Nach dem ersten Brief von Pastor Van der Zandt an den Generalvikar von Lüttich wollte Catharina "ihre Regel ... strenger ... befolgen."

Die Frage ist nun, wie stellt sich Catharina das im Ernst in der Praxis vor? Von der Kleidung abgesehen, scheint nur eine Antwort möglich: Sie will nach einer strengeren Regel leben, als es jene war, nach welcher die vier Masoeurkes sich in ihrem alten Häuschen gerichtet hatten. Ihre Lebensweise kann nicht viel anders gewesen sein als die Art und Weise, wie die "Masoeurkes op de Trepkes" zu Maaseik lebten. Sie arbeiteten und beteten, alles gemeinsam, vielleicht mit einer schwachen Erinnerung an die Gebräuche, wie sie bei den Kapuzinerinnen, deren geistliche Leiter die Kapuziner waren, vor ihrer Verteibung 1797 gepflegt wurden. Im Laufe des Sommers kam Pater Leonardus von Maaseik nach Heythuysen[1], um die beiden Neulinge als Novizinnen in den Weltlichen Dritten Orden aufzunehmen. Das war für alle im Kreppel ein Freudentag, besonders für Pater Leonardus selbst.

Dies war, soweit bekannt, sein letzter Besuch bei der neuen Stiftung. Er hat sich nicht oft in Heythuysen sehen lassen, nur einige Male im Jahr. Er wußte, daß er beim Bischof in Lüttich nicht gut angesehen war, und er wollte Catharina nicht durch wiederholte Besuche in Schwierigkeiten bringen.

Pater Leonardus wird Catharina besser verstanden haben als der Pastor. Der Hinweis, daß er es war, der die Bedenken des Pastors wegen der Klostergründung zu überwinden wußte, kommt nicht aus allerbester Quelle[2], paßt aber so vollkommen zu der Situation und den Charakteren, daß er ohne Bedenken als richtig angesehen werden kann.

Der Kapuziner und Catharina waren geistesverwandt. Beide waren von einer Idee erfaßt: ihrer Klostergründung. Dafür setzten sie alle Kräfte ein, ertrugen Einsamkeit, Widerspruch und Demütigung, stets im wachen Gehorsam gegenüber Gott, sich selbst und der kirchlichen Obrigkeit.

Hatte doch Gott den fruchtbaren Boden von Catharinas verschlossenem Garten (hortus conclusus!) geschaffen und den keimfähigen Samen hineingelegt, der "gute und getreue Knecht" (vgl. Mt 25,21) hatte den Boden bearbeitet und für das Wachsen der Saat bereit gemacht. Unter seiner Leitung war sie in Maaseik eingeführt worden in die Kapuziner-Spiritualität. Vielleicht durch sein Wort, sicher aber durch sein Beispiel war in ihr der Klostergedanke, wenn nicht angeregt, so doch gefördert worden. Nicht weniger als Pastor Van der Zandt verdient Pater Leonardus den Namen eines Vaters der geistlichen Familie, die in Heythuysen entstand.

Die Frage nach Konstitutionen wurde nun wichtig. Darauf richteten sich Catharinas Gedanken und ihr Gebet. Wahrscheinlich war es zu diesem Zeitpunkt weder ihr noch Pastor Van der Zandt klar, daß als Grundlage die Regel Papst Leos X. für die Regulierten Tertiaren dienen müsse.

Konstitutionen waren notwendig für die Lebensform, die die Frauen gewählt hatten. Pastor Van der Zandt stellte einige einfache Bestimmungen als Lebensregel auf und erhielt diese "Statuten" etwas verändert am 11. November 1835 vom Bischof zurück.

Diese Darstellung vom Gang der Dinge, die sich in älteren Schriften findet, ist wohl sehr gedrängt. Selbstverständlich ging die Korrespondenz mit dem Bistum - auch was die Konstitutionen anbetrifft - über den Pastor. Aber aus seiner bereits mehrfach angeführten Chronik geht hervor, daß ihn diese Angelegenheit nicht besonders interessierte. Er verliert kein Wort darüber. Er schreibt nichts über die Wahl einer bestimmten Regel, nichts von einer Approbation der Konstitutionen, nichts von Veränderung oder gar Zurücknahme von Vorschriften, nichts von einer Ergänzung der Konstitutionen oder der erneuten Approbation durch den Bischof oder den Papst. Ebensowenig ist von den Schwestern etwas überliefert worden, was auf Belehrung oder geistlichen Rat hinweisen könnte.

Die geistliche Leitung der Schwestern lag dem Pastor nicht, und er wußte das. Mit anerkennenswerter Offenherzigkeit berichtet er, daß er "sich bemühte, die Unsern mehr und mehr zu fördern, sowohl in ihrem sittlichen Verhalten, als auch in Bezug auf die Regel und die klösterlichen Gebräuche. Aus diesem Grund und da ich selbst in vieler Hinsicht unerfahren war, bat ich zu diesem Zweck eine betagte Ordensfrau aus Nederweert, die bei ihren Eltern weilte, uns für einige Zeit behilflich zu sein, was sie auch getan hat"[3]. (Über diese Schwester später mehr.)

Als im Jahr 1843 der junge Franziskaner Joannes Geudens, der vorübergehend Rektor im Kreppel war, sich auffallend begabt zeigte in der spirituellen Führung der Schwestern, weiß der Pastor das zu schätzen. (Siehe Kapitel VIII.)

Doch neben oder, wenn man so will, dem Pastor gegenüber stand Catharina Damen, eine nach innen gewandte tiefreligiöse Natur. Sie war eine ganz kontemplative Frau.

Was ergab sich unter diesen Voraussetzungen für die Zusammenarbeit von Stifterin und Direktor? Man kann sagen, daß er es war, der die Redaktion der Konstitutionen übernahm. Catharina war dazu nicht imstande. Aber sie äußerte ihre Wünsche, die ihren Ursprung hatten in ihrer Formung durch die Kapuziner, ihrer Erfahrung als Masoeurke, in ihrem eigenen geistlichen Leben.

Als Grundlage wurden die sogenannten Apostolischen Konstitutionen gewählt, die Pater Petrus Marchant OFM im Jahr 1621 den Pönitentinnen-Recollectinnen von der Limburger Reform mit ihrer Stifterin Mutter Joanna von Jesus gegeben hatte.

Joanna Baptista Neerinck[4] war im Jahr 1576 in Gent von wohlhabenden Eltern geboren. Von Kind an hatte sie einen ausgeprägten Glaubenssinn, war sie in besonderer Weise begnadet. 1604 trat sie bei den Grauen Schwestern ihrer Heimatstadt ein. Die Grauen Schwestern vom Dritten Orden, gegründet 1379 von der seligen Angelina von Marciano, hießen Schwestern von der Buße, Pönitentinnen. Diese Bezeichnung erinnert an den Namen, den Franziskus seinem Dritten Orden gab. Im Laufe der Jahre ließ die Ordenszucht nach. Obwohl die Schwestern nicht gehalten waren, die päpstliche Klausur zu beobachten, gingen sie doch auch nach ihren Bestimmungen zu häufig aus und erlaubten sich andere Freiheiten[5]. Schwester Joanna und einige andere Schwestern wünschten die Rückkehr zur ursprünglichen Lebensform.

Joanna wandte sich an die Franziskaner (Recollecten), und Pater Petrus Marchant erhielt den Auftrag, die Reform zu leiten. Nach vergeblichen Versuchen in ihrem eigenen Konvent erhielt Schwester Joanna die Möglichkeit, in Limburg bei Lüttich eine neue Kongregation zu gründen. Als Mutter Joanna von Jesus wurde sie deren erste Oberin.

Die Lebensweise dieser Pönitentinnen-Recollectinnen hatte viel Ähnlichkeit mit der der Klarissen. Es bestand keine päpstliche, wohl aber eine strenge Klausur. Die Schwestern verließen niemals ihr Kloster. Trotzdem unterhielten sie ein kleines Pensionat mit höchstens 10 Schülerinnen, die innerhalb der Klausur wohnten.

Die Kongregation breitete sich schnell aus und fand hohe Anerkennung. Bedauerlicherweise wurden zahlreiche Klöster in den Revolutionsjahren aufgehoben, unter anderen das Kloster in Weert. Im Jahr 1799 konnte sich diese Kommunität wieder vereinigen im Kloster zu Oirschot. Von dort aus hat sich die Kongregation im 19. Jahrhundert aufs neue ausgebreitet.

Die Konstitutionen der Pönitentinnen-Recollectinnen dienten den Konstitutionen von Mutter Magdalenas Schwestern als Grundlage.

1835 wohnte in Nederweert noch eine Schwester aus dem 1797 in Weert aufgelösten Kloster der Pönitentinnen-Recollectinnen. Sie hieß Schwester Antonia Knapen und hatte 1792 im Alter von einundzwanzig Jahren Profeß abgelegt. Mit Wissen der Oberin war sie zurückgeblieben, als ihre Mitschwestern sich in Oirschot wieder zusammenfanden, und hielt mit ihrem Vater ein wachsames Auge auf die herrenlosen Klostergüter. Vieles, was man in Oirschot nicht gebrauchen konnte, wußte Vater Knapen zu verkaufen. Schwester Antonia wurde bis zu ihrem Tod im April 1839 als Mitglied des Oirschoter Konvents betrachtet[6]. Auf ihrem Totenbildchen wird sie genannt "unsere geliebte Mitschwester M. Antonia von den fünf Wunden des heiligen Vaters Franziskus".

Nach den Aufzeichnungen von Schwester Crescentia Lenders waren es die Weerter Franziskaner - sie hatten 1836 ihren Konvent wiedererrichtet und waren in der Gegend tätig -, die Pastor Van der Zandt auf diese Schwester aufmerksam machten. Andere meinten, daß Catharina Damen sie bereits früher gekannt habe. Sie suchte Schwester Antonia auf, um die Ordenskleidung zu sehen, die diese aufbewahrt hatte, und bat sie, nach Heythuysen zu kommen, um den erwartungsvollen Zuhörerinnen von den Weerter Klosterbräuchen zu erzählen. Vermutlich lernte der Konvent bei dieser Gelegenheit auch die Apostolischen Konstitutionen von Pater Marchant kennen. Wir wissen nicht, ob Catharina diese schon früher kennengelernt hatte und sie darum für ihre Schwestern wählte oder ob sie erst durch Schwester Antonia Kenntnis bekommen hatte.

Wie es auch gewesen sein mag, es bleibt doch eine sonderbare Angelegenheit. Schwester Antonia war, als sie nach Heythuysen kam, 64 Jahre alt, für die damalige Zeit eine alte Frau. Vor 43 Jahren hatte sie Profeß abgelegt.

Die Art, wie Catharina Damen sich kundig machte und handelte in einer höchst wichtigen Angelegenheit - es ging um die zukünftigen Konstitutionen und Gebräuche einer Kongregation -, hat etwas so Argloses, so Einfältiges an sich, daß man eher dahinter die Handlungsweise der weltfremden Catharina vermutet als die des aktiven Pastors mit seinen zahlreichen Beziehungen zu Priestern und Laien[7].

Es ist verständlich, daß Catharina die Konstitutionen von Pater Marchant zugrunde legte. Wenn sie an der franziskanischen Dritt-Ordensregel festhalten wollte, konnte sie kaum eine andere Wahl treffen. Die Franziskanerinnen, die in jenen Jahren in den Niederlanden lebten (Abzweigungen der Pönitentinnen-Recollectinnen), hatten neben der Regel Papst Leos X. jeweils ihre eigenen Statuten oder Konstitutionen wie die Schwestern von Oirschot, Dongen, Etten, Roosendaal und später Veghel. Diese Konstitutionen waren den Schwestern gegeben worden durch den zuständigen Pastor oder Bischof. Das war der betreffenden Oberin längst nicht immer willkommen. Mutter Josef von Roosendaal und die Oberinnen von Etten und Dongen wehrten sich gegen eine solche Bevormundung, es gelang ihnen aber nicht, sich mit ihrem Wunsch, nämlich nach den Konstitutionen von Pater Marchant zu leben, durchsetzen zu können[8]. Bei den meisten Kongregationen in Brabant war das Verhältnis zwischen Bischof oder Pastor und den Generaloberinnen der entsprechenden Kongregationen anders als in Heythuysen: dort resolute Direktoren und gefügige Oberinnen, hier eine unerschütterliche Stifterin und ein im Grunde verständiger und einsichtiger Pastor.

Die Statuten von Heythuysen zeigen deutlich einen kontemplativen Zug. Wenn wir die im 20. Jahrhundert gängigen Ausdrücke aktiv und kontemplativ gebrauchen, so tun wir das mit einigem Vorbehalt. Der Gegensatz, der heutzutage beim Gebrauch dieser Begriffe mitgehört wird, war damals keiner und wurde infolgedessen auch nicht so empfunden von den Ordensfrauen. Seitdem das Konzil von Trient für alle Ordensfrauen das Verbot erlassen hatte, das Kloster zeitweise zu verlassen, war die apostolische Tätigkeit nach außen, wenn sie überhaupt ausgeübt wurde, stark zurückgegangen, während das rein beschauliche Leben aufblühen konnte. Das war bei fast allen Kongregationen von Ordensfrauen im 17. und 18. Jahrhundert der Fall. Eine Ausnahme bildeten die Schwestern des heiligen Vinzenz von Paul. Er konnte die Helferinnen in seinen caritativen Werken nur behalten um den Preis, daß er ihnen sagte, sie seien keine Ordensfrauen, was nach kirchlichem Recht richtig war, obwohl sie ihren

Beruf als Berufung zu einem apostolischen Ordensleben verstanden und lebten.

Catharina hat sich die Frage nicht gestellt, ob ihre Kongregation sich als eine aktive oder kontemplative entwickeln sollte. Aktive Tätigkeiten in Aufgabenbereichen, wie das 20. Jahrhundert sie kennt, hätten zu ihrer Zeit nicht die Zustimmung eines Bischofs bekommen. Im Gegenteil! Der Klerus wünschte für die Ordensfrauen die Rückkehr zur Lebensweise des 17. und 18. Jahrhunderts.

Catharina aber sah und verstand die Nöte der Menschen, das waren für sie die Zeichen der Zeit. Im übrigen "dachte" sie nicht viel, sie ließ sich drängen durch den Heiligen Geist. Den Bedürfnissen der Zeit entsprechend, wuchs ihre Gemeinschaft nach dem Beispiel des heiligen Franziskus immer mehr hinein in eine evangelische Lebensform.

Beim näheren Vergleich der Statuten, die eigentlich als vorläufig gedacht waren, mit den Apostolischen Konstitutionen (P. Marchant) fällt das Folgende auf. Ohne Zweifel besteht Übereinstimmung. Eine Anzahl weniger einschneidender Bestimmungen, Gebräuche, vorgeschriebener Gebete und dergleichen sind den Apostolischen Konstitutionen entlehnt.

Die Abweichungen in den wesentlichen Punkten fallen nicht sogleich auf. Catharina hatte sich als Ziel gesetzt, den Dorfbewohnern tatkräftig aus ihren Nöten zu helfen durch einfachen Unterricht für die Kinder und ebenso einfache Hilfe bei der Pflege der Kranken in ihrem Zuhause. Die Schwestern konnten deshalb nicht wie die Pönitentinnen-Recollectinnen von Weert/Oirschot in strenger Klausur leben. Daß die Schwestern das Kloster tatsächlich verließen, ist aus dem sehr kurz gefaßten vierten Kapitel (rund 200 Wörter) "Über den Ausgang der Schwestern" zu ersehen. Aber über den besonderen Zweck der Kongregation der Franziskanerinnen von Heythuysen ist in den ersten Statuten nichts zu finden.

Das VI. Kapitel jedoch "Von den religiösen Übungen, von den Tagzeiten und vom Gebet" ist bei weitem das umfangreichste. An dieser Stelle findet sich auch die Tagesordnung. Gebet und Arbeit wechseln fortwährend miteinander ab. Heute läßt sich das so nicht mehr durchführen, es wäre nicht einmal wünschenswert.

Wichtiger als die Übereinstimmung mit dem Buchstaben ist die Übereinstimmung mit dem Geist, der aus den Statuten spricht. Schwester Domitilla aus der Kongregation von Oirschot, die uns einige der genannten Angaben verschaffte, urteilt hierüber: "Die Einfalt, die Liebe, der Geist stiller Eingezogenheit bei aller notwendigen Arbeit, der Geist der Buße und des Gebetes haben mich beim aufmerksamen Lesen der Statuten sehr ergriffen. Und ist dies alles nicht dasselbe, was in den Konstitutionen von P. Marchant oder Mutter Joanna an erster Stelle steht?"

Zusammenfassend glauben wir sagen zu dürfen:

Die Statuten von Pastor Van der Zandt, die etwa 3200 Wörter enthalten, sind schätzungsweise zur Hälfte den Apostolischen Konstitutionen von P. Marchant entlehnt. Es besteht eine auffällige Übereinstimmung in bezug auf Geist und Atmosphäre, die diese Konstitutionen zu schaffen suchten. Abweichungen gibt es bei den Bestimmungen, die sich auf den Zweck der Kongregation beziehen, bei Punkten, die wesentlich sind. Dort strenge - wenn auch nicht päpstliche - Klausur, hier mehr Bewegungsfreiheit im Hinblick auf die äußere Wirksamkeit, wenn diese auch nicht ausdrücklich genannt wird. Dort das Römische Brevier, hier das Marianische Offizium[9]. Das eine und das andere greift stark in das alltägliche Leben ein. Die wörtlich oder fast wörtlich entlehnten Bestimmungen betreffen in der großen Mehrzahl keine wesentlichen Dinge. Im Vergleich mit den sehr ausführlichen Apostolischen Konstitutionen sind sie verhältnismäßig gering an Zahl. Daß die Statuten diesen ohne Änderungen entnommen sein sollten, ist eine vereinfachende Behauptung und tatsächlich unrichtig.

Obwohl Pastor Van der Zandt die Statuten redigierte, ist die Mutter der Kongregation auch die Mutter der Statuten. Catharina Damen hat die Bestimmungen zunächst ausgewählt. Sie sind der Niederschlag ihres Geistes, ihres Gebetes, ihrer Beschauung, die die Werke der Liebe durchdringen sollen.

Im Sommer 1835 sandte der Pastor die Statuten nach Lüttich. Nach Monaten geduldigen Wartens erhielt er sie am 11. November etwas verändert zurück mit folgendem Schreiben des Generalvikars Msgr. Kerckhoffs[10].

> "Endlich, nach langem Hinausschieben, beantworte ich ihren Brief, obwohl ich lieber eher geschrieben hätte. Die Abwesenheit von Monseigneur und die gehäufte Arbeit waren Ursache meines langen Wartens.
>
> Die für die geistlichen Schwestern des Dritten Ordens des hl. Franziskus entworfenen Statuten sende ich verbessert zurück, und wir erlauben Ihnen, die Schwestern diesen Regeln gemäß zu leiten, um dann nach einiger Zeit zu beurteilen, ob weitere Änderungen nötig

oder andere Bestimmungen geeigneter zu sein scheinen. Wir erteilen Ihnen jede erforderliche und erwünschte Vollmacht, um die genannten Religiosen zu dem Guten, das sie bezwecken, hinzuführen, ihnen das klösterliche Kleid zu geben und sie - nach beendeter Probezeit - zur Ablegung der Gelübde zuzulassen; ferner ihnen in der Sterbestunde die Generalabsolution der Regel gemäß zu erteilen. Zum Schluß sei bemerkt, daß sie zu den in dieser Kongregation gebräuchlichen Gelübden nur für eine bestimmte Zeit zugelassen werden dürfen, etwa für ein oder zwei Jahre, wie nämlich die Vorsicht dies verlangt bei Errichtung einer religiösen Gemeinschaft, die langsam aufgebaut werden muß.

Nie dürfen sie zu den ewigen Gelübden übergehen, ohne erst die kirchliche Obrigkeit um Rat gefragt zu haben."

Der Kreppel muß zu klein gewesen sein, um die Freude zu fassen, als der Pastor mit dieser Nachricht kam. Endlich die offizielle Erlaubnis, das Ordenskleid tragen und nach einer Probezeit die Gelübde ablegen zu dürfen!

Auch der gute Pastor wird glücklich gewesen sein. Die Leitung des jungen Klosters wird ihm anvertraut. Er hatte ein Herz für seine Schwestern, und wenn er sich auch über die kommenden Sorgen nicht täuschte, so erhoffte er sich doch viel Gutes von ihnen für seine Pfarrei. Bald schon zeigte er einen unermüdlichen Eifer bei der Wahrung der äußeren Interessen der neuen Klostergründung.

Jedoch scheinen weder der Pastor noch Catharina begriffen zu haben, daß nicht allein das Ordenskleid, sondern auch die Profeß auf die Regel der neuen Kongregation für alle verpflichtend war. In dem merkwürdigen Brief[11], den wir meinen, in das Frühjahr 1839 datieren zu müssen (siehe Kapitel VII), leben beide noch in der Vorstellung, daß diese Gelübdeablegung nicht erwartet würde von den vier Masoeurkes, die in Maaseik auf die Regel des Weltlichen Dritten Ordens Profeß abgelegt hatten.

Über die Art und Weise, wie die Schwestern sich Stoff für Habite verschafften und einen bestimmten Zuschnitt wählten, sind köstliche Berichte erhalten.

Bekannt ist die Geschichte, nach der eines guten Tages Catharina mit Maria Deckers ausging, ohne ihr etwas über Ziel und Zweck ihres Ausgangs zu sagen. Die Schwestern hatten sich daran gewöhnt, keine neugierigen Fragen zu stellen, sondern einfach zu tun, was Catharina so wollte. Nachdem sie nun eine ganze Weile gewandert waren, konnte Maria ihre

Neugierde nicht mehr bezwingen und fragte: "Masoeur Catrien, wohin gehen wir? Warum steht Ihr so oft still und schaut nach allen Seiten?" Die andere antwortete: "Mein liebes Kind, wenn unser heiliger Vater Franziskus nicht wußte, wohin Gottes Willen ihn rief, dann pflegte er sich um sich selbst zu drehen und dann den Weg einzuschlagen, der vor ihm lag. Und da ich nicht weiß, wo wir ohne Geld Stoff bekommen können, um Habite davon zu machen, tue ich das auch." "Dann weiß ich Rat", rief Maria. "Meine Freundin ist in Weert mit einem Tuchhändler verheiratet. Sie werden uns sicher leihen, was wir nötig haben." Beide gingen also nach Weert, und bald hatten sie erhalten, was sie nötig hatten.

Soweit der Bericht aus dem "Blütengärtlein". Er hat gewiß seinen Reiz, er mutet franziskanisch an, wenn man auch bezweifeln kann, ob Catharina sich so ausgedrückt hat. Aber wir lesen, daß Catharina, als sie noch in dem kleinen Häuschen wohnten, häufig über das von ihr erhoffte Klosterleben sprach und ihre Begeisterung auf die drei anderen Gefährtinnen übertrug. Mindestens sieben Jahre lebten sie dort gemeinsam, könnten sie sich nicht das eine oder andere Mal die Frage gestellt haben, vor allem, als der Einzug in den Kreppel in Aussicht genommen war: "Sollten wir wirklich ein Kloster bekommen, wie kommen wir dann an Habitstoff, wir können ihn nicht bezahlen?" Und sollte Maria, die Näherin, in solchem Zusammenhang nicht von ihrer Freundin gesprochen haben?

Es besteht noch eine andere Lesart dieser Erzählung, die Schwester Pacifica Grimmelt überliefert hat und die annehmbar erscheint. Noch zu Hause sagte Catharina, daß sie wegen des Habitstoffs ausgehen wolle, worauf Maria den Namen ihrer Freundin nannte, aber sie wußte nicht mehr, wo diese wohnte. Nach einigem Zögern - und Rumdrehen? - wählten die zwei den Weg nach Weert. Dieser schien der rechte zu sein.

Wie dem auch sei, man hatte nun den notwendigen Stoff. Aber wie sollte das Ordenskleid aussehen? Auch darüber holte Catharina sich Rat bei Schwester Antonia Knapen, der aus Weert vertriebenen Klosterfrau. Diese hatte ihr Ordenskleid sorgfältig aufbewahrt und war gern bereit, es zu zeigen. Maria gefiel es nicht so recht. Bald danach besuchte ein Franziskanerbruder aus Sint-Truyen den Kreppel. Das war eine gute Gelegenheit! Wir können uns vorstellen, wie die einfachen Frauen den Bruder baten, sich hinzustellen und die Arme auszubreiten, wie sie um ihn herumgingen, damit ihnen nur ja keine Einzelheit entgehe, wie sie die symbolische Kreuzform erkannten (den griechischen Buchstaben τ), wahrscheinlich ohne den tiefen Sinn zu verstehen, den Franziskus dahinter sah. Thomas von Calano, sein ältester Biograph, schreibt darüber: "Er wollte sich mit dem Kreuz bekleiden; als er um der Armut willen ein

Bußgewand wählte, wünschte er auch das Kreuzmysterium darin auszudrücken. So wie sein Geist den Gekreuzigten in sich aufgenommen hatte, wollte er seinen ganzen Körper mit dem Kreuz bekleiden, und da Gott die höllische Macht in diesem Zeichen besiegt hatte, sollte auch das franziskanische Heer seinem Herrn unter dieser Standarte dienen."

Maria machte nun aus alten Stoffresten ein Modell, umgürtete sich mit einer Kordel, bedeckte den Kopf mit etwas, was einem Schleier gleichen sollte, und fragte die anderen, was sie davon hielten. Den dreien gefiel es gut. Pastor Van der Zandt, weniger von Wünschen erfüllt und mit weniger Phantasie ausgestattet als Maria, war weniger begeistert, aber zum Schluß fügte er sich (wie gewöhnlich) Catharinas Wünschen, als er hörte, der richtige Habit werde einfarbig sein.

Indessen, das oben Beschriebene war nur ein Teil des religiösen Kleides. Wie nun das Ganze? Die Pönitentinnen-Recollectinnen - gegenwärtig die Kongregationen von Oirschot, Dongen und ihre Verzweigungen - haben eine ehrwürdige Tradition, nach welcher die heilige Jungfrau selbst in einer Erscheinung sich Mutter Joanna von Jesus gezeigt habe in einer Kleidung, wie sie sie für ihre Töchter wünschte.

Die Regel von Pater Marchant schrieb vor:

"Die Schwestern sollen über dem Habit ein Skapulier tragen mit einem schwarzen Kreuz und den Leidenswerkzeugen zur Erinnerung an das Leiden unseres Herrn und als Zeichen der Buße. Sie bedecken den Kopf mit einem schwarzen Schleier. Auch können sie barfuß auf Holztrippen gehen. Als Gürtel diene eine einfache Kordel mit drei Knoten. Die Novizen tragen weder Skapulier noch schwarzen Schleier, statt der Kordel gürten sie sich mit einem grauen Leinenband. Die Laien-Profeß-Schwestern tragen keinen schwarzen Schleier."

Die meisten dieser Bestimmungen übernahmen die Franziskanerinnen von Heythuysen. Auch die Art und Weise, wie der Rosenkranz getragen wurde, weist auf wallonisch-französischen Ursprung hin. Msgr. Van Bommel riet bereits in der ersten Zeit einige Änderungen an. Die Schwestern sollten nicht barfuß gehen, und unter dem schwarzen Schleier sollten sie einen weißen tragen. Merkwürdige Zusammenarbeit des aristokratischen Kirchenfürsten mit dem Mädchen aus dem Volk zu einem sehr annehmbaren Ergebnis! Später - durch die Konstitutionen von 1860 - ist der weiße Schleier für die Laienschwestern abgeschafft worden, so daß zwischen diesen und den Chorschwestern kein Unterschied mehr in der Kleidung bestand. Die Kordel mit den drei Knoten wurde früher an der linken Seite getragen, wie es auch bei den holländischen Franziskanern Brauch war. Das wurde 1897 geändert, als sich verschiedene Zweige des ersten Ordens vereinigten zum Ordo Fratrum Minorum.

Obwohl die Zukunft nun etwas hoffnungsvoller aussah, gingen die Monate nicht ohne Sorgen vorbei. Die beiden Postulantinnen, die man mit soviel Freude aufgenommen hatte, entsprachen nicht den Erwartungen. Gertrudis Berben erwies sich bald als geistig anormal. "Sie begann zu prophezeien", schrieb Pastor Van der Zandt. "Man mußte sie entlassen und ihr die Dote zurückgeben." Die ohnehin schwierige Situation des Kreppel wurde noch schwieriger. Die andere, Angelina Kusters, ein liebes, frommes Mädchen, wurde krank und starb am 8. Oktober 1835. Sie durfte den Trost genießen, sich vor ihrem Tode der großen Familie des heiligen Franziskus einzugliedern.

Das geschah in den Monaten, als man mit Spannung den Brief aus Lüttich erwartete, der nicht kommen wollte.

Sorgen bereiteten auch der feuchtkalte, unbehagliche und zudem noch verschuldete Kreppel, der teilweise noch von dem Pächter der Ländereien bewohnt war, und die kleine Schule, deren Kinderzahl sich wegen der weiten Entfernung vom Dorf verringerte. Dadurch gingen die ohnehin niedrigen Einnahmen zurück. Der kranken und lendenlahmen Annemie Verkoulen fiel mit ihren 53 Jahren das Leben in dem neuen, so weit von der Kirche entfernten Haus sehr schwer. Auch Catharina litt unter der Situation um der anderen willen, einfühlsam, wie sie war. Aber für sich selbst wußte sie, was für sie noch in der Zukunft lag, was die Vorsehung für sie noch in Händen hielt. Die Chronik wiederholt in diesem Jahr immer wieder: "Catharina verlor niemals den Mut ... Catharina drängte uns voran mit Geduld, Takt und Bestimmtheit." Sie allein blieb die Spindel, um die sich alles drehte.

Als dann endlich, am 11. November 1835, die so ersehnte Erlaubnis des Bischofs eintraf, den franziskanischen Habit tragen und nach festen Statuten leben zu dürfen, war die größte Sorge behoben. Langsam setzten auch die Dorfbewohner mehr Vertrauen in das Unternehmen, da nun der Bischof mit seiner Autorität dahinterstand. Es gab auch solche, die weiterhin bedenklich den Kopf schüttelten. Der Pastor, obwohl er innerlich das felsenfeste Vertrauen Catharinas nicht teilte, konnte nun die feierliche Einkleidung vornehmen. Schlicht vermerkt er in seiner Chronik:

> "Nachdem ich zuerst eine Votivmesse zu Ehren des Heiligen Geistes gesungen hatte, bekleidete ich (sie) am 11. Februar 1836 mit

(dem) hl. Habit des Dritten Ordens unseres hl. Vaters Franziskus, mit dem Beinamen Pönitentinnen, und (sie) nahmen folgende Klosternamen an:

Catharina Damen	- Schwester Magdalena, Oberin
Joanna Maria Verkoulen	- Schwester Clara
Maria Gertrudis Kirkels	- Schwester Antonia
Maria Catharina Deckers	- Schwester Francisca
Maria Catharina Elisabeth Steenkens	- Schwester Angelina"

Das Klosterleben unserer Stifterin und ihrer ersten Schwestern hatte unter dem Siegel der heiligen Kirche offiziell begonnen. Bemerkenswert ist die Wahl der Namen, mit denen die fünf Frauen in Zukunft genannt werden wollen. Wenn wir bedenken, daß sie nur eine geringe Schulbildung besaßen und nicht belesen waren, sehen wir an den Namen Clara, Antonia, Francisca und Angelina die franziskanische Tradition am Werk. Aber Magdalena?

Catharina wird sich dessen nicht bewußt gewesen sein, daß die liturgischen Texte vom 22. Juli (Fest der hl. Maria Magdalena) sicher zwei und vielleicht drei verschiedene Frauen meinen: Maria, die Schwester des Lazarus in Bethanien, Magdalena, die unter dem Kreuz stand und den auferstandenen Herrn zuerst schauen durfte, und die ungenannte Sünderin.

Eine große Sünderin konnte Catharina sich unmöglich nennen, es sei denn, mit der unbegreiflichen Logik der Heiligen. Es liegt auf der Hand, daß sie, die bereits von Jugend an so gut zu beten verstand, angesprochen wurde von Maria von Bethanien. Catharina hatte schon lange ihren Platz gefunden zu Jesu Füßen. Aus der Wahl ihres Namens ersehen wir wieder ihre überraschende Unabhängigkeit, der wir bereits mehrmals bei ihr begegnet sind. Noch überraschender ist die Wahl ihres Profeßnamens, S. Magdalena vom hl. Petrus von Alcantara. Er ist der Reformer des Franziskanerordens im 16. Jahrhundert, der, geistig den Kapuzinern verwandt, hochgeschätzt wird wegen seines beschaulichen Gebetes und seiner Nächstenliebe. Es scheint, daß sie im Leben dieser beiden Heiligen ihr eigenes Lebensprogramm verwirklicht sah. Welche innere Unabhängigkeit und Freiheit in der Wahl ihrer Namen wird sichtbar bei dieser einfachen Frau!

Am selben Tag legte Mutter Magdalena ihr Haushaltungsbuch[12] vor sich auf den Tisch, tauchte vorsichtig die Schreibfeder in die Tinte und schrieb:

> "Den 11. Februar des Jahres unseres Herrn 1836.
>
> Ich, Maria C. Damen, leiste Verzicht auf mein Erbe, tausend und 12 Franken, und übergebe es dem Kloster.
>
> Maria C. Bongars[13] verzichtet auch auf ihr Erbteil und übergibt es dem Kloster.
>
> Anna Maria Verkoulen verzichtet auch auf ihr Erbe und übergibt es dem Kloster."

Wir fragen uns, ob die bescheidene Summe, die Mutter Magdalena von ihren Eltern geerbt hatte, nicht längst verbraucht war. Das alte, 1828 angekaufte Häuschen war nicht billig gewesen, in den folgenden harten Jahren konnte man nicht sparen, im Gegenteil! Wenn Catharina und die anderen im Jahr 1835 noch etwas besaßen, wurde es bestimmt für den Ankauf des Kreppel verwendet. Dieser "Erbverzicht" erfolgte wohl gemäß der Regel des Weltlichen Dritten Ordens, die den Rat gibt, zeitig ein Testament zu machen, damit nach einem Todesfall kein Streit unter den Erben entsteht. Es war also mehr Treue gegenüber den Vorschriften als Besitzabgabe.

Die ältesten Berichte nennen den Kreppel "Kloster von den H.H. Herzen Jesu und Mariä". Seit dem Jahr 1843 trägt das Kloster den Namen St. Elisabeth. Über den genauen Zeitpunkt und die Gründe für die Namensänderung ist nichts bekannt.

Quellenangaben zu Kapitel VI

1 Chronik von Pastor Van der Zandt.

2 De Seraphijnse Palmboom, dl.VIII, 7. August, Catharina Damen.

3 Chronik. Der Pastor irrt jedoch, wenn er Schwester Antonia als von Oirschot kommend ansieht. Die Andeutung "eine Religiose unserer Regel" kann sich allein auf die Regel Leos X. beziehen.

4 Mutter Joanna von Jesus ... Stifterin der Pönitentinnen-Recollectinnen ... nach der französischen Ausgabe durch eine Schwester der Kongregation von Roosendaal. Siehe hier und weiter auch: Daniel van Wely OFM, die Pönitentinnen-Recollectinnen der Kongregation von Lim-

burg, Neerlandia Seraphica, Weert, XVIII. (1948) 194-200, XIX. (1949) 72-75, 121-125, 172-176, 429-432, 501-509.

5 Die gängige Vorstellung von Mutter Joannas Biographen ist die: Die Ordenszucht war erschlafft. Erneute Untersuchungen (1964) ergaben aber, daß es sich gar nicht darum handelte. Mutter Joanna wollte ein ausgeprägteres kontemplatives Leben.

6 Schwester Maria Domitilla, Geschiedenis van het Zusterklooster aan de Beekpoort te Weert, 1961, Ausgabe von K. Nazareth, Oirschot.

7 Zum Vergleich: 1823 stiftete der spätere Erzbischof Joannes Zwijsen, als er Pastor in Tilburg war, seine Zusters van Liefde. 1822 war unter der Leitung von P. Matthias Wolff SJ der Anfang entstanden, aus dem sich später die Kongregation von Jesus, Maria und Josef entwickeln sollte. Daß diese beiden Stifter sich auf solch primitive Weise über Klosterregel und Gebräuche unterrichtet hätten, ist undenkbar.

8 Mitteilung von Schwester Maria Domitilla, Oirschot.

9 Schwester Paula Münster und Schwester Liguori Mason meinen das. Die Verfasserinnen der niederländischen Ausgabe des Buches konnten das nicht nachprüfen.

10 Archiv Generalat, Rom.

11 Ebd.

12 Ebd.

13 Diese wird nirgendwo anders genannt. Aller Wahrscheinlichkeit nach ist es dieselbe wie Maria Catharina Deckers.

VII. Mutter Magdalenas Amtszeit 1835-1840

Mutter Magdalena hatte ihren Auftrag erfüllt. Das Kloster war gegründet, die Schwestern trugen das franziskanische Ordenskleid. Aber Mutter Magdalena war nicht so naiv zu glauben, daß die Kleider die Frau, in diesem Fall die Ordensfrau machen. Der franziskanische Geist mußte nun ihr ganzes Leben durchdringen.

Nach dem Frühjahr 1835 hören wir nichts mehr über Besuche von Pater Leonardus, von Verbindungen mit den Weerter Franziskanern erfahren wir vorläufig noch nichts. Pastor Van der Zandt hatte am 11. November 1835 vom Bistum die nötigen Befugnisse erhalten, die junge Kongregation zu leiten. Nach Art und Charakter scheint er jedoch nicht der am besten geeignete für die religiöse Formung der Schwestern gewesen zu sein. Es ist von ihm nichts überliefert, was auf geistliche Belehrung hindeutet. Ratschläge und Richtlinien, die er vermutlich in der ersten Zeit gegeben hat, machten offensichtlich weniger Eindruck als Mutter Magdalenas Worte.

Rege, spontan und aktiv verwaltete er die materiellen Angelegenheiten. Sobald der Kreppel eingerichtet war, übernahm er die Erledigung der äußeren Angelegenheiten mit Hingabe und Eifer und "mit, wie es scheint, nicht wenig Wichtigtuerei"[1]. Doch wechselten bei ihm in den ersten Jahren Zeiten der Begeisterung und Zeiten der Mutlosigkeit miteinander ab. Mutter Magdalenas unerschütterliches Gottvertrauen besaß er nicht.

Diese jedoch übt mit ihren einfachen, aus dem Herzen kommenden Worten seit Jahren einen tiefen Einfluß auf ihre Hausgenossen aus. In ihren Händen lag eigentlich, wie früher, die geistliche Formung der Schwestern. Menschenkenntnis, Gnade und Tugend befähigten sie dazu, der sich keine Gelegenheit zu Studien in Askese und Moral geboten hatte. Man darf auch nicht den weitreichenden Einfluß von Pater Leonardus übersehen. Einige Worte Mutter Magdalenas sind bewahrt geblieben.

> "Laßt uns als wahre Franziskuskinder leben, dann wird Gott für uns sorgen."[2]

Was das bedeuten sollte, wußten alle: arm, einfach und liebevoll gegen jedermann, der ihre Hilfe erbat, leben, verankert im Vertrauen auf Gottes gnädige Führung, hörend auf den Heiligen Geist, der im Menschen betet "in wortlosem Seufzen" (Röm 8,26).

"Gott ist gut, ja, mehr als gut", hörten wir sie oft sagen[3]. "Wie gut ist Gott, daß wir bei all unserer Armut doch so zufrieden sein können."[4]

> "Alles zur Ehre Gottes und aus Liebe zu Jesus Christus. Das genügt, um das kleinste Werk groß und verdienstlich zu machen. Gott sieht in unser Herz, und Er blickt nicht auf die Wichtigkeit unserer Arbeit."[5]
>
> "Die erste Pflicht des Gehorsams ist das Gebet. Eine Ordensfrau muß ein Leben des Gebetes führen. Sie kann allezeit beten inmitten ihrer Arbeit. Das Gebet muß für sie der Schlüssel sein, mit dem sie die Schatzkammer der göttlichen Gnaden öffnet. Je kräftiger und dauerhafter dieser Schlüssel ist, um so reichlicher fließt die Gnade. Ohne Gebet keine Gnade, keine Vollkommenheit, kein geistliches Leben. Das Gebet ist die tägliche Nahrung der Seele."[6]

War religiöse Lektüre vorhanden, eine kleine Bibliothek zum allgemeinen Gebrauch? Für die Anfangsjahre ist das höchst unwahrscheinlich. Einige der Frauen konnten überhaupt nicht lesen, andere nur mühsam, und die Gemeinschaft war bettelarm. Ein Buch zu kaufen, wäre wohl das Letzte gewesen, was man getan hätte.

Und doch hinterließ Mutter Magdalena nach ihrem Tod einige abgenutzte Gebetbücher[7]. Ob sie sich diese in ihren jungen Jahren in Maaseik beschafft oder später als Geschenk erhalten hat, dafür gibt es keinen Hinweis. Es ist wahrscheinlich, daß auch die anderen, soweit sie lesen konnten, ähnliche Bücher besaßen und daß sie sie untereinander ausliehen.

> "Laßt uns als wahre Franziskuskinder leben, dann wird Gott für uns sorgen."

Mutter Magdalena war darin das lebende Vorbild.

In den ersten Jahren bot der Kreppel reichlich Gelegenheit zur Übung der Armut und Buße. Mehr als einmal reichten die Nahrungsmittel für die Zubereitung des Mittagessens nicht aus. Ging die Küchenschwester und klagte Mutter Magdalena ihre Not, dann war die Antwort: "Seid nur ruhig, Gott wird sorgen." Und Gott sorgte für alles. Wohltätige Leute brachten Brot, Mehl, Kartoffeln, Milch, so daß die Schwestern doch eigentlich keinen Mangel litten. Wählerisch konnten sie allerdings nicht sein, und an Entbehrungen fehlte es ihnen nicht.[8]

Mutter Magdalena war für sie das Vorbild aller Tugenden. War eine in Gefahr, den Mut zu verlieren, dann kam Mutter Magdalena mit einem freundlichen Lächeln auf die Betrübte zu und tröstete sie mit den Worten, die so ganz ihrem Wesen entsprachen: "Gott ist gut, mehr als gut." Alle fühlten sich gestärkt durch ihr ermutigendes Wort[9]. Das Chorgebet, vorläufig das Marianische Offizium, war für Mutter Magdalena wie für alle von höchstem Wert. In den ältesten Statuten heißt es "het officie van onze lieve Vrouw", woraus man entnehmen kann, daß es in der Muttersprache gebetet wurde.

Schwester Clara konnte nicht lesen, Schwester Antonia nur mühsam, sie konnten das Offizium nicht mitbeten, aber sie waren anwesend. Mutter Magdalena fehlte nie. Gleichmäßiges und fehlerloses Rezitieren lag ihr sehr am Herzen. Gelang das nicht, was bei der geringen Übung der Schwestern leicht geschehen konnte, dann kam ein verdrießlicher Zug auf das sonst so ruhige und freundliche Gesicht der Mutter. Die Tagesordnung, nach der man anfangs lebte, war in den Statuten genau festgelegt. Als Tätigkeiten werden genannt der Unterricht in der kleinen Schule und die Krankenpflege im Dorf.

Nachdem zunächst nach dem Umzug in den 2 km vom Dorf entfernten Kreppel die Zahl der Kinder zurückging, stieg sie später wieder an. Der Posten im Haushaltungsbuch aus dem Jahr 1838 für Lebensmittel 112,20 Gulden - siehe im folgenden - zeigt, daß wieder eine größere Anzahl Kinder versorgt werden mußte. Der Einfluß von Schwester Theresia Rooyackers (siehe Kapitel VIII) diesbezüglich darf nicht unterschätzt werden. Obgleich die Mitteilungen des Pastors über ihre Stellung in der Schule und auch die entsprechenden Daten mit Angaben im Professionsregister nicht übereinstimmen, ist doch zu ersehen, daß sie in der Schule Unterricht im Lesen und Schreiben gab (Wer hätte das früher tun können?) und in Handarbeit. Den Kindern bedürftiger Eltern wurde der Unterricht umsonst erteilt, aber "sogleich hatte sie auch die Mädchen aus angesehenen Familien in ihrer Schule. Vor allem in Nadelarbeit erteilte sie umfassenden Unterricht"[10]. Sie war jedoch nicht befugt, alle Elementarfächer zu unterrichten.

Über die Pflege der Kranken in den Jahren 1835 bis 1840 sind keine Unterlagen vorhanden. Aus einem Bettelbrief von Pastor Van der Zandt geht lediglich hervor, daß sie ausgeübt wurde.

Mutter Magdalenas Tage waren weiter ausgefüllt mit der Sorge für den Haushalt. Auch darin bestand ihre mütterliche Aufgabe in den Jahren, in denen sie als Oberin ihre Schwestern leitete. Das Haushaltungsbuch aus dieser Zeit, in das sie die wichtigsten Ausgaben und Einnahmen eintrug, ist noch erhalten und ein kostbares Erbe der Kongregation. Es besteht aus

15 Folioblättern, doppelt gefaltet und zusammengenäht, es hat einen grau-blauen Papierumschlag, der bereits zerknittert gewesen sein muß, bevor er als Umschlag gebraucht wurde. Er ist bedeckt mit Tintenproben und Additionen usw. 16 Seiten sind ganz oder teilweise mit Eintragungen gefüllt. Die meisten sind von Mutter Magdalena gemacht, einige Male kommt eine andere Handschrift vor. Mutter Magdalena schrieb ihren Dialekt nach dem Gehör.

Oben auf der ersten Seite steht die Jahreszahl 1836. Fast alle Eintragungen auf Seite 1 und 2 betreffen Baumaterial und Arbeitslohn.

> "600 sonnengebackene Steine, 16 sent das Hundert - 1 floreng 1.40
> noch 5 floreng bezahlt für Nägel und Sonnenbacksteine
> und noch 5 floreng an den Schmied
> und noch 18 flr an den Zimmermann" usw.

In diese Zusammenstellung paßt auch "2 flr 23 für Bier und Branntwein", ein Beweis für Mutter Magdalenas Freigebigkeit trotz ihrer Armut. Die 34 Posten betrugen im Jahr 1836 zusammen 272,19 Gulden. In den 24 Posten des Jahres 1837 ist noch anderes angegeben:

"Kaffee, Butter und Bier	16.50
8 flor an den Doktor	8.00
für Fleisch 5 flor	5.42
an selkus (höchstwahrscheinlich Händler Cillekens)	8.00
101 Franken an Theresia	101.00"

Keine florijnen (Gulden), sondern Franken. Hatte Schwester Theresia diese vielleicht nötig für die Vorbereitung ihrer Bettelreise durch Belgien?

Im Jahr 1838 lesen wir: "bollekens", Zuckerbrötchen, eine kleine Gabe für die Schwestern? Auch: "an notwendigen Lebensmitteln für die Schule 112.20"

Ein hoher Betrag für eine Schule, die nichts einbrachte!

So geht es weiter: "Zucker, Reis, Kaffeebohnen, Pfefferkuchen". Eine ganze Rechnung für Lebensmittel:

> Stockfisch, Sirup, Kartoffeln, Fleisch und
> Kaffeebohnen und Zucker und Strümpfe (?) und
> Farbe, um Strümpfe zu färben und etwas Garn
> und Seife und sokkerij (Zichorie?) 10.60

3 Tauben	(Betrag unleserlich)
eine Ziege gekauft	6 fl 4
ein Schwein	14 Franken
ein Schwein schlachten	20 cent
eine Karre und Räder	26 flor 82 s.
an die Arbeiter	1 flor en 40 sent
Pfefferkuchen, Tabak und Schnupftabak	0,42
an den Pächter	50,00 floren"

Bereits diese kleine Auslese ermöglicht einen Blick in das bescheidene Hauswesen. Die letzten regelmäßig notierten Posten datieren von 1839. Auf den folgenden Seiten stehen hier und da noch einzelne Aufzeichnungen, einige Seiten weiter das Testament bei der Einkleidung am 11. Februar 1836. Bei "het erfgoed" ist mit andersfarbiger Tinte hinzugefügt: dusent en 12 franken (siehe Kapitel V). Unmittelbar darunter: die Ermahnungen des Hochwürdigen Bischofs (siehe unten). Auf der vorletzten Seite ist der Schuldschein eingetragen für die Haushälterin des Dechanten von Maaseik (siehe Kapitel II).

Das junge Kloster gewann zunehmend die Wertschätzung von Msgr. Van Bommel. Ein Brief von Pastor Van der Zandt an den Generalvikar Msgr. Kerckhoffs vom 28. März 1836 blieb erhalten. Er teilt darin mit, daß er die wiederholte Bitte Mutter Magdalenas um einen Priester für das Kloster nicht habe erfüllen können, weil er nicht imstande sei, diesem einen entsprechenden Unterhalt zu verschaffen. Nun habe der hochwürdige Herr Joannes van Kessel, der sehr wohlhabend sei, sich angeboten - ohne Belastung für die Pfarrei - bei den Schwestern als Rektor zu fungieren. Bis jetzt sei er in einem adeligen Hause bei dem jüngst verstorbenen Baron Van Keverberg Kaplan gewesen. Der Pastor erteilt die beste Auskunft über diesen Priester und bittet um die Genehmigung, ihn anzunehmen. Zudem fragt er an, ob im Kreppel täglich die heilige Messe gefeiert werden dürfe und ob diese für die Schwestern zur Erfüllung der Sonntagspflicht gültig sei.

Am 3. Mai traf Herr Van Kessel in Heythuysen ein. Die Schwestern waren hoch erfreut über das Kommen dieses selbstlosen Mannes. Das Zimmer in der obersten Etage, der Nordwestecke des alten Kreppel, an der Gartenseite des früheren Pensionates wurde nun regelmäßig als Kapelle gebraucht. Der erste Rektor war bis Oktober 1840 bei den Schwestern tätig.

Bald danach kam der Bischof zu einer Visitation. Eine Aufzeichnung sagt, daß Monseigneur sehr zufrieden war über das, was er sah, und seine Augen sahen viel.

Von einer Konferenz, die er den Schwestern hielt, zeichnete Mutter Magdalena einiges in ihrem Haushaltungsbuch auf als

> "De vermaningen van den Hogwarde Bussop".
>
> "Allerliebste Kinder, seid eifriger im Gebet, bei der Arbeit und im Gehorsam. Denn der Eigenwille muß zehn Fuß tief in den Boden gestampft werden. Bewahrt die Zunge rein und gebraucht sie nur, um den Herrn zu loben."

Dazu bemerkt Anton van Duinkerken:

> "Gnade geht zuweilen merkwürdige Wege. Ist es nicht erheiternd, daß ausgerechnet Mutter Magdalena den eigenen Willen zehn Fuß tief in den Boden stampfen soll, dabei sind allein durch die Kraft ihres Willens 23 Klöster entstanden? Das eine und das andere war möglich, weil dieser Wille von Gott ergriffen war."[11]

Die junge Kongregation entfaltete sich. Mehrere Postulantinnen traten ein, u. a. Catharina Nelissen, die spätere Schwester Coleta. Einige erwiesen sich als ungeeignet und verließen das Kloster wieder. Schwester Angelina Steenkes legte am 13. Februar 1837 ihre Profeß ab, ebenso wie die älteren Schwestern es getan hatten im Weltlichen Dritten Orden des heiligen Franziskus.

Pastor Van der Zandt jedoch überkam wieder eine Zeit der Mutlosigkeit. "Niemand hat Vertrauen in die Sache", meinte er. Und weiter: "Ich wandte mich persönlich an Arendonck, Provinz Antwerpen, um unsere Stiftung an die dortige ehrwürdige Oberin zu übertragen und so ihren Bestand zu sichern (dies geschah im Spätsommer 1838), allein Gott wollte solches nicht. Die Oberin beriet sich mit ihrem Hochw. Provinzial, der schlug es ab... Indessen verlor die Oberin, Schwester Magdalena, nichts von ihrem Vertrauen. Unerschütterlich blieb sie bei ihrem gewohnten Wort 'Gott wird sorgen', und in der Tat, Gott sorgte."

Das genannte Kloster gehörte zu der Reform von Limburg, von der die Stifterin einen Teil ihrer Konstitutionen entlehnt hatte.

Wir fragen uns, wie sie über das Vorhaben des Pastors dachte. Die Art, wie er schreibt, scheint darauf hinzuweisen, daß er diesen Schritt ohne ihr Wissen tat, jedenfalls ist er allein dafür verantwortlich. Der Schlußsatz betrifft die allgemeine Situation der Stiftung. Wenn sie vorher davon gewußt hätte, Catharina hätte wohl nicht zugestimmt, vertraute sie doch darauf, daß von Heythuysen aus vor ihrem Tod noch mehrere Häuser entstehen würden.

Möglicherweise hat die politische Entwicklung den Fusions-Plan mit einem belgischen Kloster beeinflußt. In jenen Jahren strebten viele Konvente danach, irgendwo ein Haus als Zufluchtsort zu haben für den Fall einer Ausweisung oder anderer äußerer Schwierigkeiten. Das Kloster in Oldenzaal wurde im Jahr 1848 aus solchen Gründen eingerichtet. Das Kloster im Kreppel wurde gestiftet, als Limburg noch von Brüssel aus verwaltet wurde. Da die dortige Regierung nach dem Aufstand im Jahr 1830 die Geschäfte sehr schnell fest in die Hand nahm, hatte man sich in bezug auf die freie Ausübung der Religion vorläufig sicher gefühlt. Aber je mehr die Unstimmigkeiten zwischen dem Norden und dem Süden des Landes sich einer Auflösung näherten, desto bedrückender drängte sich manchen die Frage auf, was mit den Klöstern geschähe, wenn Limburg wieder Holland einverleibt würde. Sollten sie wieder unterdrückt werden?

Schließlich war das Ersuchen an Arendonck, das in den Ohren der Stifterin, gelinde gesagt, sehr befremdlich klingen mußte, dem Pastor von seinem guten, besorgten Herzen und seinem eigenbrötlerischen Geist eingegeben worden. Mutter Magdalena sah sich bestätigt in der Sicherheit ihres Vertrauens. Die Oberen von Arendonck hatten für eine Angliederung oder Eingliederung nichts übrig. Im Norden der Niederlande schien der Widerstand gegen die Klöster nicht so groß zu sein, wie man befürchtet hatte. Von Willem II. wurden den klösterlichen Instituten keine Schwierigkeiten mehr in den Weg gelegt.

1838 zog der Pächter aus dem Kreppel aus. Das bedeutete für die Schwestern mehr Arbeit, wenn sie sich auch über die größere Bewegungsfreiheit freuten. Schwester Antonia und Schwester Franziska rackerten sich ab wie Schwerarbeiter, um in Zukunft selbstgezogene Kartoffeln - die Hauptnahrung - und Gemüse und Obst dem Konvent anbieten zu können. Sie wollten auch dem Garten ein gepflegtes Aussehen geben.

Bedeutungsvoll für die Zukunft war am Anfang des Jahres (1838) der Eintritt von Petronella Rooyakkers aus Helmond. Sie war am 3. April 1810 geboren und wuchs im wohlhabenden Bürgerstand auf. Sie wurde sorgfältig erzogen und besaß eine entsprechende Bildung. Mutter Magdalena soll gesagt haben: "Nun habe ich eine Postulantin angenommen, die mit Gott und den Menschen umgehn kann." Allem Anschein nach wurde das Ideal, das sie sich von einer Schwester ihrer Gemeinschaft gemacht hatte, durch das junge Mädchen verkörpert.

Welchen Eindruck machte die Oberin auf die Kandidatin? Wir erinnern uns des großen Vertrauens und der Hingebung, mit welcher die ersten drei Gefährtinnen ihre Zukunft in Catharinas Hände legten. Die ältesten Schwestern erzählten, wie die ansonsten nicht gesprächige Mutter mit ruhigem, freundlichen Blick das rechte Wort zur rechten Zeit zu sagen wußte. Das wird später auch berichtet von der Begegnung zwischen Auguste von Cordier und der damals 65jährigen Stifterin. Es ist bestimmt nicht gewagt, anzunehmen, daß es Mutter Magdalenas Persönlichkeit war, die, durchdrungen von Gottes Gnade, das tief religiöse Mädchen veranlaßte, in die Kongregation einzutreten.

Was für eine mutige Tat war das! Sozial gesehen war es ein großes Wagnis, sich einer gerade gegründeten, äußerst armseligen Stiftung anzuschließen, die bis zu diesem Zeitpunkt nur ungebildete Frauen aus dem Volke zu ihren Mitgliedern zählte. Die sozialen Unterschiede waren damals größer als heute.

Am 5. Juni 1838 wurde Nellie Rooyakkers eingekleidet und erhielt den Namen Schwester Theresia.

Bald zeigte es sich, daß sie außer Frömmigkeit, Mut, Liebe und Takt auch einen praktischen Verstand und Führungstalent besaß. Kaum trug sie Habit und Schleier, als sie Pastor Van der Zandt den Rat gab, nicht, wie er vorgeschlagen hatte, die alte Scheune als Kapelle einzurichten, sondern eine neue Kapelle zu bauen und bei Freunden und Bekannten hierfür in Nord-Brabant und Süd-Limburg eine Kollekte zu halten. Unter der Leitung des Pastors geschah nämlich alles, was Umbauten oder Neubauten betraf. Noch später finden wir eine Bemerkung, daß ein Umbau nicht ganz nach Mutter Bernardines Sinn war. Und er, der bereits als Direktor abgetreten war, machte noch einmal eine Skizze für den Fall, daß die Klausur strenger eingehalten werden sollte.

Der Pastor konnte sich mit Schwester Theresias Vorschlag anfreunden, Mutter Magdalena und Dechant Scheyven von Weert gaben ihre Zustimmung, und Schwester Theresia wurde beauftragt, gemeinsam mit Schwester Angelina zu Anfang des Jahres 1839 die mühsame Reise zu unternehmen. Empfehlungsschreiben von Freunden ihrer Eltern ebneten den Weg, und über den Ertrag der Kollekte von 4500 Franc war jeder sehr zufrieden. Aber gesundheitlich erwies sich die Reise als zu schwer für sie. Einmal mußten die beiden, denen man nicht traute, in einer kalten

Scheune übernachten ohne Decke, Licht und Nahrung. Diese und ähnliche Erfahrungen schwächten die zarte Gesundheit von Schwester Theresia. Dabei darf die höchst schmale Kost im Kreppel selbst nicht vergessen werden. Schwester Theresia wurde schwer krank. Mutter Magdalena und Pastor Van der Zandt, die so große Hoffnungen auf sie gesetzt hatten, befürchteten das Schlimmste. Aber sie gesundete, so daß sie am 5. Juni 1839 zur Profeß zugelassen werden konnte. Der Pastor hatte der Abstimmung hierüber mit einiger Sorge entgegengesehen, weil er wußte, daß ihre Beschäftigung mit feinen Handarbeiten (Schwester Theresia hatte als Kind in einer Schneidemaschine die Finger der rechten Hand verloren) bei einigen der hart arbeitenden Schwestern kein Verständnis fand. Er berichtete, daß er "die Gärung" von Zeit zu Zeit kräftig unterdrückt habe. Man kann sich vorstellen, wie das zuging! Theresia selbst hat das nicht wahrgenommen.

Im Archiv des Generalates befinden sich zwei Dokumente aus dieser Zeit. Das eine ist die im zweiten Kapitel angeführte Aufzeichnung über die finanziellen Angelegenheiten der Gemeinschaft, darin wird die Haushälterin des Dechanten von Maaseik erwähnt. Gute Kontakte bestanden also noch zu den alten Bekannten.

Das andere ist ein merkwürdiges Schriftstück, es ist der Entwurf eines Briefes, den Mutter Magdalena an den Generalvikar von Lüttich richten wollte[12]. Das Konzept weist einige Lücken auf. Es ist geschrieben von Pastor Van der Zandt.

> "Sehr hochwürdiger Vater und Generalvikar!
>
> Jesus, Maria, Franciscus.
>
> Ihre untertänigste Dienerin Magdalena, unwürdige Oberin der Pönitentinnen der Dritten Regel unseres heiligen Vaters Franciscus in unserem neuerrichteten armen Klösterchen zu Heythuysen, genannt von den Hl. Herzen Jesu und Mariä, nimmt sich die Freiheit, diese meine Bittschrift zu Ihren Füßen niederzulegen; es sind bereits ... Jahre verflossen, daß ich mit ... und auch der Gutheißung unseres Hochw. Bischofs unser geistliches Zusammenleben begonnen habe. Alles, obwohl nicht ruhmvoll vor der Welt, geht vor Gott voran - wir sind bis jetzt zu acht Schwestern, sechs Professen und zwei Novizinnen[13], die in den nächsten Tagen ihre Profeß ablegen wollen, wobei ich mich in sehr großer Verlegenheit befinde: Denn unser hochwürdiger Pastor, den Sie, Ehrw. Vater, uns an Stelle der Kapuziner zu Maaseik als unseren Direktor gegeben haben, der uns sehr lieb und angenehm ist, - erklärte mir unlängst, daß die Novizinnen bei ihrer Profession nur für ein oder

höchstens zwei Jahre die gewohnten feierlichen Gelübde ablegen dürfen: Wir alle haben unter der Leitung des alten Custos Eluterus und Pater Präses (= P. Leonardus) für ewig ... - Die Novizinnen sind auch dieser Ansicht; wie soll ich Ihnen dies richtig erklären? Bei dieser Bestimmung weiß ich nicht, was für den Fall, daß eine solche Profeßschwester des Klosters überdrüssig wird, dann zu tun ist. Kann sie fortgehen? Können wir sie gehen lassen? Und wie ist es dann mit dem, was sie eingebracht hat? Ich fürchte, Ehrw. Vater, wenn dies bekannt wird, will niemand in unser Kloster eintreten.

Zum anderen besitzt unsere Dritte Regel viele Sonderrechte oder Privilegien, vor allem die Generalabsolution an Dreikönige, Himmelfahrt, Fronleichnam und auch an den Marienfesten, an Petrus und Paulus, St. Franciscus, St. Clara, Portiunkula und an allen Tagen der Karwoche und vor allem am Tage der Profession ... all dessen sind wir nun beraubt, der Herr Pastor erklärte mir, daß er sie nicht geben darf außer in Todesgefahr; somit, Hochw. Vater, haben wir mit unserem neuen Direktor statt zu gewinnen, viel verloren ...

Ach, lieber Vater, wir bitten Sie demütig (jedoch immer mit der tiefsten Unterwerfung), unserm Pastor doch die Vollmacht zu erteilen, uns mit den Schätzen zu bereichern, die so viele Päpste unserm Orden geschenkt haben wie Generalabsolution, die großen Gelübde für ewig; es möge auch unserem guten Hirten gestattet sein, in dieser Hauskapelle Messe zu lesen und Beichte zu hören, wenigstens für unsere Schwestern, Kinder und Pensionärinnen, die bei uns wohnen. In der Hoffnung, daß Sie, lieber Vater, uns diese Privilegien gewähren, zeichne ich mit aller Achtung und schuldigen Ehrerbietung und Demut

Ihre arme untertänigste Dienerin Magdalena
unwürdige Oberin des armen Klösterchens
genannt von H. Herzen Jesu und Mariä.

Wir gehen, was das Zeitliche betrifft, Gott Dank gut voran: Wir haben schon 6000 Franken für den Ankauf des Hauses abgetragen - es sind noch 3500 zu bezahlen - unser Herr Pastor hatte vor, selbst nach Lüttich zu kommen, um mit Euer Ehrwürden alles zu besprechen, aber seine schwache Gesundheit hinderte ihn daran."

Dieses Schriftstück ist aus verschiedenen Gründen aufschlußreich. Als einziger Brief von Mutter Magdalena selbst ist er ein kostbares Dokument. Obwohl der Pastor als ihr Sekretär auftritt, fällt der Unterschied deutlich auf zwischen den lateinischen Perioden seiner Korrespondenz mit Lüttich und diesem unmittelbaren Stil. Er ist vertrauensvoll und ungekünstelt, der Ton ist bescheiden, aber gleichzeitig fest. Die Schreiberin weiß genau, was sie erreichen will.

Der Brief ist nicht datiert, da er aber auf der Rückseite eines Taufregisterauszuges vom 4. November 1837 steht, muß er in der Zeit nach diesem Datum geschrieben worden sein. Einen anderen Hinweis bietet die Angabe von sechs Profeßschwestern und zwei Novizinnen. Wenn Mutter Magdalena sich selbst nicht mitgezählt hat, dann würden die Zahlen sechs und zwei stimmen für die Situation im Frühjahr 1839.

Unter Profession verstand Mutter Magdalena die Ewigen Gelübde im Weltlichen Dritten Orden, die nach einem Noviziatsjahr abgelegt wurden. Die Stifterin und der Pastor waren beide der Ansicht, daß diese auch für das soeben begonnene regulierte Leben genüge. Mutter Magdalenas Bedenken galten ja nicht nur ihrer Profeß und der Profeß der sechs anderen Schwestern. Sie trat ein für die beiden Novizinnen, Schwester Theresia Rooyakkers und Schwester Maria Raets, die am 5. Juni 1838 eingekleidet worden waren, und für jene, die sie später noch anzunehmen hoffte.

Wenn der Brief in den Monaten April oder Mai 1839 geschrieben wurde, so überrascht es uns, daß die ersten acht Schwestern[14] verhältnismäßig kurz darauf, nämlich am 11. Juni 1839, zu den religiösen Gelübden zugelassen wurden. Mutter Magdalenas Schreiben muß in Lüttich die Aufmerksamkeit auf den bestehenden Irrtum gelenkt haben. Sie fühlte - durch Intuition oder durch Gnade -, daß da etwas nicht stimmte. Sie war es wieder, die den weiteren Schritt tat, um das von Gott Gewollte zu erreichen. So war der Gang der Dinge immer in den verflossenen Jahren.

Und der Pastor, der alle Befugnisse für die geistliche Leitung der Schwestern empfangen hatte und der vor dem Bischof die Verantwortung trug, schob Mutter Magdalena vor. Er hatte ihr wohl erklärt, worum es ging, aber schreiben mußte sie selber in dieser Angelegenheit. Nachdem die ersten Schwestern ihre regulären Gelübde abgelegt hatten, war die Gründung des Klosters vollzogen. Mutter Magdalena hatte die ihr durch die Vorsehung zugedachte Aufgabe erfüllt. Die Zeit war nicht mehr fern, da sie zurücktreten konnte.

Der Brief befaßt sich mit weiteren bemerkenswerten Punkten. Mutter Magdalena nennt Pastor Van der Zandt "unseren Direktor, der uns sehr lieb und angenehm ist". Und doch hatte er wiederholt ihre Bitten abgeschlagen, war ihren Plänen hinderlich, hatte die helfende Hand zurückgehalten. Daß diese Ausdrucksweise nur eine Höflichkeitsfloskel sein sollte, ist von der einfältigen und gradlinigen Stifterin, die nur selten schrieb und die von Komplimenten keine Ahnung hatte, nicht gut anzunehmen. Ihr gar Heuchelei zu unterstellen, ist in dieser Situation abwegig, das hätte der Pastor unmittelbar begriffen. Der ganze Brief ist in einem arglosen Ton geschrieben. Mutter Magdalena denkt in Dankbarkeit und Freude an ihre geistlichen Väter und Freunde, die Kapuziner, zurück. Ein Charakter wie der ihre vergißt nicht.

Eine Antwort auf dieses Schreiben ist nicht erhalten. Möglicherweise klang sie wenig angenehm für den guten Pastor.

Inzwischen hatten die Vereinigten Mächte Belgien und die Niederlande endgültig getrennt. Ostlimburg wurde den Niederlanden eingegliedert.

"Wir sind unter Schrecken von Belgien losgerissen worden", meldet die Chronik. Kurze Zeit danach wurde das Apostolische Vikariat Limburg wiederhergestellt mit dem Bischofssitz in Roermond. Msgr. Joannes Augustinus Paredis war der erste Apostolische Vikar, Titularbischof von Hirene.

Da für Umbauten und andere Bedürfnisse wieder einmal eine Kollekte gehalten werden mußte, begab sich Schwester Theresia in Begleitung von Schwester Josephine im Juli 1839 noch einmal auf eine Bettelreise, diesmal zunächst nach Groningen und Friesland. Hohes Lob hatte man nämlich vernommen über die Mildtätigkeit der Katholiken in "Holland". Wenn sie auch keine größeren Beträge in Holland empfangen haben sollten, so wurden doch gute Verbindungen geknüpft. Davon zeugt die Anmeldung von drei Pensionatsschülerinnen aus Groningen bei einer Gesamtzahl von zehn am Beginn des Jahres 1842.

Besseren Erfolg hatten sie in dem Gebiet der nördlichen Niederlande, wo die Franziskaner aufgrund von Empfehlungsbriefen ihrer Mitbrüder in Weert gern die Interessen der Schwestern vertraten. Nicht allein die finanziellen Ergebnisse waren erfreulich, viel wichtiger war es, daß die junge Kongregation in der Gegend bekannt wurde. Die gewinnende Persönlichkeit von Schwester Theresia zog sowohl Postulantinnen als auch - nach Eröffnung des Pensionates - Schülerinnen aus den nördlichen Niederlanden nach Heythuysen.

Vergleicht man den Empfang, der Catharina Damen 1825 in Heythuysen zuteil wurde, mit dem von Schwester Theresia in den Städten des Nordwestens, dann scheint wohl göttliche Ironie in vollkommen entgegengesetzten Geschehnissen zum selben Ziel geführt zu haben.

Schwester Theresia und ihre Begleiterin waren von Juli 1839 bis März 1840 abwesend. In dieser Zeit leitete Pastor Van der Zandt eine eingreifende Veränderung ein.

Äußerlich hatte sich am Kreppel in den Jahren bereits vieles verändert. In dem oben erwähnten Brief vom 28. März 1836 an den Bischof von Lüttich mit der Bitte, Herrn Van Kessel als Rector ecclesiae einzusetzen, steht als Postscriptum:

> "Unser kürzlich errichtetes religiöses Institut wächst wunschgemäß von Tag zu Tag, sowohl was das Zeitliche als auch was das Geistliche betrifft. Schon wurden elf Zellen gebaut; man ist daran, ein Türmchen mit Glocke auf dem Haus zu errichten. Ohne Vergrößerung der Schulden wurden noch andere Reparaturen vorgenommen."

Gebaut wurden die Zellen wohl aus den "zonnebakken" Steinen, deren Preis Mutter Magdalena in ihrem Haushaltungsbuch notierte. Von finanziellem Fortschritt spricht auch der Brief Mutter Magdalenas vom Frühjahr 1839. In diesem Jahr wurde die neue Kapelle gebaut. Neben dem hohen Wert, den diese für die Schwestern hatte, verbesserte sie auch das äußere Ansehen des Hauses. In der Sorge für die Gartenanlagen und die Reinigung der Gracht arbeiteten Schwester Antonia und Schwester Francisca fast über ihre Kräfte. Die Gesamtanlage sah gepflegt aus, im Innern des Hauses nahm die muffige Feuchtigkeit ab. Mutter Magdalenas Haushaltungsbuch gibt Rechenschaft von den Auslagen, und die geringer werdende Schuldenlast beweist, daß sich die finanzielle Lage stetig besserte. Diese günstige Entwicklung und die Tatsache, daß es die begabte Schwester Theresia gab, veranlaßten Mutter Magdalena, auf ihr früheres Vorhaben, die Errichtung eines Pensionates, zurückzukommen. Auf dem Boden der Wirklichkeit stehend, erkannte sie, daß sie diese Aufgabe anderen übertragen mußte.

Auch der Pastor war dieser Ansicht. Wer eignete sich besser für eine solche Leitungsaufgabe als Schwester Theresia, die noch nicht Dreißigjährige, die in den nord-westlichen Provinzen von einer Franziskanerpfarrei zur anderen reiste und so mehr, als ihr selbst bewußt wurde, der Lehrtätigkeit den Weg bahnte? Unterricht und Erziehung sollten später die Hauptaufgabe der Kongregation werden.

Pastor Van der Zandt nahm die Angelegenheit in die Hand. Nicht gegen Mutter Magdalenas Willen[15], wohl aber ohne ihr Wissen, nahm er Verbindung mit Dechant Scheyven und anschließend mit dem Bischof von Lüttich auf. Die Oberin des Klosters, Mutter Magdalena, bat er nur um Gebet in einem wichtigen Anliegen.

In den Statuten war festgesetzt worden, daß die Oberin für einen Zeitraum von drei Jahren gewählt werden sollte, es sei denn, der Bischof verfüge anderes. Auf diese Bestimmung stützte sich das Gesuch, das der Pastor in Lüttich einreichte, und darauf nahm auch die Antwort von Generalvikar Neven vom 13. Februar 1840 Bezug. Das Schreiben lautet:

> "Wegen der besonderen Umstände, in denen sich das Kloster der Tertiarinnen zu Heythuysen befindet, haben wir es für gut gehalten, jetzt nicht die vorgeschriebene Wahl einer Oberin vorzunehmen, sondern wir ernennen hiermit, kraft unserer Vollmacht, zur Oberin: Schwester Theresia, geborene Rooyackers, auf deren Frömmigkeit, Eifer und Weisheit wir großes Vertrauen im Herrn setzen. Wir wünschen, daß alle sie als Oberin anerkennen und ihr den schuldigen Gehorsam und die ihr zukommende Ehrerbietung erweisen. Diese Ernennung soll für zwei Jahre gelten."

Nun mußte Mutter Magdalena durch den Pastor davon in Kenntnis gesetzt werden.

> "Die Tugend und das gute Gemüt Schwester Magdalenas stärkten mein Vertrauen. Ich bat am Ende um ihr Gebet und legte ihr die Entscheidung der geistlichen Obrigkeit in folgender Weise dar:
>
> Nicht vergeblich habt Ihr, Würdige Mutter, immer Euer Vertrauen auf die Göttliche Vorsehung gesetzt. Ihr seid schwach, und täglich wird Eure Last schwerer. Eure Jahre nehmen zu. Ihr verdient gewiß einige Erleichterung und Ruhe. Nun, Gott hat dafür gesorgt. Erkennt darin die Besorgtheit unserer Vorgesetzten. Mit Hilfe des Himmels habt Ihr die Sache soweit zustandegebracht, laßt sie nun durch andere vollenden. Ihr verdient eine ehrenvolle Entbindung von Eurem Amt. Schwester Theresia, die durch den Hochw. Generalvikar ernannt ist, wird Euren Platz einnehmen."

"Mit heiterem Gesicht", so schließt der Chronist, "nahm sie die Entscheidung an."

Freundlich und beherrscht nahm Mutter Magdalena es hin, daß ihr ohne vorhergehende Beratung das Lebenswerk aus den Händen genommen wurde.

Wir erinnern uns an die erste Begegnung der beiden, der Stifterin und des Direktors. Keiner von beiden scheint viel verändert zu sein. Seine Worte bei bedeutungsvollen Gelegenheiten sind getreu und ausdrücklich überliefert. Von ihr kein einziges Wort! Ihr inneres Gleichgewicht wurde nicht erschüttert. Sie gab sich dem hin, was sie als den Willen Gottes erkannte, mit der vollkommenen Hintansetzung ihres eigenen Ichs. Sie verzichtete mit einem Lächeln.

So radikal trat sie zurück, daß Pastor Van der Zandt sie in seiner Chronik zwischen ihrer Entlassung als Oberin (März 1840) und ihrem Heimgang (7. August 1858) nicht ein einziges Mal erwähnt.

Zehn Jahre (1825 - 1835) mit Ausdauer und Willenskraft ein Ziel anzustreben, es zu erreichen, und nach fünf Jahren (1840) von der erfolgreich durchgeführten Aufgabe zurückzutreten, vollständig und selbstverständlich, die Verbindung des einen mit dem anderen ist unerklärlich. Anders gesagt: Es ist ein Wunder, das sich vollzieht zwischen göttlicher Gnade und menschlicher Mitwirkung.

Zuweilen wurde die Frage gestellt, warum Mutter Magdalena nicht von sich aus um Amtsenthebung gebeten habe, obwohl sie klar erkannte, daß die Aufgabe, z.B. die Leitung eines Pensionates, ihre Fähigkeiten überstieg. Eine befriedigende Antwort ist darauf nicht leicht zu geben. Der Gedanke, sich bereitwillig zurückzuziehen, war ihr sicher nicht fremd, aber vielleicht hat sie den rechten Augenblick nicht erkannt, und der Pastor war ihr zuvorgekommen. Es ist auch möglich, daß er die Kommunität vor vollendete Tatsachen stellen wollte, da er um die Vorbehalte der älteren kaum unterrichteten Schwestern gegenüber den später eingetretenen gut ausgebildeten Schwestern wußte. Mutter Magdalena scheint trotz der kränkenden Art ihrer Absetzung mit der Lösung selbst zufrieden gewesen zu sein. Mit der Niederlegung des Oberinnenamtes nahm die Zusammenarbeit der Stifterin mit dem Pastor ein Ende.

Die junge Oberin, die an ihre Stelle tritt, besitzt die natürlichen Voraussetzungen für die Fortführung des Werkes. Sie ist gebildet, umsichtig, gewinnt die Menschen durch angenehmes Äußere und gefällige Umgangsformen. Mit Pastor Van der Zandt versteht sie sich gut, so daß auch er sich von der besten Seite zeigt.

Es ist nicht zu verkennen, daß während der Gründungszeit der Pastor immer wieder in einem wenig günstigen Licht erscheint. Folgendes ist jedoch zu bedenken: Catharina, hochbegnadet, ging mit übernatürlicher Intuition geradlinig den Weg, auf dem sie für sich den Willen Gottes erkannte, ohne jedes Wenn und Aber. Der Pastor dagegen, ein ausgezeichneter Priester, aber nicht begnadet mit demselben felsenfesten Vertrauen, er mußte wiegen und wägen, er mußte seine Bedenken äußern und Widerstand leisten. Er würde nicht richtig gehandelt haben, hätte er das nicht getan.

Zudem fühlte sich in diesen Jahren und auch viel später mancher Pastor als allmächtiger Herrscher in seiner Pfarrei. Die Frau war gänzlich überflüssig. Für Pastor Van der Zandt muß es von Anfang an selbstverständlich gewesen sein, über Catharina zu bestimmen. Erst allmählich lernte er ihre bemerkenswerte Unabhängigkeit und ihre richtige Sicht der Dinge - oder, besser gesagt - die Wahrheit ihres Leitwortes "Gott wird sorgen!" verstehen. Er konnte etwas vorschnell sein und scharf, aber im Grunde war er wohlwollend und ehrlich, er war bereit, Unrecht einzusehen.

Für die Kongregation waren sowohl Catharina als auch der Pastor ein Werkzeug der Göttlichen Vorsehung. Durch manches Unerfreuliche wurde die Stifterin geläutert und gestärkt. Damit soll nicht gesagt werden, daß die groben Fehler, die er machte, gute Taten gewesen seien.

Nach ihrer Amtsenthebung wendet sich das persönliche Interesse Pastor Van der Zandts den Angelegenheiten zu, mit denen Mutter Magdalena sich nun nicht mehr befaßte. Aber nach ihrem Tod am 7. August 1858 widmet er ihrem Andenken einen kurzen Nachruf und einige Verse, mit denen er seiner hohen Wertschätzung für Mutter Magdalena Ausdruck verleiht.

> "Sie war gerecht und fromm, einfach in ihrer Rede. All ihre Werke
> schrieb sie nur dem Wirken Gottes zu.
> So oft man sie auch fragte, wie soll das geschehen?
> Die Antwort war immer: Gott wird sorgen!
> Das kleine Senfkörnlein, so unscheinbar es war,
> Ist nun zum hohen Baum geworden,
> In dessen Zweigen - wie vorhergesagt -,
> Die Vögel Tag und Nacht - zum Staunen aller -
> Gottes Loblied singen
> In Niederland und auch im Nachbarland. -
> Zu Füßen des Gekreuzigten, vor dem sie oft gekniet,
> Ruht nun in Frieden ihre reine Asche!"

Quellenangaben zu Kapitel VII

1 Schwester Liguori Mason, a.a.O.

2 Aufzeichnungen von Schwester Pacifica Grimmelt.

3 Aufzeichnungen von Schwester Crescentia Lenders.

4 Bericht von Schwester Antonia Kirkels über die ersten Jahre, aufgeschrieben von Schwester Crescentia Lenders.

5 Das Blütengärtlein gibt es in folgender Form wieder: "Das eine Wort: 'Alles zur Ehre Gottes', 'in Liebe zu Jesus Christus', in Aufrichtigkeit des Herzens gesprochen, genügt, um das kleinste, unansehnlichste Werk groß und verdienstvoll in den Augen dessen zu machen, der nur auf die Gesinnung des Herzens, nicht aber auf die Art unserer Werke sieht."

Es ist jedoch ausgeschlossen, daß jemand mit dem Entwicklungsgrad und der Wortkargheit wie Mutter Magdalena seine Gedanken so ausdrückte. Wir haben die Kerngedanken in einfacher Form wiedergegeben aufgrund des ausdrücklichen Zeugnisses von Schwester Pacifica. Die Sprüche im 13. Kapitel des Blütengärtleins sind nicht in Form einer Unterweisung gegeben worden, wie die Schreiberin glauben machen möchte, sondern wurden als einzelne gute Worte gesagt.

6 Aus dem Blütengärtlein.

7 Mutter Magdalenen-Museum, St. Elisabeth, Heythuysen.

Die Titel lauten:

a) Regel des Dritten Ordens, genannt von der Buße, aufgestellt vom seraphischen hl. Vater Franziskus, bestätigt von Papst Nikolaus IV., in drei Teilen.

1. Teil: enthält den Ursprung, den Fortgang, die Bestätigung, Privilegien, Ablässe des Dritten Ordens.
2. Teil: Die Regel, Auslegung derselben durch die bedeutendsten Lehrer, jedoch namentlich nach den Konstitutionen von Clemens XI. Die Heiligen und Amtsträger desselben Ordens.
3. Teil: Die Horen der heiligen Jungfrau Maria und andere Gebete. Zusammengestellt von F. Franciscus Peri, Dozent der heiligen Theologie, zu Antwerpen bei Johannes Bap-

tist Carstiaessens, Buchdrucker und Verkäufer auf dem Cattevest, 1782.
In diesem Buch sind die Horen der Muttergottes am häufigsten gebraucht. Das Papier zeigt braune Flecken, die Ränder der Seiten sind beschädigt und beigeklebt. Der Einband ist nur wenig beschädigt. Er hat Kupfernägel an den Ecken und kann geschlossen werden mit zwei Kupferschließen.

b) Geistlicher Führer, den Weg zum Himmel weisend durch Übungen, Gebete und kleine Horentexte der hl. Jungfrau Maria usw., in Venlo bei der Witwe H. Bontamps, 1805.
Der Band ist sehr beschädigt, viele Blätter sind lose.

c) Geistliche Strahlen innigen Gebetes sind der dritte Teil des geistlichen Führers auf drei Bände verteilt. Davon zeigt der erste die angemessene Art zu gutem Meditieren auf; der zweite Teil besteht aus 58 andächtigen Meditationen über das bittere Leiden unseres Herrn Jesus Christus; der dritte Teil handelt sehr gottesfürchtig vom Chorgebet. Von Pater F. Mathias Croonenburch, Minderbruder Recollect, Beichtvater der Pönitenten in Roermond. In Brüssel bei der Witwe Peter van der Velde, in der Korte Ridderstrate in der neuen Druckerei, MDCXCIV. Mit Sondergenehmigung des Königs.
Das zweite Buch ist das meist gebrauchte, es hängt lose im Einband. Der Buchrücken ist grob geflickt mit einem Stück altem Habitstoff.

d) Geschichten aus dem Neuen Testament, ein Lesebuch für die katholische Jugend, von Bartholomäus Doorenweerd, kath. Priester in Kampen, Sittard, aus der Buchdruckerei von J. M. Alberts, 1838. Auf dem Deckblatt vor dem Titelblatt steht: Catharina Damen. Die Blätter hängen lose, es ist viel gebraucht, geheftet, Umschlag aus graublauem Papier, Buchrücken geklebt mit einem Stückchen braunem Leder.

8 Schwester Coleta Nellissen.

9 Schwester Crescentia Lenders.

10 Chronik von Pastor Van der Zandt.

11 Anton van Duinkerken, Trienken Daemen 1787 - 1858, in Nederlandsche Vromen van de nieuwen Tijd, bei Paul Brand, Hilversum, 1941, 49-61.

12 Archiv Generalat, Rom, III. 11,1.

13 Die Zahlen 6 und 2 sind deutlich geschrieben.

14 Einführung von Mutter Theresia Rooyackers auf der Namenliste der Schwestern.

15 Nach Schwester Paula Münster, a.a.O., Die Chronik der Genossenschaft der Schwestern vom III. Orden des hl. Franziskus in Heythuysen, die älteste Chronik, die von den Schwestern begonnen und weitergeführt wurde, für die Anfangsperiode ungenau, Archiv Generalat, Rom, III. 50a, Frau Vorst-Cillekens, Tochter von Pastor Van der Zandts Schwester, die lange Zeit seinen Haushalt versorgte, meldete dies auch, aber leider sehr spät, erst um 1900.

VIII. Mutter Theresias Amtszeit 1840-1846

Anfang März wurden die beiden Reisenden, Schwester Theresia Rooyackers und Schwester Josephina van de Water, zurückerwartet. Der Pastor hatte es so eingerichtet, daß man sich bei den Franziskanern in Weert begegnen sollte. Dort teilte Dechant Scheyven Schwester Theresia ihre Ernennung als Oberin von Mutter Magdalenas Stiftung mit. Daß Schwester Theresia nach dieser Mitteilung der angebotenen Mahlzeit keine Ehre antat, wundert niemanden.

Es war eine für sie fast unmöglich zu tragende Last, welche der jungen Schwester auf die Schultern gelegt wurde. Außer dem einen kostbaren Schatz franziskanischer Einfalt und Nächstenliebe fehlte dem kleinen Kloster im Kreppel alles. Mutter Theresia jedoch nahm mit den Verpflichtungen auch das Glaubenswort ihrer Vorgängerin an: "Gott wird sorgen!" In der Tat, in dieser zweiten Periode, die ganz anderes erforderte als die erste, sorgte Gott wieder - in allem.

Am 11. März 1840, dem Tag, an dem die Schwestern nach Heythuysen zurückgekehrt waren, rief Pastor Van der Zandt die kleine Kommunität mit Ausnahme der neuen Oberin zusammen und teilte ihr den Amtswechsel mit. Zu seiner Beruhigung wurde dieser von Herzen angenommen, er merkte nichts mehr von Widerstreben gegen die, welche an Bildung allen voraus war. "Unter den Schwestern herrschte die allergrößte Harmonie und innige Freude, und Mutter Magdalenas Antlitz strahlte vor Glück, nun da alles ohne den geringsten Widerstand - von welcher Seite auch immer - verlaufen war. Und wir zögern nicht zu sagen, daß dieses zum größten Teil der heldenhaften Demut und dem flammenden Gebet der Stifterin zuzuschreiben ist".[1]

Mutter Theresia faßte ihre Aufgabe mit großer Energie an. Die alten Schwestern sprachen später mit viel Ehrfurcht und Liebe von ihr. Besonders lobte man ihre klare Einsicht und ihre starke Willenskraft. Mutter Theresia schaffte die Voraussetzungen für eine kräftige Weiterentwicklung der Kongregation. Sie zeigte zukunftsträchtige Wege auf, die die Schwestern auch nach Mutter Theresias frühem Tod überzeugt weiter verfolgten. Das Mutterhaus wurde in ihrer Amtszeit vergrößert, das Pensionat eröffnet, die wissenschaftliche Ausbildung der Schwestern begonnen. Der Konvent selbst vergrößerte sich, und das erste Filialkloster konnte gestiftet werden.

"Von Tag zu Tag ging alles vorwärts", schrieb Pastor Van der Zandt über ihre Amtszeit in seiner Chronik, "sowohl moralisch wie materiell. Jeder bewunderte sowohl den geistlichen als auch den zeitlichen Fortschritt und beglückwünschte mich dazu, besonders die Patres von der Missio Hollandica, deren Gunst Theresia im vorigen Jahr erworben hat. Verschiedene derselben kamen, um unseren armseligen Kram zu besichtigen, um uns mit Rat und Tat zu unterstützen."

Nicht allein Geistliche, auch Laien interessierten sich für das neue Kloster. Mit Hilfe von Spenden wurde es Mutter Theresia möglich, das Notwendigste zu bauen und alles besser einzurichten. Wiederholt erwähnt Pastor Van der Zandt große Verbesserungen während ihrer Amtszeit und gewöhnlich unter seiner Leitung. Freiwillig angebotene Gaben und der Ertrag mehrerer Kollekten ergaben die nötigen Mittel. Zuerst wurde die Kapelle vollendet, deren Grundstein man bereits während Mutter Magdalenas Amtszeit gelegt hatte. Am 19. Mai 1840 wurde die Kapelle von Dechant Scheyven eingesegnet, nachdem die Franziskaner für Paramente und Kirchenmobilar gesorgt hatten. Danach begann man, einen zweiten Flügel zu bauen für das Refektorium, die Küche usw., der 1842 unter Dach kam. Ferner wurden Klassenzimmer und auf dem Speicher des Hauses ein großer Schlafsaal eingerichtet im Hinblick auf das zu eröffnende Pensionat. Schließlich baute man einige Werkstätten und die Scheune.

Vor allem aber sorgte Mutter Theresia dafür, daß der franziskanische Geist, das kostbare Erbgut der Kapuziner und auch das Erbgut von Mutter Magdalena bewahrt blieben mit Hilfe der Franziskaner von Weert.

Von großer Bedeutung für ihre Pläne bezüglich Unterricht und Erziehung war 1844 der Eintritt von vier jungen Frauen: Mary Coleman, Elisabeth Nagel, Eleonore Le Normant und Marie Roelandse. Sie hatten eine gute Ausbildung erhalten, auf der man aufbauen konnte. Sie waren von den Franziskanern von Amsterdam geschickt worden, bei denen der vorzügliche Eindruck, den Schwester Theresia auf sie gemacht hatte, anscheinend nachwirkte.

Elisabeth Nagel, später Schwester Pacifica, wurde durch den Lehrer Van den Eertweg von Leveroy auf das Lehrerinnenexamen vorbereitet, ebenso die 1841 eingetretene Schwester Aloysia Meeuwssen und im Jahr 1842 Schwester Philomena Lissone.

Im Sommer 1841 bat eine Lehrerin um Aufnahme: Maria Theresia van Bavel, später Schwester Augustine. Sie war 1802 in Antwerpen geboren. Ihr Diplom hatte sie 1830 erhalten, so daß es sowohl in den Niederlanden, als auch in Belgien Gültigkeit hatte. Pastor Greven von Grathem, ein

Freund von Pastor Van der Zandt, hatte sie im Pensionat Soleil-Mont bei Antwerpen kennengelernt, wo er für seine Kirche kollektierte. Nach Pastor Van der Zandt hatte sie "ein Diplom in Sprachwissenschaft bekommen und bereits neun Jahre in Antwerpen in französischer Sprache und anderen Fächern unterrichtet". "Wenn sie auch klein war, wir sahen sie doch gern zu uns kommen", erzählte treuherzig eine der älteren Schwestern. In der Tat, bei den damaligen Verhältnissen war ihr Eintritt von höchstem Wert für den Konvent. Sollte doch ein Schul-Pensionat eingerichtet werden, einmal, um das Kloster in materieller Hinsicht abzusichern, zum anderen selbstverständlich aus ideellen Gründen. Und diese Novizin Schwester Augustine hatte einige Jahre Erfahrung mit einem Mädchenpensionat und lehrte dazu das Fach, welches damals wohl als das allerwichtigste galt. Ihr reifes Lebensalter und ihre Lebenserfahrung ermöglichten es ihr, wertvollen Rat zu geben. Schon bald nahm sie die Studienleitung der vier oben genannten Novizinnen in die Hand. Das war bereits ein Schritt weiter auf das ersehnte Ziel zu.

Alles ging prachtvoll, es ging zu gut! Wie in allen Angelegenheiten dieser Erde folgte auf ein Hoch ein Tief.

Daß eine der Novizinnen austrat, war durchaus nicht ungewöhnlich, aber die Art und Weise, wie das geschah, kränkte die junge Kommunität und den durch und durch ehrlichen und gerechten Pastor. In seiner Chronik gibt er darüber einen ausführlichen Bericht. Zwischen den Zeilen ist zu lesen, wie gekränkt er war.

> "Eines Tages empfing Schwester Hyacintha Coleman Besuch von ihrem früheren Beichtvater Pastor Op den Kamp aus Amsterdam. Er beeinflußte das bis dahin zufriedene und glückliche Mädchen so stark, daß es mit einem Male alles schwarz sah, nichts taugte mehr. Sie wollte weg und anderswo eintreten. Nach vielem Hin- und Herreden und -schreiben wurde das Tatsache: Sie reiste zu einem Kloster in Nord-Brabant, welchem Pastor Op den Kamp ihren Eintritt zugesagt hatte. Das bedeutete noch nicht viel. Aber dieser Vorfall wurde weit und breit bekannt mit Übertreibung und Verleumdung. Dem Kloster drohte, seinen guten Namen zu verlieren, und das hätte seinen Untergang bedeuten können.
>
> Die älteren Schwestern, deren Bildung zu wünschen übrigließ, sollten die jüngeren nicht gut behandeln usw. Auch auf Schwester Pacifica Nagel wurde Druck ausgeübt, die Kongregation zu verlassen. Sie widerstand jedoch aller Bedrängnis, aber ihre Mutter war nicht beruhigt, bis sie einen ausführlichen Bericht von Dechant Scheyven erhielt über alles, was das Leben ihrer Tochter betraf.

Dem Brief war die beruhigende Erklärung eines Professors aus Lüttich beigefügt. Danach legte sich der Sturm. Als am Professionstag, dem 19. August 1842, die Familienmitglieder der drei Schwestern den Kreppel besuchten, klärte der Himmel sich wieder auf."

Dasjenige, was für die junge Kongregation den Untergang hätte bedeuten können, war zum Anlaß geworden, daß die Gemeinschaft weithin bekannt wurde. Nun konnte die Eröffnung des Schul-Pensionates Wirklichkeit werden. Der beiläufige Bericht in der alten Klosterchronik, daß Herr Van Laer, Direktor der Normalschule in Rolduc, sich anbot, einen Prospekt aufzusetzen, wirkte wie ein plötzlich durchbrechender Sonnenstrahl an einem dunklen Tag. Auf einmal steht die kaum eröffnete Einrichtung in vollem Licht. Sie wird anerkannt auch von den anderen Limburger Schulen.

Erstaunlich! Der Direktor der berühmten Normalschule in Rolduc bietet seine Hilfe für solch ein bescheidenes Unternehmen an. Dominicus Van Laer war am 18. Oktober 1805 in Heythuysen geboren. Nach seiner Kaplanszeit kam er im Frühjahr 1836 nach Rolduc, wo seit 1831 das kleine Priesterseminar des Bistums Lüttich untergebracht war. Unter der Schutzherrschaft von Msgr. Van Bommel sollte Dominicus Van Laer eine Normalschule gründen. Er wurde der erste Direktor[2]. Es wird wohl so gewesen sein, daß er als Heythuysener, der die Entwicklung von Mutter Magdalenas Institut aus nächster Nähe verfolgt hatte, gern seine helfende Hand bot.

Ohne den geringsten Zweifel ist der Prospekt, den er aufsetzte für das Pensionat, so gut gewesen, wie es zu dieser Zeit nur gewünscht werden konnte. Herr Van Laer blieb den Schwestern sehr zugetan und tat alles, um der Schule zur Blüte zu verhelfen. Er gab u. a. Mutter Theresia den Rat, eine Schwester und eine Postulantin zu weiteren Studien zu den Schwestern von Notre Dame nach Lüttich zu schicken.

Der bescheidene Faltprospekt wurde nun in die großen Städte gesandt. Manche Verbindungen waren geknüpft durch Mutter Theresias persönlich durchgeführte Bettelreisen, durch die Franziskaner von Weert und vor allem durch Rolduc. Anders hätte das wohl wenig Sinn gehabt. Das Ergebnis war überraschend. Am 2. Mai 1842 begann man mit zehn Schülerinnen, von denen drei aus Groningen, zwei aus Rotterdam, zwei aus Heythuysen selbst und drei aus der näheren Umgebung kamen. Im Januar 1843 waren es bereits zwanzig Pensionärinnen.

Ein Bettelbrief ist erhalten geblieben, datiert vom 23. Mai 1844[3], also zwei Jahre nach Eröffnung des Schulpensionates. Diesen Brief gab der Pastor zwei Schwestern mit, die für das kaum begonnene Institut Kollekte hielten. Die Unterstützung war dringend notwendig. Überall dort, wo die Schwestern vorsprachen, ließen sie den Brief im Pfarrhaus unterschreiben. So können wir den Reiseweg der Schwestern verfolgen: Heeswijk, Dungen, Rotterdam, Schiedam, Delft, Wassenaar, Amsterdam ('t Boompje), Edam, Blokker, Westwoude, Bovenkarspel, Grootebroek, Werfertshoeve, Medemblik, in de Wheere? (nicht lesbar), Spanbroek, Hoogwoud, Opdam, Nederhorst den Berg, Ankeveen, Weesp, Muiden, Naarden, Werkhoven.

Jesus, Maria, Franziskus!
An
alle, die dieses sehen und hören,
lesen, Heil in unserem Herrn
J.C.

Als die ersten Christen noch ein Herz und eine Seele waren, besaßen sie alles gemeinsam; obschon diese Liebesglut beinahe erloschen ist, sind doch allezeit einige Funken unter ihnen bewahrt geblieben, die hin und wieder, wenn es um die Verschönerung des Gottesdienstes oder um das allgemeine Wohl geht, ihre Strahlen hell aufscheinen lassen. Immerhin, die Spuren der Liebe sind in der heutigen Generation weniger sichtbar, wenig sind solche, die gern zur Errichtung von Gotteshäusern, Klöstern und Liebeswerken, zur Förderung der Religion und der guten Sitten eine hilfreiche Hand bieten.

Geliebte Glaubensgenossen! Der Gedanke daran bestärkt mich in meiner Freimütigkeit. Zwei ehrwürdige Schwestern, Pönitentinnen aus dem Dritten Orden unseres serphischen Vaters Franziskus, erbitten Ihre liebevolle Hilfe beim Aufbau ihres Liebeswerkes. Welche schönen Früchte die unlängst errichtete Stiftung gezeitigt hat durch die Verherrlichung unseres Herrn im Gottesdienst und durch die Bildung der heranwachsenden Jugend, wird jeder, der sie kennt, mit Bewunderung bezeugen. Das gibt uns die begründete Hoffnung, falls ich das Glück habe, das Werk zu einem guten Abschluß zu bringen, daß in Zukunft die Ernte noch reicher sein möge. Das Kloster besteht erst acht Jahre, hat mit vier Schwestern angefangen und zählt bereits dreißig fromme Seelen. Einige von ihnen sind in allen Wissenschaften erfahren und widmen sich ganz der Ausbildung der Jugend. Neben einer großen Schule für die

Armen beginnt ein kürzlich errichtetes Pensionat aufzublühen, in dem in allen Fächern fraulichen Könnens und Wissens gründlicher Unterricht gegeben wird. Das zeigt der Prospekt, den Sie empfangen. Aus allen Provinzen des Reiches, selbst aus Groningen (fünf Schülerinnen), sind wir mit Kindern beehrt worden, die Eltern unserer Sorge anvertrauten, damit sie unterrichtet würden. Zusehends steigt der Segen des Himmels auf unsere Stiftung herab, wofür wir dem guten Gott nicht genug danken können, aber dieser Segen bringt uns zugleich in die Verlegenheit, alle Schülerinnen gut unterbringen zu müssen.

Die Einrichtung von schönen und geräumigen Klassen hat unser Vermögen nicht nur aufgebraucht, sondern die Schwestern des Nötigsten beraubt; wir sind gezwungen, unsere Klostergebäude durch einen neuen Flügel zu erweitern. Diese außergewöhnlichen Ausgaben übersteigen unsere geringen Einkünfte. Ohne die Hilfe wohltätiger Menschen können wir die neuen Belastungen nicht tragen. Deswegen, sehr geliebte Glaubensgenossen, um zu meinem so nützlichen und verdienstvollen Ziel gelangen zu können, wage ich es, Ihnen diese zwei Schwestern Angelina, geboren zu Bree, und Scholastika, geboren zu Rotterdam, anzubefehlen. Ich stelle die zwei Schwestern unter ihren Schutz, sehr hochwürdige Mitbrüder.

Es sollte eigentlich überflüssig sein, Sie an die reiche Belohnung zu erinnern, die der Herr allen Wohltätern versprochen hat. Sie sollen gewiß nicht zu kurz kommen. In allen Tag- und Nachtgebeten, bei strengen Bußübungen, bei stillem Verweilen im Gebet werden die Schwestern auf Sie den Segen des Himmels herabflehen. Das ist auch der Zweck solcher Stiftungen. O ja, ich wage zu sagen, so lange dieses Kloster bestehen wird, wird auch das Gedenken an die Wohltäter fortdauern.

N.B. Außer dem erwähnten Unterricht ist auch Gelegenheit für solche, die es wünschen, die Pflege der Kranken zu erlernen, da immer geeignete Schwestern hier anwesend sind.

Auf Ihre Wohltätigkeit und liebevolle Mitwirkung vertrauend, habe ich die Ehre, mich mit Hochachtung zu nennen

Euer dienstwilliger Diener in allen Fällen zur
Gegenleistung verpflichtet
P. Van der Zandt, Pastor und Direktor des
neuen Stiftes Elisabeth

Gegeben zu Heythuysen

den 23. Mai 1844

P(ost) S(criptum): Illust(rissima) Dignitas J(oannes) A(ugustinus) Paredis Ep(iscopus Hirene) Adm(inistrator) Apost(olicus), Limb(urg): A(dministrator) A(postolicus) reddit istas Religiosas cuique Confessario sese Confitendi, habiles, saltem ubi ordinis Seraph(ici) Francisci nullus existit.

P. Van der Zandt, Pastor als Superior

Rhetorisch, einfühlsam und besorgt, nicht allein für Kloster und Pensionat, sondern auch für die Schwestern persönlich, klingt die lateinische Unterschrift - nicht für Laien bestimmt -, daß die Schwestern bei jedem Beichtvater beichten konnten, wenn ein Franziskaner nicht erreichbar war.

Nicht lange danach lenkt selbst der bekannte Le Sage ten Broek in seiner Zeitschrift Catholijke Nederlandsche Stemmen die Aufmerksamkeit auf das Heythuysener Institut. Das geschah auf Ersuchen von Msgr. Paredis' Sekretär und späteren Nachfolger im Bischofsamt F. Boermans. Beweis dafür liefert folgendes Fragment eines Briefes, am 3. Oktober 1846 geschrieben, es ist an Pastor Van der Zandt gerichtet.

"Als ich dem Herrn Le Sage ten Broek einen Artikel über die Preisausteilung in Ihrem Pensionat zusandte, ersuchte ich ihn zugleich um eine Empfehlung Ihres Stiftes in der einen oder anderen Nummer seiner Zeitschrift Catholijke Nederlandsche Stemmen, weil diese Zeitschrift besonders in unserer Gegend mehr gelesen wird als der 'Gottesdienstfreund'. Und siehe da, der Mann hatte nicht die Freundlichkeit, eine Empfehlung zu geben, sondern schrieb eine eigene Stellungnahme über die Preisverteilung in den Stimmen, Euer Hochwürden können sie in der heutigen Nummer lesen.

Meine herzlichen Grüße an Ihre gute Schwester, die ehrwürdige Mutter, die Schwestern, die Kinder usw., ich habe die Ehre, mich mit aller Hochachtung und Ehrfurcht zu nennen

Ihr hochwürdiger niedriger Diener und Freund
Fr. A. H. Boermans, Sekretär"

Anscheinend hatte Sekretär Boermans in dem Erfolg der Mädchen einen Anlaß gesehen, allen Konvertiten in den Niederlanden Mitteilung von diesem Pensionat zu machen. Abgesehen von dem sachlichen Inhalt macht der verbindliche, ja herzliche Ton seine Wertschätzung spürbar.

Der von Sekretär Boermans eingesandte Bericht lautet wie folgt:

"Pensionat zu Heythuysen (Limburg)

In dem in jeder Hinsicht empfehlenswerten und aufblühenden Pensionat zu Heythuysen bei Roermond im Herzogtum Limburg hat am vergangenen 9. September eine vortreffliche Festlichkeit stattgefunden, worüber wir den folgenden Bericht erhielten:

An dem Tag fand die Preisverteilung statt in dem genannten Pensionat für junge Mädchen. Sie war in jeder Beziehung schön und feierlich, nicht allein wegen der Ausstellung der feinen Schönschriften und der tadellosen Handarbeiten, unter denen zwei Vasen mit Kunstblumen die Aufmerksamkeit aller auf sich lenkten, sondern auch wegen des Zustroms an Verwandten und Freunden, die von verschiedenen Orten herbeigeströmt waren. Vor allen war es Msgr. Paredis, Bischof von Hirene, Apost. Adm. von Limburg, der durch seinen Besuch die liebe Jugend ermutigte.

Außer dem Hochwürdigen Herrn beehrten folgende Herren durch ihren Besuch die Feierlichkeit: die sehr hochwürdigen Dechanten von Weert und von Bree (Belgien), der sehr hochwürdige Herr Lenders, Kanonikus und Professor am Großen Seminar in Lüttich, Herr Scheyven, Prokurator des Königs von Mecheln und Mitglied der Kammer der Volksvertretung, außerdem die sehr hochwürdigen Direktoren des Kleinen Seminars von Rolduc und von der Volksschule usw.

Schon schien die Feierlichkeit beendet zu sein, da öffnete sich unerwartet eine Seitentür und eine Schar armer Kinder, die ebenfalls von den Ordensfrauen unterrichtet werden, trat ein. Diese bedürftigen Kleinen hatten in einem besonderen Raum des Klosters das ganze Jahr Lesen geübt und anderem Unterricht beigewohnt. In ihrer alles umfassenden Liebe wollten die guten Schwestern auch der armen Jugend einen frohen Tag verschaffen. Bücher als Preis waren hier weniger angebracht, aber etwas gegen die Kälte im bevorstehenden Winter sollte nicht nur bei den Kindern selbst, sondern auch bei Vater und Mutter willkommen sein. Es wurde ein Tisch aufgestellt und mit selbstverfertigten Kleidungsstücken bepackt. Die Kleinen wurden mit Namen aufgerufen, und die sonst unbekannten und für die Welt unscheinbaren Namen wurden der Reihe nach dem Interesse der Zuschauer bekanntgegeben. Der Hochwürdigste Herr und andere Autoritäten, die vorher den Pensionärinnen die Preise ausgeteilt hatten, verteilten nun die herbeigebrachten Geschenke an die armen Kinder. Vor allem wurde der angewandte Fleiß und der Fortschritt belohnt, und nicht ein Kind kehrte mit leeren Händen nach Hause zurück. - Dieses Austeilen von Kleidungsstücken war der Teil der Festlichkeit, der nicht wenig beeindruckte."

Von der Redaktion der Catholijke Nederlandsche Stemmen wurde hinzugefügt:

> "Die gesunde Lage und die Räumlichkeiten des Klosters in Heythuysen, der geringe Abstand von Roermond, die liebevolle Sorge und Aufmerksamkeit der Ordensfrauen, insbesondere das Interesse, das Msgr. Paredis, Bischof von Hirene, bei jeder Gelegenheit bezeigt, das alles macht das Pensionat von Heythuysen zu einer höchst angenehmen und nützlichen Klosterschule für junge Mädchen und kann Eltern, die ihren Töchtern eine gute Erziehung geben möchten, nur empfohlen werden."

Unbeabsichtigt stützt dieser Brief die späteren Aufzeichnungen von Schwester Crescentia über diese Jahre. "Der Geist unter den Kindern war ausgezeichnet." Das bedeutet auch, der Geist unter den Schwestern war gut, denn wenn es gehapert hätte an dem gegenseitigen Verstehen, dann würde sich das auf die Atmosphäre im Pensionat ausgewirkt haben. Von Anfang an hat diese Einrichtung nicht zurückzustehen brauchen hinter anderen Instituten aus den gleichen Jahren.

An dieser Stelle mag die Frage gestellt werden, welche Haltung nahm Mutter Magdalena ein in Bezug auf den Unterricht im allgemeinen? Wußte sie ihn zu schätzen? Lag es für sie im Willen Gottes, daß ihre Schwestern unterrichteten? Sah sie die Konsequenzen? Erblickte sie in der Unterrichtsarbeit eine Existenzgrundlage?

Man erinnert sich ihrer Jugendjahre in der Französischen Zeit, ungefähr von 1794 bis 1800. Für das abgelegene Dorf De Laak war die nächste Schule in Echt. Sie war nur zu erreichen über einen langen, schlechten, zur Winterzeit fast unbegehbaren Weg von fünf Kilometern. Die Kunst des Lesens und Schreibens war zu jener Zeit vom einfachen Volk am allerwenigsten geschätzt. Wegen des Kriegszustandes waren nur wenige Lehrerstellen besetzt.

Aber Catharina Damen, das Töchterchen eines Landarbeiters, wollte lernen. Daß sie keine Analphabetin blieb wie sehr viele aus ihrem Milieu, das spricht eine deutliche Sprache in Bezug auf ihre Intelligenz und ihre Ausdauer.

Ein mit Mühe erworbener Besitz ist kostbar. Bei den Masoeurkes op de Trepkes hatte Catharina Damen Anteil an dem "Unterricht", für den sie zuständig waren: Katechismus- und Handarbeitsunterricht für kleine Mädchen. Als sie berufen wurde, diese Arbeit in Heythuysen zu tun, war sie darauf vorbereitet. Sie geht und trägt die Überzeugung in sich, daß es Gott ist, der sie ruft. Wozu? Zum Unterrichten - sei es in der allereinfachsten Form.

Einige Jahre später reifte in der frommen, stillen, in sich gekehrten Frau der Plan, eine Ordensgemeinschaft zu gründen, deren Mitglieder sich vornehmlich dem Unterricht widmen sollten. Und als ihr Weltfremdheit, Untauglichkeit, Mittellosigkeit vorgeworfen werden, ist ihre ruhige Antwort an den Bischof von Lüttich: "Es soll nicht mein Werk sein, Monseigneur, Gott wird sorgen!"

Es war in der Tat Gottes Werk, denn es wurde nicht getan von Catharina, sondern nach seiner Absicht von ihrer geistlichen Tochter Theresia Rooyackers. Mutter Magdalenas zweites Lebensziel, eine zeitgemäße gute Mädchenschule zu gründen, wurde 1842 erreicht.

In allen Klöstern, die sie noch entstehen sah, galt, was Franziskus seinen Brüdern und Schwestern aufgetragen hatte, das heilige Evangelium unseres Herrn Jesus Christus zu leben. Zweck einer Neugründung war in den Anfängen immer als Antwort auf eine Not der Zeit das Werk von Unterricht und Erziehung.

Andererseits war es aber nicht so, daß Mutter Magdalenas Aufmerksamkeit ausschließlich dem Unterricht galt, harmonisch eingefügt in ein geordnetes Klosterleben. Sie selbst und später ihre Töchter waren zu jedem Dienst bereit, der sich ihnen als Aufgabe anbot.

Bereits in der allerersten Zeit pflegten die Masoeurkes die Kranken im Dorf. Nach der Klostergründung im Kreppel hört man noch einmal davon, nämlich 1844 am Schluß des Bettelbriefes von Pastor Van der Zandt. Aber der dringendste Bedarf in der Mitte des 19. Jahrhunderts war der Bedarf an gutem Unterricht. Mutter Magdalena muß das klar erkannt haben. Als zur Zeit des Kulturkampfes den deutschen Schwestern die Schulen genommen wurden, sie infolgedessen nicht mehr unterrichten konnten, verlegten sie ihren Dienst auf die Pflege von Kranken und Behinderten. 1887 begannen die niederländischen Schwestern mit der

Altenpflege in Nederweert, mit gleicher Tätigkeit kam 1892 das Kloster in Huissen (Gelderland) hinzu, 1895 wurde in Oldenzaal ein Krankenhaus gegründet.

Kurze Zeit nach der Eröffnung des Pensionates in Heythuysen kam die erbetene Genehmigung zur Ablegung der Ewigen Gelübde. Mutter Magdalena und mit ihr 18 Schwestern legten am 19. Juli 1842 ihre Ewige Profeß ab.

Für Schwester Clara Verkoulen, die, geboren am 4. April 1782, rund fünf Jahre älter war als die Stifterin und mit ihren sechzig Jahren die älteste von allen, sollten die Ewigen Gelübde, abgelegt auf Erden, bald ihren Lohn finden in der himmlischen Seligkeit. Schwester Clara starb am 14. Mai 1846.

Schwester Clara war einfach und aufrichtig, unansehnlich in ihrem Äußeren. Mit unbedingtem Vertrauen und mit Hingabe schloß sie sich der begnadeten Catharina an, verrichtete die täglichen Arbeiten, die schwer genug bei ihrem Alter und für ihre gebrechliche körperliche Konstitution waren. Sie litt mit den anderen Hunger und Kälte und ertrug die Beschwernisse, die mit dem Einzug in den Kreppel verbunden waren. Obgleich sie die Älteste und Zuerstgekommene war, lebte sie später ganz zurückgezogen, unbedeutend unter einer neuen jungen Oberin wie Mutter Magdalena selbst, wie diese ein Vorbild für alle, die nach ihr kamen.

Von nun an kommt mehr Sachlichkeit und System in die überlieferten Berichte.

Interessante Einzelheiten liefern die Visitationsberichte des Dechanten von Weert. Der älteste ist von 1842.

> "Am 13. August habe ich ebenfalls visitiert die Kapelle, die Sakristei und die Paramente und alles prachtvoll in Ordnung gefunden, außerdem habe ich vernommen, daß dieses Kloster - 1835 gegründet - am 2. Mai ein Pensionat eröffnet hat. Die Zahl der jungen Mädchen ist auf 18 gestiegen. Anzahl der Professen 18, Novizinnen 6.
>
> Kapelle und alles, was dazu gehört, befindet sich in mustergültigem Zustand.
>
> Mißbräuche werden von Tag zu Tag mehr abgestellt.
>
> Weert, den 23. September 1842
>
> H. Janssen, Pastor, Dechant."

Von welcher Art mögen die hier angedeuteten Mißbräuche gewesen sein? Mangel an religiösem Geist erscheint höchst unwahrscheinlich. Nicht allein haben wir zahlreiche Berichte über den Eifer und den Großmut der ältesten Schwestern, von den Pensionärinnen der ersten Zeit - die Zahl war klein - traten nicht weniger als fünf in die Kongregation ein: Schwester Leonarda Broekman, Schwester Rosa Van der Zandt, Schwester Victoria Broekman, Schwester Bonaventura Van Dijk und Schwester Angelina Theunissen. Das verweist auf einen sehr guten Geist in dem kleinen Konvent. Auffallende Mängel würden den scharfen Augen der Mädchen nicht entgangen sein und sie abgestoßen haben. Die angedeuteten Mißbräuche müssen sich wohl aus der Praxis des täglichen Lebens ergeben haben, Kinderkrankheiten, die jedes neue Institut aus Mangel an Erfahrung durchzustehen hat.

Am 29. November 1842 wurde die Kongregation staatlicherseits anerkannt als moralische Körperschaft und trug als juristische Person den Titel: Vereinigung von Frauen zur Förderung des häuslichen Glücks[4]. Mögen wir Menschen des 20. Jahrhunderts auch die Naivität dieser Wortverbindung belächeln, wieviel unbewußte Weisheit hat die Namengebung begleitet.

Mutter Theresia begann in dieser Zeit, ein Namensregister von allen lebenden Schwestern der Kongregation anzulegen. Die kurze Vorrede dazu nehmen wir wegen der bescheidenen Würde und der inneren Ruhe, die ein Wesensmerkmal der jungen Oberin waren, ganz auf:

> "Im Namen des Herrn beginne ich zur Belehrung mit diesen wenigen Worten.
>
> Seit dem 10. Mai 1835 befinden sich in unserem Stift fünf Schwestern von der III. Regel unseres heiligen Vaters Franziskus, nämlich Maria Catharina Damen, Johanna Maria Ver Koulen, Maria Gertrudis Kirkels, Maria Catharina Dekkers, Maria Catharina Elisabeth Steenkens, die am 11. Februar 1836 den heiligen Habit empfangen haben, wonach Maria Catharina Damen zur Mutter bestellt wurde. Dazu kamen noch Gerdina van de Water, Catharina Nelissen und Petronella Rooyackers, Schreiberin dieser Zeilen. Letztere haben nach demütiger Bitte am 11. Juni 1839 ihre feierlichen Gelübde abgelegt; am gleichen Tag haben die anderen Schwestern dasselbe getan, aber nur für drei Jahre, bis dahin hatten sie nur die Gelübde auf die III. Regel der weltlichen Tertiarinnen abgelegt.

Am 12. März 1840 wurde die Unwürdige durch den Hochwürdigsten Bischof von Lüttich als Mutter bestellt; da es mein innigster Wunsch und der aller Schwestern war, durch Ewige Gelübde an Gott gebunden zu werden, wurde uns dieses nach wiederholten Bitten erlaubt, und wir legten sie am 19. Juli 1842 in die Hände des Hochwürdigsten Bischofs J. A. Paredis ab."

In dem folgenden Jahr hatte die neue Gründung Schweres durchzustehen. Typhus brach aus. Bei den mangelhaften medizinischen Kenntnissen in jener Zeit zog die erste Erkrankung andere nach sich, zwei Novizinnen und zwei Kinder erkrankten schwer. Alle Kinder, die in der Nähe wohnten, gingen nach Hause, und die letzten fünf aus Groningen wollten auch den Kreppel verlassen. Eltern aus Groningen schickten einen vertrauenswürdigen Mann. Als der keine Kranken mehr antraf, hielt er die weite Heimreise der Kinder für unnötig. Es kam nicht zur Schließung des Pensionates.

Das Jahr 1843 wurde bedeutsam für den Konvent. Im dekanalen Visitationsbericht steht beiläufig vermerkt: außerordentlicher Beichtvater, der Guardian von Weert. Das bedeutete, die Franziskaner nahmen stärkeren Einfluß auf die spirituelle Formung der Schwestern. Das entsprach deren Wünschen.

In den Jahren vor und nach 1835 hatte Mutter Magdalena den Schwestern mehr durch ihre Persönlichkeit und ihr Beispiel als durch Worte die franziskanische Spiritualität vermittelt. Von dem ersten Rektor ist diesbezüglich nichts bekanntgeworden; auch nicht von seinem Nachfolger, J. Schuerman, der seit Oktober 1840 im Kreppel war, weiß man solches. Seit Februar 1843 litt Schuerman an einer ernsten Geisteserkrankung und mußte in eine Heilanstalt gebracht werden. Weil Bischof Paredis für den kranken Rektor keinen Nachfolger hatte, kam der Provinzial der Weerter Franziskaner zu Hilfe. Er schickte Pater Joannes Franciscus Geudens (geb. 1815, zum Priester geweiht 1840). Dieser blieb vom Februar bis Dezember 1843 im Kreppel und übte in den wenigen Monaten einen tiefgehenden Einfluß aus, der noch lange nachwirkte.

Pastor Van der Zandt schreibt in seiner Chronik:

"Dieser gottesfürchtige und vorbildliche Geistliche brachte durch seinen unermüdlichen Eifer für das innere und äußere religiöse Leben die Gemeinschaft auf einen glanzvollen Stand. Er gab gründlichen Unterricht und tat alles, was das Breviergebet und die

Rubriken des Chorgebetes angeht, und brachte unsere Schwestern so weit, daß sie sich selbst helfen konnten".

Bemerkenswert sind diese Zeilen bezüglich dessen, was nicht darin steht, nämlich die für die Schwestern sehr wichtige Veränderung, daß das Marianische Offizium durch das große Römische Brevier ersetzt wurde. Erstaunlich ist auch die natürliche Selbstverständlichkeit, mit der die Schwestern ohne Vorbehalte dem jungen Priester begegnen. Pater Geudens arbeitete erfolgreich auf einem Gebiet, das eigentlich dem Pastor als Direktor zustand. Ehrlich, wie Pastor Van der Zandt war, kannte er die Grenzen seiner Möglichkeiten, Ordensspiritualität war nicht das Gebiet, in dem er sich zu Hause fühlte. So bekam Pater Geudens freie Hand.

Ziemlich unvermittelt nimmt im Jahr 1843 das Interesse für Pater Marchants Konstitutionen wieder stark zu. Das muß folgendermaßen gesehen werden. Pater Geudens hatte durch das Beispiel seiner persönlichen Frömmigkeit die Schwestern auf einen Schatz aufmerksam gemacht, der ungehoben in ihnen ruhte, das Verlangen nach größerer Vereinigung mit Gott durch ein vertieftes Leben in Gebet und Buße.

Was wir in den kommenden Jahren wahrnehmen können, nämlich den Wunsch, die angenommenen und von der dazu befugten Autorität gutgeheißenen Regeln und Konstitutionen aus dem 17. und 18. Jahrhundert 'strenger' zu leben, ist nicht nur in der Kongregation von Heythuysen zu beobachten. Die meisten Frauenkongregationen, die im Laufe des 19. Jahrhunderts entstanden sind, verfolgen zwei Vorstellungen: eine kontemplative Lebensweise mit allen damals üblichen äußeren Formen, verbunden mit einer großen Offenheit für apostolische Tätigkeiten: Unterricht, Krankenpflege, Sozialarbeit. Der Wunsch, beide Lebensweisen miteinander zu verbinden, ließ zuweilen die sonderbarsten Situationen entstehen. In einem Karmelitinnenkloster wurde Unterricht gegeben, während die Lehrerin an der einen, die Schülerinnen an der anderen Seite des Klausurgitters saßen.

Seit dem 16. Jahrhundert hat die Kirche das Charisma der Apostolischen Ordensgemeinschaften als besondere Gabe Gottes angenommen, trotzdem bestand in der Praxis die Tendenz, diese neue Lebensform auf die bereits bestehende einzuschränken. Mitglieder einer Apostolischen Ordensgemeinschaft sind keine Monales, wohl aber streben sie danach, als Kontemplative ihren Dienst in und an der Welt zu tun. Wie dachte Mutter Magdalena über manche Veränderung, z. B., daß man statt des Marianischen Offiziums das Römische Brevier wünschte? Vor dem kirchlichen Stundengebet hatte sie die allergrößte Ehrfurcht und liebte es. Nun können wir uns nicht denken, daß sie, deren Kongregation aus dem Tun karitativer Werke geboren worden war, mit ihrer bewunderswerten inneren Unabhängigkeit, mit ihrem klaren Verstand, mit ihrem Charisma nicht vorausgesehen haben sollte, daß das große Chorgebet mit Nachtchor auf die Dauer nicht durchführbar sei, ohne die Tätigkeit der Schwestern in den Schulen einzuschränken, in der Arbeit, die sie nun einmal aufgenommen hatten. Es ist eher anzunehmen, daß die Berichte über Mutter Magdalenas Freude und Eifer beim Chorgebet auf der äußeren Erscheinung der Mutter mit dem stets freundlichen Antlitz beruhen. Kommt noch hinzu, daß die umfangreicheren Tageszeiten nach damaligem Verständnis zur größeren Ehre Gottes gereichten. Und das wurde selbstverständlich von der Stifterin begehrt. Zudem lebte sie zu der Zeit bereits ganz zurückgezogen, man fragte sie kaum noch um Rat, sie ihrerseits nahm alles zufrieden an, wie es beschlossen wurde.

Wie es auch sei, die Patres von Weert stellten freundlicherweise eine Kiste alter Breviere aus einem aufgehobenen Kloster zur Verfügung, und die Schwestern begannen eifrig mit dem Üben. Die meisten kostete das unsägliche Mühe. Jeder freie Augenblick wurde hierauf verwendet, überall und zu jeder Zeit konnte man einige mit dem Brevier in der Hand sehen[5]. Es dauerte nicht sehr lange, und zur großen Verwunderung von Pastor Van der Zandt und einiger Patres konnten die Schwestern in einem sogenannten Examen beweisen, daß sie das Lateinische genügend lesen konnten und auch die Rubriken kannten dank der Hilfe von Pater Geudens.

Nach der Einführung des Römischen Breviers wünschten die Schwestern, nach der Reform-Regel von Limburg auch das nächtliche Chorgebet übernehmen zu dürfen. Wie Mutter Magdalena und Mutter Theresia darüber dachten, ist bedauerlicherweise wieder nicht überliefert. Pastor Van der Zandt hatte sich lange dagegen gesträubt, er fürchtete mit Recht, daß die regelmäßige Unterbrechung der Nachtruhe zu sehr an den Kräften der Schwestern zehrte. Bald jedoch verschloß er sich den anhaltenden Bitten der Schwestern nicht mehr und schrieb am 14. Januar 1845 folgenden Brief an Bischof Paredis:

> "Die Schwestern von der Buße in unserem Kloster bitten mich anhaltend, Euer Durchlauchte Hochwürden mögen zustimmen, das nächtliche Chorgebet halten zu dürfen, auf daß durch ihr Gebet ihre Frömmigkeit immer mehr zunehme. Durch ihre ständigen Bitten bedrängt, wage ich es, ihrem Verlangen nachzugeben und Euer Hochwürden zu bitten, den Ordensfrauen obengenannte

> Gunst zu gewähren, damit sie den Statuten gemäß alles tun und an Vollkommenheit zunehmen mögen."

Umgehend kam die Antwort, eigenhändig vom Bischof geschrieben:

> "Gern Ihrem Ersuchen Gehör schenkend, erlauben wir den Schwestern, das nächtliche Chorgebet um 12 Uhr zu beginnen, und wir erklären, daß diese Erlaubnis gegeben ist auf Wunsch und mit Gutheißung des Pastors."

Mit der Zeit war es jedoch nicht möglich, das nächtliche Stundengebet mit den immer umfangreicheren und anstrengenderen Arbeiten in Einklang zu bringen. 1860 wurde mit dem Nachtchor zugleich das Beten des Römischen Breviers aufgegeben und das Marianische Offizium wieder eingeführt.

Eine weitere Forderung aus der Regel Pater Marchants war die sogenannte strenge Klausur. Danach durften die Schwestern nur in Ausnahmefällen ausgehen. Diese Bestimmung ist wohl zur Sprache gekommen, aber nie durchgeführt worden. Daß man die Möglichkeit nicht ausschloß, ersieht man aus einer Aufzeichnung von Pastor Van der Zandt aus dem Jahr 1866. Er gibt in seiner Chronik eine kleine Anweisung über einen in Frage kommenden Umbau, wo die Winde (Die Winde ist ein drehbarer Zylinder, durch den Klausurschwestern Päckchen und dergleichen von der Außenwelt empfangen können.) angebracht werden müsse, wenn es "nach den alten Statuten strenge Klausur geben sollte". Das ist nie Wirklichkeit geworden. Die karitativen Werke der Kongregation hatten sich in den sechziger Jahren so entwickelt, daß die Einrichtung einer strengen Klausur sie behindert, wenn nicht unmöglich gemacht hätte. Daß eine neue Zeit mit neuen Anforderungen angebrochen war, hatten die Obern damals bereits deutlich erkannt.

Das gewissenhafte Befolgen einer alten Ordensregel hätte noch mehr Änderungen verlangt. Aber was sollte man tun, oder wie sollte man es tun, wenn Vorschriften von 1623 und früher angepaßt werden mußten an die Lebensweise einer für das Jahr 1840 modernen Kongregation? Mutter Magdalena hatte ein offenes Auge für die Bedürfnisse der Zeit. Schwester Crescentia Lenders, die Schwester der späteren Generaloberin Mutter Aloysia Lenders, hat hierüber wertvolle Aufzeichnungen hinterlassen, Schwester Crescentia legte ihre Profeß im Jahr 1848 ab. Sie erzählte später: "In unserer Profeßformel stand in jener Zeit: Ich gelobe Gott, zu leben in Armut, Gehorsam und Keuschheit und unter ewiger Klausur.

Und doch gingen die Schwestern mit den Pensionärinnen auf Wanderungen. Wenn sie Hausrat und andere Sachen beschaffen sollten, reisten sie nach Roermond, Venlo usw. Msgr. Paredis hat auf wenig sanfte Weise Pastor Van der Zandt klargemacht, daß er dieses persönlich gesehen und mehrmals gehört habe! Als das Kloster in Mook gegründet wurde, regelte der Bischof selbst, daß der Ausgang der Schwestern verboten wurde."

Mutter Bernardine meinte, einen Spaziergang mit den Pensionärinnen an den Maasdeich und über den großen Weg wohl erlauben zu dürfen. Als dann der Bischof bei der folgenden Profeßfeier nicht nach St. Elisabeth, Heythuysen, kam, begriffen die Schwestern, daß er Ausgänge mißbilligte. Später strich man die Anstoß gebenden Worte: 'unter ewiger Klausur' aus der Profeßformel.

Auch die Anzahl der Pensionärinnen bereitete einigen gewissenhaften Schwestern Nöte. Die alte Regel gestand den Schwestern höchstens zehn Interne zu, aber ein Jahr nach der Einrichtung des Pensionates waren es bereits zwanzig. Was sollte geschehen? Sollte man die Mädchen nach Hause schicken? Es ist nicht geschehen!

Die Anpassung an die Erfordernisse der Zeit fand also statt offenbar gegen die persönliche Neigung des Bischofs, der hierin der Vergangenheit verhaftet blieb. Seinerzeit hatte er die Bitte der Schwestern, das nächtliche Chorgebet einführen zu dürfen, gern entsprochen, aber die Entwicklung zu mehr selbstverantwortlicher Entscheidungsmöglichkeit und die Wahl eines Arbeitsfeldes, wie es sich aus der Notwendigkeit ergab, sah er nicht gern.

Bereits zu Mutter Theresias Zeit lag die Anfrage für eine Neugründung vor, eine Schule. Der Direktor traf die erforderlichen Vorbereitungen. Und so konnte das erste Filialkloster im Herbst 1845 in Alkmaar gegründet werden. Doch hatte diese Entwicklung auch ihre Schattenseiten. Bei schwerer Arbeit und schmaler Kost bildete der Mangel an Hygiene eine Gefahr. Wahrscheinlich war die gesundheitliche Gefährdung der Schwestern nicht höher als bei der übrigen Bevölkerung, aber wie man die Angelegenheit auch ansieht, die Sterblichkeitsziffer unter den jungen Schwestern war in den Jahren zu hoch[6]. Von 1835 bis 1865 starben im Kreppel 33 Schwestern, die erst 35 Jahre alt oder noch jünger waren, gegenüber 14 Schwestern, die 35 Jahre und älter wurden. Zum Konvent zählten 1842 vierundzwanzig Schwestern einschließlich der Novizinnen, 1851 waren es dreiunddreißig und 1856 bestand der Konvent aus vierzig Schwestern. Es ist zu berücksichtigen, daß chronisch Kranke, vor allem junge Schwestern aus den Filialen, zur Pflege höchstwahrscheinlich ins

Mutterhaus kamen, so daß in den anderen Klöstern der Gemeinschaft nur wenige oder gar keine Schwestern starben.

Nach 1865 werden die Sterbeziffern auffallend günstiger dank des medizinischen Fortschritts und der besseren finanziellen Lage des Klosters.

Nachdem am 30. März 1846 auf dem soeben eingeweihten Friedhof Schwester Seraphine Le Normant beerdigt worden war, traf die Kongregation der schwerste Schlag, der sie unter den gegebenen Umständen treffen konnte. Am 20. April 1846 starb nach nur wenigen Krankheitstagen Mutter Theresia Rooyackers im Alter von 36 Jahren. Ihre Gesundheit war nie kräftig gewesen. Übermäßige Inanspruchnahme bei schlechter Ernährung hatte sie erschöpft. So konnte eine geringe Erkrankung ihr zur Gefahr werden.

Unbeschreiblich war die Trauer. Die tiefreligiöse, hochbegabte und zudem charmante junge Frau hatte nicht nur bei dem ersten Zusammentreffen zwei so verschiedene Charaktere wie die von Mutter Magdalena und Pastor Van der Zandt für sich gewonnen, sie hatte nicht allein bei den Franziskanern in den nördlichen und südlichen Niederlanden Vertrauen zu wecken gewußt, sie war, wie der Pastor in seiner Chronik hinter den Namen Petronella Rooyackers, Schwester Theresia, schrieb, superior perfectissima, allervollkommenste Oberin. Was dieses Wort beinhaltet, ersieht man am besten bei einem Vergleich mit seinem Urteil über Mutter Magdalena und Mutter Bernardine, die dritte Oberin der Gemeinschaft. Bei Mutter Magdalena schätzt er die hohe Tugend, vor allem das Gottvertrauen, aber seine Meinung über die Stifterin als Oberin ist deutlich genug. Im Hinblick auf Mutter Bernardine hat er nach viel Lob auch Klagen. Mutter Theresias Tod hinterließ nichts als Leid bei Schwestern, Kindern und bei dem Direktor.

Wenn es Mutter Magdalenas Sache gewesen war, das Kloster zu gründen, so wurde Mutter Theresia der Anteil zugewiesen, die Gründung auszubauen. Bei ihrem Tod konnte die Kongregation den Vergleich mit anderen Kongregationen gut bestehen bezüglich ihrer Mitgliederzahl, des Mutterhauses, der verschiedenen Institute. Für die Ausbreitung der Gemeinschaft hat Mutter Theresia mehr als Mutter Magdalena die Voraussetzungen geschaffen gemeinsam mit Pastor Van der Zandt. Für ihn war ihr früher Tod denn auch ein besonders schwerer Verlust. In seiner Chronik schreibt er:

> "Sowohl für die Pensionärinnen als auch für die Klosterfrauen war sie eine wahre Mutter. Sie war Gegenstand der Liebe und Hoch-

achtung aller. Gott hatte sie lieber und wollte ihre vielfältigen Dienste, die sie unserem Haus zu seiner Ehre erwiesen hatte, frühzeitig belohnen."

Mutter Magdalena muß der Verlust derjenigen, auf die sie so hohe Erwartungen gesetzt hatte, wohl am meisten getroffen haben, aber sie besaß auch den größten Starkmut. Sie wußte durch eigene Erfahrung, daß Gott seine Wunder nicht bereithält für die Hochbegabten, sondern für die Tiefvertrauenden. Er werde auch ferner sorgen.

Wie Mutter Magdalena in dieser Zeit lebte, das können wir nur vermuten. Es wird erzählt, daß der neue Rektor nach dem Weggang von P. Geudens OFM im Dezember 1843, J. Canters, sie einmal an der Kommunionbank überschlug, wahrscheinlich, um ihre Demut auf die Probe zu stellen, Mutter Magdalena ging ruhig an ihren Platz zurück, ohne Unwillen oder Ärger zu zeigen und ohne später darüber zu sprechen.

Es scheint, daß Rektor Canters etwas in sich hatte von der überstrengen jansenistischen Mentalität, wovon in diesen Jahren noch mehr Spuren anzutreffen waren. Pastor Van der Zandt war aber selbstverständlich nicht aus diesem Grund froh mit der Ernennung des Rektors.

Rektor Canters wurde nämlich auch betraut mit der Seelsorge für die Schwestern. Das bedeutete für den Pastor als Pfarrer von Heythuysen eine große Entlastung. "Hier endet meine Last", schreibt er, "die ich seit der Gründung ganz allein getragen habe, behalte jedoch die Verwaltung des Hauses." Von Mutter Magdalena sind noch einige Äußerungen und Geschehnisse überliefert, aber diese beziehen sich wohl mehr auf ihre letzten Jahre. Sie beschäftigte sich mit leichten häuslichen Arbeiten, vor allem betete sie viel, entweder unten in der Kapelle oder im Chor oder auch in ihrer Zelle. Mit Verwaltungsarbeiten befaßte sie sich nicht mehr. Wenn man ihr etwas erzählte von der Ausbreitung ihrer Kongregation oder von Erneuerungsarbeiten, hörte sie freundlich zu, sagte aber selten etwas.

Mutter Magdalena betete. Wer vermag zu umschreiben, was dieses eine Wort für sie bedeutete? Es umfaßte Himmel und Erde.

Zwei Wochen nach Mutter Theresias Tod, im April 1846, kamen die Schwestern zusammen, um eine Nachfolgerin zu wählen. Die Wahl fiel mit Stimmenmehrheit auf Schwester Bernardine Mensinck.

Sie war geboren zu Borken in Westfalen am 13. März 1813 und hatte lange Zeit bei Verwandten in Winterswijk nahe der niederländischen

Grenze gewohnt. Sie beherrschte die deutsche und die niederländische Sprache gleicherweise gut. Wenn es auch nicht ausdrücklich gesagt wird, kann aus der Art, wie es gesagt wird, entnommen werden, daß sie deutscher Nationalität war[7]. Mutter Bernardine trat 1842 in die Kongregation ein, "angezogen durch den Ernst und den religiösen Geist, den sie bei den Töchtern Mutter Magdalenas bemerkte"[8]. "Sie selbst hatte eine ernste Lebensauffassung und war beseelt von einem Streben nach allem, was edel und erhaben war"[9]. Als sie in das Amt der Oberin berufen wurde, war sie 33 Jahre alt. Die Namenliste der Schwestern zählte 30 Professen und drei Novizinnen im Mutterhaus und drei Schwestern in der ersten Filiale zu Alkmaar. Von den Profeßschwestern waren bereits vier gestorben. Zwei Novizinnen waren ausgetreten.

Da während ihrer 13jährigen Amtsperiode von 1846 bis 1859 die schnelle Zunahme an Mitgliedern, Filialen und Schulen am meisten in den Vordergrund tritt, müssen wir zunächst über die Unterrichtssituation sprechen und über die besonderen Umstände, die mit solchen neuen Gründungen verbunden waren.

Quellenangaben zu Kapitel VIII

1 Schwester Liguori Mason, a.a.O.

2 Nach Angaben von H. L. Augustus, Rolduc.

3 Archiv Generalat, Rom.

4 Es geht um die Bedeutung einer königlichen Anerkennung. Nach dem Grundgesetz von 1848 mußte um eine solche Anerkennung eingekommen werden; sie wurde nicht dem Kloster gegeben, sondern ohne weiteres der Vereinigung von Frauen.

5 Aufzeichnungen von Schwester Crescentia Lenders.

6 Die Ursulinen von Roermond und die Pönitentinnen-Recollectinnen von Oirschot haben freundlicherweise gestattet, ihre Angaben über diese Zeitperiode einzusehen. Die Sterbeziffern sind etwas geringer.

7 Eine Nachfrage beim Standesamt Borken ergab keine hinreichende Sicherheit, aber höchstwahrscheinlich hatte sie die preußische Staatsbürgerschaft.

8 Schwester Liguori Mason, a.a.O.

9 Schwester Paula Münster, a.a.O.

IX. Schulen und Filialklöster

Seit 1840 war die Kongregation der Franziskanerinnen von Heythuysen durch persönliche Kontakte und Briefwechsel, durch Bettelreisen, durch eine Typhus-Epidemie und durch Verleumdung und deren Wiedergutmachung in den ganzen Niederlanden bekanntgeworden.

Schon während einiger Jahrzehnte wurde überall gerufen, ja geschrien nach Volksschulunterricht, und die katholischen Pfarreien baten darum, Religionsunterricht zu erteilen - am liebsten kostenlos. Was diesbezüglich von seiten der Regierung ermöglicht wurde, entsprach keinesfalls den bestehenden Bedürfnissen.

Das Gesetz "Van den Ende" (1806) hatte das Staatsmonopol zur Grundlage. Hierdurch wurde nicht nur die Freiheit eingeschränkt, Schulen zu gründen, sondern auch die Freiheit, die entsprechenden Lehrer einzustellen. Diese waren Staatsbeamte, und eine Art Examen diente mehr dazu, ihre Ansicht über Staat und Religion zu erfahren, als ihre Kenntnisse und ihre pädagogischen Fähigkeiten zu überprüfen. Der Unterricht in den Schulen sollte weltanschaulich neutral sein, doch war er in Wirklichkeit meistens protestantisch-rationalistisch. Bei der Gründung einer Schule mußte die staatliche Genehmigung eingeholt werden. Sie aber wurde selten gegeben.

Es liegt auf der Hand, daß fähige Lehrer und Lehrerinnen leicht eine Einstellung in den Städten erhielten. Schulen in abgelegenen Dörfern hatten große Schwierigkeiten, einen geeigneten Lehrer zu bekommen. Häufig blieb eine vorhandene Stelle lange Zeit unbesetzt. Es ist auffallend, daß die meisten Bitten um Schulschwestern im 19. Jahrhundert nicht aus den Städten kamen, in denen katholische Kinder in großer Zahl aufwuchsen, sondern aus kleinen Orten. Heythuysen selbst ist ein Beispiel dafür.

Erst in das neue Grundgesetz von 1848 wurde die Bestimmung aufgenommen, daß der Unterricht frei sein sollte "mit Ausnahme der staatlichen Aufsicht und zudem, was den Mittel- und Elementarunterricht betrifft, vorbehaltlich der Untersuchung der Fähigkeiten und der Moral des Lehrers".

Das Schulgesetz "Van den Brugghen" (1857) ergänzt dieses. Das Gesetz erkannte die Schulfreiheit an, verweigerte aber finanzielle Unterstützung. Die erste Etappe des "Schulstreites" war damit gewonnen, die zweite, in der es um die vollständige Gleichstellung der staatlichen und der freien Schulen ging, dauerte noch bis 1920.

Worin bestand der Unterrichtsstoff in der ersten Hälfte des 19. Jahrhunderts?

Vor 1803 wurde Unterricht erteilt in "Lesen, Schreiben und Rechnen"". Von 1803 an wurde auch unterrichtet in "den Anfangsgründen der niederländischen Sprache". Durch das Gesetz von 1857 kam eine ansehnliche Zahl von Fächern hinzu: Formenlehre (niederländische Sprachlehre), Geschichte, Erdkunde, Naturkunde und Musik, - Fremdsprachen, Mathematik, Landbaukunde, Turnen, Zeichnen und Handarbeit wurden wahlweise angeboten.

Catharina Damens kostenlose kleine Schule von 1825 lag mit ihrem Angebot außerhalb des Staatsprogramms. Die vier verpflichtenden Schulfächer wurden nicht unterrichtet. Soviel wir wissen, lehrte sie die Kinder den Katechismus und nützliche Handarbeiten: Nähen und Stricken. Mehr als das lag außerhalb ihrer Möglichkeiten und auch außerhalb der Möglichkeiten ihrer ersten Helferinnen. Die Eltern waren damit zufrieden, waren sie doch selber ganz oder fast ganz Analphabeten. Sie wußten ihre Kinder in guten Händen, eine Schulpflicht gab es nicht. Wie die Schule sich nach dem Einzug in den Kreppel entwickelte, kann nur erraten werden. Der Bürgermeister legte dem Pastor - nicht zu vergessen, daß es seine Schule war - nichts in den Weg. Zwischen 1830 und 1839 war der Unterricht frei. Pastor Van der Zandt berichtet, daß Petronella Rooyackers schon bald Unterricht gab in Lesen und Schreiben. Und als das Kloster erst einmal einige Lehrerinnen hatte, waren die Schwierigkeiten behoben. Die Gemeinde konnte und wollte sich nicht in diesem ruhigen katholischen Dorf dem staatlichen Gesetz entgegenstellen.

Wie die kleine Schwesternschule fiel auch das Pensionat außerhalb des Staatsprogramms. Es war für ältere Mädchen bestimmt, und denen wollte man neben der Allgemeinbildung gesellschaftliche Formen beibringen. Der von Van Laer aufgestellte Prospekt ist leider nicht erhalten geblieben. Für ein derartiges Institut kam als Lehrstoff neben der niederländischen Sprache vor allem Französisch in Betracht. Der Direktor von Rolduc hatte als ersten Rat gegeben, zwei Schwestern zur Ausbildung nach Lüttich zu schicken. Deutsch wurde von der jungen Schwester Bernardine gegeben, selbstverständlich Religionslehre, feine Handarbeiten, Zeichnen, Singen, Geschichte und gesellschaftliche Umgangsformen. Ein vertrauenswürdiges Pensionat war für Töchter aus begüterten Ständen sehr gesucht. Wir erinnern uns, wie schnell die ersten Schülerinnen nach Heythuysen kamen, obwohl das Unterrichtsangebot alles andere als reichhaltig war.

Unterricht an katholischen Schulen, gegeben von zuverlässigen Lehrern und Lehrerinnen, war in den Niederlanden außerordentlich begehrt. Und wo hatten die Pfarrgeistlichen mehr Aussicht, Gehör zu finden, als bei den neugegründeten Kongregationen? Und umgekehrt: Auf zahlreiche religiös aufgeschlossene junge Frauen, die sich nicht zu einem rein kontemplativen Leben berufen fühlten, übten die Schul-Kongregationen eine starke Anziehung aus. In einer solchen Gemeinschaft wartete Arbeit auf sie, der sie sich aus Liebe zu Gott und den Menschen mit all ihren Talenten und Fähigkeiten widmen konnten. Beides erklärt das schnelle Aufblühen zahlreicher im 19. Jahrhundert gegründeter Frauen-Kongregationen.

Als während der Amtszeit von Mutter Theresia 'Heythuysen' bekanntgeworden war, erreichten sie und den Direktor zahlreiche Bitten um Schwestern, die eine kleine Schule übernehmen sollten, auch wohl ein Armenhaus oder andere karitative Werke. In der Art dieser Anfragen spiegelten sich die Zeitumstände und die Auffassungen jener Jahre.

Auf Ersuche aus Monster, Kampen und Gemert konnte nicht eingegangen werden. Für das westländische Dorf war durch den bekannten Charles von der Horst ein sehr verlockendes Angebot gemacht worden. Er wollte u. a. dem Kloster eigenen Grund und Boden abtreten. Von der Horst hatte viele Verbindungen mit weltlichen und kirchlichen Kreisen, war ein ausgezeichneter Katholik, hatte aber durch Übereifer und Ungeduld sich in Schwierigkeiten gebracht nach beiden Seiten. Pastor Van der Zandt erkannte gerade noch rechtzeitig, daß ein Eingehen auf dieses Angebot den Schwestern eine Unmenge von Unzuträglichkeiten bereiten würde. Darum lehnte er ab.

Die erste Filialgründung, die wirklich zustande kam, geschah durch den Franziskaner Pastor Sparmakering 1845 in Alkmaar. Hier und auch später kann wiederholt festgestellt werden, wie das Kloster das gesellschaftliche Leben dieser Zeit widerspiegelt. Das erste Häuschen, von Schwester Veronica und Schwester Scholastica bewohnbar gemacht, war viel zu klein, als daß dort ein Konvent leben konnte. Nun ja, die Hälfte der Bevölkerung wohnte nicht besser, und die Schwestern hatten Armut gelobt. Zudem sollten sie, zwischen anti-katholischer Bevölkerung wohnend, durch eine Kommission beschützt werden, die Verbindung halten sollte zu dem protestantischen Bürgermeister. Sowohl das eine wie auch das andere konnte Pastor Van der Zandt sich nicht vorstellen für seine Schwestern. Der Pastor von Alkmaar ließ sich raten, mietete nahe der Kirche ein altes Bauernhaus, in dem er über den Ställen einige Zimmer in Ordnung bringen ließ.

Für das erste erhielten die Kinder Unterricht in Religionslehre, Nähen und Stricken wie in Mutter Magdalenas Schule in Heythuysen. Täglich kamen zahlreiche Schülerinnen, und allmählich wandelte sich die ablehnende Haltung der Bevölkerung. Später kam eine Elementarschule zustande, aber der Mangel an Lehrerinnen behinderte ihr Wachstum. Nach einigen Jahren ereignete sich etwas, was namentlich in Brabanter Kongregationen keine Seltenheit war. Die Oberin, Schwester Willibrorda Ruff, wollte sich vom Mutterhaus in Heythuysen trennen und, vielleicht nach Beratungen mit dem Pastor, ein eigenes Kloster stiften gemeinsam mit einer Lehrerin, die im Hause wohnte. Mutter Aloysia Lenders, seit 1859 Generaloberin, konnte diesen Vorschlag nicht annehmen. Deswegen und aus Mangel an Existenzgrundlage wurden die anderen Schwestern 1860 zurückgezogen. Das Kloster wurde aufgegeben. Schwester Willibrorda trat aus der Kongregation aus.

Auf die Schwierigkeiten, unter denen das erste Tochterkloster geboren wurde, lebte und starb, gingen wir etwas näher ein, weil die gleichen Schwierigkeiten mehr oder weniger auch mit den folgenden Gründungen verbunden waren: beschränkte Wohnverhältnisse, unzureichende Einkünfte, zu wenige Lehrkräfte, geringer Kontakt zwischen der Pfarrgeistlichkeit und der Leitung der Kongregation. Es ist eine befriedigende Tatsache, daß die große Mehrheit der Schwestern trotzdem viel Gutes zustande brachte mit Geduld, Beharrlichkeit und Treue.

Was die Chronik aus den ersten Jahren berichtet, muß mit Vorsicht behandelt werden. Fest steht, daß die Schwestern häufig die Folgen eines leichtfertigen Vertrauens oder einer flüchtigen Absprache zu tragen hatten, auch wohl die Folgen eines übereilten Entschlusses der Generalleitung. Verführerisch war es später für die Chronistinnen, die Berichte der "heroischen Gründerzeit" auszuschmücken oder aus ihrem Zusammenhang zu lösen.

Die zweite Gründung eines Filialklosters geschah bereits während der Amtszeit von Mutter Bernardine, und zwar im August 1847 zu Sijbekarspel nördlich von Hoorn auf Ersuchen von Pastor Hoefnagels. Mutter Magdalena hatte sich zu diesem Vorhaben nicht geäußert. Zu spät stellte sich heraus, daß der Pastor von Sijbekarspel es versäumt hatte, seine Vorgesetzten zu verständigen und sich mit ihnen abzusprechen. Dieses Versäumnis verursachte eine Reihe von Schwierigkeiten, und nach einem Jahr wurde der Konvent aufgelöst.

Kurz danach (1847) reisten auf Ersuchen des Pastors von Mook zwei Schwestern aus dem Mutterhaus dorthin, um auf die gewohnte Weise zu beginnen. Sie richteten eine Nähschule und einen Kindergarten in gemieteten Räumen ein. Als die nötigen Gebäude fertig waren, brachten Mutter Bernardine und Pastor Van der Zandt am 6. Mai 1848 zuversichtlich weitere acht Schwestern nach Mook. Bei ihrem Abschied in Heythuysen war Mutter Magdalena ganz erfüllt von Freude und Vertrauen. Nun konnte in Mook auch die Elementarschule eröffnet werden.

In den ersten Jahren verlief alles über Erwarten gut. Die Zahl der Schülerinnen wuchs und damit auch der Einfluß der Schwestern. Über Raumnot und übermäßig viel Arbeit wunderte man sich schon nicht mehr. Aber Mißverständnisse zwischen Pastor Van der Zandt und dem Pastor von Mook ließen peinliche Spannungen entstehen. Der Pastor von Mook maßte sich an, in die Konventsleitung einzugreifen. Er hielt es nicht für erforderlich, sich mit dem Mutterhaus ins Einvernehmen zu setzen. Einmal erteilte er seinem Mitbruder einen ernsthaften Verweis wegen der Versetzung einer Schwester. Pastor Van der Zandt merkt dazu an: Auf diese Weise werde die Gründung langsam aber sicher unabhängig vom Mutterhaus. Die Unstimmigkeiten gingen so weit, daß der Pastor von Mook sich weigerte, das Grab zu segnen, in dem eine verstorbene Schwester beerdigt werden sollte. Die Leiche wurde auf Anordnung des Bischofs nach Heythuysen überführt. Nun wollte der Pastor nichts mehr mit den Schwestern zu tun haben. Daraufhin sandte der Bischof einen Kaplan, der, anstatt den Schwestern zu helfen, Partei für den Pastor ergriff.

Für Pastor Van der Zandt war dies alles um so verdrießlicher, weil er mit dem besten Willen nicht an die Redlichkeit seines Mitbruders glauben konnte. Zu allem Überfluß beschuldigte der Pastor von Mook Schwester Rosa, eine Nichte von Pastor Van der Zandt, wegen einiger Geringfügigkeiten. Schwester Rosa war Leiterin der Schule, eine geschickte Lehrerin und vorzügliche Ordensfrau. Auf Bitten ihres Onkels wurde vom Bischof eine Untersuchung eingeleitet, aus der hervorging, daß sie einen Verweis nicht verdient hatte. Am Ende wurde der Kaplan in seine frühere Pfarrei zurückversetzt (1853).

Pastor Van der Zandt schreibt in seiner Chronik: "Der Rauch, den dieser Blitzschlag verursacht hatte, blendete noch viele Augen; aber wir hoffen, daß sie später wieder sehend werden."

Hatte sich Mutter Magdalena geirrt, als sie sich von der Stiftung in Mook so viel Gutes erhoffte? Außer der Elementarschule führten die Schwestern nach einiger Zeit ein blühendes Pensionat, eine Nähschule und einen Kindergarten. 1910 wurde das Lehrerinnenseminar von Heythuysen nach Mook verlegt. Eine große Zahl der dort ausgebildeten Frauen trat in die Kongregation in Heythuysen ein. Als im September 1944 die Gebäude durch Kriegshandlungen zerstört wurden, siedelten Konvent und Seminar nach Heerlen über.

Die Anregung zur Gründung des Klosters mit Schule in Oldenzaal ging in Übereinstimmung mit Pastor Van der Zandt von Mutter Bernardine aus. Sie fürchtete nämlich Schwierigkeiten für die Schwestern in den Revolutionsjahren 1847/48 und suchte ein Ausweichquartier in der Nähe oder jenseits der deutschen Grenze außerhalb Limburgs.

Bei der Gründung in Oldenzaal war es nicht der Pastor, sondern ein in der Stadt hochgeschätzter Laie, Dr. Kistenmaker, der sich für Mutter Bernardines Plan einsetzte. Seine beiden Töchter hatten gerade eine Schule eröffnet, in der sie kostenlos Unterricht erteilten. Der Vater schenkte der Kongregation ein geeignetes Haus. Später trat eine seiner Töchter in Heythuysen ein.

Aber als die Schwestern, wenn auch mit den üblichen Hindernissen, festen Fuß gefaßt hatten, hören wir wieder den wohlbekannten Kehrreim: Die Anzahl der Kinder aus mehr oder minder gutgestellten Familien nimmt schnell zu, aber die finanzielle Situation kann damit nicht in Übereinstimmung gebracht werden. Wiederholt fehlt es am Nötigsten, und als unerwartete Gebetserhörung wird es empfunden, daß Gottes Vorsehung immer wieder sorgt.

Zum Schulkomplex gehörten nach ungefähr fünf Jahren ein Kindergarten und eine Nähschule, eine Volksschule für externe Schülerinnen und ein Pensionat. Zum Teil mit Geldspenden der Bevölkerung wurde ein Kloster gebaut. 1852 konnte es bezogen werden.

Bei all diesen Unternehmungen hatte Pastor Van der Zandt, allzeit sich mit Mutter Bernardine beratend, die Leitung. Manchmal gingen sie beide und bildeten sich ein Urteil über einen bestimmten Sachverhalt an Ort und Stelle, wenn um eine Ordensniederlassung gebeten worden war. Es kam aber auch vor, daß einer von beiden ging. Der Pastor führte die Korrespondenz und schrieb in seiner Chronik ausführliche Berichte, in denen er, in seiner unmittelbaren Art zu schreiben, Zufriedenheit, auch wohl seinen Unmut über Unredlichkeit oder unbedachtes Handeln anderer durchklingen ließ.

Eine ganze Reihe von Filialen wurde während der Amtszeit von Mutter Bernardine gegründet:

1851 Thorn bei Roermond - Wegen örtlicher Schwierigkeiten erschien es angebracht, 1854 die Schwestern zurückzurufen. Zwei konkurrierende Internate dicht beieinander, das war nicht gut. Mit den Ursulinen in Roermond hatte es bereits Schwierigkeiten gegeben.

Im September 1852 gründeten die Schwestern in Maastricht in der Priesterstraat eine Elementarschule und eine Nähschule. Wegen Lehrerinnenmangels mußten diese Einrichtungen 1857 aufgegeben werden.

Zu Neeroeteren wurde am 9. Juli 1856 in Belgisch-Limburg in der Nähe von Maaseik eine Filiale gegründet. Und wieder finden wir den Hinweis: Trotz der Vorsorge des Pastors litten die Schwestern zu Beginn großen Mangel. Häufig mußten sie mit trockenem Brot und dünnem Kaffee vorlieb nehmen in einem ungeheizten Refektorium. Später ging es besser, 1882 wurde dem Kloster ein kleines Pensionat angeschlossen. Elementarschule und Kindergarten sind blühende Einrichtungen geworden trotz aller Schwierigkeiten infolge antikatholischer Schulgesetze. 1964 wurde mit der belgischen Schwesternkongregation von Heverlee der Schulkomplex mit Kloster getauscht gegen zwei kleine Klöster mit Schulen in den Dörfern Groot-Gelmen und Veulen (Belgisch-Limburg).

Im Jahr 1857 entstand das Kloster in Brunssum, zwischen Heerlen und Sittard gelegen. Das Ehepaar Göbbels schenkte das Haus dafür. Der dortige Pastor, ein Freund von Pastor Van der Zandt, hieß die Schwestern herzlich willkommen. Aber die Dorfbewohner zeigten sich den Schwestern gegenüber dermaßen feindlich, daß Mutter Bernardine zwei Jahre später nach Brunssum reiste, um die Schwestern zurückzuholen. Das schreckte die Gemeinde auf. Die Bevölkerung ersuchte die Schwestern dringend, das gemeinsame Werk fortzusetzen. Manch einer, der sich ablehnend verhalten hatte gegenüber den Schwestern, wurde nun ein Freund und Wohltäter des Hauses.

Zu Almelo wurde am 11. April 1858 von zwei Schwestern eine Nähschule mit 50 und ein Kindergarten mit 40 Kindern übernommen. Die Schulen waren eine Zeitlang von Damen aus der Pfarrei geleitet worden unter der Aufsicht von Dechant Jansen. Dieser meinte, die Pfarrei sei nun wohl in der Lage, den Unterhalt für die gewünschten Schwestern aufzubringen. Aber das war ein Irrtum.

Die Entbehrungen waren hier für die Schwestern vielleicht noch größer als anderswo. Das Haus war zu klein, beinahe alles spielte sich in der Küche ab. Vier Waisenkinder wohnten in einem Schuppen auf dem Spielplatz. Man schlief in einer Art Scheune. Die Einkünfte waren so gering, daß die Schwestern nach der Unterrichtszeit bis tief in die Nacht hinein saßen und nähten, um sich so ihren Lebensunterhalt zu verdienen. Das Mutterhaus, selbst mit schweren Schulden belastet, konnte keine Hilfe bieten. Zu allem stellte sich ein Fall von Pockenerkrankung heraus, und die Schule mußte infolgedessen sechs Wochen geschlossen werden. Als die neue Generaloberin - seit 1859 Mutter Aloysia Lenders - anläßlich einer Visitation die unhaltbaren Zustände sah, wurden die notwendigen Verbesserungen geschaffen. Mit der Gemeinde wurde bezüglich der Elementarschulen 1867 ein Vertrag geschlossen. Das war eine wesentliche Verbesserung. Die Niederlassung bestand bis 1920, dann wurde sie wegen Existenzschwierigkeiten und Spannungen geschlossen.

Schülerinnen von Deutschland sollen es wohl gewesen sein, die den Namen des Pensionates in Heythuysen über die Grenzen hinaus bekanntgemacht hatten. In der letzten Oktoberwoche des Jahres 1851 kam Dechant Hermann Schulte von Freckenhorst bei Münster in Westfalen, um sein Anliegen persönlich mit Mutter Bernardine zu besprechen. Er wünschte einige Schwestern für ein kleines Exerzitienhaus und für eine Schule. Der Direktor und die Generaloberin konnten für den Plan gewonnen werden unter einer Bedingung. Pastor Van der Zandt schreibt in seiner Chronik: "...sie müssen allezeit abhängig vom Mutterhaus bleiben. Die übrigen Bedingungen überließen wir den Kirchenfürsten der beiden Diözesen."

Wenig später empfing der Bischof von Münster Mutter Bernardine mit großem Wohlwollen. Er unterstützte das Anliegen seines Dechanten und empfahl Mutter Bernardine, auf der Rückreise von Freckenhorst den damaligen Pfarrer von St. Mauritz/Münster, Bernard Aumöller, aufzusuchen. Pastor Van der Zandt erzählt in seiner Chronik: "Bei der erwähnten Gelegenheit besuchte unsere ehrwürdige Mutter Oberin den hochw. Herrn Pastor von Mauritz (Vorort von Münster), einen Mann voll Eifer für das Gute. Kaum hatte man von ihrer Ankunft vernommen, da meldete sich eine ganze Schar von Postulantinnen in dem Pastorat. Seine Hochwürden kam im Februar mit einem vollen Münsterschen Wagen in unserem Konvent an. Kurz danach sind fünf eingekleidet worden."

In der Woche vor Pfingsten (Mai 1852) begaben sich vier Schwestern nach Freckenhorst, zeitig genug, um dem Hochamt beiwohnen zu können, das gefeiert wurde aus Anlaß des tausendjährigen Bestehens der Pfarre. Die Schwestern mußten auf dem Hochchor der Stiftskirche Platz nehmen, gut sichtbar für die jubelnde Bevölkerung. Später schrieben sie nach Hause, sie hätten Fegefeuerqualen ausgestanden.

Das Versprechen jedoch, daß die Pfarre die Schwestern versorgen sollte, schien vergessen zu sein. Am Anfang litten sie - wieder einmal - die größte Armut. Bald konnte sich ihre Tätigkeit entfalten in einem Exerzitienhaus, einer Elementarschule (vorläufig mit einer Laienkraft als Lehrerin aus Mangel an Lehrschwestern), einem Pensionat. Die Schulen entfalteten sich gut, und ihre Entwicklung übertraf selbst die hochgesteckten Erwartungen des Dechanten.

Im November 1852 konnte das Kloster in Kapellen bei Geldern gegründet werden. Der Ort Kapellen war nicht mehr als ein großes Dorf, aber diese Gründung ist für die Entwicklung der Kongregation in Deutschland von weitreichender Bedeutung gewesen. Das deutsche Noviziat war Jahrzehnte in St. Bernardin, Kapellen. Bereits am 3. September 1853 erhielten elf Kandidatinnen das Ordenskleid.

Die verschiedenen Tätigkeiten in Kapellen entwickelten sich sehr schnell. Die Schwestern begannen mit einer Volksschule, später übernahmen sie ein Kranken- und ein Armenhaus. Kindergarten und Nähschule fehlten auch nicht, und die Haushaltungsschule zählte bald 78 Schülerinnen. Die Klostergründungen in Freckenhorst und Kapellen machten die Kongregation von Heythuysen in Deutschland bekannt. Pater Xaverius Kaufmann OFM war als Guardian des Franziskanerklosters in Warendorf mit den Schwestern in Freckenhorst in Berührung gekommen und hatte sie schätzen gelernt. Er war es, der eine Gruppe frommer Damen, zumeist Tertiarinnen aus dem Weltlichen Dritten Orden des heiligen Franziskus, auf die Franziskanerinnen von Heythuysen aufmerksam machte. Die Damen unterhielten auf der durch ihre Schönheit berühmten Rheininsel Nonnenwerth ein Pensionat unter der Leitung des Freifräuleins Auguste von Cordier. Sie wollten ein klösterliches Leben führen, aber alle Versuche hatten noch zu keinem befriedigenden Ergebnis geführt.

Durch die Vermittlung von Pater Xaverius Kaufmann lernten die Damen die Franziskanerinnen von Heythuysen kennen. Nach sorgfältigen Überlegungen von beiden Seiten kam der Anschluß an die Kongregation von Heythuysen zustande.

Quellenangabe zu Kapitel IX

Für dieses Kapitel sind hauptsächlich die Haus-Chroniken der genannten Klöster verwandt worden.

Außerdem:

- L. J. Rogier und N. de Rooy, In Vrijheid herboren, 's Gravenhage, 1953.
- S. Stokman OFM, De Religieuzen en de onderwijspolitiek der regering 1814 - 1830, 's Gravenhage, 1935.
- Katholieke Encyclopaedie van Opvoeding en Onderwijs.

X. Nonnenwerth

Die Geschichte der Insel Nonnenwerth im Rhein läßt sich zurückverfolgen bis in das frühe Mittelalter. Ursprünglich scheint ihr Name Ruleicheswerth gewesen zu sein, vielleicht nach ihrem Eigentümer Rulich oder Ruleich um das Jahr 1100. Werth heißt Land im Wasser. In der Stiftungsurkunde des Erzbischofs Friedrich I. von Köln, der auf der Rheininsel 1126 eine Abtei für Benediktinerinnen von Cluny gründete, findet man den Namen Insula Beatae Mariae Virginis, Insel der seligen Jungfrau Maria, Liebfraueneiland, wahrscheinlich vom Stifter oder von den Nonnen gegeben. Erst im 19. Jahrhundert griffen die Franziskanerinnen von Heythuysen diesen Namen wieder auf.

In der verhältnismäßig friedlichen Periode nach dem Wormser Konkordat (1122) entwickelte sich die Abtei günstig, doch im Laufe der Jahrhunderte wurde das Leben auf der Insel oft durch Kriege bedroht. Auf Zeiten der Erschlaffung der klösterlichen Disziplin folgten Reformen. 1466 schlossen sich die Benediktinerinnen der Bursfelder Reform an. Unter den Nonnen waren begabte und gelehrte Frauen. Gertrudis von Büchel war eine ausgezeichnete Miniatur-Malerin, Alaidis Raiskop unterhielt mit den humanistisch gebildeten Mönchen von Maria Laach und mit anderen Gelehrten einen Briefwechsel in lateinischer Sprache.

Die Reformation erschütterte die Nonnen nicht in ihrer Glaubenstreue, aber infolge der Kriegswirren im 16. und 17. Jahrhundert, vor allem durch die Raubzüge der Schweden, gerieten sie wiederholt in größte Gefahr. Sie flüchteten dann nach Köln, so in den Jahren 1577, 1620 und 1631. Bei ihrer Rückkehr fanden sie gewöhnlich ein ausgeplündertes oder ausgebranntes Kloster vor. Aber jedesmal begannen sie mit neuem Mut die Wiederherstellungsarbeiten. Die Benediktinerinnen wichen nicht der Gewalt.

Nach dem Brand von 1773 wurde das derzeitige Kloster zwischen 1773 und 1775 von dem Koblenzer Architekten Nicolaus Lauxen erbaut. Was Krieg und Gewalt nicht erreicht hatten, das erreichte die Aufklärung und war Folge der Französischen Revolution. Als die französischen Heere das linke Rheinufer besetzten (ab 1794), wurden auch dort die kontemplativen Klöster aufgehoben und ihr Besitz säkularisiert. Die notvolle Vertreibung blieb den Nonnen vorläufig erspart, sie brauchten das Kloster nicht zu verlassen, sie konnten aussterben.

Napoleon stand zu seinem Wort, nicht aber die preußische Regierung. Im Jahr 1822 mußten die Überlebenden die Insel verlassen. Am 24. März

1857 starb die letzte Benediktinerin des Klosters Nonnenwerth, Bernardine Geuß, in Bonn; sie war 90 Jahre alt.

Kloster St. Clemens, Nonnenwerth i/Rhein, seit 1900 Provinzialat der Maria-Immaculata-Provinz, Deutschland

Ein gewisser Herr Sommer kaufte vom Staat Grund und Boden der Insel. Er richtete dort ein Hotel ein, konnte sich aber auf die Dauer finanziell nicht halten. Obwohl das Hotel bis 1844 bestehen blieb, wurde nach verschiedenen Transaktionen Margarethe von Cordier, geb. Freifrau von Hertwich, Eigentümerin der Insel.

Die Witwe des im Jahr 1817 verstorbenen Geheimrats Peter Josef von Cordier ließ für ihren Privatgebrauch einige Zimmer einrichten und verbrachte mit ihren drei Kindern, Emil, Auguste und Alfred, während mehrerer Jahre Monate auf der Insel. Die Familie erfreute sich an der herrlichen Lage und an den schönen Anlagen und, von tiefer Frömmigkeit erfüllt, hatte sie ein Gespür für die Weihe des Ortes. Gern ging man in die Krypta der Klosterkirche, wo zahlreiche Benediktinerinnen ihr Grab hatten.

Wahrscheinlich besuchte die damals 12jährige Auguste 1825 zum ersten Mal Nonnenwerth. Später schrieb sie darüber:

> "Es war für mich eine wundervolle Erfahrung, fast möchte ich sagen eine ehrfurchtsvolle Scheu, wenn ich im Grabkeller die Aufschriften an den Gräbern entzifferte; ich bewunderte die edelmütigen Seelen, die es gewagt hatten, alles zu verlassen und wegzugeben. Manchmal stieg in mir der Gedanke auf, daß es ein stilles, glückliches Leben gewesen sein mußte, das sie geführt haben."

Auguste von Cordier wurde am 20. Februar 1813 in Frankfurt geboren. Sie wurde in der Liebfrauenkirche getauft. Kapuziner - ein eigenartiger Zufall, wenn wir an Catharina Damens Maaseiker Jahre denken - übten dort die Seelsorge aus. Ist es gewagt, anzunehmen, daß Auguste in ihrer Kinderzeit durch Predigt, Katechismusunterricht, wahrscheinlich Hausbesuche, bereits etwas von dem franziskanischen Geist in sich aufnahm, den Geist, von dem sie später so ganz durchdrungen war?

Inmitten eines aristokratisch-protestantischen Milieus, worin ihre Eltern lebten, empfing das Kind eine gediegene katholische Erziehung. Ihre wissenschaftliche und gesellschaftliche Ausbildung war die eines jungen Mädchens im 19. Jahrhundert, dessen Eltern in begüterten Verhältnissen lebten. Nach dem Elementar-Unterricht weilte sie vom 16. bis 19. Lebensjahr in einem vornehmen Internat in Mannheim. Ihre mehr als durchschnittliche künstlerische Begabung durfte sie in dem bekannten Düsseldorfer Malerkreis von Ernst Deger, Ittenbach, Overbeck u. a. entwickeln. Künstlerische Betätigung war ihr ein Genuß. Insofern entsprach ihr Aufenthalt in Düsseldorf ihren Lebensgewohnheiten im Elternhaus. Wie in Frankfurt hatte sie in Düsseldorf die Möglichkeit, mit den besten Vertretern der deutschen Romantik Austausch pflegen zu können. Doch nirgendwo findet man eine Bemerkung, daß ihr Selbstbewußtsein dadurch gestärkt wurde. Das Gegenteil ist der Fall, sie bekennt:

> "Was mich am meisten erfreut, ist die Hoffnung, daß es mir gelingt, durch meine Kunst den Armen nützlich sein zu können. Ich will mein Talent jetzt und später ganz in den Dienst Gottes stellen."

Aus diesem Zitat und dem Vorhergehenden spricht sehr deutlich Augustes Charakter. Sie war eine stille, fromme Natur, bescheiden und erfüllt von der Liebe zum Nächsten. Als Kind ihrer Zeit und ihrer Familie fühlte sie sich selbstverständlich zur Romantik hingezogen. Gefühl und Phantasie, Offenheit für vertraute Freundschaften, dafür hatte sie Verständnis, fremd jedoch waren ihr Individualismus und Unrast.

In ihren Kinderjahren nahm sie es als selbstverständlich hin, daß ihre Mutter die beiden Brüder auffallend bevorzugte. In ihrem ganzen Leben verband die Geschwister eine herzliche Liebe, auch als Alfred Offizier geworden war und eine Familie gegründet hatte und Emil nach kurzer Offizierslaufbahn seiner späten Berufung zum Priestertum gefolgt war.

Nicht nur in ihrer Verwandtschaft, sondern auch in ihrem Bekanntenkreis war Auguste allgemein beliebt wegen ihrer selbstlosen Nächstenliebe und ihres taktvollen Benehmens, niemals drängte sie sich auf.

Das Leben des inzwischen erwachsenen Fräuleins von Cordier spielte sich ab, wie es in ihren Kreisen üblich war. Ohne einen Beruf auszuüben, lebte sie gemeinsam mit ihrer Mutter, stand in freundschaftlichem Verkehr mit Künstlern und Schriftstellern, zeigte sich stets bereit, bei langwieriger Krankheit helfende Hand zu bieten oder bei dem Schmerz um Verstorbene Trost zu spenden. Einige Heiratsangebote wies sie ab und wartete, wohin Gottes Vorsehung sie endgültig führen werde.

So vergingen die Jahre. Auguste verspürte eine noch unbestimmte Neigung, mehr für Gott zu leben, sich ihm enger zu verbinden. Gern hätte sie der inneren Stimme gehorcht, die sie einlud, mitzuhelfen, Entwicklungen in ihrer Zeit zum Guten zu lenken.

Im Jahr 1844, Auguste war damals 31 Jahre alt, wandte sich eine Ordensfrau, Mutter Ignatia Külpmann, an Frau von Cordier mit der Bitte, ihr Nonnenwerth zu verkaufen. Sie wollte dort ein Kloster und ein Krankenhaus stiften. Die Eigentümerin der Insel Nonnenwerth ging auf das Verlangen ein, obwohl ihr von anderer Seite vorteilhaftere Angebote gemacht wurden. Mutter und Tochter freuten sich, daß ihre geliebte Insel wieder einer religiösen Bestimmung dienen sollte, dafür wollten sie sie gern abgeben.

Unter den ersten Patienten des neuen Krankenhauses war eine junge Ursuline aus Dorsten. Durch diese kam Fräulein von Cordier zum ersten Mal in Berührung mit dem Orden, durch den ihr Leben eine entscheidende Wendung nehmen sollte.

Die Ursulinen in Dorsten waren in ernsten Schwierigkeiten, weil es ihnen an Lehrkräften für Schule und Pensionat fehlte. Infolge eines staatlichen Verbots durften sie Postulantinnen nicht annehmen. Auguste wurde gebeten, in Dorsten auszuhelfen.

Die junge Frau fühlte sich durchaus nicht angesprochen von dem Gedanken, Unterricht zu erteilen und sich mit der Erziehung von Mädchen zu befassen. Zudem war sie durch eine besondere Ausbildung nicht darauf vorbereitet. Anfänglich meinte sie, sich ablehnend verhalten zu müssen, aber als man anhaltend weiter darum bat, gab sie nach und reiste nach Dorsten.

Zu ihrer eigenen Verwunderung entsprach die Aufgabe in Dorsten in geradezu vollkommener Weise ihrer Veranlagung. Auguste von Cordier war begabt mit einer besonderen Befähigung, sie konnte junge Mädchen unterrichten und erziehen. Zugleich herzlich, bescheiden und vornehm, gewann sie leicht alle Herzen und übte einen Einfluß aus, der vielen unvergeßlich blieb. Vom Mai 1847 bis zum Frühjahr 1848 blieb sie in Dorsten.

Ihre Lebensverhältnisse hatten sich in den vergangenen Jahren verändert. 1846 war Frau von Cordier gestorben. Mutter Ignatia Külpmann konnte ihr Werk auf Nonnenwerth nicht halten aus finanziellen Gründen. Sie bat Fräulein von Cordier und deren Freundin, Anna von Proff, aus Honnef, um Hilfe. Gemeinsam mit Franziska Helff aus Ehrenbreitstein übernahmen die beiden Damen wieder die Insel Nonnenwerth. Anna von Proff trat als Eigentümerin auf. Wie es damals auf Nonnenwerth aussah, beschreibt sie wie folgt:

> "Im Frühjahr 1848 kam ich zur Insel, deren Eigentümerin ich geworden war. Acht Tage später brach die Revolution aus. Niemand war bei mir außer einigen Dienstleuten, die das Land bebauten und andere notwenige Arbeiten verrichteten. Ich hatte kein Geld, konnte auch nichts von zu Hause erwarten, weil meine Familie sehr entrüstet war über ein solches Unternehmen in einer solchen Zeit. Und das nicht ohne Grund, denn am politischen Himmel sah es schlecht aus: Alles schien zu wanken und aus den Fugen zu geraten. Doch Gott sei Dank! Das feste Vertrauen auf seine liebevolle Vorsehung hielt mich aufrecht. Eine fromme Bürgersfrau aus Honnef lieh mir das erste Geld. Es war damals noch sehr unbehaglich in dem großen Gebäude. Das oberste Stockwerk war nicht ausgebaut und bildete einen riesigen Speicher über das ganze Haus hin. Türen und Fenster waren überall aus den Fugen. An verschiedenen Stellen wohnten Eulen in den leeren Räumen. Wohin man blickte, Staub und Schmutz! Und was am ärgsten war, die Kapelle war verwittert, verlassen und ohne Priester. Nach vier Monaten kamen Auguste von Cordier und ihre Freundin Amalie von Faber zu mir; letztere war von Gott bestimmt, mir ferner bei diesem Werk Hilfe und Stütze zu sein. Noch eine dritte bot sich freiwillig an, ein Fräulein aus Linz, das für unseren kleinen Haushalt sorgte."

Für Augustes geistliche Reifung sind die Jahre vor und nach 1848 von größter Bedeutung. Anfang 1848 schreibt sie in einem Brief an eine Freundin:

> "Ich habe große Sorgen. Die Ursache sind nicht die politischen Verhältnisse, so drohend diese auch sein mögen. Ich weiß, daß dies alles in Gottes Hand liegt. Meine Sorge dreht sich um den kleinen Punkt, den ich selbst bestimmen muß."

In Dorsten hatte sie ihren Einfluß auf die Jugend wahrgenommen und begriffen, daß Gott auf diesem Gebiet etwas von ihr erwartete. Eine Berufung beginnt sich zu entfalten. Allmählich wird es ihr klar, daß sie auf Nonnenwerth ein Leben im Dienste Gottes und im Dienste der Jugenderziehung leben soll. Welche äußere Form solches annehmen sollte, das wußte sie noch nicht.

Sie überlegte mit ihren Freundinnen, auch mit der bekannten Dichterin und Konvertitin Luise Hensel, wie der Plan zu verwirklichen sei. Diese ermunterten sie und versprachen jegliche Unterstützung. Aber dabei blieb es.

Auguste von Cordier legte ihre Pläne einigen Priestern vor, so Bischof Wilhelm Arnoldi von Trier, seinem Weihbischof Godehard Braun, auch anderen. Diese lobten zwar ihr Vorhaben, konnten ihr aber nicht helfen. Die Zeitumstände waren ungünstig. Was würde sich aus der Revolution entwickeln, welche Folgen würden sich für die Katholiken ergeben? Wird man ein solches Unternehmen - wie auch immer - finanzieren können? In Augustens Briefen aus dieser Zeit wiederholt sich stets der Gedanke:

> "Ich warte ab, was Gott will. Ich will nichts, was gegen seinen heiligen Willen ist."

Solange sie darüber keine Sicherheit hat, geht sie ruhig ihren Weg. Die sich widersprechenden Ratschläge aus ihrem Bekanntenkreis beeinflussen sie nicht. Daß eine klösterliche Gemeinschaft das Unternehmen tragen müsse, schien ihr notwendig, wenn die Stiftung von Dauer sein sollte. Ein neuer Zweig sollte auf einen alten Stamm gepfropft werden.

In einem langen Brief an Franziska Helff, datiert vom 24. September 1848, legt Auguste ihre Pläne dar:

> "Es soll ein Ursulinenkloster werden, aber mehr den Forderungen der Zeit angepaßt: u. a. mehr Bewegungsfreiheit für die Ordensfrauen." Und dann: "Du lachst vielleicht über meine weitgehenden

> Pläne, aber es sind nicht meine Pläne. Wenn es Gottes Wille nicht ist, dann mag alles zerstieben und verwehen so schnell wie möglich."

Klingt das nicht wie ein Echo auf die Worte, die Catharina Damen zum Bischof von Lüttich sagte: "Es ist nicht mein Werk. Gott wird sorgen!" Von unterschiedlichem Charakter, von unterschiedlicher Herkunft sind diese beiden Stifterinnen, aber in Glaube, Gottvertrauen, Demut und Liebe zum Nächsten stehen sich beide sehr nahe.

Ein Ursulinen-Konvent in Würzburg war bereit, zwei Schwestern zur Gründung eines Konventes auf Nonnenwerth zu senden. Fräulein von Cordier unterstellte sich ihrer Leitung und trat als erste in das Noviziat ein. Bei ihrer Einkleidung bekam sie den Namen Angela nach der Stifterin der Ursulinen, der heiligen Angela von Merici.

Jedoch nach einem Jahr reiflichen Überlegens und Betens kam sie zu der Einsicht, daß die Erziehungsweise und Art des Klosterlebens, in die die beiden Ursulinen aus Würzburg einführten, nicht dem entsprachen, was sie als eine Forderung der Zeit ansah. Behutsam, aber entschlossen löste sie die Verbindung mit den Ursulinen. Ihre Berufung verwies sie auf Franziskus von Assisi und seine Spiritualität.

Bald darauf lernte Mutter Angela Pater Xaverius Kaufmann OFM kennen, den späteren Provinzial der Sächsischen Franziskaner-Provinz. Er hatte in Königswinter, nicht weit von Nonnenwerth, ein kleines Franziskanerinnen-Kloster gegründet, in das auch einige gute Bekannte von Mutter Angela eingetreten waren. Sie bat den Pater um ein Gespräch. Das Resultat war, daß die Kommunität zur Insel übersiedelte mit Ausnahme der Oberin, die sich erst später anschloß. Gemeinsam nahm man nun die Regel des Regulierten III. Ordens des heiligen Franziskus an unter Mutter Angela als Oberin und Pater Xaverius als geistlichem Begleiter.

Obwohl die Schwestern ein vorbildliches Ordensleben führten, verfolgte Mutter Angela weiterhin den Plan, ihre Gemeinschaft einer bereits päpstlich anerkannten Kongregation von Franziskanerinnen aus dem Regulierten III. Orden einzuverleiben. Bereits 1852 hatten die Franziskanerinnen von Heythuysen ihr erstes Kloster auf deutschem Boden in Freckenhorst (Westfalen) gegründet. Dort hatte sie Pater Xaverius Kaufmann als Guardian des Franziskaner-Konventes in Warendorf kennengelernt. Er empfahl Mutter Angela, mit der Generaloberin der Stiftung Mutter Magdalena Damens Verbindung aufzunehmen, angesprochen wurde also Mutter Bernardine Mensinck. Diese erklärte sich bereit, Nonnenwerth zu besuchen, um einen möglichen Anschluß zu besprechen. Mutter Angela "begrüßte diesen Bescheid, wie ein ermüdeter Kämpfer, den seine Kräfte zu verlassen drohen, die Nachricht vom Siege aufnimmt."

Der Besuch war für Ende Januar/Anfang Februar angesagt. Aber bevor Mutter Bernardine ihr Versprechen einlösen konnte, war Mutter Angela bereits nach Heythuysen gereist, voll Verlangen, das Mutterhaus und vor allem die bejahrte Stifterin kennenzulernen.

Mutter Magdalena wußte nicht um den Besuch Mutter Angelas. Die Besucherin fand sie im abendlichen Dämmerlicht in ihrer Zelle, den Kopf leicht geneigt, während die Perlen des Rosenkranzes durch ihre verarbeiteten Hände glitten.

Mutter Angela war ergriffen, als sie sich umschaute und äußerste Armut in der Zelle der Stifterin bemerkte, sie sah die weißgekälkten Wände, ein schlichtes Kreuz und zwei einfache Bilder, ärmliche Möbelstücke. Was sie sah, entsprach so sehr ihrer eigenen Neigung, daß sie ihrerseits nicht mehr wankte in ihrem Entschluß. Mutter Magdalenas Einfachheit und Freundlichkeit beeindruckten sie tief, und als die alte Frau ihr die Hand drückte zum Abschied und ihr leise das ermutigende Wort sagte, das für sie beide Ausdruck ihrer tiefsten Erfahrung mit Gott war: Gott wird sorgen, da wußte Mutter Angela mit Sicherheit, daß sie gefunden hatte, was sie suchte.

In den folgenden Monaten wurden die notwendigen Briefe gewechselt, und im Juni fand endlich der versprochene Besuch Mutter Bernardines statt. Sie kam, begleitet von Schwester Aloysia Lenders, der späteren Generaloberin, um die Insel, die Kommunität und die Schule kennenzulernen. Eine Entscheidung wurde noch nicht getroffen, obwohl Mutter Bernardine einen günstigen Eindruck gewann, begriff sie doch, welch finanzielle Belastung der Anschluß von Nonnenwerth an Heythuysen werden würde. Aus dem Briefwechsel, der bis zum endgültigen Anschluß geführt wurde, lassen wir hier ein Schreiben von Mutter Angela an Mutter Bernardine folgen. Neben dem dringenden Wunsch, der Anschluß möge zustande kommen, sprechen aus ihren Zeilen auch Gottvertrauen, Ungezwungenheit und berechtigtes Selbstbewußtsein.

Nonnenwerth, den 20. Oktober 1853

Liebe, verehrte Würdige Mutter!

Gestern abend empfing ich ihren langerwarteten Brief. Ich ersehe daraus Ihr fortdauerndes Interesse, Ihre Bereitwilligkeit, uns zu helfen, Ihr eifriges Wohlwollen uns gegenüber; ich bin ganz beruhigt und danke Ihnen und dem lieben Gott.

Dieselben Gefühle weckte auch der Brief von Pater Provinzial in mir. Ich schwieg, weil er mein Oberer war und im Vertrauen auf die Güte Gottes, dem wir diese Angelegenheit dauernd anbefehlen.

Vor Empfang Ihres geehrten Briefes hatte ich bereits die Absicht, zu Ihnen zu kommen und dann Pater Provinzial aufzusuchen, um die Sache endlich zu einem guten Ende zu bringen. Häusliche Angelegenheiten verzögerten meine Reise; vielleicht muß ich noch 5-6-8 Tage hierbleiben, dann komme ich, so Gott will, mit Fräulein Faber aus Mainz, der Stifterin des Hauses, zu Ihnen, um erst mit Ihnen zu überlegen. Diese Dame steht ganz auf meiner Seite, weil sie sehr nach dem Guten verlangt, und ihr Urteil hat in unserer Sache großes Gewicht. Von Ihnen aus, vielleicht mit Ihnen, möchten wir Pater Provinzial aufsuchen, und Gott helfe uns, daß wir dann übereinkommen. Wir sollen dafür noch gut beten, und Sie dürfen sicher sein, daß ich mich nicht einschüchtern lasse und tue, was ich kann und was mein Gewissen mir erlaubt. Ja, das habe ich bis jetzt getan, wie ich fest anzunehmen wage.

Seien Sie, liebe Würdige Mutter, durchaus nicht besorgt, mir alles zu sagen, was Sie von mir denken. Bei allem, was Sie mißbilligen oder verweigern müssen, bedarf es keinerlei Entschuldigung. Gerade dadurch erweisen Sie mir den größten Beweis der Liebe, ja sogar der Hochachtung, denn Sie dürfen überzeugt sein, daß ich stark genug bin, mich selbst geringzuschätzen in dieser Sache, die die Ehre Gottes betrifft.

Wieviel Zeit würden wir verlieren, wenn wir soviel Rücksicht auf unsere eigene Person nehmen würden!

Lassen Sie mich um Gottes willen wissen, wenn Sie mich innerhalb von ungefähr acht Tagen nicht empfangen können, denn es scheint mir absolut notwendig, daß ich Sie zuerst spreche. Alles andere dann mündlich.

Mit den herzlichsten Grüßen an die lieben Schwestern Cecilia und Aloysia endet und wartet in aufrichtiger Liebe und Verehrung

Ihre ergebene Dienerin
Schw. Angela

Gelobt sei Jesus Christus!

Zwischen den Zeilen steht zu lesen, daß eine Änderung gefunden werden mußte, was das Verhältnis von Pater Xaverius Kaufmann zu der Gemeinschaft in Nonnenwerth betraf, da sie in ihrer veränderten Situation ein Filial-Kloster der Franziskanerinnen von Heythuysen werden würde. Mutter Angela will genau wissen, was Mutter Bernardine im Hinblick auf Pater Xaverius wünscht oder fordert. Da man später nichts von Schwierigkeiten hört, ist anzunehmen, daß Pater Xaverius selbstlos zurücktrat zugunsten von Pastor Van der Zandt, dem Direktor der Kongregation.

Am 12. November 1853 fand im Provinzialat der Franziskaner in Warendorf die entscheidende Unterredung statt zwischen Pater Xaverius, Mutter Bernardine, Mutter Angela und der Hausoberin des Klosters zum Heiligen Kreuz in Freckenhorst, Mutter Célestine. Nachdem die Obern übereingekommen waren, mußte der Anschluß für die ganze Nonnenwerther Kommunität annehmbar gemacht werden, die zudem noch wenig Zeit gehabt hatte, zu einer Einheit zusammenzuwachsen. Als Mutter Angela in Nonnenwerth das Ergebnis der Besprechungen in Warendorf bekanntgab, zeigte sich, daß noch viele falsche Vorstellungen geklärt und Vorurteile überwunden werden mußten. Mutter Angela blieb in Güte und Bestimmtheit fest. Lieber wollte sie eine Schwester, die nicht zustimmen konnte, fortgehen lassen, als abzusehen von ihrem Vorhaben, das sie für das geistliche Wohl des ganzen Konventes für richtig erachtete. Gebet und taktvolle Bemühungen erreichten schließlich, was der Beschluß der Obern nicht ohne weiteres zustande gebracht hatte, Mutter Angela reiste noch einmal zu letzten Besprechungen nach Heythuysen. Am 7. April kamen mit ihr zwei niederländische Schwestern zur Insel zurück. Eine von ihnen, Schwester Olive Timmermans, selber noch Novizin, sie legte am 18. Dezember 1854 Profeß ab, übernahm das Amt der Novizenmeisterin. Mutter Angela trug bereits den franziskanischen Habit und begann das Noviziat. Sie blieb Oberin des Klosters und Leiterin des Pensionates. Die Situation war nicht einfach, aber in der Kraft ihrer Persönlichkeit suchte und fand sie den Ausgleich.

Das Pensionat auf der Rheininsel hatte im Juni oder Anfang Juli 1849 begonnen, als ein junges Mädchen, Dora Keller, durch Bekannte von Mutter Angela nach Nonnenwerth gebracht wurde, weil es kein Zuhause hatte. Mutter Angelas treueste Freundin, Amalie von Faber, arbeitete vorzüglich bei den Kindern, allein den Namen Stifterin konnte sie nun wirklich nicht tragen, den Mutter Angela ihr in ihrer Bescheidenheit verlieh. Diese selbst war Stifterin und als solche die Seele des Hauses.

Der kleine Konvent auf Nonnenwerth im Rhein vergrößerte sich schnell. Von Heythuysen trafen noch mehrere Schwestern ein. Am 8. August

1854 wurde das Kloster auf Nonnenwerth offiziell an die Kongregation der Franziskanerinnen von Heythuysen angeschlossen. Bei dieser Gelegenheit leitete der Trierer Weihbischof, Msgr. Braun, Mutter Angelas persönlicher Freund, die Einkleidungsfeierlichkeiten. Vier Postulantinnen empfingen das franziskanische Ordenskleid. Vier Jahre verblieb ein Noviziat auf der Insel neben dem Noviziat im Mutterhaus in Heythuysen.

Amalie von Faber, die Freundin Mutter Angelas, trat ein. Sie bekam den Klosternamen Schwester Hildegard. Auch Fräulein Gertrud Schweden schloß sich in dieser Zeit der Gemeinschaft an. Sie wurde als Mutter Camilla die Nachfolgerin Mutter Angelas in Nonnenwerth und später Generaloberin der Kongregation.

Ungefähr gleichzeitig mit den Verhandlungen über den Anschluß von Nonnenwerth begannen Besprechungen über eine Gründung in Mönchengladbach, und zwar durch Vermittlung von Mutter Angela selbst. Ein Komitee hatte bereits angefangen, ein Waisenhaus zu bauen. Dechant Halm von Mönchengladbach machte sich gern Mutter Bernardines Eifer für Neugründungen zunutze, zerstreute die Bedenken von Pastor Van der Zandt und erwarb die Zustimmung von Kardinal Geissel, dem Erzbischof von Köln, so daß am 12. Juli 1854 zwei Schwestern in das neuerbaute Waisenhaus einziehen konnten, in welchem sich kein anderes Mobilar befand als zehn kahle Bettstellen. Die Franziskanerinnen gingen entschlossen an die ihnen zugedachte Arbeit. Einstweilen diente ihnen die Fensterbank als Tisch und der Fußboden als Stuhl. Bald jedoch kam Hilfe. Die Bevölkerung Mönchengladbachs begann die Schwestern zu schätzen. Ende 1854 versorgte die Kommunität ein Waisenhaus, ein Krankenhaus, eine Bewahrschule, Nähkurse, eine Elementar- und Mittelschule und eine Sonntagsschule für Fabrikarbeiterinnen.

Im Dezember 1854 wurde ein Kloster in Trier und eins in Linz am Rhein gegründet, 1856 übernahmen die Schwestern Waisenhaus und Elementarschule in Karthaus bei Trier, Elementarschulen und ein Krankenhaus in Süchteln, ein Kloster in Till bei Kleve, Zons bei Neuß, Oberwesel bei St. Goar, in Herford und Zell an der Mosel. Die beiden letzten wurden nach einigen Jahren wieder aufgegeben.

Alle diese Klöster wurden in Mutter Bernardines Amtsperiode gegründet. In den Niederlanden kam die Bitte um die Hilfe der Schwestern vorwiegend aus kleinen Ortschaften, erbeten wurde Unterricht in verschiedenen Schulformen, Krankenpflege, Sorge für Waisen und andere Hilfsbedürftige.

Mutter Magdalena und Mutter Angela, verschieden nach Charakter, Herkunft und Bildung, aber gleichgesinnt im Gottvertrauen und in dem Bestreben, nach der Weisung des heiligen Franziskus als Mindere zu leben, können miteinander verglichen werden, aber es hat keinen Sinn, den Vergleich über das Gesagte hinaus weiterzuführen.

Aber auf etwas anderes soll doch noch hingewiesen werden. Catharina Damen und Auguste von Cordier waren geprägt durch ihre Herkunft und handelten entsprechend.

Ein Bauer arbeitete hart mit Aufbietung aller Kräfte. Er tat alles, was notwendig und erwünscht war, damit sein Werk gelingen könnte. Er konnte warten und vertraute, daß Gott zur rechten Zeit seinen Segen dazu geben werde. Aber sich auseinandersetzen wollte und konnte er im allgemeinen nicht. Er hatte es nie gelernt.

Den damaligen Verhältnissen entsprechend verhielt sich Catharina bei der Gründung ihres Klosters. Sie war eine Frau der Tat, aber bei ihrem wichtigsten Unternehmen, dem Besuch bei Bischof Van Bommel in Lüttich, konnte sie ihr Anliegen nicht verteidigen. Von größter Wichtigkeit für das Verständnis ihrer Person ist das Wort von Msgr. Van Bommel: "Man kann nicht mit ihr sprechen, sie sagt nichts anderes als 'Gott wird sorgen!'" Der zweite Besuch beim Bischof verlief zunächst wie der erste, aber dann übernahm Gott ihre Angelegenheit. Er führte den Bischof wortlos den Weg, den Er vorgesehen hatte für Catharina und ihre Gemeinschaft.

Das deutsche junge Mädchen dagegen, Auguste von Cordier, gehörte zu der führenden Schicht, hatte aber als Frau nie gelernt, andere zu führen. Emanzipation, das selbständige gleichberechtigte Leben und Arbeiten der Frau, solche Vorstellungen lagen noch in der Zukunft. Junge Damen wie Auguste lernten, Konversation zu führen, sie unterhielten eine weitreichende Korrespondenz mit Freunden und Bekannten, aber aus eigener Verantwortung zu handeln oder etwas durchzusetzen, das wurde von ihnen nicht erwartet. Sie blieben im Kreis ihrer Familie und warteten ab, bis die Umstände ihrem Leben eine Richtung gaben, etwa durch einen Heiratsantrag, den Tod der Eltern oder sonst etwas Eingreifendes. In Augustes Briefen kommen immer wieder Wendungen vor wie: "Ja, ich möchte nie etwas gegen Gottes Willen tun... - Ja, ich warte ab, bis Gottes Wille mir erkennbar wird... -" und mehr Äußerungen dieser Art - auffallend passiv.

Im Gegensatz zu den Geschehnissen im Kreppel kam der ursprüngliche Konvent in Nonnenwerth nur schwer zugange. Und als die Gründung endlich gelang, waren es Ereignisse von außen, die Entscheidungen herbeiführten. Nicht das entschlossene Handeln Fräulein von Cordiers, sondern die Geldnot derjenigen, die die Insel gekauft hatte, brachte Nonnenwerth wieder in den Besitz von Auguste von Cordier. Mit Mühe dazu überredet, den Ursulinen helfende Hand zu bieten, mußte sie dorthin gehen, um ihre Berufung zu erkennen. Die erste Schülerin des Pensionates, wonach sie sehnlich verlangte, wurde ihr mehr oder weniger aufgezwungen. Es war ein Außenstehender, der ihr den Weg nach Heythuysen wies.

In seiner liebevollen Vorsehung führte Gott sowohl Mutter Magdalena als auch Mutter Angela, jede so, wie sie Führung annehmen konnte.

Quellenangaben zu Kapitel X

- Geschichte der Liebfraueninsel und der Klöster Rolandswerth und Nonnenwerth, Festschrift, Nonnenwerth, 1954.
- H. Junker, Werk und Geist der Mutter Angela von Cordier, a.a.O.
- S. Paula Münster, Mutter Angela, Leben und Briefe, Regensburg, o. J.
- S. Paula Münster, Geschichte der Kongregation der Franziskanerinnen von der Buße und der christlichen Liebe, 1910.
- Nicht veröffentlichte Briefe von Mutter Angela, Generalatsarchiv, Rom.

Weiterführende Literatur:

- Floß, Kloster Rolandswerth bei Bonn, 1865.
- S. Paula Münster, Geschichte der Insel Nonnenwerth, 3. Auflage, 1925.
- S. Hadamut Heinen, Beiträge zur Geschichte des Klosters Nonnenwerth, Annalen des Historischen Vereins für den Niederrhein, 1936.
- S. Evodia Wolf, 850 Jahre Kloster Nonnenwerth im Rhein, Festschrift, Nonnenwerth, 1976.

XI. Mutter Bernardine Mensincks Amtszeit 1846-1859

Als Mutter Bernardine noch keine drei Jahre nach ihrer Profeß zur Oberin gewählt wurde, hatte die Kongregation außer dem Mutterhaus eine Filiale in Alkmaar.

Pastor Van der Zandt schreibt von der neuen Generaloberin in seiner Chronik:

> "Sie hatte ein imponierendes Auftreten, einen sanften Charakter, sie war freundlich, beredt und außergewöhnlich bewandert in der profanen wie auch in der Kirchengeschichte, hatte einen guten Verstand und ein so treues Gedächtnis, daß ihr das, was sie einmal gelesen hatte, unvergeßlich blieb. Daher kam es auch, daß sie bei ihrer gediegenen Haltung alle, die mit ihr in Berührung kamen, zu gewinnen wußte, besonders in Deutschland. Grafen und Barone, Bischöfe und Prälaten sahen in ihr eine außergewöhnliche Person, sprachen mit Lob von ihr und waren ihre Protektoren bei ihren Unternehmungen und unterstützten sie mit Geldspenden."[1]

Die schnelle Ausbreitung der Kongregation in den folgenden Jahren erforderte eine straffe Leitung. Berichte aus Mutter Bernardines Amtszeit machen manchmal den Eindruck, daß es ihrem guten Herzen schwer fiel, etwas zu verweigern, was zu verweigern dem nüchternen Verstand geboten erschien. Besondere Sorge machte die geistliche Formung der Schwestern. Der Bericht über die dekanale Visitation vom 13. August 1842 bietet die hoffnungsvolle Aussicht: "Mißbräuche werden von Tag zu Tag mehr aufgehoben." In dem Bericht vom 12. September 1848 klingt ein anderer, mehr besorgter Ton durch: "Es ist vieles in diesem Kloster, was in jeder Hinsicht verbessert werden muß. Redemptoristen-Patres haben in diesem Jahr die geistlichen Übungen gehalten."[2]

Bereits einige Jahre waren die Redemptoristen als Exerzitienmeister sehr gesucht. 1833 leiteten sie die Exerzitien in Rolduc. Auf dem Hin- und Rückweg besuchten sie den Dechant von Gulpen. Er lud die Patres ein, in seiner Pfarrei Volksmission zu halten. Es war die erste nach der Französischen Revolution innerhalb der derzeitigen Grenzen der Niederlande in den Monaten Dezember 1833 bis Januar 1834. Das Wirken der Redemptoristen wurde zum Anlaß ihrer Klostergründung in Wittem.

Nachdem die Patres in Limburg Fuß gefaßt hatten, wurden sie als Prediger bei Missionen und Exerzitien sehr beliebt. Am 2. Juni 1848 predigten sie in der Pfarre des aktiven und für das Neue aufgeschlossenen Pastors

Van der Zandt. Es ist verständlich, daß die Franziskanerinnen im Kreppel auch für sich Exerzitien wünschten. Am 18. September 1849 predigten die Redemptoristen im Kreppel. Die Patres sollten weiterhin für die geistliche Formung der Schwestern von Bedeutung sein.[3]

Das bedeutendste Ereignis der fünfziger Jahre ist die Anerkennung der Kongregation durch Papst Pius IX. Mutter Magdalena und die Schwestern hatten gebetet, der Pastor hatte hin und her überlegt und entsprechende Briefe geschrieben, einige Male vergeblich. Ende 1851 richtete er entschlossen eine Bittschrift an den Papst selbst.[4]

> "Seit 1835 leben in meiner Pfarre fromme junge Töchter vom III. Orden des heiligen Franziskus, die vom hochwürdigsten Herrn Bischof von Lüttich, als Heythuysen noch zu seiner Diözese gehörte, die Erlaubnis erhalten hatten, das Kleid des III. Ordens, der von der Buße genannt wird, zu tragen und in Gemeinschaft zu leben nach den Konstitutionen, durch P. Petrus Marchant revidiert und durch Papst Urbanus VIII. am 5. Juli 1634 gutgeheißen; welche Erlaubnis der hochwürdigste Bischof und Apostolische Vikar von Limburg, unter dem sie jetzt stehen, bekräftigt hat. Diese religiöse Genossenschaft hat unterdessen so zugenommen, daß ihre Mitglieder schon auf über fünf Klöster verteilt sind und wegen ihres vorbildlichen Lebenswandels immer sehr angespornt werden, sich mehr auszubreiten und sich nicht nur in Holland niederzulassen, sondern auch in der preußischen Provinz Westfalen, hauptsächlich in der Umgebung von Münster. Obschon die Kongregation nach ihren Konstitutionen die drei Gelübde abgelegt hat und ganz und gar ein Klosterleben führt mit Ausnahme der strengen Klausur, die durch die Zeitumstände aufgehoben ist, tut es den Ordensfrauen doch leid, da sie ein vollkommenes Leben führen möchten, daß ihre Genossenschaft bis jetzt von Eurer Heiligkeit nicht anerkannt ist. Damit diese religiöse Genossenschaft nicht länger dieser Gnade beraubt bleibt, fleht Unterzeichnender inständig, daß Eure Heiligkeit sich geneigt zeigt, die Mitglieder unter die Zahl von eigentlichen Religiosen vom III. Orden der Buße vom heiligen Franziskus aufzunehmen, sie als solche anzuerkennen und ihnen alle damit verbundenen Ablässe und Vorrechte zu verleihen."

Bemerkenswert ist der Name, womit Pastor Van der Zandt die Schwestern vorstellt: Religiosen vom III. Orden von der Buße vom heiligen Franziskus. Das ist der Name der Reform von Limburg mit einer Abweichung, das Wort Pönitentinnen hat einen anderen Platz bekommen und eine geringe Form- und Funktionsveränderung: Religiöse Pönitentinnen, das war der Name, den Pater Marchant gegeben hatte.

Die Bezeichnung von Pastor Van der Zandt ist in Gebrauch geblieben mit einer Hinzufügung von Pater Ignatius Jeiler OFM. Als er 1869 die Interessen der Kongregation in Rom wahrnahm, schrieb er an Mutter Aloysia Lenders: "Ich habe den Namen, der in den alten Statuten vorkam, verändert und erweitert mit der Hinzufügung 'und der christlichen Liebe'. So unterscheidet sich Ihre Kongregation von jeder anderen aus dem Dritten Orden des seraphischen Vaters Franziskus."[5] (Vergleiche den Anfang von Mutter Magdalenas Brief, Kapitel VII.)

In dem Dekret der Propaganda Fide kommt jedoch noch kein anderer Name vor als: unter dem Titel des Dritten Ordens vom heiligen Franziskus.

Das Dekret, womit der Bittschrift von Pastor Van der Zandt entsprochen wurde, das sogenannte Dekretum laudis, befaßt sich damit in seinen Ausführungen in unmißverständlicher rechtskräftiger Form und gibt im Anschluß daran die Approbation der Kongregation durch die Propaganda Fide wie folgt:

> "Man ersuchte den Hl. Vater, alle Klöster dieser Schwestern, die schon bestehen oder später mit bischöflicher Vollmacht gegründet werden, zur Kongregation mit einfachen Gelübden zu erheben unter dem Titel des III. Ordens des hl. Franziskus, mit der Erlaubnis, Novizinnen aufzunehmen, die nach dem Probejahr die drei einfachen Gelübde von Armut, Keuschheit und Gehorsam ablegen, bis die Regel und die Konstitutionen, die entworfen werden müssen, durch den hl. Stuhl genehmigt sind. Dabei fügte man die Bitte ein, daß seine Heiligkeit der neuen Kongregation alle persönlichen Ablässe verleihen möge, die den Brüdern des III. Ordens vom hl. Franziskus verliehen sind."[6]

In der Audienz vom 3. Oktober 1852 approbierte Pius IX. das Erbetene. Das Dekret erreichte jedoch erst Mitte Januar 1853 Roermond und dann sehr schnell die wartende Kommunität in Heythuysen. Einige Tage später drängte der Bischof beim Pastor darauf, die Konstitutionen in eine solche Form zu bringen, daß sie in Rom vorgelegt werden könnten.

Unbeschreiblich groß war die Freude darüber, daß die Kongregation der Franziskanerinnen von Heythuysen vom Papst anerkannt war. Die Kongregation zählte zu dieser Zeit 80 Profeßschwestern und außer dem Mutterhaus sieben Filialen.

Mutter Bernardine begann sogleich mit der Ausarbeitung der neuen Konstitutionen. Sie verglich sie mit denen anderer Institute, wählte aus, ordnete und gab sich aufs neue Rechenschaft über den Wert der bereits bestehenden Gebräuche. Aus dieser Bearbeitung und auch aus der Tatsache, daß nicht ohne weiteres die Bestimmungen von 1843 (Römisches Brevier und nächtliches Chorgebet) übernommen wurden, ist zu schließen, daß sich die Auffassungen darüber gewandelt hatten.

Mutter Bernardine konnte das große Werk der Neufassung der Konstitutionen nicht vollenden. In den folgenden Jahren wurde ihre Aufmerksamkeit vollkommen in Anspruch genommen von den Neugründungen in Deutschland, Freckenhorst und Kapellen, von dem Anschluß Nonnenwerths an die Kongregation in Heythuysen. Eine Folge des Anschlusses war die Gründung mehrerer Klöster. Selbstverständlich sah sie sich auch vor die Frage gestellt, inwieweit Forderungen, die sich aus örtlichen Verhältnissen ergaben und die sich im Hinblick auf Leitungsämter stellten, in den neuen Statuten berücksichtigt werden mußten.

Das eine und andere wurde bei der ersten allgemeinen Zusammenkunft der Oberinnen 1857 in Heythuysen beraten. Die damals gefaßten Beschlüsse waren von verschiedener Art. Einige bezogen sich auf die Wahlen für bestimmte Ämter und deren Amtszeiten, auf den Eintritt von Postulantinnen, auf das Noviziat, auf die Finanzen und deren Überprüfung.

Der Beschluß, die bestehenden 19 Klöster auf drei Provinzen zu verteilen, flächengleich mit den Provinzen der Franziskaner, ist nicht ausgeführt worden. Eine Teilung der Kongregation in Provinzen war einer späteren Zeit vorbehalten. Die Teilung in eine niederländische und in eine deutsche Provinz wurde 1900 vollzogen.

Ferner fällt Folgendes besonders auf:

Die Oberinnen sollen "über jedes Unterrichtsfach berichten, welche Bücher gebraucht werden und ob die Examina gehalten wurden; ferner ob keine besonderen Veränderungen erforderlich sind ... Die Laienschwestern sollen wenigstens einmal in der Woche im Lesen und Schreiben unterrichtet werden."

Zuletzt wurde eine jährliche Zusammenkunft im Mutterhaus beschlossen, um die finanzielle Lage abzuklären, Inventur zu machen, die nötigen Verbesserungen zu planen und Baupläne zu besprechen.

Aus all dem wird die Ausweitung der Kongregation ersichtlich und das Bestreben ihrer Mitglieder, auf der Höhe der Zeit zu sein. Nach gut 20 Jahren ist nicht allein nach der Zahl der Mitglieder und Filialen eine enorme Entwicklung festzustellen, auch die Stellung der Schwestern in der Gesellschaft war eine andere geworden. Wer hätte im Jahr 1846 an Examensforderungen gedacht?

Bedauerlicherweise konnte das geistliche Wachstum mit der schnellen Entwicklung nicht Schritt halten. Mutter Aloysia Lenders war es aufgegeben, die neuen Konstitutionen und ein Gebräuchebuch zu verfassen. Vor allem bemühte sie sich, durch persönliche Begleitung der Schwestern das bisher auf geistlichem Gebiet Versäumte nachzuholen.

Noch am 15. September 1852 schrieb Dechant H. Janssen aus Weert in seinen Visitationsbericht:

> "Sie haben nun fünf Niederlassungen an anderen Orten. Ich befürchte, daß sie zu viele neue Häuser übernehmen, ohne genügendes Personal für den Unterricht zu haben."

Es war so! Wie auch andere Kongregationen, ließen sich die Schwestern Mutter Magdalenas immer wieder von der Not der Zeit und von den dringenden Bitten weitsichtiger Priester dazu verleiten, mehr Hilfe zuzusagen, als zu leisten sie in der Lage waren.

In Deutschland zeigten die sozial-ökonomischen und die religiösen Situationen verwandte Züge. Auch dort bestand eine große Nachfrage nach Unterricht, am liebsten durch Ordensschwestern. Etwa um die Mitte des 19. Jahrhunderts entstehen in Deutschland unter anderen die Kongregationen von Clara Fey, Pauline von Mallinckrodt, Franziska Schervier, Margaretha Flesch. Dem kleinen Kreis um Auguste von Cordier auf Nonnenwerth schließen sich die Tertiarinnen von Pater Kaufmann aus Königswinter an, und am Ende vereinigt sich die ganze Gruppe mit den Franziskanerinnen von Heythuysen.

Dieser Zusammenschluß fiel in die Amtszeit von Mutter Bernardine Mensinck. Das besonders auffallende Ergebnis ist die Gründung von 20 Klöstern, 7 in den Niederlanden und 13 in Deutschland. Eindeutig kann man sagen, Mutter Bernardine konnte dem starken Drängen vielfordernder Pfarrherren, die letztlich das Beste wollten, nicht widerstehen. Es kann nicht bestritten werden, daß sie allmählich die Übersicht über die Kongregation verlor, nicht mehr übersah, was möglich war und was sie billigerweise ihren Schwestern abverlangen konnte. Manche von ihnen wurden mit einem pausenlosen Tagewerk und mehr beauftragt, noch ehe sie sich auch nur ein Mindestmaß an Ausbildung aneignen konnten. Viele Schwestern haben diesen beinahe unmöglichen Anforderungen entsprochen.

Doch ist ein Konvent nun einmal keine Versammlung von Heiligen, eher eine Gemeinschaft von aufrichtig Gutgesinnten, die in der Nachfolge Jesu stehen möchten.

Die dauernde Abwesenheit der Oberin bekommt einem Konvent nicht. Mutter Bernardine als General- und zugleich Hausoberin war fast ständig abwesend. Sie half diesem Übelstand zunächst dadurch ab, daß sie Schwester Veronica für die Zeit ihrer Abwesenheit als ihre Vertreterin ernannte. Am 18. Mai 1858 wurde Schwester Célestine Bollen die erste Hausoberin in Heythuysen.

Aber es gab schlimmere Übelstände.

Im Generalatsarchiv der Kongregation befindet sich eine Sammlung von Briefen und Berichten über den Zustand der niederländischen Klöster aus den Jahren 1852 bis 1859, also aus der Zeit der ersten Gründungen in Deutschland bis zum Ende der Amtszeit von Mutter Bernardine. Der Bericht von Mutter Célestine Bollen, die von 1858 bis 1876 in Heythuysen Oberin war, ist an ihre Nachfolgerin im Amt, Mutter Pacifica Grimmelt, gerichtet. Sie scheint äußerst gewissenhaft gewesen zu sein, schreibt ruhig und überlegt und hat dasjenige, was sie berichtet, zum größten Teil selbst gesehen und erfahren:

> "Als 1852 mit dem Kloster in Kapellen begonnen wurde, kamen die Baukosten auf das Konto des Mutterhauses, das damals erst aufzublühen begann und dessen Blüte wegen Mangels an geeignetem Personal sich verzögerte. Dabei mußte Heythuysen nicht allein einige der fähigsten Schwestern für die neue Gründung abgeben, sondern auch für deren Unterhalt sorgen. So hörte ich später, als ich 1858 Oberin wurde, von älteren Schwestern, daß größere Mengen von allerhand Lebensmitteln - auch Kleidungsstücke - wiederholt nach Kapellen geschickt wurden, und, so fügten die guten, einfältigen Seelen hinzu, 'wir mußten zuweilen beinahe Hunger leiden'. Daß es in dem geplünderten Heythuysen an manchem fehlte, habe ich bei meinem Aufenthalt dort leider erfahren.

Es nützte nichts, die Generaloberin von dem leidigen Zustand zu unterrichten. Sie war zur Genüge davon informiert. Ihre meiste Zeit verbrachte sie in Deutschland.

Nach dem ersten Generalkapitel 1859 hoffte man auf Besserung der Lage. Aber leider! Was konnte man für Holland tun? Den meisten Häusern fehlte es an Personal, um Schulen und Pensionate aufrecht zu erhalten. Die besten Lehrerinnen und die tüchtigsten Schwestern für die Hausarbeit waren in Deutschland. Unsere Wirkungskreise hierzulande gingen auffallend zurück." (Es folgt eine Übersicht.)

An manchen deutschen Häusern wurde tüchtig gebaut, in den Niederlanden fehlte das Geld für die notwendigsten Reparaturen. Zu wiederholten Malen stand eine Oberin vor der schmerzlichen Wahl, entweder einen Wirkungskreis zu schließen, oder zu versuchen, die Vorschriften zu umgehen, und ungenügend ausgebildeten Schwestern den Unterricht zu überlassen.

Daß es in Deutschland auch nicht so rosig aussah, wie manche Schwestern in den Niederlanden meinten, geht aus mehreren Briefen hervor, die Mutter Angela von Nonnenwerth aus an Mutter Bernardine[7] richtete:

"(1857, kein genaues Datum)

Gebe Gott, daß wir mehr Kräfte hätten, denn es ist nicht zu leugnen, daß die Wertschätzung der Kongregation unseres lieben, heiligen Vaters Franziskus dadurch sehr gelitten hat. Auch in Linz grüßt niemand mehr die Schwestern, und Schwester Camilla geht nur verlegen und zögernd in die Stadt. Die Zeiten sind schlecht und rufen nach geistlicher Abhilfe, aber der Lebensbaum unserer Kongregation hat einstweilen mehr Blüten anzubieten als reife Früchte, und wenn man damit die Rufenden zufriedenstellen will, wird weder der Hunger gestillt, noch wird der Baum jemals reife Früchte bringen."

Können wir in diesen Zeilen einen bescheidenen Hinweis sehen für Mutter Bernardine, neue Häuser nicht mehr zu übernehmen?

(Aus einem nicht datierten Brief, anscheinend gegen Ende des Jahres 1857 geschrieben, anläßlich der Versetzung einer Schwester)

"Mit einer jeden unserer Schwestern wird so gerechnet, daß der Ausfall einer einzigen schon eine große Lücke hinterläßt." (Die gemeinte Schwester ist mit Arbeit überlastet, weil sie außer ihren

Verpflichtungen im Pensionat noch eine kranke Mitschwester vertritt. Nun wird sie fortgenommen und durch keine andere ersetzt.) "Wir haben viele Kranke, auch unter den Kindern. Nicht nur der Unterricht, auch die Aufsicht, die Ordnung, die Sauberkeit, alles leidet darunter."

Zu allem wird über Geldsorgen geklagt, auch in anderen Briefen. War es zu verwundern, daß Mutter Bernardine, selbst von Geburt Deutsche, mit einem getrübten Blick für den Gesamtzustand der Kongregation zuerst der geliebten und verehrten Mutter Angela von Cordier helfen wollte?

Was sie damit den niederländischen Schwestern angetan hat, wird nicht bis zu ihr gedrungen sein. Doch muß Pastor Van der Zandt wiederholt darauf hingewiesen haben. Die Beurteilung von Mutter Bernardines Maßnahmen kann jedoch nicht als ausgewogen bezeichnet werden. Den neuen Gründungen galt sein volles Interesse. Mehr noch: In seiner Chronik stellt er es so dar, als ob in den ersten Jahren er allein der Handelnde gewesen sei. Später wird deutlich, daß Direktor und Oberin gemeinsam überlegten und dann tätig wurden. Bei den Gründungen in Trier (1854) und Karthaus (1856) wird auffallend mit Nachdruck auf das Ersuchen des Bischofs von Trier hingewiesen. Auf den Bericht von der Gründung in Zons folgen kurze Anmerkungen im Telegrammstil. Der Pastor hat sein Interesse für den Gang der Dinge verloren.

Und als er dann nach Ablauf der Amtszeit von Mutter Bernardine zunächst ein günstiges Bild ihrer Persönlichkeit und ihres Charakters zeichnet und unmittelbar darauffolgend unausgewogen ihre Amtsführung mißbilligt, hat er in seiner angeborenen Spontanität gewiß vergessen, daß die Hälfte der Gründungen nicht weniger sein Werk war als das ihre.

Woher die Unausgewogenheit?

Als Mutter Bernardine 1846 ihr Amt antrat, war sie 33 Jahre alt und hatte noch keine Erfahrung, während der Pastor in der Zusammenarbeit mit Mutter Theresia bereits ziemlich viel Erfahrung erworben hatte. Ein Jahrzehnt später war Mutter Bernardine eine Frau in den besten Jahren und er ein alter 70jähriger Herr, auf den man kaum hörte. Sein verständlicher Ärger über das Geschehen in diesen letzten Jahren ließ ihn seinen Anteil in den ersten Jahren vergessen.

Pastor Van der Zandt schreibt in seiner Chronik:

"Dies machte sie kühn und vielleicht stolz, so daß sie zu sehr im Vertrauen auf das Zukünftige Dinge unternahm, die ihre Befugnis überschritten. Sie hatte dabei ein gutes, mitfühlendes Herz, wollte jedem gut sein, nahm Kinder zum halben Pensionspreis oder kostenlos ins Pensionat. Häufig ermahnte ich sie wegen des einen oder anderen, aber sie verstand es, meine Besorgnis mit der guten Voraussicht auf die deutschen Gründungen nach und nach zu beruhigen. Gegen meinen Willen machte sie Einkäufe: Möbel, Paramente. Sie schaffte Bilder an, die auch entbehrt werden konnten, aber wenn ich die Rechnung erbat, waren es Geschenke oder etwas für das Haus Nötige, um Begüterte anzuziehen."

"Kurzum, ich meine, daß es an der Zeit war, daß sie das Ruder aus der Hand gab und es einer anderen überließ, ehe das Schifflein versinken würde; denn so schnell es auch bei gutem Wind voranging, so sehr war zu befürchten, daß es wieder hätte zurückgehen können; somit war es gut für sie wie auch für die Kongregation, daß sie aus dem Amt abging."[8]

Und endlich, wie urteilen Spätere?

In der Festschrift "Deus providebit", herausgegeben anläßlich der Jahrhundertfeier der Kongregation[9], findet man die zutreffende Bemerkung: "Es ist gewöhnlich so, daß diejenigen, die das Verdienst der Initiative haben und die Kraft dazu, trotz der gewöhnlichen und nicht vorhersehbaren Schwierigkeiten, das für gut und richtig Erkannte durchzusetzen, größere Anerkennung finden bei späteren Generationen als bei ihren Zeitgenossen." Das war auch das Los der Mutter Bernardine.

Man kann hinzufügen, daß die Arbeit der Generalleitung aus dieser Periode später reiche Früchte brachte in Indonesien, in den Vereinigten Staaten, in Brasilien.

1859 wurden die Redemptoristen aus Wittem wieder einmal gebeten, den Schwestern in Heythuysen die Exerzitien zu halten. Sie übernahmen auch die Oberinnenexerzitien vor dem Generalkapitel (1859). Dieses erste Generalkapitel war zusammengekommen zur Wahl einer neuen Generaloberin und zur Regelung zahlreicher Gebräuche und Vorschriften, die dringend revidiert werden mußten.

Bis zu diesem Zeitpunkt war Mutter Bernardine jedesmal ohne Formalitäten wiedergewählt worden. Auf den Rat ihrer Mitschwestern hin stellte sie nun ihr Amt zur Verfügung.

Unter dem Vorsitz von Dechant Janssen aus Weert und der Assistenz von Pastor Van der Zandt und des berühmten Paters Bernard Hafkenscheidt

CssR - er war der Exerzitienmeister bei den Oberinnenexerzitien vor dem Kapitel - fand am Vorabend von Allerheiligen 1859 die Wahl einer neuen Generaloberin statt. Die Teilnehmer des Kapitels versammelten sich zunächst am Grab von Mutter Magdalena, die bereits mehr als ein Jahr auf dem kleinen Friedhof im Klostergarten ruhte. Es war ihr Werk und Gottes Werk, das weitergeführt werden mußte. Mutter Magdalenas Fürbitte durfte nicht fehlen.

Wählbar waren alle Schwestern, die vor wenigstens sechs Jahren Profeß abgelegt hatten, Mutter Bernardine ausgenommen. Mit 13 von 17 Stimmen wurde Schwester Aloysia Lenders zur Generaloberin gewählt. Zugleich setzte das Generalkapitel einen Generalrat ein, der die Generaloberin unterstützen sollte. Generalassistentinnen wurden:

Mutter Célestine Bollen, Oberin in Heythuysen,

Mutter Angela Theunissen, Oberin in Mook,

Mutter Angela von Cordier, Oberin auf Nonnenwerth,

Mutter Prudentia Cremer, Oberin in Freckenhorst.

Mutter Bernardine Mensinck reiste bald nach Nonnenwerth ab. Dort machte sie sich für die Mitschwestern und die Schülerinnen nützlich, wo sie nur konnte. Sie starb 70jährig im Jahr 1883. In Heythuysen wurde sie neben ihrer Vorgängerin, Mutter Theresia Rooyackers, beerdigt. Auch Pastor Van der Zandt sah ein, daß er mit 75 Jahren nicht mehr der Rechte war, die Kongregation zu leiten. Bereits früher hatte er versucht, von seinem Amt entbunden zu werden. Er schreibt:

> "Die meiste Zeit war Mutter Bernardine abwesend und mir, der ich alt und schwach war und die Bürde meiner Pfarrei zu tragen hatte, begann die große Verantwortung schwer zu werden. Nach diesbezüglicher Rücksprache mit Monseigneur, der doch mit allem etwas vertraut war, bestimmte dieser den Dechanten Janssen, die Angelegenheit innerhalb eines halben Jahres zu regeln, ohne mich jedoch aus dem Amt zu entlassen."

Nach den Mitteilungen über Mutter Bernardine und das Kapitel fährt er fort:

> "Bei dieser Gelegenheit, weil ich alt und schwach war, nahm ich meinen Abschied als Direktor. Msgr. beauftragte den hochw. Herrn Dechant von Weert, meine Stelle zu übernehmen. - Für alles, was das Materielle betraf, sorgten nun, nach den neuen Statuten, die Generaloberin und ihre vier Assistentinnen. Doch auf ihre Bitte hin

habe ich bis jetzt diese Aufzeichnungen weitergeführt. Manchmal wurde ich bei wichtigen Angelegenheiten um Rat gefragt, aber nicht immer gehört. Es war so, man muß es ihrem großen Eifer für das Gute zuschreiben."

Noch ein Jahrzehnt lang konnte Pastor Van der Zandt die Entwicklung der Kongregation verfolgen.

Dechant Janssen von Weert wird in seinem Amt als Direktor später nicht mehr erwähnt. Vermutlich hielt der Bischof von Roermond nach dessen Tod oder Ruhestand es nicht mehr für notwendig, einen Nachfolger zu ernennen.

Quellenangaben zu Kapitel XI

1 Chronik von Pastor Van der Zandt.

2 Dekanale Visitationsberichte, Weert.

3 Archiv der Redemptoristen, Wittem.

4 Archiv Generalat, Rom.

5 Ebd.

6 Ebd.

7 Ebd.

8 Chronik von Pastor Van der Zandt.

9 Deus providebit - Die Kongregation von Heythuysen 1835 - 1935, Heythuysen, 1935.

XII. Mutter Magdalenas letzte Lebensjahre

Als Mutter Magdalena 1840 aus dem Amt schied, war sie 52 Jahre alt, infolge schwerer Arbeit und schlechter Ernährung geschwächt und gealtert, aber doch noch keine alte Frau. Wenn wir lesen, daß sie sich zurückzog in ihre Zelle, dann ist das eher symbolisch als buchstäblich zu verstehen. Wenigstens gilt das für die erste Zeit.[1] Natürlich ging sie damals noch durch Haus und Garten und allmählich erst, in dem Maß, als sich die Beschwerden des Alters meldeten, blieb sie länger in der Zelle. Sie liebte die Natur. Die Schülerinnen des Pensionates begegneten ihr ab und zu im Garten; sie grüßte dann freundlich, machte aber die bekannte Gebärde des Stillschweigens - zur Enttäuschung der Kinder, die sie verehrten. Es wird erzählt, daß Masoeur Catrien auf einem Spaziergang mit Kindern aus ihrer ersten kleinen Schule gesagt habe: "Ich suche für die Masoeurkes einen Ort, wo es Blumen gibt und wo die Vögel singen."

In der Erholung im Konvent konnte sie munter mittun. "Besonders an großen Erholungstagen teilte sie gerne die Freude der Schwestern. Dann kam das Klavier ins Refektor. Sie war vergnügt, wenn die Schwestern sie an der Tür des Refektors abholten und sie mit Sang und Klang an ihren Platz geleiteten."[2] Dies läßt denken an eine Namenstagsfeier.

An einem Erholungstag setzten sich die Novizinnen zu ihr und baten sie: "Mutter Magdalena, sagen Sie uns ein gutes Wort." Sie sagte darauf: "Sprecht viel mit Gott und wenig mit den Menschen, wofür all das Gerede?" Ein anderes Mal sagte sie auf dieselbe Bitte: "Wir brauchen nicht viel zu tun, Gott tut das meiste."[3] Als ihre Schwerhörigkeit zunahm, wurde es ihr freigestellt, ob sie in die Erholung kommen wolle oder nicht.

In späterer Zeit war es nicht leicht für die Novizinnen, ihr zu begegnen. Darüber gibt es einen Bericht von Schwester Helena Maschek (1910): "Als ich 1855 eintrat, hörte ich bald von der heiligen Mutter sprechen. Ich wäre ihr so gern begegnet, aber ich sah sie nie, außer im Refektor neben Mutter Bernardine sitzen, etwas gebeugt, den großen Rosenkranz in der Hand. Sie sprach sehr wenig (das war nicht lange vor ihrem Tod) und hielt sich von allem Geschehen zurück. Ihr sanfter Blick und ihr Lächeln taten mir schon gut. - Im Jahre 1856 hatte ich das Vorrecht, kurz zu ihr kommen zu dürfen. Die Novizinnen mußten Bohnen schnippeln, und man hatte uns gesagt, wir sollten uns auf die Bleiche setzen, sicher, weil es so warm war. Nach einer Stunde bekamen wir Besuch von Rektor Canters. Man konnte uns vom Weg aus sitzen sehen. Er gebot uns, Mutter Magdalena diese Verfehlung zu sagen. Würdige Mutter war abwesend, und während dieser Zeit hatte der Rektor viel zu sagen bei den Schwestern.

Beklommen und zugleich vergnügt gingen wir, um die ehrwürdige Mutter aufzusuchen. Diese antwortete nur mit ihrem ruhigen Lächeln: 'Kinder, ihr habt nichts verkehrt gemacht, ihr seid gehorsam gewesen', und freundlich ließ sie uns gehen."[4]

Mutter Magdalena lebte jenseits aller Amtsgeschäfte. Sie freute sich, wenn Würdige Mutter Bernardine erzählte, wie die Kongregation sich ausbreitete, aber niemals ist sie ausgegangen, um ein Haus zu besichtigen.[5] Daß in den vierziger Jahren andauernd gebaut wurde, muß sie wahrgenommen haben, aber sie schwieg dazu. Nur einmal, soweit bekannt ist, frug sie nach mit der höchst merkwürdigen Bemerkung: "So hab ich es nicht gesehen", damit hindeutend auf eine Schau, auf ein zweites Gesicht, das sie vom Kreppel gehabt hatte, wie er vor ihrem Tod aussehen sollte. Mutter Bernardine, an die die Frage gerichtet war, antwortete: "Was soll ich dazu sagen, es ist der Wunsch des Pastors, er ist der Direktor." Mutter Magdalena bekam recht, der Anbau war nicht zweckmäßig und wurde später wieder abgebrochen. Als die Maurer mit dem neuen Anbau fast fertig waren, erklärte sie: "So hab ich es gesehen, so ist es gut."[5a]

Was außerhalb des Kreppels geschah, interessierte sie nicht mehr. Als gelegentlich einer Einkleidungsfeierlichkeit mehrere stattliche Kutschen rund um das Haus standen und man Mutter Magdalena dazu anregte, sie sich anzusehen, weigerte sie sich mit den Worten: "Was ich nicht weiß, hindert mich nicht beim Gebet."

Dies trifft den Kern ihres Lebens. Das Gebet, dazu kehrte sie zurück, als ihre Aufgabe, die Gründung der Kongregation, vollendet war. Alle Berichte über ihren letzten Lebensabschnitt stimmen darin überein. Mutter Magdalena lebte in der tiefsten Vereinigung mit Gott. Wiederholt traf man sie ganz im Gebet versunken. Mutter Bernardine erzählte: "Als meine Schwester mich 1848 in Heythuysen besuchte, zeigte ich ihr das Haus und wollte sie auch zu Mutter Magdalena, unserer ehrwürdigen Stifterin bringen. Beim Öffnen der Zellentür traf ich Mutter auf dem Boden kniend an und, wie es den Anschein hatte, in tiefe Beschauung versunken. Sie sah und hörte nichts von dem, was um sie herum geschah, obwohl wir laut miteinander sprachen. Aber als ich sagte: 'Schwester Magdalena', antwortete sie sogleich: 'Was wünschen Sie, Würdige Mutter?' und kam freundlich auf uns zu."

Auch Außenstehende haben bestätigt, daß Mutter Magdalena, während sie mit ihnen sprach, zuweilen unvermittelt schwieg und eine Zeitlang wie in Ekstase verblieb; danach nahm sie ruhig das Gespräch wieder auf, als ob nichts geschehen sei. Von diesen Begebenheiten, die im Sprechzimmer vorgekommen sind, kann man nicht ohne weiteres auf eine mystische Begnadung schließen. Taubheit und Alter können auch eine Rolle gespielt haben.

Mit den Jahren verweilte die alte Mutter immer häufiger auf der Zelle. Ein kleiner Tisch, ein Stuhl, ein Holzbett mit dem nötigen Bettzeug, ein Schränkchen, an der Wand ein Kreuz und zwei einfache Bilder, das war die ganze Einrichtung. Für gewöhnlich saß sie im Hintergrund der Zelle mit dem Rücken zur Tür hin, "als wolle sie jede Zerstreuung abwehren", sagt die alte Geschichtsschreiberin. Ihre Schwäche nahm zu, die zitternden Hände konnten nur mit Mühe eine Näharbeit oder den Strickstrumpf festhalten. So traf Mutter Angela von Cordier sie an, als die Anfang 1854 Heythuysen besuchte, um mit Mutter Bernardine über den Anschluß von Nonnenwerth an die Kongregation von Heythuysen zu beraten. Es ist bedauernswert, daß kein eingehender Bericht von dieser Begegnung auf uns gekommen ist. Nach der äußerst einfachen Beschreibung gewinnt man den Eindruck, daß kaum einige Worte gewechselt wurden. Sie verstanden wohl eine der anderen Sprache nicht, aber Mutter Bernardine hätte doch behilflich sein können. Vermutlich war eine solche Vermittlung gar nicht nötig zwischen diesen beiden nach Wesensart und Bildung so verschiedenen Frauen. Sie fanden sich in der Liebe, in der Demut, im Gottvertrauen. Die Sprache des Herzens klang so verständlich, daß es vieler Worte nicht bedurfte. Die schlichte Freundlichkeit der alten Stifterin und die äußerste Armut ihrer Zelle machten auf Mutter Angela einen tiefen Eindruck. Das Wort "Gott wird sorgen!", still gesagt, umschloß beider Leben ganz.

Was Mutter Magdalena in den letzten Jahren nicht losließ, das war ihr Rosenkranz. Die alten Schwestern bezeugen das alle. Auch blieb das Chorgebet, vor allem das große lateinische Brevier, ihr bis zuletzt teuer.

Im Sommer 1858 wurde es immer deutlicher, daß das Ende von Mutter Magdalenas Erdenleben nicht mehr fern war. Sie litt an Wassersucht, wie man es nannte.

Hier folgt nun, was die Haus-Chronik von St. Elisabeth von ihren letzten Tagen und ihrem heiligmäßigen Sterben sagt. Der Stil jener Tage läßt besser mitempfinden, was die Menschen damals spürten und dachten, als ein noch so behutsamer Bericht.

> "1858, am 7. August starb hier unsere geliebte Schwester Maria Magdalena Damen, erste Oberin und Stifterin unserer Kongrega-

tion, geboren zu Stevensweert, den 19ten November 1787. Die Verstorbene wurde begraben vor dem Missionskreuz auf dem Klosterfriedhof. Unsere sehr geliebte und hochgeachtete Schwester Magdalena war für uns alle stets ein Vorbild der größten Erbauung. Wegen Kränklichkeit war sie in den letzten Monaten nicht mehr regelmäßig in der Gemeinde, den geistlichen Übungen auf dem Chor hat sie bis zum Tag vor ihrem Tod getreu beigewohnt. Freitag, am Tag vor ihrem Sterben, fühlte sie sich außergewöhnlich elend. Den folgenden Tag, 7. August, vermißte man sie zum ersten Mal im Morgengebet. Mutter Célestine, hierüber beunruhigt, bat die Krankenschwester, nach ihr zu sehen. Diese fand sie in einer Beklemmung, die sich aber bald besserte. Während der heiligen Messe erlitt sie einen Schwächeanfall, der uns gefährlich zu sein schien. Unmittelbar nach der heiligen Messe baten wir den hochwürdigen Herrn Rektor, ihr die Generalabsolution zu geben. Die heilige Ölung hatte sie bereits einige Wochen vorher auf dem Chor empfangen. Auf die Frage des Rektors, ob sie bei der heiligen Kommunion des Vortages auch gedacht habe, es könne ihre letzte sein, antwortete sie lächelnd: 'Herr Rektor, das denke ich immer.'

Mögen ihre Tugenden, vor allem ihre tiefe Demut und ihr kindlicher Gehorsam uns stets zum Vorbild sein und ihr Geist in der Kongregation weiterleben. -"

Mutter Célestine hat dem Bericht der Chronistin noch Einzelheiten hinzugefügt. Am Nachmittag kam sie in Mutter Magdalenas Zelle und hörte sie mit klarer Stimme Gebete in Versform laut beten.[6] Um 1/2 4 Uhr schellte es zur Vesper, doch kaum hatte das Gebet begonnen, da wurde Mutter Célestine zu Mutter Magdalena gerufen, die sterbend war. Sie fand sie betend und wollte sie nicht stören mit Stoßgebeten. Doch konnte sie sich nicht zurückhalten zu fragen: "Wollt Ihr uns wirklich verlassen, Mutter Magdalena?" Ohne die Augen zu öffnen, lächelte sie freundlich und sagte deutlich verstehbar: "Wie Gott will." Mutter Célestine bat sie, im Himmel für die Schwestern zu beten. "Ja, das soll ich wohl tun", antwortete sie leise. Einige Augenblicke danach gab sie ruhig den Geist auf.[7]

Mutter Magdalenas Leben und Werk wird immer wieder mit dem Gleichnis vom Senfkorn in Zusammenhang gebracht. Nicht zu Unrecht! Doch andererseits kommt man der Wirklichkeit näher, wenn man tiefer gräbt und das Wort von Romano Guardini erwägt: "...Der allmächtige Gott will in seinem heiligen Ratschluß, daß sein Wille mit der Armseligkeit menschlicher Entscheidung zusammengeht."[8]

Das große Geheimnis im Leben jedes Christen ist das Zusammenwirken von Gottes Gnade mit dem freien Willen des Menschen. Wenn jemand an dem Ort, wo er wohnt, und - was mehr bedeutet - im vertrauten Lebensbereich eine Heilige genannt wird, dann meint man zuweilen, dem Geheimnis dieses Menschen etwas näher gekommen zu sein. In Wirklichkeit ist man noch weit davon entfernt, weil die Vereinigung des menschlichen Willens mit dem göttlichen Willen bei einem heiligen Menschen etwas unaussprechlich Intimes ist.

Wenn wir nun versuchen, die häufig so rätselhafte und doch so bewundernswürdige Gestalt Mutter Magdalenas zu bewerten, dann ist da viel Ungesichertes, viel Unbegreifliches; wahrscheinlich ist das die einzige Sicherheit: Gottes Gnade. Sie selbst sagt es eindeutig: "Es wird nicht mein Werk sein!" Dabei verneint sie, was der Geschichtsschreiberin nicht erlaubt ist zu verneinen, die Mitwirkung des eigenen freien Willens. Aber welcher Anteil der ihre war bei Gebeten und Taten, wer sollte das ausmachen können?

Was auf den ersten Blick auffällt, wenn man das Leben Mutter Magdalenas betrachtet, das ist der Dreiklang Glaube, Gebet, Gottvertrauen. Glaube und Gottvertrauen waren das Erbteil ihrer Vorfahren, das Wohnen im Gebet die Gabe des himmlischen Vaters an das Kind aus dem stillen Mittel-Limburgischen Land.

Wir wissen, wie gern Mutter Magdalena das berühmte Wort Abrahams anführte: "Gott wird sorgen!" Gott hat es bereits in den Blick genommen, Gott wird es schon wissen (vgl. Gen 22,8)! (Mutter Magdalena sagte: "God zal het voorzien!"). Pastor Van der Zandt hat es so in seiner Chronik unzählige Male als aus ihrem Mund kommend aufgezeichnet. In dieser Form muß sie es gesagt haben, nicht so, wie es uns überliefert ist. Sie gebrauchte dieses Wort nicht, um etwas von sich wegzuschieben. Ebensowenig sagte sie es als unbedachtes flinkes Trostwort. Nach Aussagen sehr vieler, u. a. nach Pastor Van der Zandts ausdrücklichen Vermerken in seiner Chronik, sprach sie es aus, um zu unterstreichen, daß ihr Plan Gottes Plan sei und gelingen werde - wie auch immer.[9] Aus dem, was historisch feststeht, auch aus den mündlichen Zeugnissen derer, die sie persönlich gekannt haben, wird nirgends sichtbar, daß sie zweifelte an sich selbst. Anders gesagt, sie hatte die innere Gewißheit, ein Werkzeug für die Ausführung seiner Pläne zu sein. In diesem Zusammenhang muß unbedingt gesagt werden, nirgends ist ersichtlich, daß sie ihren persönlichen Vorteil oder ihre Befriedigung gesucht hat.

Wir fragen uns, wie es nur möglich ist, daß jemand mit so großer Sicherheit wissen kann, was Gott von ihm will. Es ist nicht bekannt, daß sie um Rat fragte oder, wie man sagt, sich führen ließ. Catharina Damen muß innerlich eine sehr einfache Struktur gehabt haben. Größtenteils ist das zurückzuführen auf ihre Abstammung und ihr Herkommen. Das Wort des Bischofs von Lüttich, "Man kann nicht mit ihr reden!", scheint dazu ein Schlüssel zu sein.

Wer bei einer höheren Instanz eine wichtige Angelegenheit zu verteidigen hat, bereitet sich gründlich vor, überlegt Argumente, stellt sich auf Einwände ein. Wenn eine solche Person als sehr ausgeglichen bekannt ist und frei von Nervosität und doch im wichtigsten Augenblick nichts zu sagen weiß, dann nimmt man an, daß sie nicht vernünftig überlegt hat. Catharina war nicht in der Lage, ihre Gedanken scharf zu formulieren. Ihre Intelligenz war anderer Art, sie zeigte sich auf andere Weise, nämlich intuitiv. Frauen, mit klarem Verstand begabt, aber nicht in herkömmlicher Weise gebildet, zeigen sich sehr klug in ihren Entscheidungen, in der Wahl, die sie treffen; zurecht empfangen solche Frauen Ehrfurcht und Vertrauen von den Menschen, mit denen sie leben. Aber argumentierend etwas darlegen, das können sie nicht. Eine solche Frau war Catharina Damen.

Sie war ein stiller Mensch, empfänglich für die Eingebungen des Heiligen Geistes. Gott selbst führte sie in die tiefe Sammlung des Gebetes.

Die Chronistin des Mutterhauses in Heythuysen spricht in ihren Aufzeichnungen auch von den Tugenden Mutter Magdalenas. Wenn ihre Mitschwestern gefragt wurden, verwiesen sie immer wieder auf ihre Demut und auf ihren Gehorsam.

Die Eigenart von Mutter Magdalenas Demut wird etwas verständlicher, wenn man sie vergleicht mit der von Mutter Angela von Cordier. Es ist nicht unmöglich, daß das reichbegabte adelige Mädchen Selbstbewußtsein mit Hochmut verwechselte. Daß darauf ihr Wahlspruch zurückzuführen ist: "In Liebe über allen, in Demut unter allen!" ist eine Vermutung, die sich anbietet. Bei Mutter Magdalena gibt es kein Anzeichen dafür, daß sie bewußt nach Demut strebte, daß sie für sich oder für andere diese Tugend bevorzugt hätte. Ihr, die in der Wahrheit lebte, muß eine demütige Haltung selbstverständlich gewesen sein. Für uns ist das nicht selbstverständlich. Ein volkstümliches Wort sagt: Wenn das Nichts zu etwas kommt, kennt es sich selbst nicht mehr.

Bewundernswert ist die innere Ruhe, in der sie Schwierigstes durchstand, als ob es sie persönlich nicht anginge. Sie lebte, was sie sagte: "Es soll mein Werk nicht sein!" - "Gott wird es schon wissen!" Warum sollte sie sich aufregen? - Man sagt, Demut ist Wahrheit. Bei Mutter Magdalena muß es in der Tat so gewesen sein. Aber sie wußte sich doch als Stifterin? Um der Wahrheit willen mußte sie sagen, ja, es ist so, aber es war für sie ein Auftrag gewesen, ein zeitgebundenes Amt, kein bleibender Rang.

Wie natürlich, redlich erscheint ihr Zurücktreten, als sie wußte, daß sie den neuen Forderungen, die das Leben der Kongregation an sie stellte, nicht mehr entsprechen konnte. Wieviele handeln unter ähnlichen Umständen wie sie?

Was den Gehorsam betrifft, Mutter Magdalena muß von Natur einen eisernen Willen gehabt haben, wohl ein Erbteil ihrer Vorhaben, die mit zäher Ausdauer dem kärglichen Boden eine dürftige Ernte abgewinnen mußten. In den besten Jahren ihres Wirkens, 1825 bis 1840, sehen wir mit Bewunderung auf ihr gradliniges Handeln. Wiederholt zurückgewiesen, aber nicht bezwungen, bleibt sie bei all ihrem Tun ausgerichtet auf das Ziel, das Gott ihr nach tiefster innerer Überzeugung gesteckt hat. Merkwürdig ist in diesem Zusammenhang das Zitat aus der Ansprache von Msgr. Van Bommel, dem Bischof von Lüttich, bei seiner ersten Visitation 1836. Wenn der Bischof auch nur fünf Minuten zu den Schwestern gesprochen hat, so muß er doch mehrere Punkte berührt haben, die für das gerade gegründete Kloster von Bedeutung waren. Was von dem allen hat Mutter Magdalena so beeindruckt, daß sie es zur Erinnerung in ihr Haushaltungsbuch schrieb? Nur drei Gedanken hielt sie fest: Ansporn zum Gebet, Behutsamkeit beim Sprechen und: "..der Eigenwille muß zehn Fuß tief in den Boden gestampft werden". - Sie, die so redlich lebte, wußte, welche Gefahr in einem starrköpfigen Willen verborgen sein kann. Davor wollte sie sich selbst und ihre Schwestern, die doch Gehorsam gelobt hatten, warnen.

Nach innen gekehrt - das Gegenteil von spontan - und mit einem starken Willen beschenkt, muß es ihr von Natur aus schwergefallen sein, sich nach anderen zu richten. Sie handelte nie gegen die kirchliche Autorität. Sie wußte sich zu fügen und Geduld zu üben, bis die Umstände geklärt waren und die Zeit dazu geeignet erschien, zu verwirklichen, was sie als das einzig Richtige ansah. Und das Ergebnis zeigte, daß sie es richtig gesehen hatte.

Als sie zurückgetreten war von ihrem Amt als Oberin, war sie allen ein Vorbild des Gehorsams ihrer Nachfolgerin gegenüber, treu selbst in den kleinsten Dingen, treu gegenüber der einmal übernommenen Regel. Dies darf nicht unterschätzt, aber auch nicht überschätzt werden. Beständige, andauernde Treue gegenüber den Vorschriften fordert große Selbstzucht. Andererseits kann äußere Treue bestehen ohne inneres Einverständnis. Die Haltung von Mutter Magdalena zeigte, daß sie - einmal von ihrem Amt zurückgetreten - sich äußerlich und innerlich vollkommen einfügte in die bescheidene Rolle, die nun die ihre war. Ihr Verhalten war so selbstverständlich, daß man beinahe vergaß, wie schwer es ihrer natürlichen Veranlagung hätte fallen können.

Zum Schluß soll der Advocatus Diaboli zu seinem Recht kommen. Er findet in Schwester Crescentia Lenders unerwartet eine Helferin, allerdings ohne Erfolg. Diese etwas ältere Schwester der späteren Generaloberin Mutter Aloysia, eine nüchterne, energische Frau, hatte als Novizin und junge Professe vier Jahre mit Mutter Magdalena im Konvent gelebt von 1847 bis 1850, ehe sie zur Oberin in Mook ernannt wurde. Sie erzählt in ihren Erinnerungen:

> "Es ist nicht leicht, zu sagen, welche Tugend bei ihr vorherrschend war. Zur größeren Ehre unserer ehrwürdigen Mutter will ich ein Bekenntnis ablegen, wenn es mir auch zur Beschämung gereicht. Ich hatte mir vorgenommen, Mutter Magdalena genau zu beobachten, um zu sehen, ob ich eine kleine Unvollkommenheit bei ihr entdecken könne; doch wie sehr ich auch aufpaßte, ich fand nicht das Geringste, was ich hätte mißbilligen können, selbst nicht die geringste Übertretung der klösterlichen Vorschriften."

Nebenbei sei bemerkt, daß hier der Zeitgeist mitspricht. In unserer Zeit hat die treue Observanz nicht mehr den Ehrenplatz, sondern hat zurückzutreten hinter die Liebe. Und auch in der Liebe zeichnete sich Mutter Magdalena aus. Wie jede Adamstochter wird auch unsere Stifterin ihre Schwächen gehabt haben. Aus ihren jungen Jahren ist allerdings so gut wie nichts bekannt. Als sie in das Licht des Tages trat, in die kleine trübe Sonne der Dorfgemeinschaft von Heythuysen, war sie beinahe vierzig Jahre alt. In diesem Alter haben sich die Eigenschaften eines Menschen bereits gefestigt, und es ändert sich nicht mehr viel. Wenn wir Mutter Magdalena als ruhige, gütige, erfahrene und vollkommen ausgeglichene Frau kennen, dann dürfen wir annehmen, daß sie in den 25 Jahren in Maaseik, im täglichen Umgang mit den anderen Masoeurkes, mit den Kindern und der vielfordernden Pfarrgeistlichkeit die Gelegenheit und den Willen gehabt hat, die rauheren Kanten ihres Charakters abzuschleifen. Alles weist darauf hin, daß sie, als sie nach Heythuysen kam, gereift und ausgeglichen, eine tugendhafte Frau war, eine sehr gute Ordensfrau, wenn auch nicht im kirchenrechtlichen Sinn, so doch dem Geiste nach.

Auf noch etwas Wichtiges soll hingewiesen werden. Mutter Magdalenas Schweigen hatte sich zu einem innigen Gebetsleben geläutert, doch dürfen wir nicht vergessen, daß ihre Schweigsamkeit eine Charaktereigenschaft war. Wenn die ältesten Gefährtinnen bezeugen, daß sie es sich zur Gewohnheit gemacht hatten, keine Fragen zu stellen (u. a. bei der Suche nach Stoff für die ersten Habite), dann kann man daraus auf einen sehr starken Einfluß schließen, den Masoeur Catrien auf die anderen hatte, die mit ihr lebten und mit ihr nach dem gleichen Ideal strebten. Man wundert sich jedoch auch über so wenig Vertraulichkeit in einem so kleinen Kreis. Dies kann uns allerdings verweisen auf eine große natürliche Verschwiegenheit, die trotz aller Liebe Catharinas zu ihren Gefährtinnen bei denen eine gewisse Zurückhaltung auslöste. Heilige im Werden sind nicht immer angenehm für ihre Umgebung. Ein Fehler kann es aber nicht genannt werden, höchstens ein Beweis daür, daß ihre Liebe noch nicht vollkommen war. In späteren Jahren findet sich nichts mehr, was in diese Richtung weist.

In den letzten Jahren ihres Lebens wurde Mutter Magdalena sowohl von ihrer Umgebung als auch außerhalb des Klosters allgemein als eine Heilige angesehen. Warum?

Zuerst muß festgestellt werden, daß das, was allgemein in der Hagiographie einen bedeutenden Platz einnimmt, bei Mutter Magdalena nicht wahrgenommen wird. Sie wirkte keine Wunder. Mehr als gewöhnliche Askese, Fasten, körperliche Bußübungen sind bei ihr nicht bekannt. Der Bericht, daß einmal bei der heiligen Kommunion über ihrem Haupt eine Taube gesehen wurde, und die zwei Behauptungen, man habe sie schwebend über dem Boden gesehen, sind zu schwach fundiert, als daß man sie ernstnehmen könnte. Sie beweisen nur, daß man solches bei der verehrten Mutter für möglich gehalten hat.

Dagegen sind mehrere Berichte einer anderen Kategorie überliefert, welche zu ihrer Zeit als wunderbar angesehen wurden. Wiederholt hat sie deutlich gemacht, daß sie von Geschehnissen wußte, die sie auf natürliche Weise nicht wissen konnte. Geschehnisse sowohl in der Nähe als auch in der Ferne, sowohl solches, was gleichzeitig geschah, wie solches, was noch bevorstand. Das wichtigste und beharrlich und am besten belegte Beispiel hierfür ist die Prophezeiung (1829), die sie in der Zeit machte, als sie das kleine Haus an der Dorpstraat selber aufbauten: "Aus diesem Haus werden vor meinem Tod noch siebzehn Häuser entstehen."

Daß Mutter Magdalena den Kreppel "gesehen" haben muß, die Schwestern meinten, während sie vor dem Muttergottesbild in der Pfarrkirche betete, davon wurde bereits gesprochen, auch davon, daß sie ihr Befremden äußerte, als ein Stück an den Kreppel angebaut wurde, weil es anders gebaut wurde, als sie es "gesehen" hatte.

Weisen diese und ähnliche Vorkommnisse auf eine übernatürliche Gabe oder eine paranormale Begabung hin? Wir können es nicht beurteilen. Gleichwohl, was jemandes Tugend betrifft, ist es nicht wichtig, ob seine Gaben im gewöhnlichen oder außergewöhnlichen Bereich liegen, ob die Charismen an eine natürliche Veranlagung oder Eigenart gebunden werden oder unmittelbar eingegeben sind. Es geht nur darum, wie sie gebraucht werden. Mutter Magdalena hat, soweit bekannt, ihre Gaben ausschließlich gebraucht, um zu helfen, zu trösten, guten Rat zu geben - meist in geistlicher Hinsicht. Auch über besondere Gebetszustände, Verzückungen, Ekstasen, waren viele Reden im Umlauf, sowohl bei Schwestern und Pensionärinnen als auch bei Außenstehenden. Aber nie wurden Ort und Zeit bezeugt oder Mutter Magdalenas Verhalten in solchen Situationen beschrieben. Die Echtheit der Berichte entzieht sich der Nachprüfung, weshalb wir nicht weiter darauf eingehen wollen, obgleich wir meinen, in allem stecke ein Körnchen Wahrheit.

Etwa seit 1900 wurde seitens der Kongregation nachgefragt bei Personen, die selber oder über ihre Eltern oder über ihre weitere Familie Näheres von Mutter Magdalena sagen konnten aus der Erinnerung. Das eine oder andere ist schriftlich niedergelegt worden, jedoch konnte man für gewöhnlich, auch bei genauerem Nachfragen, weder ein Datum nennen noch Zeugen anführen. Wir meinen, wir sollten es so gutsein lassen.

Wenn Mutter Magdalena auch nach 1840 sehr zurückgezogen lebte, so zeigt doch eine Reihe von Berichten an, daß sie in ihren besten Jahren - 1825 bis 1840 - eine der bekanntesten und beliebtesten Frauen in der kleinen Dorfgemeinschaft war und daß die Erinnerung an sie noch lange lebendig blieb. Möge die Stimme des Volkes, die sie "het heilig zusterke" nannte, Gottes Stimme sein!

Quellenangaben zu Kapitel XII

1 Was aus diesem Zeitabschnitt von 18 Jahren überliefert ist, wird später erzählt von Personen, die Mutter Magdalena gekannt haben, aber meistens ohne Angaben von Alter und Umständen. Wir wollen versuchen, aus den wenigen Angaben uns ein Bild zu machen.

2 Bericht von Schwester Crispine Snellers.

3 Bericht von Schwester Plechelma Scholten.

4 Schwester Helena Maschek war Oberin in Huissen von der Gründung 1866 an bis 1903.

5 Aussage von Schwester Ignatia Meyerink.

5a Notiz von Schwester Pacifica Grimmelt.

6 Wir wagen zu unterstellen, daß solche einfachen Reime, die die Schwestern noch viel später während der Hausarbeit sagten, bei Mutter Magdalena eine andere Funktion hatten. Geistliche Schriftsteller meinen, die gewöhnlichen Empfindungen würden zuweilen durch solche Reimgebete gebunden, während der Geist sich wortlos in Gott verliert.

7 Die Chronistin schreibt: "Eine dritte Wiederholung von Atemnot um vier Uhr herum machte ihrem teuren Leben ein Ende."

8 Romano Guardini, Gebet und Wahrheit. Meditationen über das Vaterunser, Würzburg 1960.

9 Möglicherweise lebte Mutter Magdalena ihre Beziehung zu Gott in einer solchen Realität, daß sie es im weitesten Sinn für selbstverständlich hielt, daß er für sie sorgte. Bei ihrem Besuch beim Bischof ging es allein um äußere Dinge: Haus, Kleidung, Geld. Was für sie wesentlich war, mußte nicht überlegt und besprochen werden, das war in Ordnung (Schwester Aloysia Duysings).

XIII. Pastor Peter Van der Zandt 1784 - 1870

Bei der Darstellung der Beziehungen von Pastor Van der Zandt zu Mutter Magdalena sind sein Charakter und seine Aktivitäten bereits eingehend besprochen worden. Zur Ergänzung soll noch einiges aus seiner Jugend angeführt werden.[1]

Peter Van der Zandt wurde am 8.1.1784 geboren in dem ländlichen Berchem in der unmittelbaren Nähe von Oss. Seine Eltern waren Cornelis Van der Zandt und Anna Maria van Duynhoven. Die Familie hatte mehrere Kinder, die spätere Schwester Rosa Van der Zandt war eine Tochter von Peters Bruder. Eine bedeutend jüngere Schwester von Pastor Van der Zandt führte später seinen Haushalt.

Nachdem er eine kurze Zeit Heiratspläne gehabt hatte, sah er davon ab. Das junge Mädchen, das er zu heiraten beabsichtigt hatte, trat in ein Kloster in Nord-Brabant ein. Er selbst wurde Student der Lateinschule in Maaseik und trat nach dieser Zeit in das Priesterseminar in Münster/ Westfalen ein. Am 2. April 1814 empfing er dort im Hohen Dom die Priesterweihe.

Sieben Jahre lang war Peter Van der Zandt Kaplan in verschiedenen Dörfern des Bistums Lüttich, in Grathem, Maaseik, Klein Breugel und Meeuwen[2]. Von Maaseik her muß er Catharina Damen gekannt haben, sei es als Haushälterin im Pfarrhaus, sei es als Masoeurke "op de Trepkes", als diese für die Kirchenwäsche sorgte. Aber die stille, äußerst bescheidene Frau lenkte die Aufmerksamkeit des lebendigen, sehr aktiven jungen Priesters nicht auf sich. Er übersah sie. Ein Charakter wie der ihre lag ihm nicht.

1821 ernannte ihn Kapitularvikar Jean Arnould Barrett, Lüttich, zum Pfarrer in Heythuysen. Örtliche[3] und allgemeine Übelstände sollten behoben werden. Zu den allgemeinen gehörte die äußerst beklagenswerte Situation des Unterrichts. Kurze Zeit vorher war den Pfarrern durch ein Schreiben des Kapitularvikars die Sorge um die Jugend anempfohlen worden. Das fiel Pastor Van der Zandt nicht schwer. Er war ein Kinderfreund. Sobald er sich auf der Straße zeigte, umringten die Kinder ihn.

Geboren aus diesen Gegebenheiten, entstand Catharinas kleine Schule. Die sogenannte Chronik von Pastor Van der Zandt macht nicht nur Angaben zur Geschichte der Kongregation der Franziskanerinnen von Heythuysen, sondern gibt auch Auskunft über die Person des Schreibers.

Pastor Peter Van der Zandt

Zunächst bekommen wir einen Einblick in seine Ausbildung, vor allem in seinen Umgang mit der niederländischen Sprache. Allem Anschein nach hat er diesbezüglich in Maaseik wenig und in Deutschland nichts hinzugelernt. Die Bemerkung von L. J. Rogier, daß die Pastoren zu jener Zeit gewöhnlich drei Sprachen kannten, Latein, Französisch und Niederländisch, davon das Niederländische am schlechtesten, ist aufschlußreich. Man lese z. B. den Brief in niederländischer Sprache, den er 1844 zwei Schwestern anläßlich einer Bettelreise mitgibt. Das Latein der Briefe, die an den Generalvikar in Lüttich gerichtet sind, ist nicht klassisch, macht aber einen guten Eindruck. Es ist kraftvoll, klar und frei von ins Auge springenden Fehlern.

Während seiner Studienjahre muß Pastor Van der Zandt Freude an Literatur bekommen haben. Er schmückt seinen Chronikbericht häufig mit Zitaten aus, in der lateinischen Sprache sowohl als auch in der niederländischen, und er äußert seine Empfindungen in Alexandrinern, die, wenn sie auch nicht den Namen Poesie verdienen, so doch wegen ihrer arglosen Herzlichkeit ansprechen. Die niederländischen Zitate leitet er gewöhnlich ein mit der Redensart: "Ich darf mit dem Dichter sagen ..." Aber sie passen meistens so genau auf die gegebene Situation, daß man sich fragt, ob die Wendung "mit dem Dichter" nicht zu bescheiden ist, und es heißen müßte: "Ich sage es in Gedichtform." Die lateinischen Zitate sind meistens der Heiligen Schrift entnommen, manchmal erinnern sie auch an klassische lateinische Literatur. Sogar im rhythmischen Anfang der Rede, mit der er Mutter Magdalena ihre Entlassung aus dem Oberinnenamt mitteilt, klingt ein fernes Echo durch des ciceronischen Quousque tandem abutere, Catilina ...! "Nicht vergeblich, Ehrwürdige Mutter, habt ihr jederzeit euer Vertrauen auf die Vorsehung gesetzt!" Rhetorik, auf jeden Fall, und dazu noch im Gespräch mit der guten Mutter Magdalena. Außer Cicero wird auch Titus Livius daran schuld sein, daß Pastor van der Zandt eine derartigen Ansprache halten konnte.

Auffallend rhetorisch, auch pathetisch und dabei ein wenig naiv-selbsteingenommen ist der in "Catholijke Nederlandse Stemmen" erschienene kleine Artikel vom 25. Juli 1846, der deutlich erkennbar durch die Redaktion verbessert worden ist. Anlaß für den Brief des Pastors war die Verbannung des Apostolischen Vikars von Batavia, Msgr. J. Groof. Sie hatte unter den Katholiken in den Niederlanden heftige Mißbilligung hervorgerufen, verursacht auch durch den Artikel von Le Sage te Broek in der erwähnten Zeitschrift. Der Pastor nimmt im Rahmen seiner Möglichkeiten an einer Hilfsaktion teil. Er schreibt:

"Sehr geehrter Herr Redakteur.

Beim Lesen von der freundlichen Aufnahme, mit der unsere Brüder in Christus in Den Helder den erlauchten und mutigen Kirchenfürsten J. Grooff empfangen haben, wurde meine Seele gerührt und von heiliger Freude erfüllt bei dem Gedanken, daß diese herrliche Huldigung wohl ein lindernder Balsam gewesen sein muß für das so lange auf ungerechte Weise gequälte und von Traurigkeit erfüllte Herz dieses zweiten Clemens August[4]. Ich dachte, daß dieser vortreffliche Bericht auch für die unschuldigen Herzen der jungen Mädchen in unserem Stift St. Elisabeth eine süße Labung sein würde, weil sie zum größten Teil holländische Mädchen sind und die Angelegenheit ihnen gut bekannt ist. Ich las ihnen also mit feierlichem Ernst den betreffenden Artikel vor, so wie Ihr geschätztes Blatt vom Samstag, 4. Juli, ihn gebracht hat. Sogleich waren die Gemüter gerührt und die zarten, unschuldigen Herzen in derartiges Entzücken versetzt, daß sie alle, wenn ich sie nicht zurückgehalten hätte, aus Dankbarkeit und Achtung für einen so großen Mann und zartfühlenden Kinderfreund ihre Sparbüchsen ganz geleert haben würden ... Ich konnte aber und wollte nicht verhindern, daß sie doch etwas beitrügen, und waren es für jede nur 25 Cent, als ein Geschenk für diesen würdigen Mann. Nach meiner Zustimmung eilten sie alle mit Begeisterung herbei und wollten, wie die Kinder von Den Helder, so gut sie konnten, die erlittene Schmach des mutigen Verteidigers des Glaubens mit ihren geringen Opfern vergelten. Sie sind 29 an der Zahl.. Das übrige haben wir Geistlichen, um die Sendung zu vereinfachen, einem unserer Rendanten übergeben und recht gerne die Summe auf 10 Gulden ergänzt.

Wollen sie inzwischen, sehr geehrter Herr Redakteur, diesen unseren geringen Betrag annehmen als Beweis unserer Treue für die gute Sache. Auch im Namen der anderen grüße ich Sie mit Hochachtung.

Ihr dienstbereiter Diener
Peter Van der Zandt, Pastor

Heythuysen, 9. Juli 1846

Von mehr Bedeutung als die stilistischen Eigenarten ist das Interesse und die Herzlichkeit gegenüber den Schülerinnen des Pensionates, die deutlich werden aus dem vorstehenden Brief.

Am allerwenigsten besaß Pastor Van der Zandt die Mentalität eines Diktators. Er hatte seine Ideen und Forderungen, aber er verstand sich auch darauf, nachzugeben, wo es darauf ankam, und er konnte einen Fehler, den er gemacht hatte, eingestehen. Das wohl etwas einseitige Hervorheben seines eigenen Tuns scheint mehr aus einer einigermaßen naiven Selbstzufriedenheit zu kommen als aus Ehrgeiz. Einem Dorfpastor, der vor 100 Jahren gelebt hat, der Papst und Kaiser in seiner Gemeinde war, muß man einiges nachsehen.

Was das Verhältnis zu den Schwestern betrifft, so fällt auf, daß im großen und ganzen weder Äußerungen noch Ratschläge überliefert sind von demjenigen, den sie 24 Jahre lang regelmäßig gesehen und gehört hatten. Das einzige Wort von ihm, in dem Herzlichkeit mitklingt, finden wir in der Beschreibung der Grundsteinlegung im Jahr 1867, und dieses Wort ist nicht frei von Überheblichkeit, die der Starke zuweilen empfindet im Blick auf Vergangenes. Das befremdet wohl, vor allem, wenn wir im Vergleich dazu hören, wie die Ursulinen von Roermond ihren Stifter, Pastor Lambertz von Tildonk, ansprechen: als den verehrten, lieben Vater, auf den sie gern hörten[5].

Waren die Heythuysener Franziskanerinnen nicht ausreichend unterrichtet über das, was der Pastor außerhalb ihres Konventes und über die Dorfgrenze hinaus für sie tat bei einer ganzen Reihe von Gründungen? Auch die Tatsache, daß er 20 Jahre lang bei Ausbau und Umbau des Kreppels die Leitung hatte, scheint ihnen entgangen zu sein. Waren es vielleicht seine unüberlegten Äußerungen, die sie abstießen? Oder war es seine Haltung der Stifterin gegenüber, die man ihm übel nahm? Schwester Alrida Simons, eine Frau mit gesundem Gespür und natürlicher Intelligenz, erzählte im Alter, daß sie als Novizin in der Zeit vor 1900 bei den älteren Schwestern eine gewisse Abneigung gegen Pastor Van der Zandt bemerkt habe. Sie schrieb das seiner geringen Anerkennung Mutter Magdalenas zu. So sahen es die Schwestern. Das war 25 Jahre nach dem Tod Pastor Van der Zandts. Aber gewisse Einstellungen können sich lange halten, wenn nicht eine genaue geschichtliche Untersuchung das Gegenteil beweist.

Die Schwestern irrten. Zweifellos war in den Jahren der Zusammenarbeit mit der Stifterin in ihm eine tiefe Ehrfurcht gewachsen vor ihrem Glauben und ihrer Frömmigkeit, ihrer Demut und Selbstlosigkeit. Aber der Funke spontaner Sympathie ist nie übergesprungen. Seine Würdigung ihrer Person kam aus dem Verstand und war religiös begründet. So etwas wie wortlose Übereinstimmung gab es zwischen ihnen nicht.

In dem Verhältnis zu Mutter Theresia Rooyackers war das anders gewesen. In ihr, die 25 Jahre jünger war, sah er die fähige Helferin, den gleichgesinnten Geist, und er brauchte nicht zu ihr aufzusehen wie zu einer, die sicherer und kraftvoller über ihren Willen verfügte und die reichlicher als er mit Gnadengaben beschenkt war. Zudem gewann Mutter Theresia leicht die Herzen aller.

Über die Zusammenarbeit von Pastor Van der Zandt mit Mutter Bernardine Mensinck ist ausführlich gesprochen worden. Als ihre Zeit vorbei war, hatte auch seine ein Ende gefunden. Er bat mit 75 Jahren um seine Entlassung aus dem Amt als Direktor. Von Mutter Aloysia Lenders erfuhr er Würdigung und Dankbarkeit. Sie war es auch, die ihn bat, seine Chronik weiterzuführen. Einen Einfluß auf die Leitung der Kongregation hatte er aber nicht mehr.

Pastor Van der Zandt blieb noch fünf Jahre Pfarrer seiner Gemeinde, dann gab er sein Amt ab. Kaplan Verzett wurde sein Nachfolger. Pastor Van der Zandt wohnte jedoch weiterhin in Heythuysen und teilte Freud und Leid mit seinen Schwestern.

Als am 23. September 1867 der erste Stein für die neugotische Kapelle gelegt werden sollte - sie wurde während des Zweiten Weltkrieges gesprengt -, ließ man ihm gern die Ehre und die Freude, die Grundsteinlegung vorzunehmen. Die Haus-Chronik von St. Elisabeth spricht davon:

> "...Der gute alte Pastor Van der Zandt, unser früherer Direktor, zog, mit Rochett und Stola bekleidet, durch die Klosterpforte, begleitet von Herrn Rektor Canters und dem hochw. Herrn Verzett, Pastor von Heythuysen. An Ort und Stelle erwartete der Maurer, Cornelius Baten, mit geschmückter Mörteltonne, Stein und Maurerkelle die Prozession. Wie von Freude verjüngt, stieg der alte Herr Pastor in die Vertiefung, die für die Fundamente gegraben war, danach reichte der genannte Maurer ihm den ersten Stein, den dieser feierlich segnete. Mit herzlicher Freude rief er in Begeisterung aus: "In Gottes Namen!" und legte den ersten Stein nieder. Es war der innige Wunsch des Offizianten, des alten, hochwürdigen Herrn Pastors, das Bauwerk noch vor seinem Tod sehen zu können."

Hat sich dieser Wunsch erfüllt? - Vielleicht. Die Einweihung am 21. Juni 1870 hat er nicht mehr miterleben können. Sechs Wochen zuvor, am 12. Mai rief Gott ihn zu sich. Er hat dem Tod ruhig entgegengesehen. In einem kleinen Vers schrieb er kurz vor seinem Tod:

Für den alten Peter bitt',
so er es verdient,
da er bald zum Herrn hintritt,
daß er Gnade find't.

Die Schwestern pflegten ihren alten Direktor in seiner letzten Krankheit. Nach dem Empfang der Krankensalbung sagte er zum Arzt müde, ruhig und gelassen: "Es geht nun zu Ende mit Peter." Seinem Mitbruder Pastor Petrus Verzett gegenüber sprach er von der Verantwortung, deren er sich bis zuletzt bewußt war: "Priester gewesen zu sein, das lastet schwer auf der Seele." Als die Sterbegebete beendet waren, starb er ruhig im Herrn. Die Haus-Chronik von St. Elisabeth fügt dem Sterbebericht hinzu:

"...auch wir haben, vor allem in den Gründungsjahren unserer geliebten Kongregation, seinen edelmütigen Bemühungen viel zu verdanken."

Hundert Jahre später reibt man sich die Augen beim Lesen eines so schief gezogenen Urteils, abgegeben von einer Chronistin, die mit vielen gemeinsam lebte, die Pastor Van der Zandt in seinen besten Jahren gekannt und auch an ihm gelitten hatten.

Aus den Tatsachen wird es überdeutlich und obendrein aus der Chronik des Pastors, daß, wenn es an ihm gelegen hätte, die Kongregation wohl nicht entstanden sein würde. Vielleicht wäre kurz nach dem Entstehen der kleine Konvent in Heythuysen eine Filiale des belgischen Klosters in Arendonck geworden. Catharina Damen war die treibende Kraft, als es um die Gründung der Kongregation ging. Sie war eine Ergriffene, eine Beflügelte durch den Geist Gottes. Menschliche gute Ratschläge brauchte sie nicht, wohl mußte sie zuweilen zurückgehalten werden bei möglicherweise unklugem Vorwärtsdrängen. Hier lag die Aufgabe, die Pastor Van der Zandt in den ersten Jahren zugewiesen war. Als aber gegen seine Erwartung das schwere Werk der Gründung gelungen war und Mutter Magdalena und die ersten Schwestern, die auf Mutter Magdalena folgenden Generaloberinnen den wirtschaftlichen Sachverstand und den Rat Pastor Van der Zandts für den weiteren Ausbau erbaten, ist er ihren Wünschen nachgekommen mit Einsatz all seiner Energie, seines praktischen Verstandes, ja, mit ganzer Hingabe.

Für die geistliche Formung der Schwestern scheint er nicht die geeignete Person gewesen zu sein. In seiner Chronik fällt auf, daß das spirituelle Leben in der Kongregation, die Konstitutionen z. B. nicht im Mittelpunkt seines Interesses standen. In Verbindung damit schreibt er ehrlich: "..weil ich selber in manchen Dingen unerfahren war.." Dem äußeren Wachstum und Gedeihen der Stiftung, den Schulen wie den Konventen galt seine ganze Aufmerksamkeit. Er mühte sich ab, nichts war ihm zuviel, er reiste selbst in alle Provinzen der Niederlande, wo sich nur Aussicht auf eine neue Filial-Gründung bot. Unter seinen Anweisungen entstanden alle Umbauten und Neubauten. Als dann später Mutter Bernardine in der Vollkraft ihres Lebens die Ratschläge des Siebzigjährigen schon einmal nicht beachtete, konnte er das, wie aus der Chronik zu entnehmen ist, nicht verwinden.

Er war der treue Freund, wenn nicht von Mutter Magdalena, so doch von ihrer Stiftung. Er besaß, was ihr fehlte: Praktische Lebenserfahrung. Er handelte mit einem sicheren Gespür für Recht und Billigkeit. Für die erstaunliche Ausbreitung der Kongregation in der Mitte des 19. Jahrhunderts war er ebenso wie Mutter Magdalena Gottes Werkzeug.

Den Widerstand, den Pastor Van der Zandt in den ersten Jahren Mutter Magdalena bot, ist ein Segen für die Kongregation gewesen, ebenso seine Festigkeit beim Durchstehen schwieriger äußerer Situationen.

Mit Schwester Liguori Mason haben wir den Eindruck, daß die Stifterin und der Direktor sich viel zu ertragen gegeben haben. Sie waren zwei ganz entgegengesetzte Charaktere: sie nach innen gewandt, schweigsam, beschaulich; er deutlich nach außen gekehrt, energisch, spontan, beweglich. Der Mann konnte zuweilen plump, auch wohl unentschlossen und wankelmütig sein, die Frau war zu zurückhaltend, um eine angenehme Partnerin genannt werden zu können bei beider Lebensaufgabe[6].

Seinem Wunsch gemäß wurde Pastor Van der Zandt auf dem Klosterfriedhof beerdigt. Im Jahre 1885, anläßlich des 50jährigen Bestehens der Kongregation, hat die Generaloberin Mutter Alphonsa Houben ein Grabdenkmal für die Grabstätten der Stifterin und des Direktors errichten lassen. Darauf wurde die Inschrift gesetzt, die er selbst verfaßt hatte:

> Hier ruhen zu Füßen des Kreuzes
> die Stifter von St. Elisabeths Haus,
> die euch auf dem schmalen Weg zum Himmel
> mit Rat und Tat vorangegangen sind.
> Gedenket ihrer in eurer frommen Fürbitte,
> auf daß sie bald in Frieden ruhen mögen.

Quellenangaben zu Kapitel XIII

1 Bruder Theodorus, in "Kerkklokken", Oss, 6. Juli 1935.

2 Nach dem Totenzettel, Provinzarchiv Heythuysen.

3 Sein Vorgänger, Petrus Todeman, vor der Aufhebung seines Ordens Jesuit, war 1770 Pastor in Heythuysen geworden. Da er sich weigerte, den durch die französische Regierung geforderten Eid abzulegen, wurde er am 10. Juli 1798 verhaftet und auf die Kanalinsel Ré deportiert. Ende November 1799 befreit und in seine Pfarrei zurückgekehrt, blieb seine Gesundheit angegriffen. Er starb am 9. Oktober 1821. (Siehe: S. Liguori Mason, Mother Magdalen and her Congregation.)

4 Gemeint ist Clemens August Droste zu Vischering, Erzbischof von Köln. 1825 hatte König Friedrich Wilhelm III. von Preußen eine Verordnung von 1803, wonach der Vater bei religiös gemischten Ehen die Konfession der Kinder bestimmte, auch auf die katholischen Gebiete in den neuerrichteten Erzbistümern Köln und Gnesen-Posen ausgedehnt. Da der preußische Staat gern junge protestantische Beamte in katholische Gebiete versetzte, war klar, welche Absicht für die zu erwartenden Mischehen man in Berlin hatte. Pius VIII. forderte in einem Breve 1830 für alle Mischehen, die kirchlich geschlossen werden sollten, die katholische Kindererziehung. Der Kölner Erzbischof August von Spiegel aber versicherte mit seinen drei Suffraganbistümern durch ein Geheimabkommen mit der preußischen Regierung, die päpstliche Anordnung zu umgehen. Sein Nachfolger Clemens August Droste zu Vischering lehnte auf Veranlassung Gregors XVI. jenes Geheimabkommen ab. Als die Versuche, den Kölner Erzbischof von Berlin aus umzustimmen, versagten, wurde Clemens August Droste zu Vischering von der preußischen Regierung aufgefordert, auf sein Erzbistum zu verzichten. Da er sich weigerte, wurde er am 20. November 1837 verhaftet und in die Festung Minden transportiert. Durch das sogenannte "Kölner Ereignis" wurde weiten Kreisen erst klar, wie weit das Staatskirchentum bereits gegangen war in seinem Einfluß auf die Belange der katholischen Kirche. Vgl. August Schuchert, Kirchengeschichte, Luzern, 1958, Seite 652.

5 Archiv des Ursulinen-Konventes, Roermond.

6 S. Liguori Mason, a.a.O.

Zweiter Teil

Die Blütezeit

Von den ersten Oberinnen der Kongregation, Mutter Magdalena Damen, Mutter Theresia Rooyackers, Mutter Bernardine Mensinck, kann man sagen, daß sie das klösterliche Leben der Gemeinschaft kraft ihrer Persönlichkeit entscheidend und ganz persönlich prägten auch in der Art, wie sie Leitung wahrnahmen.

Mutter Magdalena, arm und schlicht, vollkommen selbstlos, betend und vertrauend, ist ein Abbild der Kongregation in ihrer Ursprünglichkeit.

In der Amtszeit der von schlichter Vornehmheit und Liebe erfüllten Mutter Theresia verkörperte diese für die Schwestern Auftrag und Ziel. Das wurde deutlich in der gemeinsamen Anstrengung für die Gründung und Führung eines Pensionates, einer Internats-Schule.

Mutter Bernardine reiste und wanderte im Interesse der zahlreichen neuen Gründungen, verlor dabei aber die Übersicht über das Ganze. Die Verbindung zwischen den Klöstern der Kongregation lockerte sich, die Entfernung voneinander tat das übrige, die materiellen Sorgen drückten, das geistliche Leben in den Klöstern nahm Schaden.

Während dieser drei Perioden, gewissermaßen der Kindheit, der Schulzeit, der unruhigen Pubertätszeit, geht die Kongregation dem Erwachsensein entgegen. Es ist nicht mehr die Mutter, die ihre Tochter formt, vielmehr zeigt die Tochter bereits ihre Individualität, obwohl sie noch nicht zur vollen Reife gelangt ist.

Mutter Aloysia Lenders' Interesse und Handeln richtete sich auf ein weites Gebiet. Es wurde ihre Aufgabe, zu ergänzen und zu verstärken, einzuschränken und zu mäßigen, kurzum, die Prägung der Kongregation zu vollenden.

Die Geschichtsschreibung der ersten Periode von 1835 bis 1859 erfolgte in chronologischer Folge auf biographischem Hintergrund. Die Amtsführung von Mutter Aloysia ging aber so sehr in die Breite und Tiefe, daß die chronologische Methode nicht beibehalten werden konnte. Für den Zeitraum nach 1859 wird thematisch verfahren.

XIV. Jahre der Erneuerung

Mutter Aloysia, Maria Gertrudis Lenders, wurde am 23. März 1832[1] in Maastricht geboren als Tochter eines Majors der niederländischen Armee. Es ist anzunehmen, daß sie ihre Kindheit in Maastricht verbrachte. Seit dem belgischen Aufstand 1830 war diese Stadt ein einsamer niederländischer Garnisonsort in dem Belgien zugewandten Limburg. Die Umgebung wird ihre Charakterbildung beeinflußt haben. Das häusliche Milieu kannte die Begriffe Autorität, Verantwortung und Führung in schwerer Zeit.

Das hochbegabte Kind, das später in überzeugender Weise Leitungsaufgaben wahrnahm, fand im Elternhaus die Formung für den Auftrag, den Gott ihr zugedacht hatte.

Mit 17 Jahren trat sie in Heythuysen ein, daraus ist mit Recht zu schließen, daß ihre gesunde und tiefe Frömmigkeit ein Erbe ihrer Vorfahren, vor allem ihrer Eltern war.

Am 26. September 1850 legte sie die Gelübde ab und wurde bereits im Januar 1854 - mit 21 Jahren - Oberin in Kapellen bei Geldern im Bistum Münster nahe der niederländischen Grenze. St. Bernardin, Kapellen, bestand seit dem 11. November 1852, also ungefähr seit gut einem Jahr. Niederrheinische Katholiken brachten dem Haus großes Interesse entgegen. Bald wurde St. Bernardin Noviziat für deutsche Mädchen, die in die Kongregation von Heythuysen eintreten wollten. Als Bischof Johann Georg Müller, Münster, am 3. September 1853 Kloster und Kirche einsegnete, gab er auch elf Postulantinnen das franziskanische Ordenskleid, im folgenden Jahr weiteren acht. Die junge Oberin wurde zugleich Novizenmeisterin. Sie hatte in der Tat kein leichtes Amt.

In dem Generalkapitel vom 31. Oktober 1859 zur Generaloberin der Kongregation gewählt, stand Mutter Aloysia vor einer äußerst schwierigen Aufgabe. Durch und durch Ordensfrau in Geist und Herz, begriff sie, daß ein intensives, umfangreiches Apostolat nicht gedeiht, wenn die Arbeiterinnen im Weinberg des Herrn nicht erfüllt sind von religiösem Geist und kein intensives Gebetsleben führen. Sie wußte, daß in den 50er Jahren manch eine, obgleich von den besten Absichten erfüllt, aber von Verpflichtungen überfordert und gebeugt unter der Last eines für ihre Kräfte zu schweren Auftrages, zu wenig tun konnte für ihr geistliches Leben. Dem abzuhelfen, erschien Mutter Aloysia als eine ihrer vornehmsten Pflichten. Bei ihren Visitationsreisen erfuhr sie persönlich vom Zustand der Filialen, einer bedauernswerten Schuldenlast und daß der Unterricht unter dem Niveau lag. Das war kein Geheimnis. Nicht nur der Nachfolger von Pastor Van der Zandt als Direktor, der Dechant von Weert, wußte darum, auch der Erzbischof von Utrecht äußerte sich sehr scharf darüber. Das Pensionat des Mutterhauses hatte den guten Ruf eingebüßt und zählte nur noch 13 Schülerinnen. Erneuerung auf jedem Gebiet war dringend erforderlich.

Zuallererst mußten die Schwestern, die sich verbunden hatten zu einem gemeinschaftlichen Leben unter den evangelischen Räten, genau wissen, was von ihnen erwartet wurde. Die Statuten waren seit der ältesten Abfassung durch Pastor Van der Zandt zu wiederholten Malen abgeändert und erweitert worden. Man lebte eines Sinnes nach den Konstitutionen von Pater Marchant, aber es waren zu wenig Exemplare vorhanden.[2] Der Aufforderung der Propaganda Fide von 1852, Konstitutionen einzusenden, war noch immer nicht Folge geleistet worden. Mutter Bernardine hatte wohl mit einer Neufassung begonnen, konnte diese aber nicht zu Ende führen.

Mutter Aloysia gab sich nun an die Arbeit. Sie sammelte die Bestimmungen und Gebräuche, die in den einzelnen Klöstern gehalten wurden, dabei stellte sie Unterschiede fest. Sie holte auch von verschiedenen Seiten Ratschläge ein. Die im Archiv der Kongregation vorhandenen Aufzeichnungen, u.a. von Schwester Crescentia Lenders, Mutter Aloysias Schwester und ihre Sekretärin, machen den Eindruck, daß eine Anzahl alter Bestimmungen von Pater Marchant bewußt fallengelassen werden. "Es war nötig, daß die Kongregation ihre eigenen Konstitutionen bekam." Die Patres Redemptoristen, besonders P. A. Konings "halfen, die Vorschriften des Armutsgelübdes in den entworfenen Konstitutionen den kirchlichen Bestimmungen anzupassen. Doch damals waren wir der Meinung, daß wir beinahe dieselben Verpflichtungen hätten wie die Clarissen." Auch die Franziskaner waren dieser Meinung.

Bald wurden die Konstitutionen in ihrer erneuerten Form Msgr. Paredis vorgelegt. Weil er den Schwestern die allzu schweren Belastungen nehmen wollte, strich er einige Fast- und Abstinenztage und führte anstelle des Römischen Breviers das Marianische Offizium ein. Damit entfiel auch das nächtliche Chorgebet. Mit diesen Änderungen approbierte der Bischof die Konstitutionen am 6. Oktober 1860.

Mutter Aloysia sandte die Neufassung aber noch nicht nach Rom, sie wollte sie zunächst zwei Jahre lang erproben. Jede Schwester bekam ein gedrucktes Exemplar. Die Haus-Chronik von St. Elisabeth, Heythuysen, berichtet von dem hohen Wert dieses Experimentes: "Die Kongregation lebte mit den neuen Statuten auf. Jede Schwester bemühte sich, den Weisungen in Treue nachzukommen."

In diesen beiden Jahren beriet sich Mutter Aloysia mit sachkundigen Priestern und erbat von vier Bischöfen, in deren Diözesen die Kongregation Klöster hatte, Empfehlungsschreiben. Im Frühjahr 1862 sandte Mutter Aloysia die erneuerten Konstitutionen mit den Empfehlungsschreiben der Bischöfe nach Rom.

Nach drei Jahren des Wartens kam Leben in die Angelegenheit. Pater Anselmus Knapen, gebürtig aus Weert, Sekretär des Generalministers der Franziskaner in Rom und zugleich Konsultor der Propaganda Fide[3], und Pater Gregorius Janknecht, Provinzial der Sächsischen Franziskanerprovinz, boten Vermittlung und Hilfe an. Pater Nieuwenhuysen erklärte sich zudem bereit, die Konstitutionen nach den Anweisungen der Propaganda Fide umzuarbeiten. Nach viel Arbeit und Mühe, Gebet und Geduld approbierte Papst Pius IX. am 5. September 1869 die Konstitutionen; am 23. September erreichte die Nachricht das Mutterhaus. Am 21. Juni 1870, dem Tag, an dem 45 Jahre zuvor Catharina Damen nach Heythuysen gekommen war, ließ Mutter Aloysia sie von Msgr. Paredis den Schwestern überreichen.

Neben den Konstitutionen wünschte Mutter Aloysia ein sogenanntes Handbuch, eine aszetische Abhandlung der zehn Kapitel der Regel des Dritten Ordens und dazu in Bezug stehenden Kapitel der Konstitutionen. Auch für dieses Werk erbat die Generaloberin Hilfe von Priestern, die sachkundig waren und sich bereits als Autoren einen Namen gemacht hatten. Mit den Franziskanern in Weert gab es Unstimmigkeiten, weil gleichzeitig die Patres Redemptoristen um Rat gefragt wurden. Zu der Hilfe, wozu P. Gregorius Janknecht sich bereit erklärt hatte, kam es nicht[4]. Mutter Aloysias deutsche Freunde, Pater Gregorius Janknecht und Rektor Joseph Deventer, St. Bernardin, Kapellen, wollten gern etwas in der Angelegenheit tun, verstanden aber den Auftrag nicht recht. Rektor Deventer schrieb einen umfangreichen Band allein über die monatlichen und jährlichen Exerzitien, der zudem für den Zweck nicht geeignet war und darum als Einzelband herausgegeben wurde. Pater Janknecht sorgte für eine kurze Abhandlung zu Kapitel I, §§ 1-4, aber nicht § 5; er schrieb auch zu Kapitel II: Über die Gelübde. Bedauerlicherweise wurde der hilfsbereite Freund durch andere Verpflichtungen daran gehindert, weiterzuarbeiten. Mutter Aloysia beauftragte nun Schwester Crescentia, ihre leibliche Schwester, damit, den Versuch zu unternehmen, die Arbeit fortzusetzen. Sie durfte davon niemandem Mitteilung machen. Die Schwester gab sich alle Mühe, nahm die Handbücher zweier anderer Kongregationen zu Hilfe, als aber bekannt wurde, daß sie an dem Handbuch arbeitete, reagierten zahlreiche Schwestern ablehnend, es gab Spannungen, darum hielt man es für besser, sie die Arbeit nicht fortführen zu lassen.[5]

Schließlich wurden denn doch die ersten vier Kapitel fertig: Beschreibung des Zeremoniells und Erläuterungen zu Regel und Konstitutionen. Im Mai 1874 sandte Mutter Aloysia das Fragment in die Filialen. Erst unter der späteren Generaloberin Mutter Ludmilla Birckman wurde das Handbuch von P. Irenäus Bierbaum OFM vollendet. 1906 schrieb er die fehlenden sechs Kapitel. Das Ganze wurde 1907 gedruckt und 1908 in den Klöstern in Gebrauch genommen.

Außer dem asketischen Kommentar zu Regel und Konstitutionen enthielt das Handbuch auch Hinweise auf Gebete, Zeremonien, Tagesordnung usw., die nicht in den Konstitutionen festgelegt waren. So ließ man sich die Möglichkeit offen, ändern zu können. In diesem Teil des Gebräuchebuches erinnert noch vieles an die Weisungen von Pater Marchant für die Pönitentinnen-Recollectinnen aus Limburg.

Das dritte Mittel, um die Spiritualität, von der Mutter Aloysia selbst durchdrungen war, bei den Schwestern zu stärken und zu vertiefen, waren ihre eigenen Worte; sie sprach zu den Schwestern, wenn sich die Gelegenheit bot, und sie schrieb Briefe. Ein handgeschriebener Rundbrief an die Oberinnen vom März 1866 ist noch vorhanden. Aus jeder Weisung sprechen Weisheit, Liebe und Erfahrung einer geistig hochstehenden ausgeglichenen Frau, die in den Hinweisen, die sie gibt, sich selber zeichnet.

> "In diesen Tagen habe ich mehr als gewöhnlich über die Pflichten einer Ordensperson, einer Oberin, nachgedacht. Ich fühle mich angetrieben, dringend zu bitten, doch Sorge zu tragen, daß die Schwestern mehr eindringen in den demütigen, einfachen, bußfertigen Geist unseres heiligen Vaters Franziskus. Ich bitte alle, wachet, damit nicht weltlicher Geist in die Klöster dringe. Der Verkehr mit der Welt, welcher durch unsere Tätigkeit veranlaßt wird, setzt uns leicht der Gefahr aus, weltliche Gewohnheiten anzunehmen. Laßt uns nicht zu viel daran gelegen sein, die Zahl der Kranken, der Waisen und Kinder in den Töchterschulen zu vermehren; suchen wir nicht, Geld zu verdienen, sondern Seelen für den Himmel zu gewinnen. Sehet zu, daß die reine Meinung nicht verloren geht. Wendet alle Kräfte an, mitzuwirken an der Erziehung der Kinder, die uns anvertraut sind. Flößt durch gute Lehren und Beispiele ihnen Liebe zur Tugend und Frömmigkeit ein. Suchet die Schwestern fortwährend zu ermuntern und zu ermah-

nen, daß sie nicht allein bemüht seien, ihre Pflichten bei den Kindern und Kranken zu erfüllen, sondern auch mit allem Eifer danach streben, selbst Fortschritte zu machen im geistlichen und innerlichen Leben. Ihr werdet so wie ich einst Rechenschaft ablegen müssen über die kleine Herde, welche Euch anvertraut ist. Eine Oberin hat viel in Händen, es hängt sehr von ihr ab, ob die Schwestern Fortschritte im geistlichen Leben machen oder nicht. Darum bitte ich, geht ihnen mit einem guten Beispiel voran, und man wird ihm folgen. Seht Ihr Unvollkommenheiten und Fehler an den Schwestern, so fragt Euch, ob Ihr nicht die Veranlassung dazu gegeben habt, ob Ihr die Fehler nicht verbessern könnt. Werdet nicht müde, mit der größten Geduld und Sanftmut zu ermahnen und zurechtzuweisen. Lasset Euch nicht durch Heftigkeit, sondern durch Liebe beherrschen, damit es Früchte bringe. Seid Mutter und nicht zu sehr Oberin. Befehlet nie, sondern bittet immer freundlich. Die Fehler Eurer Schwestern bemerkt Ihr bald; seht Ihr auch so leicht Eure Fehler? Bestraft Ihr auch Euch? Oder findet Ihr an Euch nichts zu tadeln? Mit Euch selbst habt Ihr viel Geduld, habt sie auch mit Euren Schwestern. Bestrebt Euch, liebevoller, freundlicher und sanfter zu sein, behandelt die Schwestern nicht als Untertanen, sondern als Eure Kinder und Bräute Jesu Christi. Tut mit andern wie Ihr wünscht, daß man mit Euch tue. Bewahrt strenges Stillschweigen über das, was Euch im Vertrauen mitgeteilt wird, damit Ihr das Vertrauen nicht verliert. Sprecht nicht mit anderen Oberinnen oder Schwestern über die Fehler Eurer Schwestern, dies verletzt die Liebe, beschwert das Gewissen und macht mir das Versetzen der Schwestern sehr schwer, weil die Oberin bereits vor Ankunft der Schwester ein Vorurteil gefaßt hat.

Seid vorsichtig im Sprechen; vertraut Euch keiner Schwester an als Eurer Assistentin, und dieser nur, soweit es nötig ist. Sich beklagen und sprechen, um getröstet zu werden, ist kleinlich. Betet viel, sucht Trost bei Jesus im allerheiligsten Sakramente, und Ihr werdet mehr Trost finden, als wenn Ihr Euch bei andern aussprecht.

Wenn Prüfungen, Leiden und Widerwärtigkeiten über Euch kommen, so werdet nicht kleinmütig oder traurig; nein, seid mutig und freuet Euch, die Dornen Eures Amtes zu fühlen. Erinnert Euch, daß Euer Amt ein Kreuz ist. Tragt es aber nicht gezwungen, sondern mit Liebe, solange es dem lieben Gott gefällt. Seid immer heiter, damit Eure Schwestern es auch sind, besonders wenn etwas nicht nach Wunsch geht. Seid immer zufrieden. In der Abtötung und Selbstverleugnung muß eine Tochter des heiligen Franziskus ihre Freude finden.

Laßt Euch nicht zu viel durch die Schwestern bedienen; seid arm und demütig. Gestattet nicht, daß man Euch außer der Zeit Essen und Trinken aufdränge, fehlt etwas, so geht hin und erbittet Euch das Nötige. Sorget, daß im Essen und Trinken keine Mißbräuche einschleichen. Erinnert oft die Schwestern, daß wir Büßerinnen sind, daß wir nicht alles haben dürfen, was unsere Sinne begehren.

Liebet nicht die Bequemlichkeit. Übt treu die heilige Armut; wollet nicht besser haben in Kleidung, Nahrung usw. als die Schwestern; suchet vielmehr das Schlechteste, damit die Schwestern durch Euer Beispiel die Armut lieben und üben lernen.

Verachtet alle Schmeicheleien von den Schwestern, als wären die Obern nicht gehalten, die heilige Regel zu befolgen, vielmehr berechtigt, überall Ausnahmen zu machen. Nein, so machte es Franziskus nicht. Folgt seinem Beispiele und nicht Eurer Natur; je mehr wir ihr nachgeben, desto mehr fordert sie.

Seid für die Gesundheit der Schwestern besorgt wie Ihr es für die Eurige seid. Sorgt, daß die Rekreation gut gehalten wird, wie es die Statuten sagen. Keine weltlichen Neuigkeiten sollen in derselben erzählt werden. Ich wünsche, daß Ihr folgende Punkte genau beobachtet:

1. Damit die Statuten besser befolgt werden, sollt Ihr jeden Donnerstag eine halbe Stunde Vorlesung halten und über einige Punkte nach Belieben Bemerkungen machen.
2. Diesen Brief sollt Ihr jeden Monat am Exerzitientage (solange ich im Amt bin) lesen und Euer Gewissen danach befragen.
3. Wenn der Tag der Geistessammlung nicht ganz einsam für Euch war, sollt Ihr einen andern nehmen, welcher nur verwendet wird, um über Euer Betragen und Eure Pflichten nachzudenken.
4. Seht bei jeder Schwester, welche versetzt wird, selbst nach, ob sie ordentliche Kleider, Wäsche usw. hat; findet Ihr das Gegenteil, so ruft die Schwester, welche für die Sachen sorgt, herbei und gebt der reisenden Schwester Eure eigenen Sachen ab. -

Ich bitte Euch, prägt allen Schwestern eine herzliche Liebe ein gegen unsere Häuser und Schwestern, damit alle Teilnahme gewinnen am Fortgange unserer Genossenschaft. Sorgt, daß viel gebetet wird für das Wohl aller Häuser und aller Mitglieder derselben.

Betet auch, daß der liebe Gott uns fromme und brauchbare Postulantinnen schickt. Erzählt den Schwestern, soviel Ihr wißt, von anderen Häusern und Schwestern. Laßt uns alle ein Herz und eine Seele sein.

Freuet Euch, wenn Ihr einem anderen Haus einen Dienst erweisen könnt; beweist dies durch schnelle Besorgung des Gewünschten.

Wenn sich eine unvollkommene Schwester in Eurem Hause befindet, welche Euch Verdruß verursacht, so sollt Ihr sie als eine Kranke mit der größten Liebe und Geduld behandeln, Ihr mehr Aufmerksamkeit schenken als den anderen Schwestern, damit sie dadurch fürs Gute gewonnen wird und wir selbst durch diese Gelegenheit unsere böse Natur überwinden. Auch solltet Ihr nicht darauf dringen, von einer solchen Schwester befreit zu werden; denn gerade die Unvollkommenen geben Euch am meisten Gelegenheit, Verdienste zu sammeln, da Ihr ja verpflichtet seid, sie durch Belehrungen, Ermahnungen und Aufmunterung mit der größten Geduld und Sanftmut zur Vollkommenheit zu führen."

Vor allem aber war Mutter Aloysia bemüht um die päpstliche Approbation der Konstitutionen. In zahlreichen Briefen kommt sie darauf zurück, durch Opfer und Gebet unterstützt, trachteten die Schwestern danach, diese Gnade von Gott zu erlangen.

Schwester Liguori urteilt: "Sie prägte die Kongregation, manche dachten, sie habe die Kongregation vor dem Untergang bewahrt."[6]

Mutter Aloysia sah es auch als ihre Aufgabe an, Inhalt und Form des Unterrichts zu erneuern. Manches Unerfreuliche in den Klöstern hing von Mißständen in den Schulen ab oder ließ sich daraus ableiten. Die Anzahl der Schwestern mit Lehrgenehmigung war viel zu gering. Es war schwierig, fähige Lehrerinnen zu bekommen, denn die Reichs- und Kommunalsubsidien lagen noch in ferner Zukunft. Die Kongregation selbst mußte die notwendige Anzahl Lehrerinnen stellen.

Ein Zusammengehen von merkwürdigen Fügungen, besser gesagt die Vorsehung, brachte Mutter Aloysia in Kontakt mit Gerardus Hendricus Leus. Leus war Schulbruder gewesen, war umfassend gebildet, ein ausgezeichneter Pädagoge. Er hatte die Franziskanerinnen von Heythuysen in Almelo kennengelernt, und er stellte sich zur Verfügung, die Leitung der Lehrerinnenbildungsanstalt zu übernehmen, die Mutter Aloysia im Mutterhaus errichten wollte. Der Kursus begann am 2. Juli 1862 und erreichte schnell einen hohen Ausbildungsstand. Beinahe alle Kandidatinnen erreichten das begehrte Abschlußdiplom. Die so ausgebildeten Schwestern verteilten sich auf die verschiedenen Schulen der Gemeinschaft, wo sie halfen, ihnen das frühere Ansehen wieder zu verschaffen. Der Unterricht der Schwestern erwarb sich erneut einen guten Ruf, der auf das Verhältnis zu den Eltern der Kinder und zu anderen Mitbürgern seine Auswirkungen hatte. Auch dem Pensionat in Heythuysen schenkte Leus seine Aufmerksamkeit und seinen Einsatz. Die Zahl von 50 Pensionärinnen im Jahr 1854 war auf dreizehn gesunken, 1864 waren es wieder sechzig. Ein Inserat in der Zeitung Maas- en Roerbode vom 2. September 1865 spiegelte die Erneuerung wieder.

> "Pensionat für junge Damen in Heythuysen
> unter der Leitung der Schwestern vom hl. Franziskus
>
> Durch ein glückliches Zusammentreffen verschiedener Umstände ergeben sich günstige Folgen für die Erziehungsanstalt, sie kann immer mehr den Forderungen nachkommen, die an sie gestellt werden, wenn es um die Ausbildung von religiösen, urteilsfähigen Menschen geht. Dem Pensionat, das einer so hoffnungsvollen Zukunft entgegengeht, ist eine Normalschule angegliedert worden. Begabten jungen Damen, die Freude daran haben, bietet sich eine Gelegenheit, sich auf Examina an der staatlichen pädagogischen Akademie für Volksschullehrerinnen und Oberschullehrerinnen vorzubereiten.
>
> Die Ferienzeit endet am 5. Oktober."

Sieben Jahre lang arbeitete Leus mit großer Hingabe im Unterrichts- und Erziehungswesen im Mutterhaus. Als er 1869 Heythuysen verließ, um in Rolduc eine neue Aufgabe zu übernehmen, war der gute Ruf der Schwestern auf dem Gebiet des Unterrichts wieder hergestellt. Leus unterhielt weiterhin lebendigen Kontakt und verbrachte häufig freie Tage in Heythuysen, an denen er aus Freude an der Sache stets einige Unterrichtsstunden gab.

Gerardus Hendricus Leus starb in Echterbosch am 25. Juni 1888. Er wollte auf dem Klosterfriedhof in Heythuysen beigesetzt werden. Gern kam man seiner Bitte nach. Dankbare Freunde errichteten ihm ein bescheidenes Grabmal. Für die Schwestern der Kongregation war Leus im vollen Sinne des Wortes der rechte Mann auf dem rechten Platz zur rechten Zeit. Seine Arbeit und seine Liebe zur Sache können nicht hoch genug eingeschätzt werden.

Die Lehrerinnenbildungsanstalt wurde während des Ersten Weltkrieges nach Mook verlegt. Im September 1944 vernichtete eine Bombe das

Haus. Die Ausbildungsstätte für Lehrerinnen wurde nach dem Zweiten Weltkrieg in Heerlen neu errichtet.

Mit der Lage in den Schulen hing die finanzielle Situation der Klöster eng zusammen. In zahlreichen kleinen Orten war der Unterricht die einzige Einkommensquelle für die Schwestern, man muß nun einmal leben. An anderen Orten hatte in früheren Zeiten das Bauen neuer Klöster und die Übernahme von Häusern, die kostspielige Reparaturen erforderten, die Kongregation mit Schulden belastet. Das entging dem wachsamen Auge von Mutter Aloysia nicht. Die Klöster in Alkmaar, Diözese Haarlem, und Herford, Diözese Paderborn, wurden aufgegeben, weil die Gegebenheiten zu ungünstig waren. Vorläufig gehörte alle Aufmerksamkeit der finanziellen Sanierung, die Schwestern tilgten ihre Schulden, trafen mit den Pfarren vernünftige Regelungen, Häuser, die in Maastricht, Roermond und Thorn in Hinblick auf eine spätere Gründung erworben worden waren, verkaufte man wieder.[7]

Die allgemeine Unterrichtssituation in den Niederlanden war aber noch immer derart, daß in den Dörfern solider, katholisch geprägter Unterricht schmerzlich vermißt wurde. Am liebsten war es den Gemeinden, wenn Ordensfrauen einen solchen kostenlos erteilten. Das war auch im Rheinland und in Westfalen nicht anders. Es war nicht ratsam, sich dem Ruf an die Schulen zu widersetzen. Schulen wurden dann auch gegründet mit ganz wenigen Ausnahmen an kleinen Orten, in den Niederlanden: Silvolde 1862, Heerlen 1863. In Maastricht-Wijk entstand im gleichen Jahr auf Drängen des früheren Direktors von Rolduc, Msgr. Van Laer, der in Wijk Dechant geworden war, eine kleine Filiale. Weitere Gründungen folgten: Valkenburg 1865, Huissen, Nederweert und 's Heerenberg 1866. Dann trat ein Stillstand ein, möglicherweise im Zusammenhang mit dem Krieg in Deutschland, der viele Schwestern als Pflegerinnen auf die Schlachtfelder rief. In Deutschland wurde einige Jahre gut gearbeitet in den Klöstern und Schulen in Oedt (1860), Polch (1861), Kerpen (1862), Brüggen (1865), Lobberich und Sonsbeck (1869). Diese Niederlassungen wurden während des Kulturkampfes oder später aus anderen Gründen aufgegeben.

1866 entstand in Remagen ein Konvent mit einem großen Wirkungskreis: Haushaltungsschule mit Pensionat und damit verbunden eine Pension für alte Damen. Mutter Angela von Cordier, Nonnenwerth, hatte sich bereits früher dafür eingesetzt, als sie begriff, daß ein Hotel kein geeigneter Ort ist für junge Mädchen, die den Haushalt erlernen wollen.

Im Jahre 1867 kam eine Gründung in Konitz, Westpreußen, zustande. In den Jahren 1875 bis 1888 mußte dort die Tätigkeit wegen des Kulturkampfes unterbrochen werden. Nach dem Ersten Weltkrieg, im wiederhergestellten Polen, gab es wieder eine blühende Niederlassung in Chojnice (Konitz) und an anderen Orten. Auch in allerschwersten Zeiten blieben die Schwestern in Polen. Seit dem 4. Oktober 1948 gibt es eine polnische Provinz in der Kongregation.

Ferner entstand 1867 ein zweites Kloster in Linz und 1869 das in Prüm. In den folgenden Jahren erfolgte keine Gründung mehr. Die Ursachen dafür sind zu suchen in Kriegen, in dem Beginn der Javamission und im Kulturkampf. Der Kulturkampf mit seinem Unterrichtsverbot für die Schwestern machte Neugründungen in Brasilien und in den Vereinigten Staaten möglich.

Das zweite Generalkapitel der Kongregation fand am 30. Oktober 1862 statt. Die drei Jahre, die 1859 für Mutter Aloysias Amtszeit festgesetzt wurden, waren abgelaufen. Die Generaloberin wurde einstimmig - vorbehaltlich natürlich ihrer eigenen - wiedergewählt nun für sechs Jahre. Mutter Célestine Bollen und Mutter Angela von Cordier wurden als Assistentinnen wiedergewählt, dazu kamen Schwester Crescentia Lenders und Mutter Gabriele Habricht.

Ein schwerer Schlag traf am 19. März 1864 die Kongregation. Mutter Angela von Cordier starb nach kurzer Krankheit in Nonnenwerth. Die frühere Besitzerin der Insel, nun mehr als zehn Jahre Ordensfrau und Oberin des Inselkonventes, hatte liebevoll und bescheiden ihre weitreichenden Aufgaben erfüllt. Sie war die Seele des Hauses, um jeden besorgt, unaufhörlich bemüht, allen alles zu werden. In ihren Anordnungen stimmte sie sich stets mit der Generaloberin ab, aber sie gab auch Mutter Aloysia wertvolle Ratschläge, die diese gern annahm. Sie schätzte Mutter Angela hoch. Als beim ersten Generalkapitel der Generaloberin vier Assistentinnen gegeben wurden, wählten die Kapitularinnen sogleich Mutter Angela als Vertreterin der deutschen Klöster. Die Nonnenwerther Chronik schreibt zu dem Tod von Mutter Angela:

> "An einem trüben, regnerischen Tag im März mußte Mutter Angela für die Interessen des Hauses nach Köln fahren. Todmüde, von Kälte erstarrt und mit hohem Fieber kam sie nach Haus. Tags darauf konstatierte der Arzt eine schwere Lungenentzündung. Als er ihr riet, sich vor allem in acht zu nehmen, antwortete sie freundlich: 'Herr Doktor, machen Sie sich doch keine Mühe mit mir, es ist umsonst, ich weiß, daß es meine letzte Krankheit sein wird.'

Niemand im Hause wollte es glauben. Am folgenden Tag kam Mutter Aloysia sie besuchen. Mutter Angela freute sich, bei dieser Gelegenheit einige wichtige Angelegenheiten mit ihr besprechen zu können.

Am 19. März, dem Fest des von ihr so verehrten hl. Josef, nahm sie von allen Schwestern ruhig Abschied und dankte ihnen für die Liebe, die sie von ihnen hatte empfangen dürfen. Der Tod hatte nichts Abschreckendes für sie. Mit den Worten: 'Jesus, Jesus, komm!' gab sie ihre Seele dem Schöpfer zurück. Sie war nur 51 Jahre alt geworden."[8]

Einige Wochen später mußten die deutschen Schwestern noch anderes verkraften. Die preußische Regierung hatte Dänemark den Krieg erklärt. Verschiedene Kongregationen wurden gebeten, Krankenschwestern für die Pflege der Verwundeten auf den Schlachtfeldern zu stellen.

Das Jahr 1866 brachte neue Kriegshandlungen, diesmal in Böhmen zwischen Preußen und Österreich. Wieder erklärte sich Mutter Aloysia bereit, Krankenschwestern ins Feld zu schicken. Zwei von ihnen, Schwester Adriana Naas und Schwester Ida Bernard, starben an Cholera, weil sie sich bereit erklärt hatten, cholerakranke Soldaten zu pflegen.

Beim dritten Generalkapitel vom 2. Oktober 1868 wurde Mutter Aloysia Lenders wiedergewählt, ebenso ihre Assistentin Mutter Célestine Bollen. Neue Assistentinnen wurden Schwester Thiatildis Eversmann, Schwester Stanislaus Schweden und Mutter Xaveria Boner. Letztere starb während ihrer Amtszeit und wurde durch Mutter Ignatia Meyerinck ersetzt.

Am 23. September empfing das Mutterhaus die frohe Nachricht, daß Papst Pius IX. am 5. September die neuen Konstitutionen approbiert hatte. Am 21. Juni 1870 wurden sie den Oberinnen für die Schwestern ausgehändigt.

Kurz zuvor, am 12. Mai, war der frühere Direktor der Kongregation, Pastor Peter Van der Zandt, 86jährig gestorben. Während seiner Pensionsjahre hatte er stets mit Interesse Wohl und Wehe der Kongregation geteilt, deren Entwicklung er 30 Jahre lang seine besten Kräfte geschenkt hatte.

Der dritte Krieg in diesen Jahren war der umfassendste und blutigste, es war der Deutsch-Französische Krieg von 1870/71. Weil die Kampfgebiete verhältnismäßig nahe bei einigen Klöstern der Kongregation lagen, waren Hilfeleistungen aller Art umfangreich und für die einzelnen Konvente schwer.

Inzwischen kündigte sich der Kulturkampf unüberhörbar an. Als 1869 in Sonsbeck bei Kapellen eine neue Schule eröffnet werden sollte, verweigerte die Regierung, die noch nie Schwierigkeiten in den Weg gelegt hatte, die Zustimmung unter dem Vorwand, daß das Gesetz Ordensleuten, deren Mutterhaus im Ausland liegt, verbot zu unterrichten. Um dieses Motiv zu entkräften, nahm Mutter Aloysia die preußische Staatsangehörigkeit an und wählte auf Anraten von Paulus Melchers, Erzbischof von Köln, das deutsche Kloster Kapellen als ihren Sitz. Dieser Vorgang sollte intern noch eine Reihe unangenehmer Folgen haben. (Siehe Kapitel XV - Krieg und Verfolgung.)

Ein Schritt in Neuland war es für die Schwestern der Kongregation, als am 5. September 1869 die ersten zehn Schwestern in ein Missionsgebiet auf der anderen Seite der Erdkugel abreisten. In Java begannen sie ihre Apostolatsarbeit bei europäischen Kindern und durch sie bei den Erwachsenen, nach Verlauf einiger Zeit bei der einheimischen Bevölkerung. (Siehe Kapitel XVI - Die Kongregation in Indonesien.)

Der Überschuß an deutschen Lehrerinnen infolge des Kulturkampfes schuf die Gelegenheit, im Süden Brasiliens unter den deutschen Auswanderern zu arbeiten. Am 31. März 1872, am Ostertag, landeten die Schwestern in Porto Alegre.

Aus demselben Grund entstanden 1874 in Columbus, USA, zwei Klöster von deutschen Franziskanerinnen aus der Kongregation von Heythuysen. Mutter Aloysia begleitete die ersten Schwestern, die am 5. Juni 1874 in New York ankamen. Im August kehrte die Generaloberin nach Kapellen zurück, um für das Kapitel, das 1874 gehalten werden mußte, die nötigen Vorbereitungen zu treffen. Wegen der äußerst schwierigen Zeitumstände mußte das Kapitel wiederholt verschoben werden, endlich konnte es am 6. Juni 1876 stattfinden. An dem Tag schied Mutter Aloysia Lenders aus dem Amt. Das Generalkapitel von 1876 leitete in der Geschichte der Kongregation eine neue Periode ein, die letzte des 19. Jahrhunderts. Diese Periode endete mit der Teilung der Kongregation in eine niederländische und eine deutsche Provinz. Das war eine Notwendigkeit infolge der großen Ausbreitung der Kongregation und auch, weil vieles sich nicht mehr einheitlich regeln ließ.

Quellenangaben zu Kapitel XIV

1 Über das genaue Geburtsdatum von Mutter Aloysia bestand Unsicherheit. Darum hat Schwester Paula Münster in ihrem Buch über Mutter Aloysias Leben eine Kopie des Geburtsscheins aufgenommen. Dieser weist auf den 23. März 1832 hin.

2 "Kurzer Überblick über das, was Pastor Van der Zandt unternommen hat um die Approbation unserer Kongregation durch den Hl. Stuhl." Archiv Rom. Dieser Bericht ist weder datiert noch unterzeichnet. Er muß kurz nach den beschriebenen Ereignissen geschrieben worden sein von einer Schwester, die in der Verwaltung gut Bescheid wußte.

3 Kurzer Überblick (wie oben).

4 Mitteilung von Schwester Crescentia Lenders.

5 Mitteilung von Schwester Crescentia Lenders.

6 Schwester Liguori Mason, a.a.O.

7 Bericht von Mutter Célestine Bollen über den Zustand der Kongregation in den Niederlanden um 1860, Archiv Rom.

8 Liebfraueninsel Nonnenwerth, Festschrift 1954, herausgegeben von den Franziskanerinnen von Heythuysen/Nonnenwerth.

XV. Krieg und Verfolgung

Wegen des allgemeinen Bevölkerungswachstums und einer besseren Organisation auf zahlreichen Gebieten konnten die Regierungen im 19. Jahrhundert im Kriegsfall größere Armeen zusammenstellen als in früheren Zeiten. Die Feuerwaffen wurden in ihren Wirkungen verheerender, die Zahl der Toten und Verwundeten erhöhte sich. Aber die Sorge für die Opfer stand in keinem Verhältnis zu ihrer Not. Sanitätsdienste gab es beim Militär noch kaum. Allzuoft blieben auf den Schlachtfeldern die Leichen unbegraben liegen. Wenn die Verwundeten aus dem Kampfgebiet fortgebracht waren, gab es kaum Betten, und häufig fehlte die notwendigste einfachste Pflege. Wegen mangelnder Hygiene kam es zu ansteckenden Krankheiten, die sich umso mehr ausbreiten konnten, als es an den erforderlichen medizinischen Kenntnissen fehlte.

Mit dem Krimkrieg 1853 bis 1856 zwischen Rußland und der Türkei, Frankreich und Großbritannien ist der Name Florence Nightingale, einer Frau aus dem gehobenen Stand und von hoher Kultur, untrennbar verbunden. Sie pflegte nicht nur selbst die Soldaten, sondern spornte auch andere Damen an zu helfen, und sie tat, was vor ihr noch niemand getan hatte, sie organisierte den Pflegedienst. Es kostete sie unsagbare Mühe, verantwortliche Personen zu bewegen, aber die Gewissen wurden wachgerüttelt, wenn auch nur langsam, so setzte doch eine Aktion ein, die brauchbare Ergebnisse vorweisen konnte.

Ein anderer, der sich später für die Pflege Verwundeter einsetzte, war der Schweizer Henri Dunant. Nach der blutigen Schlacht von Solferino 1859 zwischen Österreich und Frankreich/Sardinien, wo er den Zustand der Verwundeten gesehen hatte, schrieb er ein Buch, Erinnerungen an Solferino, das den Anstoß gab zur Gründung des Roten Kreuzes 1864.

An dritter Stelle müssen die Malteser-Ritter genannt werden. Der geistliche Ritterorden der Johanniter, der während der Kreuzzüge zur Pflege kranker Pilger entstanden war, hatte bis 1798 sein politisches Zentrum auf der Insel Malta. Im 19. Jahrhundert wurde dieser Orden erneuert. Der protestantische Zweig nahm den Namen Johanniter an, der katholische nannte sich nach der Insel Malta Malteser. Mitglieder waren Adelige, die in Friedens- und Kriegszeiten die Pflege der Kranken fördern sollten. Das Entstehen der genannten Organisationen gab aber den Männern, die in den Krieg ziehen mußten, nicht die Sicherheit, bei Verwundungen angemessen versorgt zu werden. Lazarettleitungen interessierten sich wohl für die entstehenden Organisationen, aber an einer ordentlichen medizinischen Versorgung fehlte noch viel. Als in den preußischen Kriegen 1864, 1866 und 1870/71 die Malteser-Ritter Brüder und Schwestern aus den geistlichen Kongregationen zu Hilfe riefen, setzten diese alle ihre Kräfte ein, manche unter Einsatz ihres Lebens.

Als 1864 der Krieg zwischen Preußen und Dänemark ausbrach, erging auch die Anfrage an die Kongregation von Heythuysen, Sanitätsdienst zu tun. Am 22. April, dem Tag, an dem das neue Kloster in Trier, Böhmerstraße, eingeweiht wurde, erhielt Mutter Aloysia das Bittgesuch der Malteser-Ritter um Schwestern zur Pflege verwundeter Soldaten. Sogleich wurden einige Schwestern nach Trier gerufen, und bereits am kommenden Tag reiste Mutter Aloysia mit 16 Schwestern an die Front. In Flensburg stiegen sie aus dem Zug, aber infolge eines Mißverständnisses war niemand da, um sie abzuholen. Erst nach einem vierstündigen Fußmarsch erreichten sie ihr Ziel. Und dann hatten sie alle ihre Willenskraft nötig, um sich nicht abzuwenden, sondern dazubleiben.

Notdürftig eingerichtete Ambulanzen waren überfüllt mit Verwundeten, die unaufhörlich stöhnten und wimmerten. In den Feldlazaretten spielte sich Unbeschreibliches ab. Die Schwestern gingen sogleich an die Arbeit, zunächst ans Reinigen, was der Reinigung bedurfte, und darunter fiel alles: Menschen, Betten, Möbel, Aufenthaltsräume, Wunden mußten versorgt und verbunden werden, das Essen mußte zubereitet werden, die Leidenden wollten beruhigt und ermutigt werden, alles dies, ohne einen Augenblick an sich selbst denken zu können. Anfangs hatten die Schwestern trotz des Entgegenkommens von seiten des Militärs und der Malteser-Ritter selbst kein passendes Unterkommen, um dann und wann die nötige Ruhe zu finden. Nichts war für sie vorgesehen. Später wurde es besser. Die starke Persönlichkeit von Mutter Aloysia hielt die Gemeinschaft der Schwestern zusammen.

"Ihr Organisationstalent zeigte sich auch hier und gewann ihre Achtung, sogar die Bewunderung der hohen Offiziere." Einen von ihnen hörte man sagen: "Was haben die Schwestern doch eine prächtige Oberin. Sie ist für sie wie eine Mutter. Und was für ein Organisationstalent!" Mutter Aloysia war sehr vorsichtig. Sie duldete nicht, daß die Gesundheit der Schwestern durch Erschöpfung untergraben wurde, wo es verhindert werden konnte. Ein Priester sagte: "Die Oberin läßt nicht zu, daß die Schwestern trotz der vielen Arbeit das Gebet vernachlässigen." So war es. Mutter Aloysia wußte, daß das Geheimnis ihrer Kraft im Gebet lag[1]. Sie konnte offen und freundlich auf die Soldaten zugehen. Einer von ihnen sagte: "Sie kennt uns so gut, als hätte sie selbst einen Helm getragen." Und ein anderer: "Manch einer von uns kehrte zurück zu Gott, und sie war es, die uns dahin brachte." Lange Zeit behielt sie den Namen "Soldatenmutter".

Drei Monate lang setzten die Schwestern alle ihre Kräfte ein. Erst im Juli kehrten die letzten nach Hause zurück. Mutter Aloysia war wegen dringender Amtsgeschäfte bereits früher abgereist.

1866 brach aufs neue Krieg aus, nun zwischen Preußen und Österreich. Mutter Aloysia wartete diesmal keine Aufforderung ab. Sie bot sich gemeinsam mit 16 Schwestern für die medizinische Ambulanz als Hilfe an. Bald reisten sie in die Gegend von Sadowa und Königgrätz. Bei ihrer Ankunft bot der Malteserritter Freiherr von Heereman jeder Schwester ein Fläschchen Eau de Cologne an. Mutter Aloysia wollte das Geschenk als zu luxuriös für Franziskanerinnen nicht annehmen, aber der Geber meinte, sie würden es noch nötig haben. Das zeigte sich sehr bald. Unterwegs hatten sie schon Züge voller Verwundeter gesehen, die nach Trinkwasser lechzten und nach einem Stück Brot. Der Zustand auf den Schlachtfeldern spottete jeder Beschreibung. Der Gestank der nicht begrabenen Leichen war so unerträglich, daß die Schwestern beinahe ohnmächtig wurden. Man sagte ihnen, daß die Verwundeten in Scheunen und Ställen der Umgebung untergebracht seien. In einem großen Schuppen fanden sie 200 Mann, die ohne Pflege schon zwei Tage lang dalagen. Sogleich begannen die Pflegerinnen ihre Arbeit, aber bei manchen Soldaten konnten sie nichts mehr tun, als ein freundliches, aufmunterndes Wort sagen.

Krieg und Hungersnot: Die Pest ließ nicht lange auf sich warten, es kam zu Cholera-Erkrankungen. Man gab sich die äußerste Mühe, aber die richtige Behandlung von Infektionskrankheiten war noch nicht genügend bekannt. Schwester Adriana wurde angesteckt. Sie sagte zu den Mitschwestern: "Überlaßt mich nur Gott und geht zu den Verwundeten. Ich bin bereit."

Als Mutter Aloysia nach dem Tod von Schwester Adriana den Feldgeistlichen bat, ein Requiem zu feiern, antwortete dieser: "Ein Requiem für eine Martyrerin der Nächstenliebe? Nein, ein Hochamt in Weiß wird es sein!" Schwester Adriana wurde mit militärischen Ehren beerdigt, Soldaten verschiedener Regimenter nahmen daran teil.

Noch ein zweites Opfer forderte die Cholera, Schwester Ida, die Größte und Kräftigste der Gruppe, erkrankte am Tag nach der Beerdigung von Schwester Adriana und starb nach wenigen Stunden. Am 20. Juli wurde sie auf dem Friedhof von Milowitz, Böhmen, beerdigt.

Als der Bericht von den Cholera-Erkrankungen die Schwestern in der Heimat erreichte, sandten die Generalassistentinnen eine aus ihrem Kreis, Schwester Célestine Bollen, um Mutter Aloysia abzulösen. Mutter Célestine kam später an kein Ende, wenn sie davon erzählte, was sie mitgemacht hatten.[2]

Im August endete der Einsatz der Schwestern. Lazarette und Krankenhäuser wurden nach und nach geräumt. Die Schwestern kehrten in ihr Kloster und zu ihrer gewohnten Tätigkeit zurück.

Nach einer Ruhepause von einigen Jahren wurde der Dienst der Schwestern wieder in Anspruch genommen. 1870 brach der Deutsch-Französische Krieg aus. Mutter Aloysia fuhr mit 15 ihrer Schwestern und Pflegerinnen aus anderen Kongregationen nach Wiesbaden, wo sie von Freiherr von Heereman bei einer allgemeinen Versammlung Richtlinien erhielten.

Das erste Frontgebiet, das den Schwestern zugewiesen wurde, lag bei Saarbrücken, später waren sie in den Frontabschnitten bei Saargemünd, Courcelles und vor allem bei Corny und Novéant, wo sie Trost und manchmal auch Rettung bringen konnten, auch Rettung in geistlicher Hinsicht. Da sich diesmal das Kriegsgeschehen auf größerem Raum abspielte und näher bei den Heimatklöstern der Schwestern lag, sind viele Berichte und andere Unterlagen aufbewahrt geblieben.

Leid und Elend, Gewalt und Verwüstung waren nicht geringer als früher. Typhus und Ruhr, sogar Pocken lösten die Cholera ab. Aber Mut, Ausdauer und Nächstenliebe standen dagegen.

In all den noch größeren Mühen und Beschwerden, verglichen mit den vorangegangenen Kriegen, sandte die Vorsehung Mutter Aloysia in Pater Ludwig W. Kramer SJ eine Stütze. Als Mutter Aloysia abgereist war, widmete der Pater seine besondere Sorge den Schwestern. Diese erinnerten sich ein Leben lang dankbar daran.

Pater Kramer erzählt in seinen später gedruckten Erinnerungen aus der Kriegszeit: "Das Gartenhäuschen des Marquis von Corny wurde als Klösterchen für die Franziskanerinnen eingerichtet. Aus einem kleinen Raum machte man ein Oratorium, worin sich das Allerheiligste befand. Seitdem las ich dort jeden Morgen etwas nach fünf Uhr die heilige Messe. Nach einem anschließenden kurzen Frühstück folgte eine lange Reihe von Versehgängen in den 18 Lazaretten von Corny und Novéant, wobei Freiherr von Heereman mich öfter mit einer brennenden Kerze begleitete. Das dauerte bis zehn oder bis elf Uhr, da manchmal bis zu vierzig Sterbenden die Krankensalbung gespendet wurde. Zwischen vier und fünf Uhr am Nachmittag wurden alle, die in den letzten 24 Stunden gestorben waren, beerdigt."

Nach der Schlacht bei Sedan sollten die Schwestern der ersten Gruppe nach Straßburg und Metz abreisen, aber die Malteserritter sahen, daß die Schwestern am Ende ihrer Kräfte waren, und es gelang ihnen, sie nach Hause zurückzuschicken. Am 6. November war für sie der Krieg zu Ende. Außer der Erinnerung an das entsetzliche Elend gedachten sie auch mancher anrührender Bekehrung und Ergebenheit in einen gottesfürchtigen Tod.

Außer der erwähnten Hauptgruppe von Mutter Aloysia waren inzwischen kleinere Gruppen zu den Kriegsschauplätzen gezogen, wenn diese in der Nähe eines der Klöster der Kongregation lagen. Die Haus-Chronik des Trierer Klosters berichtet davon: "Sogleich nach der ersten Schlacht bei Saarbrücken eilten unsere Schwestern, von der Regierung aufgefordert, nach Saarbrücken, wo nahezu nichts vorhanden war, womit wir hätten Hilfe leisten können. Angekommen, sahen sie, daß keine Zeit zu verlieren war, denn überall, am Bahnhof, in den Eisenbahnschuppen, in den Nachbarhäusern lagen hilflose Verwundete ohne Versorgung, weil es zwischen den feindlichen Heeren unerwartet zu Kampfhandlungen gekommen war. Von ihrer Ankunft am Abend bis zum folgenden Abend waren sieben Schwestern ohne Nahrung ununterbrochen an der Arbeit, um die dringendste Not zu beheben und nach bester Möglichkeit alle zu verbinden und zu versorgen. Danach kehrten sie nach Hause zurück, weil inzwischen sehr viele verwundete Soldaten in Trier angekommen waren. Am 12. August wurde die Meerkatz-Kaserne in ein Lazarett umgewandelt. Schwestern halfen beim Einrichten und übernahmen anschließend die Pflege. Tagsüber versorgten sie die Kranken in der Kaserne, jeweils nach der Ablösung verbrachten sie die Nacht im Nachbarkloster vom guten Hirten."

Nach der Kapitulation von Metz kamen zahlreiche erkrankte französische Kriegsgefangene nach Trier; allein in die Maximin-Kaserne wurden an einem Tag 2000 aufgenommen. Alle Zimmer, alle Betten, sogar Speicher und Stallungen wurden belegt. Diese Soldaten brachten die Ruhr und zuletzt die Pocken ins Haus. Die von der Krankheit befallenen, unter anderen eine Schwester, mußten ins Pockenhaus transportiert werden.

Allein in Trier sind bis zur Schließung des Lazaretts 7300 Verwundete und Kranke verpflegt worden.

Auch in Mönchengladbach, Viersen-Süchteln, Prüm, Linz und Oberwesel richteten die Schwestern in ihren Klöstern Krankensäle ein. Im November erbat sich Baron von Heereman fünf Schwestern für das Hospital der französischen Soldaten in Köln-Kalk. Mutter Aloysia schickte die Schwestern unverzüglich. "Eine Schwester von ihnen", schreibt Mutter Aloysia, "eine kleine französische Schwester, habe ich angestellt als 'Minister des Innern'; sie betet in acht großen Sälen das Morgen-, Abend- und Tischgebet und bereitet einige für die Beichte vor und für einen seligen Tod. Die Soldaten lassen sich von einer Landsmännin eher etwas sagen und haben Vertrauen zu ihr. Mehrere von ihnen hatten oft zehn, ja achtzehn Jahre lang nicht mehr gebeichtet. Die Schwestern gingen jeden Morgen um halb acht hin und kamen am Abend um halb acht zurück in das Haus einer guten Witwe, die ihnen Gastfreundschaft angeboten hatte."

In anderen Klöstern hatte Mutter Aloysia gesorgt, daß Raum geschaffen wurde für Lazarette. Wo das nicht möglich war, z. B. in Nonnenwerth, mühten sich die Schwestern ab, am Bahnhof, besonders in Rolandseck, für die Verwundeten zu sorgen und sie mit kleinen Liebesgaben zu erfreuen.

In der zweiten Hälfte des März 1871 konnten die Schwestern endlich die Arbeit einstellen. Einige Pflegerinnen waren so erschöpft, daß sie schwer krank wurden, andere fühlten noch lange Zeit die Folgen ihrer übermenschlichen Anstrengungen.

Der Generaloberin wie den Schwestern wurden manche Ehrungen zuteil. Im November 1870, nach der Rückkehr der ersten Gruppe, schrieb Mutter Aloysia an Pater Kramer SJ: "Unsere Schwestern sind tief dankbar für Ihre gute Sorge. Es tat ihnen leid, abreisen zu müssen. Ich erwarte heute Freiherrn von Heereman, der mit uns das Tedeum, das zum Dank angestimmt wird, singen möchte. Ich erhielt von ihm ein sehr schönes, fein ausgeführtes goldenes Kreuz mit der Eingravierung: Saargemünd und Corny. In dankbarer Erinnerung, Klemens, Freiherr von Heereman, Münster 1870. Ich habe mich sehr darüber gefreut."

Es ist verständlich, daß die Oberin dieses Geschenk nicht abweisen konnte. Im übrigen hielt sie nichts von Dankesbezeugungen an Ordensfrauen. Sie war der Meinung, daß für alles, was einzelne wirken, der Gemeinschaft die Anerkennung zukommt und so die Kongregation geehrt wird.

Im übrigen bedeutete das alles nicht viel. Wie wenig erkenntlich die Regierung den Schwestern war für alles, was sie während des Krieges für Zehntausende von Verwundeten getan hatten, oftmals auf Kosten ihrer Gesundheit und bei manchen auch auf Kosten ihres Lebens, das wurde beim herannahenden Kulturkampf deutlich.

Die Kirchenverfolgung in Deutschland, die von liberaler Seite "Kampf um die Kultur" genannt wurde, war nur zum Teil auf atheistische und ketzerische Theorien gegründet. Von seiten Bismarcks ging es vornehmlich um staatskirchenrechtliche Ansichten. Die Bestrebungen, Einfluß auf die Kirche zu bekommen, waren in Deutschland nicht neu. Als infolge der Siege Preußens über Dänemark 1864, Österreich 1866 und Frankreich 1871 die Staatsmacht zunahm, nahmen auch die Spannungen zwischen Staat und Kirche zu. In den siebziger Jahren war ein Höhepunkt erreicht. Glücklicherweise hatte die Kirche zu der Zeit hervorragende Bischöfe. Das kirchliche Leben blühte. Das Zentrum war eine straff organisierte politische Partei geworden. Daher konnten die Katholiken die Angriffe zunächst aufhalten, sie wichen nicht zurück. Und der Staat erklärte noch nicht offen den Krieg.

Im Laufe des Jahres 1871 begann Reichskanzler Otto von Bismarck den Angriff. Der sogenannte Kanzelparagraph wurde verkündigt: Geistliche sollten, wenn sie politische Angelegenheiten auf der Kanzel behandelten, welche die Öffentlichkeit zu stören drohten, mit schweren Strafen belegt werden. Aber weder "politische Angelegenheiten" noch "Öffentlichkeit" waren klare, genau umschriebene Begriffe (StGB, § 13a). 1872 wurde den Jesuiten und den "ihnen verwandten Orden und Kongregationen" die Seelsorge und der Aufenthalt in Deutschland verboten. 1873 folgten die berüchtigten Maigesetze. Es ging darum, den katholischen Volksteil zu treffen an seinen beiden Stützpfeilern: Seelsorge und Unterricht. Letztendlich sollte die Kirche von Rom gelöst und dem Staat unterstellt werden. Ein Geistlicher konnte nicht eingestellt werden, bevor er nicht drei Jahre lang an einer von der Regierung approbierten Hochschule studiert und das Staatsexamen gemacht hatte. Der Bischof mußte die Einstellung eines Priesters der entsprechenden bürgerlichen Institution melden, und diese konnte ein Veto einlegen. Auf die Weigerungen der Bischöfe, solches zu tun, erfolgten Zwangsmaßnahmen. Seminare wurden geschlossen, Bischöfe gefangengesetzt und verbannt. Gegen mehr als 2000 Priester wurden Prozesse geführt, die in Bußen und Gefängnisstrafen endigten. 1876 konnten nur noch vier Bischöfe ihr Amt ausüben, und von 4500 Pfarreien waren 1124 ohne Pfarrer. Auch zahlreiche Laien wurden bestraft, u. a. Redner bei Versammlungen und Schriftsteller.

Aber die Kirche nahm den Kampf nicht auf, sie verhielt sich ruhig. Bereits Mitte der siebziger Jahre zeigte sich, daß der Widerstand der Katholiken nicht zu brechen war. Bei den Wahlen zum Preußischen Landtag 1873 stieg die Zahl der Zentrumsabgeordneten von 52 auf 89, bei der Wahl zum Reichstag 1874 von 67 auf 94. Der Kaiser und ernsthafte Protestanten wandten sich mehr und mehr von den Kulturkampfmethoden ab - auch aus Sorge um die evangelische Kirche. Bismarck gab in verschiedenen Punkten nach, 1880 und in den folgenden Jahren wurde Dispens von den Maigesetzen gegeben. Die meisten Bischöfe konnten aus der Verbannung zurückkehren, und in vakante Pfarreien kamen die Pfarrer zurück. 1886 und 1887 wurden die anstößigsten Kulturkampfgesetze aufgehoben.

Der Sturm, der 1872 über die Klöster losbrach, hatte schon lange Jahre gedroht. 1869 erwählte Mutter Aloysia das Kloster St. Bernardin in Kapellen zu ihrem offiziellen Amtssitz in Deutschland, um Schwierigkeiten mit der Regierung zuvorzukommen. Die Akten betreffs dieser Verlegung des Amtssitzes, d. h. der Beschluß des Bischofs von Münster und die Anerkennung des Bischofs von Roermond, wurden am 29. August 1869 dem Bürgermeister von Sonsbeck zugeschickt.[3]

Als im Juli 1872 die Klöster der Jesuiten beschlagnahmt wurden, ließ Mutter Aloysia das Eigentumsrecht der Klöster der Franziskanerinnen von Heythuysen in Preußen auf zuverlässige Laien übertragen. Im September 1872 ließ die Regierung nachforschen, welche Kongregationen mit dem Jesuitenorden "verwandt" seien. Auch in Nonnenwerth wurde die Nachfrage gehalten in Bezug auf die Organisation der Kongregation, die Befugnisse der Obern und ihre eventuellen Beziehungen zur Gesellschaft Jesu und der Abhängigkeit von einem ausländischen Mutterhaus. Letzteres bot dem Staat einen Angriffspunkt. Mutter Aloysia wurde vom Regierungspräsidenten in Düsseldorf zur Verantwortung gezogen. Paulus Melchers, Erzbischof von Köln, gab den Rat, unter diesen Umständen in Rom anzufragen, ob das Mutterhaus pro forma nach Kapellen verlegt werden könne. Er war es auch, der Mutter Aloysia den Rat gab, sich naturalisieren zu lassen. Beides geschah.[4] Die im Archiv der Kongregation aufbewahrten Dokumente weisen aus, daß es nicht die Absicht der Schwestern war, das Mutterhaus definitiv nach Kapellen zu verlegen. Im Notfall wollte man der Regierung gegenüber von dieser Regelung Gebrauch machen. Die Maßnahme, Kapellen pro froma zum Mutterhaus zu machen, hatte ernste innere Spannungen zur Folge. Selbst im Generalrat war man geteilter Meinung.

Am 30. November 1872 wurde folgende Erklärung in niederländischer und deutscher Sprache verfaßt:

> "Die Unterzeichnenden, Generaloberin und vier Assistentinnen, erklären, daß das am 19. November in Rom ausgefertigte Dekret, wonach das Kloster St. Bernardin in Capellen zum Mutterhaus des deutschen Teils der Kongregation erklärt wird, die Rechte des Mutterhauses in Heythuysen in keinerlei Weise verkürzt und vor der Kongregation ungültig ist. Es ist nur ausgefertigt worden für den Fall, daß das Fortbestehen der Schwestern in Preußen in Frage gestellt würde und daß dann der Preußischen Regierung gegenüber davon Gebrauch gemacht werden kann.
>
> Zr. Aloysia, Zr. M. Célestine, Schw. M. Stanislaus,
> Schw. M. Thiatildis, Sch. M. Ignatia."

Desungeachtet müssen bald danach doch noch Beschwerden geäußert worden sein. Davon zeugt das folgende Schreiben, in französischer Sprache abgefaßt, kein halbes Jahr später.

> Manchester, 9. Mai 1873
>
> Ehrwürdige Mutter Generaloberin!
>
> Als ich noch Generalsekretär des Ordens der Minderbrüder war, habe ich nach Rom geschrieben, um für Sie das Dekret zu bekommen, das am 19. November 1872 gesandt wurde, und ich kann Ihnen versichern, daß dieses Dekret nur angefragt und bewilligt worden ist, um Sie vor der Verfolgung in Preußen zu schützen. Folglich kann man sich nur in diesem Fall des Dekretes bedienen, und wenn diese Begründung nicht dringend ist, kann niemand sich darauf berufen, weder jetzt noch später, um das Mutterhaus zu verlegen, noch weniger, um die Kongregation zu teilen. Sie können diese Erklärung bewahren, um jede verkehrte Auslegung zu verhüten.
>
> Ihr Diener, Pater Anselmus, Consultor der Propaganda.

Das von Rom erhaltene Dekret hat die Regierung nicht in Händen gehabt. Es war nutzlos. Die Verfolgung nahm ihren Lauf. Das Dekret wurde darum vernichtet und am 8. Mai 1876 eine Bittschrift an die Propaganda Fide gerichtet, es zu annullieren und das Kloster in Heythuysen allein als Mutterhaus anzusehen. Am 6. Juni empfing Mutter Aloysia ein Telegramm aus Rom vom Pater Generalminister der Franziskaner, um dessen Vermittlung sie gebeten hatte:

> "Mutter Aloysia Lenders, Oberin der Franziskanerinnen - Ihre Bittschrift - Mutterhaus Heythuysen - bewilligt. Bernardin General."

Es ist auffallend, mit welcher Eile Mutter Aloysia diese Maßnahme traf, kurz vor dem Generalkapitel, in dem sie abzutreten wünschte. Während ihres Aufenthaltes in den Vereinigten Staaten - Mai bis August 1874 - war nämlich einiges in Deutschland geschehen. Die Zeit des Kapitels nahte, Franziskaner, Kapuziner und die Aachener Franziskanerinnen von Mutter Franziska Schervier hatten das ihrige verschoben wegen der schwierigen Zeiten. Mutter Aloysia hatte die Assistentinnen gebeten, mit den Vorbereitungen zu warten bis zu ihrer Rückkehr. Dennoch besuchten die Assistentinnen Msgr. Paredis von Roermond und nahmen Kontakt mit dem Bischof von Münster, Johann Georg Müller, auf, in der Absicht, das Generalkapitel zu der dafür festgesetzten Zeit in Kapellen zu halten. Sie besprachen mit ihm auch ihre Schwierigkeiten bezüglich Mutter Aloysias Leitung. Kurz zuvor waren die veränderten Konstitutionen nach Rom geschickt worden, u. a. mit der Eingabe, daß eine Generaloberin nach zwölf Amtsjahren nicht mehr wählbar sei.

Der Bischof von Münster ordnete an, man möge die Propaganda Fide ersuchen, die Approbation der veränderten Konstitutionen zu beschleunigen. Aber als die Konstitutionen zurückkamen, war zu jedermanns Verwunderung gerade dieser Punkt nicht abgeändert, nicht aufgenommen worden. Die Assistentinnen meinten nun und sprachen es auch aus, daß Mutter Aloysia ihre Hand dazwischen gehabt habe. Um sich zu verteidigen, erbat Mutter Aloysia aufs neue eine Erklärung von Pater Anselmus. Am 15. September schrieb dieser, die vorgeschlagene Änderung der Konstitutionen, nämlich daß eine Generaloberin nach zwölf Amtsjahren nicht mehr wählbar sei, habe die Propaganda Fide approbiert, hielte es aber für ratsam, die Approbation noch nicht in Kraft treten zu lassen.

Das Kapitel wurde, nachdem es verschiedentlich zusammengerufen und wieder vertagt worden war, schließlich am 6. Juni 1876 in Heythuysen unter dem Vorsitz von Msgr. Paredis gehalten.

Was steckte dahinter? Einerseits unterschrieb der Generalrat einmütig am 30. Dezember 1872 und am 8. Mai 1876 ein Dokument, andererseits wird immer wieder Unmut und Widerstand sichtbar.

Das wird wohl deutlich, die deutschen Generalassistentinnen waren nicht einverstanden mit Mutter Aloysias Maßnahmen in Verbindung mit dem Kulturkampf. Sie wünschten definitiv St.Bernardin in Kapellen als Mutterhaus zum Nachteil von Heythuysen. Sie waren gegen die Neugründung in den Vereinigten Staaten, ihrer Einsicht nach war das Frühjahr 1874 nicht der geeignete Zeitpunkt dafür. Die deutschen Schulen mußten dann noch mehr Lehrerinnen abgeben. Es gab auch Beschwerden über Mutter Aloysia persönlich. Sie war eine hochbegabte Frau. Sie wußte genau, was sie wollte, und war überzeugt, die richtige Sicht der Dinge zu haben. Möglicherweise trat die niederländische Offizierstochter mit mehr Bestimmtheit auf, als die Deutschen in ihrer Mentalität von einer Fremden vertragen konnten. Seitens der Assistentinnen spielte gewiß Nervosität mit in dieser Zeit der Glaubensverfolgung, aber auch übertriebener Nationalismus.

Mitten in all den Sorgen und drohenden Gefahren wurde Mutter Aloysia vom Pater Generalminister der Franziskaner aufgefordert, alle Mitglieder der Kongregation dem Heiligsten Herzen Jesu zu weihen. Gern nahm sie die Anregung an. Als Datum wurde für alle Klöster der 1. Januar 1874 bestimmt. In Angst und Not wuchs das Vertrauen der Schwestern auf die Göttliche Vorsehung. "Nun mag kommen, was will", schrieb Mutter Aloysia in den Tagen, "wir sind im Herzen Jesu geborgen und darum voller Gewißheit. Sollte man uns auch verbannen, keine Not, unser kleines Schiff ist in den sicheren Hafen eingelaufen, in das Herz unseres göttlichen Erlösers."

Über keine Schwester wurde das Urteil der Verbannung ausgesprochen, aber weil vielen Lehrerinnen die Arbeit in Deutschland unmöglich gemacht wurde, haben sie in großer Zahl einen Wirkungskreis im Ausland gefunden, in den Niederlanden, den Vereinigten Staaten und Brasilien, wo bei ihrer Ankunft aus Herzensgrund ein Deo gratias gesprochen wurde. Zunächst wurden die Volksschullehrerinnen mit ministerieller Bestimmung vom 15. Juli 1872 entlassen. Aufgegeben wurden mit den Schulen 1875 die Klöster in Zell, Polch, Lobberich, Till, Wetzlar und Konitz. Auch in Süchteln wurden die Schwestern aus den Schulen vertrieben, das Haus wurde für die Krankenpflege eingerichtet. In Linz schloß man die Schulen, doch das Kloster blieb den Schwestern zur Pflege geisteskranker Frauen. 1876 wurden Sonsbeck und Oberwesel aufgegeben. In Zons mußte der Volksschulunterricht aufhören, aber die Sorge für schwachsinnige Kinder und geisteskranke Frauen wurde den Schwestern gelassen. Dieser Arbeitsbereich weitete sich so aus, daß es notwendig wurde, in ein größeres Haus umzuziehen. So war es möglich, daß die Schwestern bereits am 28. Februar 1882 in das seit 1876 leerstehende Haus, das Kloster St.Bernardin, Kapellen, wieder einziehen konnten. Das bedeutete das Ende des Klosters in Zons. Prüm (1877) und Trier (1878) sowie Süchteln traf dasselbe Los.

In all diesem Elend hatten die Schwestern gehofft, daß man ihnen wenigstens die Waisenkinder, die Haushaltungsschulen und ähnliche Wirkungskreise lassen würde. Vergebens.

Das St.-Anna-Kloster in Remagen wurde dadurch gerettet, daß eine Dame, Fräulein Amanda Birckman, die spätere Generaloberin Mutter Ludmilla, die Leitung des Pensionates und der Haushaltungsschule übernahm und so den Schwestern aus der Not half. In Brüggen waren die Lehrerinnen bereits aus der Volksschule entlassen, nun mußte auch die Versorgung der verwahrlosten Kinder aufgegeben werden. Einige fanden in einem Haus in Thorn, Mittel-Limburg, eine Unterkunft. Dieses Haus war von 1851 bis 1854 ein Kloster gewesen, seither hatte man es vermietet. Bis 1892 blieb in diesem Haus ein Pensionat bestehen, Brüggen wurde 1877 ganz aufgegeben.

Das Kloster in Freckenhorst, Heythuysens älteste Gründung in Deutschland, mußte vor dem 1. April 1876 geräumt werden. Die Schwestern mit fast allen Kindern des Pensionates siedelten nach Bunde bei Maastricht um, wo Mutter Aloysia bereits für sie ein Haus bereithielt. Der Unterricht wurde auf die altbekannte Weise fortgesetzt. Bunde blieb nach der Teilung der Kongregation in zwei Provinzen im Jahr 1900 der deutschen Provinz unterstellt bis nach dem Zweiten Weltkrieg. Infolge der politischen Verhältnisse wurde es dann von der niederländischen Provinz übernommen. 1888 begann für das Kloster in Freckenhorst eine zweite Blütezeit mit einer Haushaltungsschule für junge Frauen.

Besonders schmerzlich wurde in der Kongregation die Aufhebung von Pensionat und Noviziat in St. Bernardin, Kapellen, empfunden.

Im März 1875 gingen die Novizinnen und Postulantinnen nach Heythuysen, die Profeß-Schwestern fanden eine Zuflucht im Schlößchen Opveld te Heer bei Maastricht, wo vorläufig die Haushaltungsschule von Kapellen bis 1882 fortbestand. Im September 1875 zog ein großer Teil der Pensionärinnen mit den Schwestern in das Clara-Kloster in Heerlen. Deutsche Schwestern blieben in Heerlen bis 1905.

Das Los des Klosters Nonnenwerth war weniger betrüblich. Konvent und Pensionat hatten sich sehr gut entwickelt unter der vortrefflichen Leitung von Mutter Camilla Schweden, der Nachfolgerin von Mutter Angela von

Cordier. Um die Schule zu behalten, reichte Mutter Camilla Bittschriften ein an den Kultusminister und an Kaiserin Augusta. Eine Bittschrift wurde, von tausend Hausfrauen, Freundinnen der Kongregation, unterzeichnet, dem Kaiser vorgelegt. Für den Erhalt des Pensionats blieb das alles ohne Erfolg, aber mit weiteren Bittgesuchen wurde wenigstens erreicht, daß das Inselkloster als eine Einrichtung, in der Kranke verpflegt werden konnten, erhalten blieb. Am 24. Mai 1879 siedelten die Pensionärinnen mit den bei ihnen tätigen Schwestern um in die bereits angekaufte Villa Grande Suisse bei Maastricht. Das Haus erhielt im Gedenken an die Liebfraueninsel den Namen Marienwerth. Das Kloster Marienwerth blieb bis nach dem Zweiten Weltkrieg bestehen. Es hatte im Lauf der Zeit verschiedene Wirkungskreise. Zuletzt war es ein Damenheim. In Mönchengladbach hatten die Schwestern wohl den ausgedehntesten und einflußreichsten Wirkungskreis der Kongregation. Zu Beginn des Kulturkampfes zählte man in Maria-Hilf 110 Waisenkinder, 22 Schwestern arbeiteten in den Schulen der Stadt und ihrer Umgebung. Diese Schulen wurden von rund 3000 Kindern besucht. Die Höhere Töchterschule hatte 140 Schülerinnen. Von 1872 an wurden die Schwestern an den Volksschulen nach und nach durch weltliche Lehrerinnen ersetzt. Ab 1874 mußten die Waisenkinder eine neuerrichtete Gemeinschaftsschule besuchen. 1875 nahm der Staat den Schwestern den Unterricht an der Höheren Töchterschule und an den Fortbildungsschulen, 1876 übertrugen die Schwestern die letzten Einrichtungen wie Handarbeitsschule, Bewahrschule, Sonntagsschule für Fabrikmädchen und sogar die Leitung des Waisenhauses an verschiedene Damen und Herren. Die Schwestern widmeten sich verstärkt der Krankenpflege, die unter diesen Umständen sich stets mehr ausweitete.

Im Kloster St. Bruno in Karthaus bei Trier schloß die Regierung im September 1877 das Waisenhaus. Im April 1879 mußten die Schwestern die Lehrerinnenbildungsanstalt schließen, eröffneten sie aber wieder in Marienwerth. Die in Karthaus verbleibenden Schwestern arbeiteten in der Krankenpflege und da vor allem in der Ambulanz.

Das ist eine lange traurige Liste, eine trockene Aufzählung.

Wer kann nach über 100 Jahren auch nur annähernd nachempfinden, was in der Zeit gelitten und wieviel geistlicher und materieller Schaden angerichtet worden ist? Bei denen, die die Hauptverantwortung trugen, bestand Unsicherheit im Hinblick auf die Zukunft, Spannung und Gewissensnot, Stunden der Ratlosigkeit, wenn sie an die unversorgten Minderjährigen dachten, für deren Betreuung sie nichts mehr tun konnten, die sie verderblichen Einflüssen ausgeliefert wußten. Bei den Schwestern war es nicht allein der Abschied von dem, was ihnen in langen Jahren liebgeworden war, sondern auch Mitleid mit dem Kummer der Kinder, die sich unbeschützt zurückgelassen fühlten. Für die Ordensfrauen kam noch der Schmerz hinzu, daß die Kapelle geräumt und das Ewige Licht ausgeblasen wurde. Sie verließen den Ort, an dem sie die Kraft empfangen hatten für ihr Leben und jegliches Werk der Liebe. Trotz alledem war ihre Kraft nicht gebrochen, in einer anderen Umgebung im eigenen Land oder auf fremder Erde erfuhren die Schwestern aufs neue die Wirkung des Wortes ihrer Stifterin: Gott wird sorgen. Vielleicht nicht so, wie sie es sich gedacht hatten, aber doch: Gott sorgt in allem, letztlich wendet er alles zum Guten.

Um 1880 ließ die Verfolgung nach. Es gab Dispensen von den Maigesetzen. Langsam normalisierten sich die Verhältnisse. Verbannte konnten zurückkehren, religiöse Institute wurden neu belebt. Auch die Kongregation der Franziskanerinnen von Heythuysen hatte teil daran, allerdings verblieb der Schwerpunkt ihrer Tätigkeit bei der Versorgung von Kranken, und diese wurde zumeist ausgeübt in großen Krankenhäusern in Städten. In die zahlreichen Volksschulen in kleineren Orten kehrten die Schwestern nicht mehr zurück. Das war in den Niederlanden anders, wo neben der Krankenpflege und der Sorge für geistig behinderte Kinder der Unterricht immer noch Vorrang hatte, bis nach dem Zweiten Weltkrieg die veränderte gesellschaftliche Situation als Zeichen der Zeit an andere Tätigkeiten verwies.

Wie bereits gesagt, hatten die Schwestern, die nicht mehr in Deutschland bleiben konnten, in den Niederlanden eine Zuflucht gefunden.[5] In den Klöstern in Bunde, Marienwerth und Thorn lebten deutsche Kommunitäten. Auch die niederländischen Klöster entlang der Grenze bekamen die Auswirkungen des Kulturkampfes zu spüren, sie öffneten sich für die Verbannten. Als das sogenannte Jesuitengesetz in Kraft trat (1872), bot Mutter Aloysia an, alte und kranke Patres aufzunehmen. Das wurde gern angenommen. Je mehr Ordensschulen in Deutschland geschlossen wurden, um so mehr Kinder meldeten Eltern in niederländischen Ordensschulen an. Es liegt auf der Hand, wenn die Haus-Chroniken auch keine Versetzungen melden, daß deutsche Schwestern ihren Anteil erhielten an Unterricht und Versorgung.

Die Haus-Chronik des Klosters in Oldenzaal meldet für das Jahr 1875: "Infolge des Kulturkampfes nahm die Zahl der deutschen Pensionärinnen sehr zu, in diesem Jahr waren es 22 Zöglinge. Ein ausgewiesener deutscher Priester ist ihr Seelsorger." Regelmäßig finden Exerzitien für deutsche Damen und für Priester statt, für Damen zum ersten Mal 1875. Im

Jahr 1878 fielen die Exerzitien für niederländische Damen aus, weil sich so viele deutsche Damen gemeldet hatten. Zwei deutsche Exerzitienkurse wurden gegeben, einer mit 86, der andere mit 55 Teilnehmerinnen. 1877 kamen 35 deutsche Priester aus verschiedenen Bistümern für Exerzitien, 1878 waren es 55. So ging es in den folgenden Jahren weiter.

1881 kam der Bischof von Utrecht, Msgr. Schaepman, während einer Firmungsreise nach Oldenzaal. Bei dieser Gelegenheit erinnerte er daran, daß er selbst vor genau 50 Jahren nach Nordhorn, in Norddeutschland, gegangen sei, um dort die Firmung zu empfangen. Nun kämen sehr viele Deutsche in die Niederlande, um dort die Firmung zu empfangen. "Etwa 1600 Deutsche kamen in diese Pfarrei, um das Sakrament der Firmung zu empfangen." Die Chronik von Silvolde, Gelderland, unweit der deutschen Grenze, ist für die besprochene Periode sehr unvollständig, mehr beiläufig werden einige deutsche Schülerinnen genannt.

In Mook erfuhren einige Schwestern und zwölf Schülerinnen aus Till Gastfreundschaft. Siebzehn Klarissen aus Münster, die aus ihrem Kloster vertrieben worden waren, wohnten zudem im Kloster, bis ihr neues Haus in Katwijk an der Maas fertig war.

In Brunssum lebte Pater Jakob Hoffmann SJ bei den Schwestern, die froh waren, täglich die heilige Messe mitfeiern zu können. Der Pater gab deutschen Kindern Religionsunterricht. Von 1875 an sandten wegen seiner Kränklichkeit die deutschen Jesuiten abwechselnd Patres. 1876 zählte die Kommunität 23 Schwestern, davon mehrere deutsche, zwei kranke starben bald. 1877 war die Zahl der Schwestern auf 27 angewachsen, manche von ihnen litt an Krankheit und Schwäche infolge des Erlebten.

Das Pensionat, das 1860 mit neun deutschen Mädchen angefangen hatte, zählte 1879 80 Schülerinnen und das Jahr darauf 90. Der deutsche Einfluß machte sich auch in der Kommunität stark bemerkbar. Noch Jahre später war die Tischlesung im Konvent in deutscher Sprache.[6]

Zu der Zeit war in Brunssum vorübergehend ein Kloster von deutschen Franziskanern. Der Guardian, Pater Ignatius Jeiler OFM, zeigte viel Interesse für die Schwestern, auch für ihre Konstitutionen und das Buch der Gebräuche, die in dieser Zeit überarbeitet wurden. 1877 gab er deutschen Damen Exerzitien, wenig später auch den Schwestern, darunter sechzehn Deutschen, die für die Tage der Einkehr gekommen waren.

Auch in Heerlen haben nacheinander mehrere deutsche Priester Aufnahme gefunden bei den Schwestern. Was in der folgenden Zeit im St.-

Clara-Kloster geschah, sieht für heutige Leser ziemlich unverständlich aus. Nicht die Tatsachen, die sind überdeutlich, aber man sucht nach der richtigen Erklärung.

In Süd-Limburg war die Landesgrenze in jenen Jahren nicht so eine scharfe Trennung wie in der ersten Hälfte des 20. Jahrhunderts. Deutsche Sprache und deutsches Geld waren in Heerlen gängig. Wir können heute nicht mehr sicher nachempfinden, wie die Verfremdung eines niederländischen Konventes durch die deutschen Schwestern von den niederländischen Schwestern und von Außenstehenden erfahren wurde. Mit diesem Vorbehalt folgen hier einige Tatsachen.[7]

Der St.-Clara-Konvent wurde im April 1863 begründet in einigen Räumen, die die Schwestern nur für eine Zeit bewohnen wollten. 1869 begann man mit dem für die damalige Zeit schönen und geräumigen Klosterbau in der Gasthausstraße 19. Umgeben war das Haus von einem großen Stück Land, für Garten und Schule vorgesehen. Das Gelände wurde in den folgenden Jahren durch weitere Ankäufe vergrößert. Die Haus-Chronik von St. Clara, in niederländischer Sprache geschrieben, wird von Seite 17 an in deutscher Sprache fortgesetzt, zudem in gotischer Fraktur. Diese Schrift war für die meisten niederländischen Schwestern nur mühsam oder gar nicht lesbar. Was war geschehen?

Am 10. September 1876 kam Mutter Thiatildis Eversmann mit achtzehn Schwestern und dreiunddreißig Pensionärinnen an, "die in der Fremde ein bescheidenes Plätzchen suchten für ihre Tätigkeit." Am 15. September trat Mutter Aldegonde Spickermann in edler "Selbstlosigkeit" St. Clara den deutschen Mitschwestern ab und bezog mit den sieben niederländischen Schwestern ein kleines Mietshaus auf dem Veemarkt, z. Zt. Emma-Platz, wohin auch die vier Klassen der Volksschule verlegt wurden. Sie behalfen sich, so gut sie konnten, während das große Kloster in kürzester Zeit ein anderes Aussehen bekam. Es wurde umgebaut, das Haus neu eingeteilt in Klassen, Schlafsäle, Refektor für die Pensionärinnen. Auch die Gartenanlage wurde verändert.

Es ist einsichtig, daß nicht allein die unterschiedlichen Tätigkeiten, sondern auch die Mentalität der Schwestern in den beiden Konventen zu verschieden waren, als daß eine fruchtbare Zusammenarbeit möglich gewesen sein könnte. Die neue Generaloberin, Mutter Alphonsa Houben, seit Juni 1876 im Amt, hielt die Teilung des Konvents von St. Clara nicht für erwünscht. Im November 1876 kam sie zur Visitation. Tags darauf zog die niederländische Kommunität ins eigene Kloster zurück und wurde der deutschen Oberin unterstellt. Mutter Aldegonde wurde zur Oberin in Mook ernannt.

Aus Mutter Alphonsas Maßnahme ist zu schließen, daß der zur Verfügung stehende Raum für beide Gruppen nicht allzu beschränkt war und daß sie ein gutes Einvernehmen für möglich erachtete. Die niederländische Chronistin beschließt ihren Bericht wie folgt: "In St. Clara waren nun wir an der Reihe, von unseren deutschen Mitschwestern herzlich willkommen geheißen zu werden, und wir bestrebten uns, Gottes Willen zu erfüllen, bei den deutschen Schwestern ganz deutsch, doch in den Schulen ganz Niederländerinnen zu sein."

Der Ausspruch "Gottes Willen erfüllen" klingt nicht besonders begeistert. Aus den darauffolgenden Worten geht hervor, daß St. Clara ein deutsches Kloster auf niederländischem Boden geworden war und daß von den niederländischen Schwestern erwartet wurde, daß sie sich im eigenen Land dem deutschen Element anpassen würden und nicht umgekehrt, wie es angebracht gewesen wäre.

Wir sehen hier eine der Ursachen, die in den neunziger Jahren die besten niederländischen Schwestern bewegte, auf Trennung oder zumindest auf Teilung der Kongregation in zwei Provinzen zu drängen.

Wir können von einer wahren Emigration der deutschen Schwestern sprechen. Es soll eine kurze Übersicht folgen über die Gründung der ersten Häuser in Brasilien und in den Vereinigten Staaten von Nordamerika.[8]

Im südlichsten Staat von Brasilien, in Rio Grande do Sul, wohnten bereits seit 1828 Gruppen deutscher Kolonisten. 1859 nahmen deutsche Jesuiten in São Leopoldo ihren Wohnsitz, um unter ihren Landsleuten und bald auch unter den Brasilianern zu arbeiten. Pater Wilhelm Feldhaus SJ hatte schon im selben Jahr, als er nach Südamerika kam (1868), Mutter Aloysia um Schwestern gebeten für die Erziehung der Mädchen. Er meinte, mit zwei Schwestern beginnen zu können, und schlug vor, daß diese weder Habit noch Schleier tragen sollten. Beide Vorstellungen wies Mutter Aloysia sehr bestimmt zurück. Zwei Schwestern könnten keinen Konvent bilden und unter keinem Vorwand wollte sie auf das Ordenskleid verzichten. 1872 hatte die Mission in Java einen guten Anfang gemacht, man hatte Erfahrungen gesammelt, wie eine Kommunität in so großer Entfernung vom Mutterhaus bestehen konnte, und die Schwierigkeiten erwiesen sich als nicht unüberwindlich. Also verließ die erste Gruppe von sechs Schwestern, die für Brasilien bestimmt waren, am 9. Februar 1872 St.

Elisabeth in Heythuysen unter der Leitung von Mutter Anna Möller. Mutter Aloysia Lenders und ihre Sekretärin Schwester Stanislaus Schweden begleiteten die Gruppe bis Marseille, wo sich die Missionarinnen am 15. Februar auf dem Dampfer Poitou einschifften.

Die Überfahrt nach Rio de Janeiro verlief glücklich, aber während der Reise von Rio zum Süden auf der Calderon brach das Steuerrad, und der Schiffsmannschaft gelang es nicht, es zu reparieren. Dieses Unglück brachte die Besatzung des Schiffes wohl nicht in unmittelbare Gefahr, aber die Calderon trieb hilflos umher mit einer beschränkten Menge Nahrung und Trinkwasser an Bord. Und bald begann das Wetter sich zu verschlechtern. Glücklicherweise lenkte die Vorsehung am Fest des heiligen Josef ein anderes Schiff entlang der nicht viel befahrenen Route. Das war die Rettung. Am Ostertag, dem 31. März, landeten die Reisenden in Porto Alegre und erreichten von da aus bald ihr Ziel, São Leopoldo.

Die Begeisterung der Bevölkerung war groß. Daß betreffs der Armut nichts zu wünschen übrigblieb, mag auch gesagt werden. Das für die Schwestern bestimmte Haus hatte drei Zimmer, davon zwei ohne Fenster. Obwohl am Abend alle verdächtigen Löcher im Boden sorgsam zugestopft worden waren, zeigte sich am folgenden Morgen, daß Ratten den Docht der Lampe und das Öl verzehrt hatten. Trinkwasser wurde gegen Bezahlung gebracht. Als die Schwestern gesehen hatten, woher das Wasser kam, litten sie lieber Durst.

Wie überall, wohin Mutter Magdalenas Töchter kamen, begannen sie so schnell wie möglich ihre apostolische Arbeit, den Unterricht. Das sah vorläufig so aus: 1. Klavierunterricht auf einem alten Flügel, den sie von den Patres Jesuiten bekommen hatten; 2. Bewahrschule im Freien unter einem Apfelsinenbaum; 3. Volksschulunterricht an Kolonistenkinder, wovon sogleich dreißig erschienen, die am ersten Tag bereits eine Bank unter ihrem Gewicht zusammenbrechen ließen; 4. ein Pensionat, das auf folgende Weise entstand: Ein Elternpaar brachte zwei Töchterchen, 11- und 13jährig. Vergeblich beteuerten die Schwestern, daß sie die Mädchen unmöglich unterbringen könnten. Der Vater entdeckte auf dem Gelände einen hölzernen Schuppen und versprach, diesen als Aufenthaltsort für seine Töchter einrichten zu lassen. Das war der Anfang des Kollegs São José. Aus dem kleinen Haus mit den drei Räumen entstand das Mutterhaus und das Noviziat für Brasilien.

Natürlich richteten die Schwestern ihre Aufmerksamkeit nicht allein auf deutsche Emigranten. Weder Armut noch einfachster Unterricht waren ihnen fremd, wohl war ihnen fremd die Einstellung und Lebenshaltung der Landbevölkerung. Seit Brasilien von den Portugiesen kolonisiert worden war, nannte man es ein katholisches Land. In den Kreisen der Intelligenz jedoch hatte der Glaube sehr gelitten unter dem Einfluß der Aufklärung und der antiklerikalen Gesetze des portugiesischen Ministers Pombal. Freimaurerei und Religionshaß feierten Triumphe, und die Missionarinnen mußten dem entgegenarbeiten und den Lastern die Stirn bieten. Die Bevölkerung im allgemeinen hingegen war wohl katholisch getauft, aber äußerst unwissend. Ihre geringe Kenntnis des Glaubens war vermischt mit hartnäckigem Aberglauben. Damit hatten die Missionarinnen zu tun.

Dessen ungeachtet wuchs die Zahl der Schüler und Schülerinnen, entstanden Schulen und somit Klöster, Krankenhäuser und andere Werke der Nächstenliebe. 1989 gibt es in Brasilien zwei Ordensprovinzen der Franziskanerinnen von Heythuysen mit den Mutterhäusern in Porto Alegre und Santa Maria. 881 Schwestern leben und arbeiten dort.

1873 erhielt Mutter Aloysia zum dritten Mal ein Bittgesuch um Schwestern aus Übersee. Diesmal kam es von Pater Heinrich Behrens SJ aus Buffalo, USA. Er war Superior der dortigen deutschen Jesuiten. Er erbat Schwestern für deutsche Emigranten. Mutter Aloysia war wohl geneigt, auf dieses Gesuch einzugehen, ihre deutschen Assistentinnen aber waren weniger begeistert. Es erschien ihnen unvorsichtig, noch mehr Lehrerinnen aus Deutschland fortzuschicken, da ja auch Java und Brasilien ständig noch Schwestern aus Europa benötigten. Im Winter 1873/74 hoffte man in Deutschland noch, Unterricht und Sorge in Internaten und Waisenhäusern behalten zu können. Als nun Pater Behrens in einem weiteren Schreiben auf Entscheidung drängte und versicherte, daß den Schwestern sein besonderes Interesse gälte und daß sie unzweifelhaft ein weites, fruchtbares Arbeitsfeld fänden, erkannte Mutter Aloysia in diesem Angebot einen Fingerzeig Gottes, ihre Assistentinnen sprachen von Unvorsichtigkeit.

War die Generaloberin vielleicht besser informiert über das, was bald geschehen sollte? Verdiente sie den Vorwurf, die deutschen Interessen nicht genügend zu berücksichtigen? Wie es auch sei, die Entwicklungen gaben ihr recht. Binnen kurzem sollte eine viel größere Anzahl Lehrerinnen ihres Amtes enthoben werden, als das im allgemeinen 1874 erwartet worden war.

Nach manchem Hin- und Herüberlegen gaben die Assistentinnen ihre Zustimmung für den Neubeginn in Nordamerika. Mutter Aloysia reiste am 18. Mai 1874 auf der Funch von Antwerpen aus in Begleitung von

Schwester Veronica Conradi, Schwester Felicitas Dues und der Novizin Schwester Leonarda Hanappel in die Vereinigten Staaten. Nach glücklicher Fahrt erreichten sie am 5. Juni New York. Dort begrüßte sie Pater Behrens. Schwester Veronica und Schwester Felicitas verblieben in einem Krankenhaus der Armen-Schwestern vom heiligen Franziskus, einer Stiftung von Mutter Franziska Schervier, Aachen, um Sprache und Landessitten zu erlernen, während die beiden anderen Schwestern nach Buffalo weiterreisten.

Wie herzlich sie auch von den Patres Jesuiten empfangen worden waren, es wartete auf sie eine schmerzliche Überraschung. Msgr. Stephen Vincent Ryan, der Bischof von Buffalo, der zunächst offen war für die Pläne von Pater Behrens, verweigerte nun den Schwestern die Niederlassung in seinem Bistum. Es hatte den Anschein, daß Ordensschwestern, die schon länger dort arbeiteten, sich übergangen fühlten und den Bischof baten, eine andere Gemeinschaft nicht aufzunehmen.

Wie es auch gewesen sein mochte, Mutter Aloysia, die nahezu allein die Verantwortung trug für das ganze Unternehmen, befand sich in einer wenig beneidenswerten Lage. Sie war aber nicht die Person, die schnell aufgab. Das taten auch die Patres Jesuiten nicht. Pater Behrens nahm Kontakt auf mit dem Bischof von Columbus, Msgr. Silvester H. Rosecrans, der den Schwestern sofort die Leitung des Waisenhauses anbot; die anderen Patres taten ihr Äußerstes, um Msgr. Ryan zu ihrem Standpunkt zu bekehren. Das gelang ihnen tatsächlich. Und so geschah es, daß, nachdem sie einige Hindernisse überwunden hatten, Mutter Magdalenas Töchter in den Vereinigten Staaten beinahe gleichzeitig in drei Klöstern ihre Tätigkeit aufnahmen, in Buffalo in den Pfarreien der deutschen Kolonisten St. Michael und St. Anna und in Columbus im St.-Vinzenz-Waisenhaus.

Vor der Abreise aus Europa war abgesprochen worden, daß die Assistentinnen bei günstiger Entwicklung der Dinge weitere Lehrerinnen schicken sollten. Als nun der Bischof von Buffalo seine Zustimmung gegeben hatte, telegraphierte Mutter Aloysia nach Kapellen: "Send sisters, bishop willing!" - Der Jesuitenbruder, der das Telegramm zur Post brachte, meinte, Kosten sparen zu können, indem er die Unterschrift M. Aloysia fortließ. Wer anders als sie hätte ein solches Telegramm schicken können? Die Assistentinnen aber sahen in dem letzten Wort "willing" den Familiennamen des Bischofs und schickten auf den kurzen Befehl "send sisters" in größtmöglicher Eile sechs Schwestern nach Buffalo. Monate später kam der Irrtum ans Licht.

Am 31. Dezember 1989 lebten in den USA 502 Schwestern in drei Ordensprovinzen mit den Mutterhäusern in Stella Niagara, Denver, Redwood City.

Quellenangaben zu Kapitel XV

- Kardinal De Jong, Handbuch der Kirchengeschichte IV, 1949.
- W. L. Helwig, De Katholieke kerk in de loop der eeuwen, Harlem, ohne Jahr. - Schwester Paula Münster, a.a.O.

Ferner:

1 Schwester Liguori Mason, a.a.O.

2 Mitteilungen von Schwester Cecile Schmitz, Generalats-Archiv, Rom.

3 Mitgeteilt in einer Notiz, anonym, über die Angelegenheit Kapellen als Mutterhaus, Generalats-Archiv, Rom, III 24 A 4d.

4 Für das folgende fanden Verwendung:
   a) offizielle Dokumente aus dem Archiv.
   b) Kopien von Briefen von Pater Anselmus Knapen OFM an Mutter Aloysia. Diese waren an sie persönlich gerichtet, wahrscheinlich sind die Originale zwischen ihren eigenen Papieren geblieben und später verlorengegangen.
   c) "Kurzer Bericht dessen, was Veranlassung gab 1. zum Gesuch um ein Dekret aus Rom, wonach Kapellen zur Zeit der preußischen Kirchenverfolgung den Titel Mutterhaus bekommen hat; 2. zum Gesuch um Vernichtung des Dekretes."
   "Bericht darüber, was dem Generalkapitel von 1876 vorangegangen ist." Diese beiden Schriftstücke sind mit Bleistift von derselben Hand auf derselben Sorte Papier geschrieben, nicht unterzeichnet und nicht datiert. Der "Bericht" ist augenscheinlich dem Inhalt nach von Mutter Aloysia kurz vor dem Kapitel zusammengestellt worden. Der "kurze Bericht" ebenfalls von ihr um dieselbe Zeit. Generalats-Archiv, Rom.

5 Für diesen Teil sind die Kloster-Chroniken von Oldenzaal, Silvolde, Brunssum und Heerlen St. Clara benutzt worden.

6 Schwester Rumolda ter Braak teilte mit, daß sie noch 1930 als Jungprofesse in Deutsch vorlesen hörte. Zu der Zeit waren noch sechs deutsche Schwestern im Konvent.

7 Haus-Chronik des St.-Clara-Klosters und P. Suitbert van Mil OFM, Klaar... al honderd jaar, Kurze Geschichte des St.-Clara-Klosters in Heerlen, Heerlen 1963.

8 Schwester Paula Münster, a.a.O.; Schwester Liguori Mason, a.a.O.

XVI. Die Kongregation in Indonesien

Seit dem Beginn des 16. Jahrhunderts gibt es in Indonesien eine Mission. 1511 eroberten Portugiesen Amboina und Ternate. Die Bemannung eines Segelschiffes hatte allezeit eine dreifache Aufgabe: Handel, Eroberung, Missionierung. Auch hier.

Die zehn Schwestern, die 1869 nach Indonesien gezogen sind

Trotz des Widerstandes des Islams, des Priestermangels und des schlechten Beispiels der Portugiesen selbst schlug der katholische Glaube Wurzeln. Als Franziskus Xaverius im Jahre 1546 die Molukken besuchte, fand er hier und im Süden von Celebes bereits mehrere Missionsstationen. Er legte den Grundstein für eine mehr systematische Arbeit dadurch, daß er als Provinzial der Indischen Provinz des Ordens Jesuiten sandte, Katechisten berief und Gebete in die Malaische Sprache übersetzen ließ.

Viel nachteiliger als der Widerstand im Lande und Kriege wirkte sich das Kommen der Niederländer aus im Jahre 1605. Einmal Herr geworden auf den Molukken, verhinderten sie radikal alle Missionierung. Dennoch blieb das Christentum erhalten. Unter der Führung evangelischer Missionare hielt es stand, so daß gerade in Ambon die einheimische Bevölkerung am stärksten christlich geprägt blieb. Erst nach Aufhebung der Niederländisch-Ostindischen Compagnie 1798 brachen bessere Zeiten an. Äußerst mühsam erholte sich die Mission wieder.

1807 bekamen zwei Weltpriester, die Herren Nelissen und Prinsen, die Erlaubnis, in Indien ihren Wohnsitz zu nehmen. Pastor Nelissen wurde durch die Propaganda Fide zum Apostolischen Präfekten mit Wohnsitz in Batavia ernannt, Pastor Prinsen zum Pfarrer in Semarang. In den darauffolgenden Jahren schlossen sich ihnen einige Helfer an, aber die Zahl der Priester blieb gering. So konnte man nicht mehr tun, als sich der Seelsorge der Europäer zu widmen. An die Missionierung der einheimischen Bevölkerung war jahrelang noch nicht zu denken.

Mancherlei Mißverständnisse und manche Uneinigkeiten erschwerten zusätzlich die Arbeit. Die Bestimmungen der niederländischen Regierung betreffs Zulassung von Missionaren und deren Rechte waren nicht eindeutig und konnten darum verschieden ausgelegt werden. Tatsächlich wurden die Missionare als Beamte der niederländischen Regierung angesehen und auch so behandelt. Die Spannungen nahmen derart zu, daß der Generalgouverneur Rochussen 1846 Msgr. Groof (seit 1844 Apostolischer Vikar) verbannte, u. a. weil dieser drei Priester suspendiert hatte, die unter dem Protektorat des Generalgouverneurs standen. Die Suspendierung erregte einen Sturm der Entrüstung in dem katholischen Teil der Niederlande. Selbst das abgelegene Pensionat von Heythuysen erfuhr davon, als Pastor Van der Zandt den Kindern "mit feierlichem Ernst" Le Sage ten Broek's Artikel aus den Catholijke Nederlandsche Stemmen[1] vorlas und eine Kollekte hielt für den verbannten Bischof.

König Willem II. nahm Stellung zugunsten von Msgr. Groof und anerkannte dessen Rechte, Ernennung, Versetzung und Suspendierung auszusprechen. Rom fand eine taktvolle Lösung. Die Rechte des Apostolischen Vikars wurden anerkannt, Msgr. Groof als Visitator in Surinam ernannt, wo er vorher das Amt eines Apostolischen Präfekten innehatte.

Die kirchliche Administration von Batavia wurde nun Msgr. Vrancken übertragen, er wurde Koadjutor mit dem Recht der Nachfolge. Trotz aller Versuche, den Verhältnisssen gerecht zu werden, geschah das Schreckliche, daß den letzten Priester im Amt, Pastor Staal in Padang, seine eigenen Hausangestellten ermordeten. Aus diesem kleinen Stück Missionsgeschichte wird ersichtlich, wie äußerst schwierig die rechtliche Lage der Kirche war, wie schwierig sich aber auch für den alleinstehenden Weltpriester die praktischen Lebensumstände gestalteten.

Die Amtszeit von Msgr. Petrus Maria Vrancken (1848-1871) wurde der Beginn einer blühenden Missionsperiode. Er gründete die erste Station unter der einheimischen Bevölkerung, merkwürdigerweise nicht auf Java, im Zentrum der bürgerlichen und kirchlichen Verwaltung, sondern bei den Chinesen von Banka durch Vermittlung eines chinesischen Arztes und Laien-Apostels Tsen-on-nie im Jahr 1853. Als nach einem Vertrag mit Portugal Flores und die umliegenden Inseln niederländisches Gebiet wurden, kamen auf Ersuchen der scheidenden Verwaltung niederländische Missionare und übernahmen die Sorge für die einheimischen Katholiken. Larantoeka erhielt eine feste Missionsstation.

Eine der großen Sorgen von Msgr. Vrancken war die Erziehung der Jugend. Am 7. Februar 1856 landeten die ersten Ursulinen auf Java, wo sie europäische und "indische" Mädchen unterrichteten, d. h. Mischlinge, die zu den Weißen zählten. Daneben leisteten sie auch ausgezeichnete Arbeit auf dem Gebiet der Krankenpflege und der Versorgung von Waisenkindern, erst in Batavia, dann auch in Surabaja.

Wegen Priestermangels in den Jahren 1807 bis 1859 - in der Zeit waren nur 34 Weltpriester da und jeder nur einige Jahre im Land - mußte Msgr. Vrancken, um die Missionsarbeit sicherzustellen, um Hilfe bei einem Orden oder bei einer Kongregation nachsuchen. Daß Missionarinnen bei welchen Schwierigkeiten auch immer zurückkehren konnten in ein Kloster ihrer Gemeinschaft, das hielt er für einen großen Vorteil für sie selbst als auch für die ihrer Sorge Anvertrauten. Die Jesuiten erklärten sich bereit zu helfen, und 1859 landeten die ersten Patres. Erst im 20. Jahrhundert entstand eine einheimische weltliche Geistlichkeit.

So, in wenigen Linien aufgezeichnet, war die Situation, als Pastor Jozef Lijnen 1868 von seiner Pfarrei in Semarang aus eine Reise in die Niederlande unternahm, um Schwestern zu gewinnen für die Erziehung und Ausbildung der weiblichen Jugend, vor allem aber für das Waisenhaus, dessen Vorsteher er war. Dieser Priester, 1815 geboren in Dieteren bei Susteren, 1842 zum Priester geweiht und 1848 als Reisegefährte von Msgr. Vrancken nach Batavia gekommen, war "mit seinen Talenten und persönlichen Gaben vielen überlegen, die damals den Pastor in Indien noch mitleidig ansahen als ein Erbstück aus früheren Zeiten, so eine Art Kuriosum". Er war zunächst für Padang bestimmt und kam 1858 nach Semarang. In beiden Orten wußte man, daß er nur das unbedingt Nötige für sich behielt und das Übrige den Armen brachte oder für die Kirche verwendete. Papst Pius IX. würdigte 1865 seine Verdienste mit der Ernennung zum Päpstlichen Ehrenkämmerer.

Obwohl Msgr. Lijnen im Januar 1869 bei einem ersten Besuch im Mutterhaus in Heythuysen Mutter Aloysia nicht antraf, bekam er die Gelegenheit, zu den Schwestern zu sprechen und sie für die Java-Mission zu begeistern. Mutter Aloysia selbst gab sich in der kurz darauf folgenden Begegnung zurückhaltend. Die Schwierigkeiten, die sich aus der weiten Entfernung ergaben, und die Gefahr der Isolation wogen im Jahr 1870 schwerer als im Zeitalter des Düsenflugzeugs.

Über die Umstände, unter denen Lijnen am Ende seine Wünsche erfüllt bekam, gehen die Berichte auseinander. Es wird erzählt, daß der Pastor nach langem vergeblichem Reden erklärte, er ginge jetzt in die Kapelle und würde diese nicht eher verlassen, bis Mutter Aloysia ihn rufen ließe und ihm ihre Zustimmung gäbe. Auch wird erzählt, daß die Generaloberin der dringenden Bitte des Bischofs von Roermond, Schwestern in die Java-Mission zu senden, nicht widerstehen konnte. Was beiden Berichten gemeinsam ist, ist das verständliche Zögern der Generaloberin; sie trug die Verantwortung.

Mutter Aloysia beriet sich mit den zwei in Heythuysen anwesenden Assistentinnen, am Ende stand die für Lijnen günstige Entscheidung. Dies geschah am 25. Januar 1869.

Am folgenden Tag wurden die Pläne eingehend besprochen, und am 26. Februar erfolgte eine weitere Beratung in Maastricht. Der heilige Josef wurde um Hilfe angerufen. Die Liste der Schwestern, die sich bereit erklärten, in die Java-Mission zu gehen, zählte bald 200 Namen. Am Fest des väterlichen Patrons, dem 19. März, wurden in einer feierlichen Versammlung die Namen der Ausgewählten bekanntgegeben: Mutter Alphonsa Houben, Schwester Marina Diederen, Schwester Aurelia van de Pas, Schwester Lucie Porten, Schwester Josefa Wissink, Schwester Plechelma Scholten, Schwester Odilia ten Pol, Schwester Antonine Renier, Schwester Nicoline Jacobs, Schwester Suzanna Bramm[1a].

Es fällt schwer, sich von dem Mut dieser Frauen eine Vorstellung zu machen. Nach den Familiennamen zu urteilen, waren sie alle oder beinahe alle Niederländerinnen, und sie werden wohl von der Frömmigkeit und der Lust am Abenteuer, die ihren Volksstamm kennzeichnen, durchdrungen gewesen sein. Sie waren geschnitzt aus dem guten Holz, woraus Gott Missionarinnen macht. Die Stille, ein verhältnismäßig ruhiges Leben im Kloster, das hatten sie mit ihrem Eintritt gewählt. Sie sahen davon ab und nahmen freudig die Sendung an.

Viel Behaglichkeit und Bequemlichkeit waren sie nicht gewöhnt, und sie verlangten auch nicht danach. Von den Umständen, unter denen sie die neue Aufgabe beginnen sollten, konnten sie sich kaum eine Vorstellung machen. Als einzige Sicherheit wußten sie, sie gingen weit fort von allem, was ihnen lieb und wert war, und es bestand nur eine sehr geringe Aussicht, jemals wieder zurückkehren zu können. Das war ohne Zweifel hart.

Nicht so naiv, zu meinen, daß sich in ihrem Zusammenleben keine Spannungen ergeben würden untereinander oder mit der Geistlichkeit, waren sie sich bewußt, daß eine Lösung nicht möglich war durch eine Versetzung oder durch den Austausch der betreffenden Personen, jedenfalls wäre das sehr schwer, wenn nicht unmöglich gewesen.

Uns wundert dann auch nicht mehr die erste Äußerung von Mutter Aloysia, als Pastor Lijnen ihr mit seinen Vorschlägen kam: "Niemals werde ich Schwestern an einen Ort schicken, wo nicht regelmäßig Visitation gehalten werden kann."

Uns doch kam es so. Sowohl die Verantwortlichen als auch die, die den Missionsplan in die Tat umsetzen sollten, stellten alle Einwände, die Herz und Verstand eingaben, auf die Seite. Das Abenteuer für Gottes Sache wurde gewagt und gewonnen in Glaube, Liebe und Geduld.

Nach Monaten der Vorbereitung brach endlich der Tag der Abreise an. Am 3. September feierten die Schwestern in Heythuysen ein herzliches, frohes Abschiedsfest; am 4. September zelebrierte Pastor Lijnen die Eucharistie, danach geleitete der Konvent die Reisenden zu den bereitstehenden Wagen. In Roermond empfingen die Missionarinnen den Segen ihres Bischofs, Msgr. Paredis, in Rotterdam den Segen des päpstlichen Nuntius, Msgr. Bianchi. In der Kirche der Jesuiten feierte Pastor Lijnen mit ihnen die Eucharistie, das war der letzte Gottesdienst in der Heimat. Unmittelbar darauf fuhren die zehn Schwestern in Begleitung von drei Patres Jesuiten und vier Ursulinen zum Hafen, wo das große Segelschiff Jacoba Cornelia auf sie wartete.

"Unter dem Gruß der Flaggen, dem Winken der herbeigeströmten Menge und den lauten Hurra-Rufen der Matrosen nahmen die Missionarinnen Abschied von der Heimat." So erzählt die alte Chronik.

Auf soviel festliche Begeisterung kam leider allzufrüh ein Dämpfer. Am 16. September erreichte das Mutterhaus in Heythuysen ein Telegramm. Pater Provinzial der Jesuiten berichtete, daß die Jacoba Cornelia im Kanal von einem schweren Sturm erfaßt und schwer beschädigt an die englische Küste bei Ramsgate geschleudert worden sei.

Nach einigen Tagen kamen Briefe. Mutter Alphonsa schrieb einen Brief, dem die Erregung anzumerken ist:

> "Gestern abend sind wir durch Gottes Beistand gegen alle Erwartung wohlbehalten nach einem entsetzlichen Schiffbruch im Hafen von Ramsgate angekommen. O Mutter, es ist unmöglich, zu schildern, was wir in den zwei letzten Tagen und Nächten durchgemacht haben. Fünfmal waren wir in Todesgefahr, zwei- oder dreimal sind wir wie durch ein Wunder dem Tod entronnen. Später schreibe ich Ihnen alles ausführlich, heute ist keine Zeit dazu. Soeben war der niederländische Konsul an Bord, der Ihnen gern diese erste Mitteilung zusenden will, damit Sie schnell Nachricht haben.
>
> O Mutter, wir stehen alle noch so unter dem Eindruck der Gefahr, daß wir weder schreiben noch denken können. Nun, da unser Leben gerettet ist, empfinden wir erst recht, was wir durchgemacht haben. Der gute Gott sei gelobt und gepriesen. Durch die Fürsprache unserer lieben Frau, des Heiligsten Herzens und des hl. Josef sind wir gerettet. Wären Sie Augenzeuge unserer Erlebnisse gewesen, Sie wären vor Leid und Kummer umgekommen. Hunderte Male habe ich gerufen: Wie gut, daß Monseigneur[2], Würdige Mutter und Mutter Célestine nichts von unserem Zustand wissen. Es schien, als sei die ganze Hölle gegen uns losgebrochen. Je mehr wir beteten und den Himmel bestürmten, desto mehr wütete der Sturm. Es war, als wollten uns die Wogen verschlingen. Nein, niemand ist imstande, so etwas zu beschreiben. Man muß Schiffbruch erlitten haben, um zu wissen, was es bedeutet, dem anscheinend unvermeidlichen Tod ausgeliefert zu sein. Danken Sie nun mit uns dem guten Gott, der heiligen Jungfrau und dem heiligen Josef für unsere Rettung. Heute will ich beginnen, Ihnen eine vollständige Beschreibung davon zu geben. Machen Sie sich keine Sorgen, wir sind alle gesund. Machen Sie sich also keinen Kummer wegen Ihrer Semarangschen Kinder. Lassen Sie bald von sich hören. Wir müssen noch zwei Wochen hierbleiben. Bis bald, vielleicht bis morgen, Mutter, es geht nicht mehr."

Für die Schwestern im Mutterhaus war zunächst nur wichtig, ihre Mitschwestern waren gerettet und bei guter Gesundheit. Bald darauf wurde deutlich, daß es mit der Gesundheit der Schwestern doch nicht so gut bestellt war. Schwester Suzanna hatte einer Mitschwester, die durch und durch naß geworden war, ihre eigenen Kleider geliehen und hatte sich demzufolge selber schwer erkältet; es kam zu einer Lungenentzündung, "die zu einer Schwindsucht auszuarten schien". Für Mutter Alphonsa gab es nur eins, sie schickte ein Telegramm nach Heythuysen: "S. Suzanna schwer krank, kann nicht mitreisen. Jacoba Cornelia sticht in drei Tagen in See."

Mutter Aloysia zögerte nicht lange; sie kam am 6. Oktober mit Schwester Cunigonde Iding in Ramsgate an. Schwester Cunigonde sollte für Schwester Suzanna reisen. Inzwischen hatte sich der Zustand der Kranken wider Erwarten gebessert, so daß am Ende beide Schwestern die Reise nach Indonesien antraten. Schwester Suzanna hat für die Kinder in Semarang nicht viel tun können, sie starb im September 1870.

Am 20. Oktober verließ die kalfaterte Jacoba Cornelia den Hafen von Ramsgate, segelte bei ziemlich günstigem Wind um das Kap der guten Hoffnung und warf am 22. Januar 1870 den Anker an in der Reede von Batavia.

Inzwischen hatte Pastor Lijnen seine eigenen Erlebnisse. Vor der Abreise der Missionarinnen reiste er mit dem Dampfer über Ägypten wieder zurück zu seinem Amtssitz Semarang und war also vor ihnen da. Die erste und einzige Reise nach Europa während seines 34 Jahre langen Aufenthaltes in Niederländisch-Ost-Indien war ihm möglich gemacht worden durch ein merkwürdiges Zusammentreffen von Umständen. Es hatte wegen seines Gehaltes, das er von der Regierung bekam, Meinungsverschiedenheiten gegeben. Ziemlich unerwartet bekam er am 31. Dezember 1867 an rückständigen Geldern 16.000 Gulden ausbezahlt. Mit Zustimmung seines Bischofs reiste Pastor Lijnen einige Monate später in die Niederlande, holte Franziskanerinnen von Heythuysen für sein Waisenhaus und bezahlte ihre Ausstattung und die Hälfte der Reisekosten für die Überfahrt. Die restliche Hälfte sollte er, wie abgesprochen, nach ihrer Ankunft bezahlen. Als er den benötigten Betrag von der Java-Bank abholen wollte, wurde ihm dieser nach einer kurzen Wartezeit ausgehändigt. Tags darauf machte die Bank Pleite.[3]

Der Pastor bezahlte auch zum Teil die Wohnungsausstattung der Schwestern, so daß nach wenigen Monaten nichts von dem großen Geldbetrag übriggeblieben war. Er hielt es nicht für nötig, etwas für seine alten Tage zurückzulegen. "Gott, der Herr, hat selbst ein Konto für Msgr. angelegt", bemerkte Schwester Cecilie, indem er ihm seinen Herzenswunsch erfüllte: Für das Waisenhaus in Semarang war gesorgt.

Das Waisenhaus bestand seit 1809. Seine Gründung unmittelbar nach der Wiederherstellung der Java-Mission verweist auf ein dringendes Bedürfnis. Das Waisenhaus war nicht für einheimische Kinder bestimmt, sondern für "indische", d. h. für Mischlinge. Diese trugen meistens niederländische Namen und wurden den Europäern zugerechnet. Sie kamen aus ganz Niederländisch-Indien: Katholiken, Protestanten, Mohammedaner und Andersgläubige. Für 220 Kinder gab die Regierung eine Beihilfe.

Der Pastor der Pfarrei war der Direktor des Waisenhauses, die täglichen Geschäfte lagen beim Heimleiter und seiner Frau. Das waren ehrenwerte Menschen, aber ihre Kenntnisse und Fähigkeiten entsprachen nicht den Anforderungen. Das Ehepaar kümmerte sich ausschließlich um Ernährung, Kleidung und Unterkunft der Kinder. Erziehungsaufgaben wahrzunehmen, das lag ihnen fern.

Diese Situation fanden die elf Schwestern vor, als sie nach kurzem Aufenthalt in Batavia, wo sie von Msgr. Lijnen und dem Apostolischen Vikar Msgr. Claessens empfangen worden waren, endlich am 5. Februar 1870 in Semarang landeten.

Am Tag darauf begann Mutter Alphonsa damit, ihre ersten Eindrücke in einem Brief nach Heythuysen niederzulegen. Eine Auswahl folgt hier.

> "In der Nacht zum Samstag kamen wir an der Reede von Semarang an. Am folgenden Morgen gegen sieben Uhr wurden wir mit großem Aufwand vom Boot abgeholt, und um neun Uhr sahen wir uns bereits umringt von 211 armen Waisen, für die wir in Zukunft zu sorgen hatten. Was wir beim Betreten des Waisenhauses empfanden, ist schwer zu beschreiben, wir werden die ersten Eindrücke nie vergessen. Nun erst fühlten wir uns innig durchdrungen von Dankbarkeit gegen den guten Gott, der uns eine glückliche Ankunft geschenkt hatte. Dann waren wir wieder von Mitleid erfüllt wegen der armen Kinder und froh, für ihr Seelenheil arbeiten zu können. Die Kinder sind im allgemeinen rauh und unhöflich und sehr unordentlich, zeigen aber guten Willen. Wie die armen Kinder ihrem Schicksal überlassen waren und wie verlorene Schafe über das ganze Grundstück liefen, können Sie sich nicht vorstellen. Als ich im Haus und auf dem weiten Gelände umherging, fand ich überall Kinder. Wenn ich dann Msgr. fragte: 'Sind das auch welche von unseren Kindern?' Antwortete er: 'Aber sicher, alle Kinder, die sich innerhalb dieser Mauern befinden, sind eure.'"

Man fühlt den Mut, das Gottvertrauen, die selbstverständliche Bereitschaft, mit der die Schwestern an ihre Aufgabe herangingen. Sie waren nicht abgestoßen von dem, was sie sahen, im Gegenteil, ihre Liebe entzündete sich an dem Elend.

Unwillkürlich kommt einem der Gedanke an die Auffassungen im 19. Jahrhundert bezüglich eines gutgeführten Pensionates. Ungebundenes Umherlaufen auf eigenem Gelände wurde gesehen als "Sich-selbst-überlassen-sein".

Aber die Schwestern nahmen die Situation, wie sie war. Sie sahen die Dinge der Wirklichkeit entsprechend realistisch, versuchten ihre Möglichkeiten richtig einzuschätzen und verstanden, freundlich, aber bestimmt, sich durchzusetzen, wo das nötig war.

> "Den Umständen entsprechend sind wir mit den Kindern zufrieden", hieß es in dem oben angeführten Brief von Mutter Alphonsa vom Februar 1870, "weil die meisten von ihnen für uns eine merkwürdige Art von Kindern sind. Den Kindern hat man in emotionell-moralischer Hinsicht nichts beigebracht, ihr Charakter hat sich daher nicht gebildet. Wenn man das berücksichtigt, sind sie noch recht brav. Sie haben guten Willen. Die großen Mädchen haben bisher nicht gearbeitet, allmählich werden wir sie dazu bringen, das kommt." (Die Lebensweise von Europäern in den Kolonien sah so aus: Sie taten sozusagen nichts, ließen sich von den Einheimischen bedienen.)

Einen Tag oder etwas später fährt der Brief fort:

> "Um der unerträglichen Unordnung ein Ende zu machen, haben wir so schnell wie möglich die Schulen eröffnet. Vier Schwestern geben 140 Kindern in den verschiedenen Klassen Unterricht. 58 große Mädchen lernen Nähen, und die übrigen sind im Hospital."

Unter den später angekommenen Schwestern kreisten schreckliche Berichte über Mißstände, über eine unglaubliche Verschmutzung, die ihre Vorgängerinnen angetroffen hatten. Mit europäischen Augen gesehen, wird es so gewesen sein. Dementgegen steht der Bericht, den Mutter Alphonsa am 15. Februar in die Niederlande schrieb, gemeint sind hier die Bemerkungen des Missionars Pater Palinckx SJ und der Oberin der Ursulinen von Batavia-Noordwijk.

> "Gestern hat Msgr. Lijnen einen Brief erhalten von Pater Palinckx, in dem er Msgr. ersucht, uns zu beglückwünschen wegen der guten

Ankunft und des schönen Wirkungskreises; denn, so schreibt er, seit Jahren hat Java kein glücklicheres Ereignis erlebt als die Ankunft der Schwestern im Waisenhaus Semarang, das die Bildungsanstalt guter Hausmütter ist für das ganze Land; das Gute, das davon ausgeht, ist unbezahlbar, und deshalb findet er keine Worte, die seine Freude angemessen ausdrücken können. Msgr. selbst ist so glücklich, daß wir hier sind, daß es, so sagt er, ihm recht sei, wenn Gott ihn bald in die Ewigkeit abberuft, und er sich gern zur Ruhe legt, denn seine Kinder, die ihm Anvertrauten, haben jetzt Mütter, die besser für sie sorgen können, als er es je gekonnt hätte. Sie können sich nicht vorstellen, wie besorgt, wie gut und väterlich er für uns sorgt. Täglich schickt er uns das eine und das andere für den Haushalt, es tut ihm nur leid, daß seine Börse leer ist und er also nicht mehr tun kann. Beten wir gemeinsam, daß der gute Gott uns unseren sorgenden Vater lange erhalten möge. Nach ein paar Jahren können Sie dann sehen, wie gut das Waisenhaus in Ordnung ist.

Die rev. Mère (Ehrwürdige Mutter) von (Batavia-)Noordwijk hat uns ein Lorbeerbäumchen geschickt als Siegeszeichen, denn sie sagte, 'Sie haben tatsächlich den Sieg errungen, ist doch das Waisenhaus von Semarang die Krone der gesamten Mission. Sie können arbeiten, Sie kommen voran, aber wir sind arme Schlucker, wir müssen uns so sehr in acht nehmen, weil wir in der Überzahl protestantische Kinder haben.'"

Außer den Begebenheiten gibt dieser Brief auch Einsicht in Missionierungsmethoden der damaligen Zeit.

Bei den Waisenjungen sorgten die Schwestern für Kleidung und Ernährung und gaben ihnen Unterricht. Erziehungsarbeit war einem Präfekten übertragen. Noch 1884 wird berichtet, daß eine Altschülerin der Schwestern, Anna Verlegh, Lehrerin geworden, den Jungen Unterricht gab. Später übernahmen die Brüder von Oudenbosch die gesamte Sorge für die Jungen.

Auf das Leben der Gemeinde im Semarang der siebziger Jahre werfen wir nun einen Blick.

Die Zahl der katholischen Christen war gering. Als Kirche diente vorläufig ein Privathaus, das Pastor Prinsen 1824 gekauft hatte. Im Untergeschoß war es als Kirche, im Obergeschoß als Pastorat eingerichtet. Diesen Zwecken diente das Haus bis 1875. In dem Jahr baute Msgr. die neue Kirche. Die Kinder des Waisenhauses waren in der Überzahl protestantisch. Schon bald wurde die Erziehungsarbeit und der Unterricht der Schwestern bekannt und geschätzt. Mutter Alphonsa konnte in die Niederlande berichten, daß Familien aus der Stadt dringend um eine europäische Schule für externe Schülerinnen gebeten hätten und enttäuscht waren, daß eine solche Einrichtung wegen der geringen Zahl der Schwestern vorläufig nicht möglich war.

Noch etwas ganz anderes wird sichtbar in der Mitteilung: "Der alte Portier hat die Aufgabe, zehn Sträflinge zu beschäftigen, das sind Strafgefangene, die verpflichtet sind, in Einrichtungen der Regierung Schwerarbeit zu verrichten." Neun Frauen, Mütter der kleinsten Kinder, die gegen Entgelt die grobe Hausarbeit machten, wohnten in einem kleinen Seitenflügel. Mutter Alphonsa wird sich in den Niederlanden wohl nie haben träumen lassen, jemals für solche Hausbewohner sorgen zu müssen.

In einem Brief desselben Jahres vom 27. September 1870 lesen wir:

> "Die Kinderzahl wächst zusehends. Wir haben jetzt bereits 300. Hätten wir nur mehr Platz. Gott Dank, daß unsere kleine Familie in Java bald einige eifrige Helferinnen bekommen wird."

Mutter Aloysia hatte nämlich zugesagt, vier weitere Schwestern zu schicken. Diese kamen am 13. April 1871 in Java an, Schwester Cäcilia (Cecile) Schmitz, Schwester Regina Hesselink, Schwester Marcellina Boerboom und Schwester Tharcilla Stevens. Vor allem die erstgenannte war eine originelle Frau mit viel Begeisterung für ihre neue Aufgabe. Noch in späteren Jahren machte sie viel von sich reden, sie gab wichtige Mitteilungen über manches, was sie sah und hörte.

Nun konnten die Unterrichtspläne für eine Mädchenschule nach europäischem Muster ausgearbeitet werden. Am 1. August 1871 begannen die Schwestern mit sechs Mädchen aus der Stadt, drei von ihnen erhielten Sprachunterricht[3a] in einem Raum des Waisenhauses, während drei kleinere Kinder die Bewahrschule bei den Waisenkindern besuchten. Schwester Cecile gab Unterricht in allen Fächern der Volksschule, während Schwester Odilia den Französisch-Unterricht gab. Die Schule blühte auf. Am 1. Mai 1873 zählte die Sprachschule oder Bürgerschule bereits 70 Schülerinnen, auch die Bewahrschule war gut besucht. Ein angrenzendes Haus wurde angekauft.

Ein Brief von Mutter Alphonsa aus dieser Zeit schildert den Eindruck, den das Waisenhaus auf Außenstehende machte, nachdem die Schwestern dort gut ein Jahr gearbeitet hatten. Das Haus wurde als städtische

Sehenswürdigkeit Fremden gezeigt. Selbst der König von Siam (Thailand) besuchte das Institut, hielt mit seiner Bewunderung nicht zurück und sandte einige Tage später eine Spende von 2.500 Gulden.

Trotz des zunehmenden Interesses der Bevölkerung an dem gemeinsamen Werk von Priestern und Ordensfrauen zeigte sich von seiten der Bezirks-Regierung Widerstand. Im Laufe des Jahres 1872 wurde durch die örtliche Schulbehörde mit Genehmigung des Präsidenten Schwester Lucie und Schwester Mechtildis - letztere war mit drei anderen Schwestern am 7. Mai 1872 aus den Niederlanden gekommen - die Erlaubnis erteilt, daß sie, obwohl sie keine Ausbildung hatten, kostenlos Grundschulunterricht erteilen durften. Einige Wochen später wurde die Genehmigung von dem seit dem Dezember des vergangenen Jahres ernannten Inspektor für den Volksschulunterricht, Rooskoph, Bezirk Semarang, wieder zurückgenommen. Es fällt schwer, anzunehmen, daß dieser Herr nicht gewußt haben soll um die erteilte Genehmigung.

Unstimmigkeiten mit der Regierung - noch lange hat die Mission darunter gelitten. Niemals ist während der Zeit der niederländischen Regierung das Verhältnis so gut gewesen wie nach 1949 zur Zeit der Indonesischen Republik[4], wozu natürlich die einheimische Geistlichkeit und die große Zahl einheimischer Lehrschwestern wesentlich beigetragen haben.

Eine der größten Schwierigkeiten brachte früher die Anordnung der Regierung, eine Missionsstation dürfe nicht errichtet werden an Orten, wo Unstimmigkeiten entstehen könnten, weil bereits protestantische Missionare dort waren oder Mohammedaner. Diese Anordnung war wohl nicht ohne Sinn, und taktlose Personen gab es überall, aber Interessenten hätten wohl eine vernünftige und wohlwollende Aufnahme erwarten dürfen. Nun war in der Tat das Wohlwollen gegenüber dem Islam da, auch gegenüber den protestantischen Missionaren. Für die katholischen Missionarinnen fehlte das Entgegenkommen allzu oft.

Obwohl die Franziskanerinnen in Semarang treu auf dem Laufenden gehalten wurden bezüglich dessen, was im Mutterhaus geschah oder geplant wurde, mußte doch das Telegramm, wodurch Mutter Alphonsa Houben als neugewählte Generaloberin nach Heythuysen zurückgerufen wurde, wie ein Bombeneinschlag gewirkt haben. Am 6. Juni 1876 war Mutter Aloysia Lenders zurückgetreten. "Unbeschreiblich war die Bestürzung in dem sonst so glücklichen Schwesternkreis", schreibt die Chronistin.

Mitte Juli gab Msgr. Lijnen seiner geschätzten Mitarbeiterin das Geleit nach Batavia. Nach einer siebenwöchigen Seereise landete sie mit einer

Mitschwester am 8. September in Rotterdam, wo Mutter Aloysia Lenders und die Oberin des Mutterhauses, Mutter Célestine Bollen, sie willkommen hießen.

Genannte Mutter Célestine wurde Mutter Alphonsas Nachfolgerin in Semarang. Am 2. Februar 1877 empfing man sie mit Herzlichkeit im Kloster und im Waisenhaus. In ihrer Begleitung war Schwester Veneranda Weiß, eine deutsche Krankenschwester, die außer ihrer Arbeit im Waisenhaus auch Deutsch- und Rechenunterricht im Externat erteilte.

Während Schule und Kloster in ihrer Bedeutung für die Umwelt sich zwischen Anerkennung und Widerstand weiterentwickelten, verhandelten der Apostolische Vikar A. C. Claessens und Mutter Alphonsa über eine Gründung in Larantoeka, dem Hauptort der Insel Flores, eine der Kleinen Sunda-Inseln.

Am 20. April 1859 waren durch einen Vertrag mit Portugal Flores und die umliegenden kleinen Inseln niederländisches Gebiet geworden. Bei Vertragsabschluß war von portugiesischer Seite darauf gedrängt worden, die niederländische Regierung möchte auch die geistlichen Belange der Einheimischen bedenken. Katholische Christen gab es auf der Insel seit 300 Jahren, aber verwahrlost, weil es an portugiesischen Priestern fehlte. Unter den 14.000 Getauften lebte seit langem kein tiefer und kräftiger Glaube mehr, christliche Kultur hatte sich in Spuren erhalten. Charakteristisch sind die vielen portugiesischen Namen bei den katholischen Küstenbewohnern. Die Bewohner des Berglandes, die mit denen von der Küste auf Kriegsfuß standen, waren noch Animisten. Ein Radscha nannte sich Don Lorenzo II. Man sprach von "schwarzen Portugiesen". Die Einwohner von Flores sind Malaien mit Papua-Einschlag, daher die dunklere Hautfarbe, verglichen mit der der Sundanesen auf Java.

Über die Ankunft der neuen Regierung gibt Schwester Cecile einen Bericht, der wohl durch einen alten Pastor in Semarang überbracht sein mußte.

> "Die portugiesischen Geistlichen hatten den Katholiken in Larantoeka eingeschärft, keinem Pastor zu vertrauen, der nicht das Kreuzzeichen machte und das Ave Maria betete. Eines Tages ankerten einige Marineschiffe in der Straße von Flores mit einem Pastor und einer kleinen Besatzung an Bord. Im Nu hatte sich die ganze Bevölkerung von Larantoeka am Strand versammelt. Der Kommandant des Schiffes wollte auf keinen Fall erlauben, daß der Pastor sich sogleich an Land begab, weil er sein Leben nicht in

Gefahr bringen wollte. Zunächst sollten die Soldaten an Land gehen. (Gegen die neue Regierung gab es eine starke Abneigung, weil die Einheimischen sich verkauft glaubten als Sklaven.) Also ruderten einige Schaluppen mit Mannschaften an den Strand, doch das Volk machte so unmißverständliche drohende Gebärden, daß der Offizier Befehl gab, umzukehren.

'Nun laßt es mich versuchen', schlug der Pastor vor. Er wurde zum Strand gerudert. Als er so nahe war, daß das Volk ihn verstehen konnte, machte er ein großes Kreuzzeichen und sagte laut: 'In nomine Patris et filii et Spiritus Sancti!' Darauf begann er, das 'Salve Regina' zu singen. Sofort erdröhnte der Strand von Freudenrufen, und alle sangen mit. Der Pastor stieg an Land und gab dem Volk zu verstehen, daß die Soldaten in Larantoeka bleiben wollten, um die Bevölkerung zu beschützen. Nun konnten auch die Soldaten landen. Sie sind nicht lange geblieben, weil es nicht notwendig war.

Der katholische Glaube von Radscha und Volk von Flores war den Regierungsbeamten ein Dorn im Auge. Der Resident von Timor, dem auch Ost-Flores unterstellt war, versuchte einmal, den Radscha von Sikka, Don André Ximenez da Sylva, zu beeinflussen, nicht zu hören auf den Pastor, da dieser nichts zu befehlen habe. Dieser hörte ihm ruhig zu und antwortete: 'Werter Herr Resident, wenn ich nicht auf den Pastor gehört hätte, würden Sie nicht ungeschoren an Land gekommen sein, und Sie würden sich auch nicht in Ruhe in ihrem Haus aufhalten können.'

Soweit Schwester Cecile[5].

Als die Patres Jesuiten diese Mission übernahmen und Pater Gregorius Metz dort Pastor wurde, begann in der verwahrlosten Bevölkerung das katholische Leben sich reiner und kräftiger zu entfalten, umso mehr, als einige Jahre später Schwestern die Sorge für die Mädchen übernahmen. Die Mission auf Flores wurde nach und nach die blühendste des Archipels.

Für Pastor Metz war es sehr bald einsichtig, daß er Ordensfrauen als Mitarbeiterinnen benötigte. Msgr. Claessens war ebenso davon überzeugt, auch Mutter Alphonsa. Aber Schwestern an einen Ort zu schicken, zu dem die Verbindung noch schwieriger war als nach Semarang, das schien ihr zunächst noch zu gewagt zu sein. Auch meinte sie, nicht schon wieder Schwestern aus den Wirkungskreisen in den Niederlanden abziehen zu sollen.

Von der Korrespondenz über diese Angelegenheit zwischen der Generaloberin und dem Apostolischen Vikar von Batavia ist ein Bündelchen Briefe bewahrt geblieben. "Le stile c'est l'homme," bzw. "la femme". Die Briefe des Bischofs sind nüchtern und sachlich, sehr energisch und manchmal scharf, wenn er seine Partnerin nicht zu seiner Ansicht bekehren konnte. Sie äußert sich höflich, ehrfurchtsvoll, gemütvoll, etwas weitschweifig. Wenn man ihre Ausführungen Msgr. Claessens gegenüber durchdenkt, kommt man zu dem Urteil, sie sind nicht immer besonders konsequent.

In seinem Brief vom 1. März 1877 führt Msgr. Claessens an, daß Mutter Aloysia ihm 1875 begründete Hoffnung auf Schwestern gegeben hätte, die sie in anderthalb oder zwei Jahren, also ungefähr in der ersten Hälfte des Jahres 1877, schicken könne. Darum habe er von Surabaja aus Baumaterial schicken lassen für ein Haus, das inzwischen fertig geworden war. Die Reisekosten für fünf oder sechs Schwestern konnten bezahlt werden. Anscheinend war für den Bischof eine begründete Hoffnung gleichzusetzen einem sicheren Versprechen.

Fünf Monate später, am 25. Juli, geht er auf Mutter Alphonsas Vorschlag ein, daß die Reisekosten stets zu Lasten der Mission gehen sollten, und er drängte sehr auf baldige Überfahrt. Er wartete vergeblich. Am 7. Juli 1878 schreibt er empört nach Heythuysen:

> "... - wenn Sie von der Aussendung der Schwestern absehen wollen, lassen Sie es mich wissen, dann weiß ich wenigstens, woran ich mich zu halten habe."

Wahrscheinlich war Mutter Alphonsa erschrocken über den gereizten Ton oder aber überzeugt von den zuvor geäußerten Argumenten. Am 30. August 1878 gab sie nach, worauf der Bischof 1.200 Gulden zur Verfügung stellte für die Ausrüstung der Schwestern. Am 28. Januar 1879 kamen die Schwestern in Batavia an. Sie blieben zwei Monate in Semarang, um sich einzugewöhnen und Malaiisch zu lernen. Anschließend wollten sie nach Larantoeka reisen.

Aber noch ist das Gewitter nicht aus der Atmosphäre.

Msgr. Claessens schreibt am 24. Oktober 1879, daß derzeit doch mit gegenseitigem Einverständnis die Abmachung getroffen worden sei, daß der Bischof, die Patres Jesuiten und die Franziskanerinnen jeder ein Drittel zu dem Unterhalt der Schwestern beitragen sollten. Mutter Célestine in Semarang habe gesagt, nichts davon zu wissen, als der Ökonom

Pater Terwindt sie bat, ihren Anteil zu bezahlen. Mutter Alphonsa möge Mutter Célestine umgehend die entsprechenden Anweisungen geben. - Ein Vertrag war noch nicht unterzeichnet.

Darauf antwortete Mutter Alphonsa am 9. Dezember 1879:

> "...auf Ihr Ersuchen, Mutter Célestine zu beauftragen, den dritten Teil der Unterhaltskosten zu bezahlen, kann ich nicht eingehen, denn, Monseigneur, wären mir die Zustände in Indien nicht bekannt gewesen, so daß ich sicher sein konnte, daß die Schwestern mit den zwei Dritteln der vereinbarten Summe ihren Unterhalt bestreiten könnten, hätten wir die Mission in Larantoeka nie angenommen. Nur auf meine ausdrückliche Erklärung hin, daß der Unterhalt der Schwestern gesichert sei, haben die Assistentinnen ihre Zustimmung zur Übernahme der Mission gegeben. Sollte nun die Kongregation tatsächlich noch ein Drittel beitragen müssen, dann werden die Schwestern nicht in Larantoeka bleiben können, denn, Monseigneur, der Generalrat ist nicht befugt, der Kongregation Lasten aufzubürden, von denen man nicht weiß, ob sie auf die Dauer getragen werden können. ..."

Es scheint, daß hier die Ursache des Konflikts sichtbar wird. Msgr. Claessens verbeißt sich geradezu in die Formulierung: "mit gegenseitigem Einverständnis wurde der Beschluß gefaßt...", derweil für Mutter Alphonsa das gegenseitige Einverständnis noch nicht die Bedeutung einer bindenden Übereinkunft hatte. Als der Bischof antwortet, man könne niemals sagen, ob man in Zukunft mit Sicherheit ein Unternehmen weiterführen könne, hat er wieder einmal wörtlich genommen, was im übertragenen Sinn gemeint war. Oder sollte Mutter Alphonsa so naiv gewesen sein, ihre Behauptung so wörtlich gemeint zu haben? Sie schreibt plaudernd, gemütlich, zu wenig sachlich. Vermutlich wollte sie sagen, das Risiko sei ihr zu groß. Der Bischof fährt fort: Wenn Mutter Alphonsa meine, ihren finanziellen Verpflichtungen nicht nachkommen zu können, solle sie die Schwestern nur zurückrufen und rückerstatten, was die Mission bereits für Larantoeka aufgewandt habe. Dann aber erschrickt er vor seinen eigenen Worten und fährt fort:

> "Weil die Schwestern nun einmal in Larantoeka sind und dort mit viel Erfolg arbeiten, will ich es nicht zum Äußersten kommen lassen. Ich will weiterhin meinen Anteil bezahlen, und Semarang wird es hoffentlich auch tun."

Unmittelbar darauf gibt es wieder schrille Töne zu hören:

> "Was die Bitte angeht, in der Führung des Haushalts und anderer wirtschaftlicher Angelegenheiten in Larantoeka und Semarang Euer Ehrwürden freie Hand zu lassen, habe ich die Ehre, Euer Ehrwürden in Kenntnis zu setzen, daß ich, falls es nötig sein sollte, wissen werde zu handeln in Übereinstimmung mit den Rechten, welche die Kirche mir als Bischof und Kirchenvogt zuerkennt. Und falls Euer Ehrwürden damit nicht einverstanden sein können, steht es Euer Ehrwürden frei, die Schwestern aus Larantoeka und Semarang zurückzuziehen."

Um zu beurteilen, ob es angemessen war, daß die Kongregation ein Drittel der Unterhaltskosten für die Schwestern bezahlte, dazu müßte man die örtlichen finanziellen Verhältnisse von damals sehr gut kennen. Nach gut hundert Jahren sich diese Kenntnisse zu verschaffen, das wird wohl kaum mehr möglich sein. Die Haltung von Mutter Alphonsa kommt dem späteren Leser einigermaßen merkwürdig vor. Aber Pastor Lijnen war auf ihrer Seite; er schrieb am 15. April 1880 aus Semarang nach Heythuysen:

> "Mich dünkt, man hätte daran denken müssen, daß es Ihre eigenen Schwestern sind, mit einem Wort, Ihre Kinder, und daß Sie Ihren Beitrag nach gemeinsamen Überlegungen hätten festsetzen können" (d. h. zwischen Oberin und Schwestern). "Als ich damals hörte, daß das Mutterhaus in Heythuysen ein Drittel der Unterhaltskosten tragen sollte, war ich darüber sehr verwundert."

Anscheinend ist man in Heythuysen auf die finanzielle Forderung des Bischofs eingegangen. Jedenfalls sind die späteren Briefe des Bischofs freundlich und voll des Lobes über das Wirken der Schwestern an beiden Orten. Er schreibt am 1. Mai 1882:

> "Die Verwaltung Ihrer Kongregation ist in guten Händen. Ich hoffe, daß Euer Ehrwürden wiedergewählt werden."

Wo der Kern des Mißverständnisses auch gelegen haben mag, man kann sich dem Eindruck nicht entziehen, daß beide, Generaloberin und Bischof, jeder in seiner Eigenart voll Eifer für die Ausbreitung der Kirche Gottes sich besser verstanden hätten, wenn die Entfernung nicht so groß gewesen wäre und der Postverkehr nicht so langsam. Ein persönliches Gespräch hätte in Kürze die Schwierigkeiten gelöst, die so jahrelang mitgeschleppt wurden.

Endlich stand einer Gründung in Larantoeka nichts mehr im Wege. Die Reisenden, Mutter Ambrosia Westerveld, Schwester Ernestine Boes, Schwester Pelagia Luiten, Schwester Everada Polman, Schwester Cunigonde Iding und Schwester Marcelline Boerboom fuhren am 18. April 1879 von Semarang ab. Die Schiffahrt brachte Überraschungen. Die Chronistin von Semarang schreibt davon:

> "An vielen Orten, wo das Schiff Japara anlegen mußte, begegnete man früheren Waisenmädchen, u. a. in Banda, Gorontalo und in Makassar; alle waren sie sehr froh, ihre Erzieherinnen in den abgelegenen Gegenden so überraschend anzutreffen, und sie zeigten sich sehr dankbar. Solche Begegnungen erneuerten denn auch den Mut, sie zeigten uns, wie die Saat, die im Waisenhaus zu Semarang ausgestreut worden war, überall wuchs und, wir wollen es mit Gott hoffen, Früchte trägt."

Am 28. April hielten die Schwestern ihren Einzug. Mit Böllern wurden die Festlichkeiten begleitet, die die Mitte hielten zwischen königlichem Besuch und Volksfest. Der katholische Radschah mit seinem Hofstaat, die Schuljungen und tausende Menschen begleiteten die Schwestern zum Pfarrhaus. Die Patres hatten gesorgt, so gut sie konnten, und die Schwestern nahmen gern an, was man ihnen bot.

Man ging an die Arbeit mit gutem Mut und voller Erwartungen. Am 6. Juni eröffneten die Schwestern eine Tagesschule mit acht Kindern, Ende Juli waren es bereits vierzig. Europäischer Volksschulunterricht stand aber noch lange nicht auf dem Programm.

Zuallererst vermittelten die Schwestern die Glaubenswahrheiten und gaben Handarbeitsunterricht. Die Mädchen flochten Körbchen aus dem Material, das die Insel lieferte, und machten Knüpfarbeiten zur Ausschmückung der Kirche. Offenbar mußten sie sich zunächst daran gewöhnen, unter Anleitung ruhig miteinander tätig zu sein. In einem zweiten Schritt lernten sie lesen und Hausarbeit, Kochen und Waschen. Erst im Dezember 1882 begann man mit Schreibunterricht. Wie in Java konnten die Schwestern über die Kinder Einfluß auf die Eltern nehmen.

Eine Idylle war das Leben in Larantoeka wohl nicht. Einmal, als man Zimmerholz nötig hatte, gingen die Kulis der Schwestern mit einem einheimischen Aufseher aus, um Bäume zu kennzeichnen und sie anschließend zu fällen. Aber die Leute wollten beim Abtransport nicht helfen. Da legten Mutter Ambrosia und Schwester Agneta selbst Hand ans Werk mit einer Anzahl der stärksten Mädchen und schleppten dreizehn Stämme durch Morast und über Geröll zur Küste.

Die Sicherheit war nicht so unbedingt, wie der gloriose Einzug erwarten lassen konnte. Zwischen 1881 und 1884 wurden die Küstenbewohner öfter überfallen von wilden Bergstämmen. Es gab mehrere Opfer, und obwohl die Schwestern nicht unmittelbar belästigt wurden, erlebten sie doch eine angstvolle, spannungsreiche Zeit. In den neunziger Jahren kamen diese Überfälle zu wiederholten Malen vor, zudem gab es in Larantoeka selbst einen Aufstand. Das Schlimmste aber war der Ausbruch der Cholera 1893. Mehrere Kinder waren Opfer der Seuche und auch Schwester Cunigonde Iding, eine der ersten Missionarinnen.

Die Briefe von Schwester Cecile Schmitz, die 1884 von Semarang nach Flores versetzt worden war, zeichnen von der Arbeit der Schwestern dort ein ganz anderes Bild als von ihren Tätigkeiten unter den europäischen und indischen Kindern auf Java.

Gemeinsam mit den Missionaren gaben die Schwestern unzähligen Erwachsenen und Kindern Religionsunterricht. Wohl waren sie getauft, aber bezüglich der Glaubenslehre unwissend. Vor diesem Hintergrund wird der große Fortschritt sichtbar, daß Msgr. Claessens im August 1881 787 Gläubigen das Sakrament der Firmung spenden konnte. Er hatte während einer Dienstreise zuerst Flores besuchen wollen und war sicher freudig überrascht, nicht nur firmen, sondern auch 75 Ehen segnen zu können. Schwester Cecile schreibt 1884:

> "Junge Frauen und alte Mütterchen sitzen beieinander, sprechen mit gefalteten Händen Gebete und beantworten Fragen aus dem Katechismus. Wenn sie ausreichend unterrichtet sind, nahen sie sich gemeinsam dem Tisch des Herrn und verbringen anschließend den Festtag bei uns. Auf diese Weise bekommen jedes Jahr zahlreiche Erwachsene Religionsunterricht, und das Familienleben wird langsam christlich."
>
> "...Die Frauen sagen, daß sie, seitdem die Schwestern in Flores sind, von ihren Männern weniger geschlagen werden, auch, weil sie mehr in der Lage sind, die Hausarbeit gut zu verrichten. Die Männer haben eine andere Einstellung zu ihren Frauen bekommen, seit sie sich darum bemühen, christlich zu leben. Wir haben bereits 140 Mädchen im Haus und bemühen uns darum, aus ihnen ordnungsliebende, saubere, fleißige und fromme Hausfrauen und Mütter zu machen.

Letzteres hat noch etwas Besonderes im Gefolge: Wer ein Kind aufnimmt und erzieht, bekommt damit elterliche Rechte; diese Mädchen werden nicht verkauft und nicht gezwungen zu einer Heirat gegen ihren Willen."

"Jetzt sind es bereits 8000 Kommunikanten, während man vor einigen Jahren 100 zählte."

Franziskanerinnen von Heythuysen haben bis zum 25. April 1925 in Larantoeka gearbeitet. Dann wurde anläßlich der neuen Einteilung der Missionsgebiete in Niederländisch-Indien die Arbeit in andere Hände gegeben.

Inzwischen ging das Leben in Semarang weiter.

Von Anfang an waren natürlich die Beschwerden, die das Tropenklima mit sich brachte, belastend gewesen. Nach und nach wurde die Kleidung der Schwestern dem Klima angepaßt. Wenn man von seiten der Ordensleitung den Bedürfnissen der Kranken und Überbelasteten gerecht werden wollte, war natürlich mehr nötig. 1878 kauften die Schwestern in Ambarawa, im kühlen Bergland, ein Ferienhaus und nutzten diese Möglichkeit der Erholung gut aus.

Bereits in dieser Zeit ließ die Gesundheit von Msgr. Lijnen zu wünschen übrig. Er war 1848 nach Niederländisch-Ostindien gekommen und hatte 30 Jahre mit nur einer Unterbrechung - 1869/70 - die Last und Hitze der Tage getragen. Am 14. März 1879 schrieb Msgr. Claessens an Mutter Alphonsa Houben in Heythuysen:

"Msgr. Lijnen fühlt sich nicht gut. Ich befürchte, daß es auf einen Urlaub in Europa hinauslaufen wird. Die Hitze setzt ihm arg zu. Sobald er sich in Ambarawa aufhält, geht es besser."

Am 10. Juli 1882 starb der gute Priester, der treue Freund und Beschützer der Schwestern, der Freud und Leid mit ihnen geteilt hatte. Er war selber ein harter Arbeiter im Weinberg des Herrn und half verständnisvoll den Schwestern durch viel Schweres hindurch. Sein Tod war ein Verlust für die gesamte Java-Mission.

Das Waisenhaus, wofür er kraftvoll und mit Aufopferung seines persönlichen Kapitals Schwestern gewonnen hatte, übte weiterhin Einfluß über den ganzen Archipel aus.

Auch der Schulkomplex weitete sich immer mehr aus. Eine Lehrerinnenbildungsanstalt begann im August 1883 mit sechs ehemaligen Schülerinnen. Wie es damit weiterging, wird nicht deutlich, aber am 4. Juli 1898 wird gemeldet: Eröffnung eines mit Externat verbundenen Kursus für junge Damen, die sich als Hilfslehrerinnen betätigen möchten. Am 10. November desselben Jahres wurden 3.000 Gulden Beihilfe gewährt für die Liebfrauenschule, das war die Volksschule für Externe.

1896 begannen die Schwestern mit Handarbeitsunterricht für einheimische Mädchen.

Auch im Konvent gab es mit der Zeit Veränderungen. 1888 war Mutter Alphonsas Amtszeit als Generaloberin zu Ende. Sie bekam von neuem die Aussendung nach Niederländisch-Indien mit dem Auftrag, wieder im Waisenhaus zu arbeiten. Mutter Célestine, die zum Generalkapitel in die Niederlande gereist war, blieb dort. Wenn Mutter Alphonsa auch mit dem Mut und dem Gottvertrauen, die ihr eigen waren, begann, ihre Kraft war gebrochen. Sie starb am 6. Juni 1894 nach einer langen, schmerzlichen Krankheit.

Die erste niederländische Novizin, Schwester Germana Steegh, kam am 22. Dezember 1887 in Java an. Mit besonderer Erlaubnis legte sie am 13. Januar 1889 in Semarang ihre Profeß ab. Für die Eröffnung eines Noviziates in Java wurde die offizielle päpstliche Erlaubnis am 6. März 1892 gegeben.

Erst 1923 schloß sich die erste Javanerin den Töchtern Mutter Magdalenas an. Es war Francisca Soekeni Sasraningrat. Sie kam zum Studium in die Niederlande und begann am 1. August ihr Postulat. Im Dezember kehrte sie in ihr Geburtsland zurück. Sie wurde als Schwester Clara im Frühjahr 1924 das erste javanische Mitglied der Kongregation.

Der Anlaß zur Gründung eines Internates in Magelang war das Werk eines evangelischen Missionars, des Herrn Van der Steur. Sein Institut war ein Waisenhaus, und er führte es nach dem Beispiel des Waisenhauses in Semarang. Aus seiner Sicht war es verständlich, daß er auch die katholischen Pflegebefohlenen in protestantischem Geist erzog[6]. Der Sonntagsschullehrer Johan Van der Steur aus Haarlem war 1892 als "middernacht-zendeling" (Mitternachts-Missionar)[7] nach Indien gegangen im besonderen für die niederländischen Soldaten, aber er wurde sehr bald mit Mißständen konfrontiert, wovon Kinder und zuweilen Babys ein Opfer drohten zu werden. Als Pflegevater nahm er einige Kinder gastfreundlich in sein Haus auf, und nach einigen Jahren war das Haus von

Van der Steur in Magelang zu einem Waisenhaus geworden, in dem hunderte Kinder von Soldaten und anderen Unterkunft fanden.

Seine Schwester Maria folgte ihrem Bruder ein Jahr später nach Java und unterstützte tatkräftig sein Werk. 1903 heiratete sie den Soldaten Graafstal. Sie übernahm die geistig behinderten Kinder aus dem Waisenhaus ihres Bruders und eröffnete in Temanggoen ein Pflegehaus für sie.

1945 starb Van der Steur in Magelang. Maria Graafstal kehrte in die Niederlande zurück und feierte 1961 in Haarlem ihren 93. Geburtstag, geliebt und verehrt vom Bund der "Oud-Steurtjes" (der Alt-Steurtjes, der alten "Kinder" von Van der Steur), die in den Niederlanden Arbeit gefunden und eine Familie gegründet hatten.

Natürlich hat jedes große und gute Werk auch seine schwachen Seiten. Bei solchen Mengen von Kindern, wie Van der Steur sie im Haus hatte, entglitten ihm auch wohl manche. Daß er anfänglich auch katholische Kinder protestantisch erziehen wollte (später gab er ihnen vollauf Gelegenheit, ihrer Glaubensüberzeugung gemäß zu leben), war der katholischen Mission ein Dorn im Auge. Daher kam es, daß 1898 der damalige Apostolische Vikar von Batavia, Msgr. Luypen, Heythuysen besuchte, um zu beratschlagen über eine Gründung in der hochgelegenen gesunden Gegend von Magelang. Zum guten Schluß wagten trotz Widerstand fünf Schwestern, sich in Magelang niederzulassen. Sogleich nahmen sie eine kleine Schar verwahrloster katholischer Kinder an und eröffneten am 1. Februar 1900 einen Fröbel-Kindergarten und eine Nähschule. Erst im Juli 1901 konnte man an die Eröffnung einer Volksschule denken. Aber die Zahl der Schützlinge wuchs so schnell an, externe und Pflegekinder ungefähr 280 im Jahr 1902, daß im gleichen Jahr ein neues Haus errichtet werden mußte. Am 22. Oktober wurde es eingesegnet. Bis 1942 gehörte Magelang zu den blühendsten Gründungen in Java. Während des Krieges wurde das Haus bombardiert, schwer beschädigt und verlassen. Die Bewohner zerstreuten sich.

Die Franziskanerinnen von Heythuysen hatten 1989 eine ihrer blühendsten Provinzen in Indonesien mit dem größten Noviziat innerhalb der Kongregation. 360 Profeßschwestern leben und arbeiten in Indonesien.

Quellenangaben zu Kapitel XVI

Für dieses Kapitel wurden hauptsächlich folgende Werke zu Rate gezogen: Emigranten für Gott, Weltbedeutung des niederländischen Missionswerkes, Zusammenstellung Anton Freitag SVD, Steyl-Tegelen, 1949.

- A. J. H. Van der Velden SJ, Die römisch-katholische Mission in Niederländisch-Ost-Indien 1808-1908, Nijmegen, 1908.

- Die katholischen Niederlande 1813-1913, I. Teil.

- Kurze Geschichte des katholischen Waisenhauses in Semarang 1809 - 1909, Semarang, 1909.

- Alphons Mulders, Die Mission in den tropischen Niederlanden, 's Hertogenbosch, 1940.

- Piet Grootendorst, Marie Van der Steur, Ein Leben lang auf den Pfaden der Barmherzigkeit, De Courant-Nieuws, 30. September 1961.

- Schwester Paula Münster, a.a.O.

Nicht veröffentlichte Quellen:

- Älteste Hauschronik des Klosters in Semarang, Generalats-Archiv, Rom, III 53a.

- Briefe von Mutter Alphonsa Houben von Semarang nach Heythuysen, Generalats-Archiv, Rom, III 24a 2.

- Briefwechsel von Mutter Alphonsa Houben mit Msgr. Lijnen 1876 - 1882.

- Briefwechsel mit Msgr. Claessens über die Gründung in Flores und ein Brief von Mrsgr. Lijnen in derselben Angelegenheit, Generalats-Archiv, Rom, III 24b.

- Erinnerungen und Briefe von Schwester Cecile Schmitz, Generalats-Archiv, Rom, III 24c.

Ferner:

1 Catholijke Nederlandsche Stemmen, Juli 1846.

1a Für die Schreibweise der Namen kann nicht garantiert werden.

2 Pastor Lijnen von Semarang.

3 Erzählung von Schwester Cecile Schmitz, die erklärt, dies persönlich von Pastor Lijnen gehört zu haben.

3a Wahrscheinlich ist Volksschulunterricht gemeint. Man sprach zu dieser Zeit von Sprachschule neben der Bewahrschule.

4 G. Vriens SJ, Die Java-Mission der Jesuiten in der Republik, Sammlung De Hoeksteen, Romen, Roermond, 1949.

5 Die Geschichte über den Radscha von Sikka wird von Van der Velden zitiert aus: H. ten Kate, Bericht einer Reise in die Timor-Gruppe, Taschenbuch von der Königlich Niederländischen Geographischen Gesellschaft, 1894. Es zeigt ein paar unwichtige Abweichungen auf.

6 Schwester Paula Münster hat in ihrem Werk - S.364-365 - Briefauszüge gebracht, die sich auf unbelegte Gerüchte stützen. Als die Schwestern in Semarang besser informiert waren, haben sie das Geschriebene sehr bedauert. Schwester Cecile Schmitz hat ausführliche und zuverlässige Angaben gemacht (Brief vom 18. Juni 1912), welche hier verarbeitet sind. Die Jugend von Magelang war wie überall anderswo. Die Kinder von Van der Steur waren echte Waisen oder von den Eltern verlassene Kasernenkinder. Von allen Seiten, sogar aus abgelegenen Gegenden Javas und von fernen Inseln, wurden sie ihm gebracht. Von Freizügigkeit in sexuellen Beziehungen seinerseits kann nicht gesprochen werden, er stand sittlich sehr hoch.

7 Middernacht-zendeling-Vereinigung, gegründet von H. Pierson, einem niederländischen Kalvinisten. Er hatte sich zur Aufgabe gestellt, durch Wort und Schrift und persönliches Engagement Mädchen und Frauen von der Prostitution abzubringen, bzw. sie davor zu bewahren. Mitglieder der Vereinigung gingen also auch nachts durch die Straßen - daher der Name "Mitternachts-Missionare" -, um mit Rat und Tat zu helfen (entnommen: De Katholieke Encyclopedie, Nr. 17, Pag. 780).

XVII. Das letzte Vierteljahrhundert

In der letzten Periode des neunzehnten Jahrhunderts macht die Kongregation wichtige Entwicklungen durch. In den Niederlanden hat sich die Tätigkeit auf dem Gebiet des Unterrichts normalisiert und weitet sich aus. Das Interesse für die Mission in Indonesien bleibt lebendig, und beinahe jedes Jahr unternimmt eine Gruppe der Franziskanerinnen von Heythuysen die Seereise dorthin.

Der Klostersturz des Kulturkampfes in Deutschland hat seinen Höhepunkt erreicht und beginnt, sich zu legen. Im Widerstand geläutert und gekräftigt, geht die Kongregation in Brasilien und in den Vereinigten Staaten einer Hochblüte entgegen. Bald wird sie im Rheinland und in Westfalen viel Gutes zustande bringen in Schule und Erziehung, in der Krankenpflege und in der Sorge für geistig Behinderte.

Die schnelle und weite Ausbreitung der Kongregation und die verschiedenartigen Interessenlagen der niederländischen und der deutschen Schwestern machten zum Ende des Jahrhunderts eine Teilung der Kongregation in eine niederländische und eine deutsche Provinz nötig.

Das vierte Generalkapitel wurde mehrmals einberufen und wegen der schwierigen Zeitumstände wieder vertagt, bis es endlich am 6. Juni 1876 in Heythuysen gehalten werden konnte. Mutter Aloysia Lenders hatte zweimal in einem Rundbrief mitgeteilt, daß sie bei den anstehenden Wahlen weder für das Amt der Generaloberin noch für das Amt einer Generalassistentin zur Verfügung stände. Trotzdem bekam sie im ersten Wahlgang des Generalkapitels 18 von 32 Stimmen. Die erforderliche Mehrheit waren jedoch zwei Drittel der Stimmen. In dem entscheidenden Wahlgang fiel die Wahl auf Mutter Alphonsa Houben. Mutter Aloysia wurde als erste Assistentin gewählt und nahm die Wahl an. Die anderen Assistentinnen waren: Mutter Helena Maschek, Oberin des Klosters in Huissen/Gelderland, Mutter Florentine Franken, Mönchengladbach, und Mutter Camilla Schweden, Nonnenwerth.

Mutter Aloysias Gesundheit ließ seit einigen Jahren sehr zu wünschen übrig. Sie wurde nach dem Generalkapitel ernannt zur Oberin des Hauses in Heer bei Maastricht, wo die Haushaltungsschule und ein Teil der Schwestern aus Kapellen Zuflucht gefunden hatten. Bereits im folgenden Jahr bat sie um Amtsenthebung, und kurz darauf gab sie auch ihr Amt im Generalrat ab. Sie lebte dann in dem kleinen Kloster in Neeroeteren in Belgisch-Limburg. Dort gab sie Religions- und Französischunterricht. Mutter Ange Klaverweyden verstand die Situation der gewesenen Generaloberin und umgab sie mit herzlicher Sorge. Als Mutter Ange 1882 als Oberin in das neugegründete Kloster nach Haarlem, Koningstraat, kam, begleitete Mutter Aloysia sie dorthin. Obwohl sie erst fünfzig Jahre alt war, hatten die erschöpfenden Forderungen ihrer siebzehnjährigen Amtszeit ihre Gesundheit ruiniert. Am 30. März 1883, dem Geburtstag von Schwester Crescentia Lenders, besuchte diese sie in Haarlem. Es gibt einen ausführlichen Brief von Schwester Crescentia an Schwester Juliana Philippart, der kurz nach Mutter Aloysias Tod geschrieben sein muß, als die Eindrücke von dem Besuch noch lebendig waren. Schwester Crescentia fand ihre Schwester völlig erschöpft vor, kurzatmig, abgebrochen sprechend, ab und an schwerer Beklemmung ausgesetzt; sie konnte nur mühsam die Treppe steigen. Seelisch litt sie an einer tiefen Depression.

> "Sie hat mir unter Tränen ihr Herz ausgeschüttet", schreibt Schwester Crescentia. "Sie, die tapfere, fleißige Aloysia hatte den ganzen Winter auf ihrer kleinen Zelle verbracht, von wo sie nichts sah als ein paar rote Dächer. - Dieses Ohne-Arbeit-sein inmitten aller Betriebsamkeit..."
>
> "Ihr Herz, so voll von Liebe für die anderen, aber auch so empfänglich für Gegenliebe, hat zerreißende Enttäuschungen erlebt. Zahlreiche Schwestern schätzten sie hoch, aber sie hatte auch unter der Kühle anderer zu leiden, um so mehr, wenn es ältere Schwestern waren."
>
> "Von den Schwestern in Haarlem dachte niemand, daß sie ihrem Ende so nahe sei."

Mutter Aloysia selbst und der behandelnde Arzt wußten, daß sie nicht mehr lange zu leben hatte. Zwei Wochen nach Schwester Crescentias Besuch, am 15. April 1883, rief Gott sie zu sich, unvermittelt für ihre Hausgenossen. Mutter Aloysia hatte die schwere Aufgabe ihres Lebens erfüllt.

Ihre Leiche wurde zum Mutterhaus nach Heythuysen überführt und auf dem Klosterfriedhof beerdigt. - Einige ergänzende Bemerkungen mögen das Bild von Mutter Aloysia vervollständigen. Sie hat der Kongregation durch eine schwere Krise hindurchgeholfen.

Wenn wir im Blick auf Mutter Magdalena wortlos beschauendes Gebet wahrnehmen, auch Gebundenheit aller seelischen Kräfte in einfachen, stets wiederholten Gebeten, so war Mutter Aloysias Gebet, wenn das Wort hier angebracht ist, mehr aktiv ausgerichtet. Aus ihren nachgelassenen Schriften und aus Zeitzeugnissen geht hervor, daß sie viel gebetet hat und andere zum Gebet anhielt. Sie forderte nicht nur treue Erfüllung dessen, was die Konstitutionen vorschrieben, auch unter schwierigen Umständen, sondern sie rief unaufhörlich Gottes Segen herab auf alle Anliegen der Kongregation und bat die Schwestern, das gleiche zu tun. Ohne Unterlaß haben die Schwestern gebetet um die Approbation der Konstitutionen. Und was für eine Welle des Jubels und Dankes ging durch die Klöster, als nach Jahren des Wartens Erhörung geschenkt wurde. Mutter Aloysia besaß in hohem Maße die Gabe, andere zu beseelen und sie zu begeistern für ihre Anliegen und Wünsche.

Mutter Alphonsa Houben, die auf der Reise nach Indonesien im September 1869 die frohe Nachricht von der Approbation der Konstitutionen erhielt, schrieb aus England:

> "Der gute Gott sei gelobt und gepriesen! Ich glaube, daß wir ihm unsere Dankbarkeit nicht besser erweisen können, als daß wir unsere hl. Regel so treu halten, wie es unserer menschlichen Schwachheit möglich ist. Auch Ihnen, liebe Mutter, sind wir innig dankbar für die Mühe, die Sie sich gemacht haben, um diese Gunst zu erreichen. Daß der Tag, an dem Sie die frohe Botschaft empfingen, der herrlichste Ihres Ordenslebens war, kann ich glauben, wenn ich bedenke, was ich selbst empfunden habe bei dieser erfreulichen Nachricht."

Mutter Aloysia fühlte sich aufgenommen in die große Gemeinschaft der Kirche. Sie zeichnete sich aus durch Ehrfurcht und Dankbarkeit gegen die Priester. Pater Ludwig Kramer SJ, der im Deutsch-Französischen Krieg den Ordensfrauen im Feld mit Rat und Tat beigestanden hatte, empfing noch jahrelang ihre Dankbarkeit in Briefen und kleinen Aufmerksamkeiten. Als 1871 die Kirche das silberne Papstjubiläum von Papst Pius IX. feierte, feierten die Schwestern ein glanzvolles Fest in ihren Klöstern.

Mutter Aloysia strebte auch danach, das einigende Band in der Gemeinschaft zu verstärken. In dem oben genannten Brief an die Oberinnen gibt sie den Rat: "Beten Sie viel, suchen Sie ihren Trost bei Jesus im Hl. Sakrament. - Sorgen Sie, daß viel gebetet wird für die Häuser und deren Mitglieder." In Rundbriefen ließ sie die Schwestern teilnehmen an den wichtigen Ereignissen in der Kongregation.

Tugenden, die sie empfahl, strebte sie selbst an. Der Brief an die Oberinnen sollte wohl wertlos gewesen sein, wenn er nicht das Spiegelbild ihres eigenen Verhaltens gewesen wäre. Und doch fällt etwas auf, das Verwunderung wecken kann. Wir lesen unter anderem: "Befehlen Sie niemals, sondern bitten Sie freundlich." Und etwas weiter: Het is mijn wens dat de volgende punten stipt onderhouden worden. "Es ist mein Wunsch, daß die folgenden Punkte genau befolgt werden." Wer empfänglich ist für den Stil geschriebener Äußerungen, hört, daß in diesem Satz "wens" (Wunsch, ich möchte, ich wünsche) weniger gut paßt und entsprechend dem Satzbau "wil" (wollen, ich will) erwartet wird. Was unmittelbar darauf folgt, unterstreicht es: dreimal "gij zult - sie sollen"..., danach zweimal "ik bid U = Ich bitte Sie..." Anscheinend ist gegen die Absicht der Schreiberin eine bestimmte Seite ihres Charakters sichtbar geworden. Möglicherweise hat sie bewußt "wil" in "wens" verändert; was darauf folgte, ist ihr entgangen. Es gibt auch von ihr einige Äußerungen in sehr selbstbewußtem Ton, u. a. von Schwester Cecile Schmitz überliefert, die begeistert erzählt hatte vom Besuch Pastor Lijnens, als er in Heythuysen vorstellig wurde, um Schwestern für Semarang zu erbitten. "Dies mußte meines Erachtens ein stiller Wink sein, den man nicht übersehen durfte, aber die Antwort wirkte wie eine kalte Dusche. 'Niemals werde ich Schwestern an einen Ort senden, wo nicht geregelt Visitation gehalten werden kann.'" Daß sie später ihre Meinung änderte, tut hier nichts zur Sache.

Mutter Aloysia, so meinen wir, hatte ein Recht, selbstbewußt aufzutreten kraft ihres Amtes, zu dem sie gewählt worden war, und auch wegen ihrer außerordentlichen Begabung. Weil sie gleichzeitig den Schwestern mit mütterlicher Sorge entgegenkam, brachte das für die jüngeren und die Schwestern, die nicht unmittelbar in der Verantwortung für das Ganze standen, keine Schwierigkeiten mit sich. Aber die Zusammenarbeit mit denen, die die Last ihres Amtes mittrugen, ihren Generalassistentinnen, ist nicht immer erfreulich gewesen.

Rektor Joseph Deventer von St. Bernardin, Kapellen, wo Mutter Aloysia eine Zeitlang war, bezeugt in der Haus-Chronik: "Gott allein weiß, was sie für Gottes Sache getan hat. Die Kongregation schuldet ihr großen Dank!"

"Hätte ich doch für meine Schwestern solch eine Oberin!" sagte Msgr. Zwijsen, der Bischof von Utrecht.

"Was für eine prachtvolle Frau haben die Schwestern als Mutter", hatte ein deutscher Offizier gesagt.

Aber Schwester Crescentia urteilte:

> "In ihrem Nachruf wird sie geschildert als eine große Frau, als eine Heldin. Nein, dachte ich, dadurch hat sie sich nicht den meisten Ruhm erworben, sondern durch ihre Gelassenheit, durch ihre Geduld, ihre Unterwerfung und alle stillen Tugenden, die sie in den letzten Jahren geübt hat. Wenn ich daran denke, bricht mir das Herz, und doch danke ich dem guten Gott, denn was für reiche Schätze an Verdiensten hat sie sich gesammelt" (Brief an S. Juliana Philippart).

Eine energische, tatkräftige und dabei liebenswerte Gestalt findet schnell Bewunderung, selbst Verehrung neben passivem und aktivem Widerstand. Das war auch das Los von Mutter Aloysia Lenders. Es hat sie bewundert und berühmt gemacht innerhalb und außerhalb der Kongregation, es hat aber auch ihre Kräfte aufgerieben und sie zu früh - nach menschlichem Urteil - ins Grab gebracht.

Mutter Alphonsa Houben, 1876 zur Generaloberin gewählt, war genau die richtige Nachfolgerin von Mutter Aloysia. Nicht nur infolge ihres Aufenthaltes in Semarang stand sie außerhalb der verschiedenen Gruppierungen, sondern auch ihre besonderen Qualitäten machten es ihr verhältnismäßig leicht, zu geben, was nun erforderlich war: Es galt, hunderte von kleinen Schwierigkeiten zu beheben für Schwestern und Schülerinnen, die von den Auswirkungen des Kulturkampfes betroffen waren; überprüfen, inwieweit die von Mutter Aloysia gegebenen Konstitutionen und Richtlinien befolgt wurden, ob sie der Abänderung oder Ergänzung bedürften, vermitteln bei Mißverständnissen jeglicher Art, Spannungen mildern und noch vieles mehr.

Sie war nicht außergewöhnlich begabt, nicht originell und begeistert wie ihre Vorgängerin, aber sie war eine verständige, ruhige Frau mit einem Herzen voller Liebe, erfahren und klar in ihrem Urteil, liebenswürdig, beharrlich, geduldig, wo es nötig war. Ein Freund der Kongregation charakterisierte sie so: "Sanft und liebevoll, war gerade sie auf dem rechten Platz, konnte sie auch drohende Stürme und Unheil nicht abwehren, so war sie wohl imstande, ihnen im Vertrauen auf Gott zu begegnen."[1]

Dies alles brachte ihr, obwohl sie noch jung war, das Vertrauen ihrer Oberinnen. Geboren am 30. November 1834, legte sie am 8. Oktober 1859 die Gelübde ab. 1862 erhielt sie den Auftrag, in Silvolde/Gelderland eine Filiale zu gründen. Von 1864 bis 1868 war sie Oberin in Oldenzaal, dann einige Monate in Heerlen und ein knappes Jahr in Brunssum. In dieser Zeit lernte sie, Schwestern zu leiten und Umstände zu meistern.

Mutter Alphonsas Aussendung für die Gründung in Semarang im September 1869 beweist, daß man sie für geeignet hielt für eine solch außergewöhnliche und verantwortungsvolle Aufgabe. Die Wahl zur Generaloberin 1876 zeigt einmal mehr, daß sie das Vertrauen der Schwestern besaß. Mutter Alphonsas Taten als Generaloberin waren nicht so ins Auge fallend wie die ihrer Vorgängerin. Der schwerste Teil ihres Erbes war es, in Deutschland zu retten, was noch zu retten war, aufzubauen, was am Boden lag. Visitationsreisen nach Nordamerika und Brasilien und damit das Beurteilen von neuentstandenen Situationen in einem fremden Land waren eine Aufgabe, die Mutter Aloysia noch nicht zugedacht war. Mutter Alphonsa war darauf durch ihren Aufenthalt in Java vorbereitet. In Buffalo, USA, konnte sie die Freude erleben, selbst die ersten drei Novizinnen zur Profession anzunehmen am 25. Juni 1877, nachdem Papst Pius IX. am 28. Februar 1875 die Zustimmung gegeben hatte, ein Noviziat zu errichten.

Wiedergewählt beim fünften Generalkapitel zu Heythuysen am 13. Juni 1882, reiste sie 1883 nach Brasilien, wo mit Erlaubnis des Papstes - 8. Mai 1874 - ebenfalls ein Noviziat eröffnet wurde. Auch hier stand sie den Einkleidungs- und Profeßfeierlichkeiten am 2. August 1883 vor.

Gegen Ende des neunzehnten Jahrhunderts vermehrten sich die Schulen der Kongregation in den Niederlanden stark, infolgedessen wurden auch immer mehr Lehrerinnen benötigt. Bald war es nicht mehr möglich, den Anfragen nach neuen Gründungen zu entsprechen. Zu den internen Schwierigkeiten trat ein Wandel in den politischen Verhältnissen. Dem mußte Rechnung getragen werden. Die beklagenswerten sozial-ökonomischen Zustände hatten sich gebessert, die Anzahl der Lehrorden war größer geworden, der Mangel an Schulen nicht mehr so spürbar wie in der ersten Hälfte des Jahrhunderts.

Von dem Geschick der Klöster in Deutschland ist bereits in Kapitel XV berichtet worden. 1884 erlaubte die preußische Regierung, Postulantinnen aufnehmen zu dürfen. Am 28. April 1885 waren Einkleidungsfeierlichkeiten in Kapellen, die ersten seit 1875. Ein Freudentag! Am 17. Juni 1884 wird sogar ein neuer Wirkungskreis eröffnet, das Waisenhaus in Elberfeld.

Auch außerhalb Europas breitete sich das Werk Mutter Magdalenas weiter aus. In Brasilien entstanden Filialen in Porto Alegre 1881, 1888 und

1892, dazu in Pelotas 1889 und in Estrella 1898. In den Vereinigten Staaten gab es Gründungen in New Lexington 1876 und in Delaware 1886, in Milo 1899, Ohio 1899. Hinzugezählt werden müssen auch die beiden Missionsgründungen unter den Indianern, Rosebud Agency 1886 und Pineridge Agency 1888 in Süd-Dakota.

Mutter Alphonsas zweite Amtszeit ging dem Ende zu. Beim sechsten Generalkapitel der Kongregation unter dem Vorsitz des Bischofs von Roermond, Msgr. Boermans, legte sie ihr Amt nieder und bekam von neuem ihre Sendung in die Mission in Semarang. Die Nachfolgerin Mutter Alphonsas im Amt der Generaloberin war Mutter Camilla Schweden. Sie kam bereits aus dem deutschen Noviziat in Karthaus. Nach dem Tod von Mutter Angela von Cordier 1864 übernahm sie deren Amt als Oberin des Klosters St. Clemens auf Nonnenwerth. In der Kulturkampfzeit ging sie mit einem Teil des Konventes nach Marienwerth bei Maastricht (1879). Von dort aus wurde sie in ihrem 53. Lebensjahr in das Amt der Generaloberin gewählt.

Von Mutter Camilla, einer vielseitig begabten Frau, sagt Schwester Paula Münster, sie sei herzgewinnend liebenswürdig, einfach im Umgang gewesen. "Eine rechte Frohnatur, die überall den Sonnenschein echt franziskanischer Freude hervorzauberte."[2]

Sie setzte das Aufbauwerk in Deutschland fort, mit dem Mutter Alphonsa bereits begonnen hatte. Ein besonderer Anlaß zur Freude war während ihrer Amtszeit die Rückkehr der Pensionärinnen von Marienwerth nach Nonnenwerth 1889. Die Insel wurde erneut der Gottesmutter geweiht und bekam den Namen Liebfraueninsel. Im darauffolgenden Jahr zog das Noviziat von Kapellen nach Nonnenwerth um. Auf die Dauer konnte es nicht mit einer Einrichtung für geistig behinderte Frauen unter einem Dach bleiben. Von neuen Gründungen ist in den acht Jahren, in denen Mutter Camilla die Kongregation leitete, wenig zu sagen. Einige sind bereits angeführt. Ihr Streben war vornehmlich gerichtet auf die allseitige Stärkung der Kräfte, auf Förderung der Studien, auf die Vertiefung des spirituellen Lebens.

Auf der Linie der Festigung und Stützung des Bestehenden lag auch eine Teilung der Aufgabenbereiche in den Leitungsämtern der Kongregation. Seit langem war sie der Ansicht, daß die Kongregation, sowohl was ihre flächenmäßige Ausweitung als auch was die Anzahl der Klöster und der Ordensfrauen anbetraf, zu groß sei und nicht von einer Person geleitet werden könne. Eine erste Maßnahme war die Ernennung von Missionsoberinnen. Sie hatten alle nötigen Vollmachten und vertraten die Generaloberin in einem genau umschriebenen Gebiet. Anläßlich einer Visitationsreise 1892 führte Mutter Camilla in Brasilien Mutter Ludgera Hellweg ein und einige Monate später in Nordamerika Mutter Cecilia Steffen.

Eine einschneidendere Maßnahme, deren Notwendigkeit die Generaloberin bereits lange sah, war eine Teilung in den Leitungsämtern bezüglich der niederländischen und der deutschen Klöster. Bereits bei der ersten allgemeinen Versammlung der Oberinnen in Heythuysen 1857 war eine Teilung der Kongregation in Provinzen beschlossen, aber später nicht ausgeführt worden. Auch Mutter Camilla war es nicht zugedacht, dieses schwierige Unternehmen durchzuführen. Ihre Sekretärin und Nachfolgerin im Amt der Generaloberin, Mutter Ludmilla Birckman, brachte 1900 das Werk zustande.

Beim siebten Generalkapitel der Kongregation am 13. Juni 1894 war Mutter Camilla wiedergewählt worden mit 44 von 45 Stimmen. Ihre zweite Amtszeit sollte sie nicht beenden. Im Juni 1896 erkrankte sie auf einer Visitationsreise in den Niederlanden an Gelenkrheumatismus. Nur ungern fuhr sie zu einer Kur nach Bad Kreuznach. Alle Bemühungen der Ärzte waren vergebens. Ende Oktober kehrte sie nach Nonnenwerth zurück, körperlich gebrochen, aber geistig voll im Besitz ihrer Kraft. Soviel wie möglich ersparte sie den Schwestern Sorgen um ihretwegen. Am 10. November starb sie, tief betrauert von vielen, im Alter von 61 Jahren.

Weil Mutter Camilla während ihrer Amtszeit gestorben war, wählten die Generalassistentinnen, die Oberinnen der Noviziatshäuser und die Oberinnen der vier ältesten Filial-Klöster, wie in den Konstitutionen vorgesehen, die Nachfolgerin. Ihre Amtszeit dauerte bis zum nächsten ordentlichen Generalkapitel. Die Schwestern wählten am 3. Dezember 1896 Schwester Ludmilla Birckman. Als Generalsekretärin war sie umfassend unterrichtet in allen Angelegenheiten der Kongregation. Bald zeigte es sich, daß sie auch die Gabe hatte, die noch nicht gelöste unsichere Aufgabe der Teilung der Kongregation in Provinzen aufzugreifen und taktvoll eine gute Lösung herbeizuführen. Es ging nämlich nicht darum, wenn es nicht anders sein könne, die Kongregation in Provinzen zu teilen, sondern um eine vollständige Trennung. Anders gesagt, es drohte ein Bruch. Trennung war der Wunsch der meisten sich äußernden niederländischen Schwestern, auch der Erzbischof von Utrecht dachte so. Die Schwestern in den deutschen Klöstern wünschten eine Aufteilung der Kongregation in Provinzen. Diesen Wunsch unterstützten der Erzbischof von Köln, der Bischof von Trier und auch der Bischof von Roermond, Msgr. Boermans. Es wird nicht deutlich, wo die Ursache lag für die unterschiedlichen Auffassungen. Mit dem allgemeinen Hinweis auf das den Deutschen eigene Expansionsbestreben und die Furcht der Niederländer, ins Gedränge zu geraten, kommt man nicht zu einer zufriedenstellenden Antwort. Es muß wohl das eine und das andere gewesen sein.

Die niederländischen Haus-Chroniken, die gewöhnlich recht großzügig umgingen mit ehrenden Worten, vermitteln nicht den Eindruck, daß Mutter Camilla sich allgemeiner Beliebtheit erfreut habe im Vergleich mit ihrer Vorgängerin. Schwester Paula Münster schreibt: "Einige niederländische Oberinnen fürchteten, daß die niederländische Provinz unter der Amtsführung einer deutschen Generaloberin nicht zu ihrem Recht komme und sich nicht frei entfalten könne." Schwester Paula bezieht sich vermutlich auf die Berichte über die fünfziger Jahre, aufgezeichnet nach 1890 von Schwester Crescentia Lenders, Mutter Célestine Bollen und Mutter Angela Theunissen.

Es stellt sich die Frage, ob die Erfahrung, die man in St. Clara, Heerlen, mit den deutschen Gästen während der Kulturkampfzeit und später gemacht hatte, Parallelen hatte in anderen niederländischen Klöstern. Damit kommen wir, in Ermangelung von konkreten Angaben in den niederländischen Haus-Chroniken, in denen höchst selten etwas weniger Erfreuliches aus der eigenen Gemeinschaft gesagt wird, wieder zurück auf die Mentalitätsunterschiede zwischen den niederländischen und den deutschen Schwestern. Wir wollen es so stehenlassen.

Mutter Ludmilla hat sich mit Händen und Füßen gegen eine Trennung gesträubt, ihr ging die Einheit der Kongregation über alles. Wenn eine Teilung notwendig war, und davon war wohl jeder überzeugt, dann sollte das eine Teilung in Provinzen sein, jede geleitet von einer Provinzoberin, aber beide unter einer Generaloberin.

Der erste offizielle Schritt wurde am 22. Juli 1898 getan. Mutter Ludmilla ließ Papst Leo XIII. eine Bittschrift übergeben, die unterstützt wurde durch Begleitschreiben der drei genannten Bischöfe von Köln, Trier und Roermond. Bereits zwei Wochen später, am 9. August, wurde durch ein Dekret der Propaganda Fide die offizielle Zustimmung zur Teilung der Kongregation in eine niederländische und eine deutsche Provinz gegeben. Selbstverständlich mußte über das Wie und die daraus folgende Abänderung der Konstitutionen auf einem Generalkapitel beraten werden.

Mutter Ludmilla traf sorgfältig und umsichtig alle notwendigen Vorbereitungen. Dabei wurde sie unterstützt von Priestern, die im Gebrauch des Kirchenrechtes erfahren waren. Besonders genannt werden müssen Pater August Lehmkuhl SJ und Pater Irenäus Bierbaum OFM. Nachdem die

Vorbereitungen abgeschlossen waren, berief sie alle Kapitularinnen, das waren alle Oberinnen, zu einem außerordentlichen Generalkapitel am 26. April 1899 zusammen. Den Kapitelvorsitz führte Professor Drehmans, der bald der Nachfolger des hochbetagten Msgr. Boermans werden sollte. Der Entschluß, die Kongregation in Provinzen zu teilen, wurde definitiv gefaßt. Die Errichtung von zwei Provinzen, einer niederländischen und einer deutschen, wurde gutgeheißen. Die niederländische Provinz sollte alle Klöster in den Niederlanden, außer Marienwerth und Bünde, umfassen und alle Klöster in Niederländisch-Ost-Indien (heute Indonesien). Zur deutschen Provinz gehörten alle Klöster in Deutschland, die zwei genannten Klöster in den Niederlanden und alle in Nord- und Südamerika. Zur Provinzoberin in den Niederlanden wurde Mutter Alwine van Haeff eingesetzt, die Leitung der deutschen Provinz nahm Mutter Ludmilla bis zum folgenden Generalkapitel mit wahr. Auch die Neufassung der entsprechenden Teile der Konstitutionen wurde angenommen. Die Generaloberin gab über den Bischof in Roermond die Beschlüsse des Kapitels der Propaganda Fide. Mit kleinen Abänderungen approbierte sie der Papst. Die entsprechenden Dekrete tragen die Daten vom 21. Januar und 16. Juni 1900.

Inzwischen war auch die Zeit gekommen für ein regelmäßig alle sechs Jahre stattfindendes Generalkapitel. Im September 1900 fanden sich die Oberinnen, auch aus den weit entfernten Missionsgebieten, aufs neue in Heythuysen ein. Mutter Ludmilla wurde einstimmig wiedergewählt, eine Bestätigung dafür, daß sie und ihre Amtsführung angenommen worden waren. Gleichzeitig erfolgte definitiv die Teilung der Kongregation in Provinzen. Mutter Alwine van Haeff wurde als Provinzoberin der niederländischen Provinz wiedergewählt, Mutter Seraphine Lüders übernahm das Amt der deutschen Provinzoberin. In den Missionen von Nord- und Südamerika blieben Mutter Cecilia Steffen und Mutter Ludgera Hellweg Missionsoberinnen, für Niederländisch-Ost-Indien ernannte die Generaloberin Mutter Pancratia Ferbers.

Wenn die Missionsoberinnen auch weitgehende Befugnisse hatten, so blieben sie doch der niederländischen bzw. der deutschen Provinzoberin unterstellt.

Was in den Niederlanden befürchtet worden war, ist nicht eingetroffen. Im Gegenteil, die Möglichkeit, innerhalb der Provinzen ein Leben zu führen, wie es den Gegebenheiten entsprach, förderte bei Angelegenheiten von allgemeinem Interesse Verständnis und Einvernehmen. Am 12. September 1900 erhielten die Kapitularinnen aus der Hand des Bischofs von Roermond die revidierten Konstitutionen.[3]

Kloster St. Antonius, Lüdinghausen, seit 1948 Provinzhaus der Christus-König-Provinz, Deutschland

Quellenangaben zu Kapitel XVII

1 Schwester Paula Münster, a.a.O.

2 Schwester Paula Münster, Aus frommer Seelen Schatzkammer, Habbel, Regensburg, o.J.

3 Deus providebit, Festschrift anläßlich des hundertjährigen Bestehens der Kongregation, Generalat Heythuysen, 1935.

XVIII. Einige Besonderheiten und biographische Angaben über die ersten Schwestern

Wenige Unterlagen nur stehen zur Verfügung, die Antwort geben könnten auf die Fragen: Wie fanden die ersten Schwestern den Weg zum Mutterhaus in Heythuysen? Aus welcher Lebenswelt kamen sie? Wie war es bestellt um ihre Ausbildung, um ihre wirtschaftliche Situation? Die offiziellen Tabellen, die Namensliste und das Profeßregister sind in den ersten Jahren ungenau in der Angabe von Daten und der Schreibweise von Eigennamen. Andere Angaben sind ohne System eingefügt in die ältesten Kloster-Chroniken, in die Chronik von Pastor Van der Zandt, in die Aufzeichnungen von älteren Mitschwestern.

Was die erste Frage betrifft, muß außer den auf der Hand liegenden Faktoren wie: Wohnen in der Nähe des Mutterhauses, Verwandtschaft mit der einen oder anderen Schwester, auf den Einfluß der Franziskaner hingewiesen werden. Als Schwester Theresia Rooyackers 1838 und 1839 in Groningen kollektierte und danach noch im Westen der Niederlande, gaben ihr die Weerter Franziskaner Empfehlungsbriefe mit. Ihre Mitbrüder, die als Pfarrer arbeiteten, ebneten mit großer Bereitwilligkeit den jungen Schwestern den Weg. Überall wurden gute Verbindungen geknüpft, die dazu führten, daß junge Frauen an das Mutterhaus in Heythuysen verwiesen wurden. Von 1842 an galt das auch für das Pensionat, die Schülerinnen kamen auf Empfehlung, manch eine von ihnen trat später bei den Schwestern ein. Große Wirkung zeigte auch der von Gerardus Hendricus Leus herausgegebene Prospekt.

Die Fragen nach Lebenswelt und Bildungsstand der Schwestern sind insofern beantwortet, als über die gesellschaftliche Situation in jenen Jahren eingehend gesprochen wurde. Allein Mädchen aus dem gehobenen Mittelstand hatten einen entsprechend guten Unterricht gehabt, die französische Schule, auf dem man im Kloster aufbauen konnte. Nur solche waren fähig, eine Lehrerinnenausbildung zu machen, sie kamen später auch in Betracht für das Amt einer Oberin.

Anders ist es mit der Frage nach der finanziellen Situation der eingetretenen Schwestern. Über Doten oder andere Formen der Mitgift wird wenig oder gar nichts gesagt. Es liegt jedoch auf der Hand, daß die jungen Frauen auch Bargeld mitbrachten, entweder war es ihnen von ihren Eltern mitgegeben worden, oder sie hatten es aus einem früheren Arbeitsverhältnis erspart. Die Anmerkung "Laienschwester" von Pastor Van der Zandt hinter dem Namen im Profeßregister gibt auch keinen Aufschluß.

Von Richtlinien, nach denen jemand Chor- oder Laienschwester wurde, ist nichts zu finden. Vermutlich wird es in Heythuysen so gewesen sein wie bei den Pönitentinnen-Recollectinnen von Oirschot. Da wurde eine Novizin Laienschwester auf eigene Bitte hin, eine andere, weil sie Analphabetin war und daher das Chorgebet nicht mitbeten konnte, aber, wie gesagt, Anweisungen und Richtlinien gab es nicht. In Heythuysen ist bei mehr als hundert Schwestern nur zehnmal "Laienschwester" vermerkt, zum ersten Mal 1841.

Nr.	Familien- u. Klosternamen	Eltern	Geburtsort/Datum	Einkleidung
1.	Maria Cath. Damen S. Magdalena	Cornelis D. Gertrudis van Bree	De Laak bei Stevensweert 19.11.1787	11.02.1836
2.	Anna Maria Verkoulen S. Clara		Heythuysen 1782	11.02.1836
3.	Gertrudis Kirkels S. Antonia		Wessem Mittel-Limburg 1790	11.02.1836
4.	Maria Cath. Deckers S. Francisca		Hunsel Mittel-Limburg 1804	11.02.1836
5.	Mar. Catharina Elisabeth Steenkens S. Angelina	G. Steenkens A. Konings	Bree Belgisch-Limburg 1809	11.02.1836
6.	Gerdina van de Water S. Josephina	G. v. d. W. A. M. Librecht	Woensel 1805	13.02.1837
7.	Cath. Nelissen S. Coleta	F. N. M. Simons	Baarlo 1806	25.05.1837
8.	Petronella Rooyackers S. Theresia		Helmond 1810	05.06.1838
9.	Theresia Raets S. Maria	C. R. E. Leisten	Sevenum 1794	05.06.1838
10.	Maria Josephina Kleyntjens S. Monica	L. K. M. Brands	Nuth 1803	03.10.1839
11.	P. Op de Buys S. Elisabeth	J. O. d. B. G. Lambrechts	Tungelroy 1824	25.06.1840
12.	Elisabeth Nagel S. Pacifica	F. N. M. Jacobs	Amsterdam 1816	16.08.1840
13.	Mary Coleman S. Hyacintha		Dublin	16.08.1840
14.	Elenora Lenormant S. Seraphina		Antwerpen 1822	06.10.1840
15.	Maria Roelandse S. Veronica	N. R. P. Cherix	Rotterdam od. Amsterdam 1818	06.10.1840
16.	C. Berkers S. Benedikta	G. B. P. Bisschoppe	Helmond 58 Jahre alt, als sie eintrat	09.07.1841
17.	M. Theresia van Bavel S. Augustine		Antwerpen 1802	14.07.1841

gestorben	Anmerkungen zur Person
07.08.1858	Stifterin der Kongregation - Tochter kleiner Landleute - wenig Schulkenntnisse infolge der chaotischen politischen Verhältnisse - kam 1825 nach Heythuysen.
1846	Analphabetin - schloß sich 1827 Catharina Damen an.
1873	Junge Witwe - Viehmagd in Heythuysen - schloß sich 1827 Catharina Damen an. "Es kostete sie mehr Mühe, einen Brief zu schreiben, als ein Feld umzugraben."
1874	Arbeitete auf einem Bauernhof in der Nähe von Heythuysen - Schloß sich 1827 an.
1861	Schloß sich an, als man ein größeres Haus bezog - Frühjahr 1835.
1860	
1885	Hatte später Einfluß - muß eine Ausbildung gehabt haben.
20.04.1846	Von gutgestellten Geschäftsleuten mit zahlreichen Verbindungen in Belgien abstammend - wurde als Oberin 1840 Mutter Magdalenas Nachfolgerin.
1846	Brachte als Aussteuer eine bedeutende Summe Geld mit - besaß allem Anschein nach einige Schulkenntnisse - sie war eine sehr naive Person.
1860	Von dem Pastor von Berchem bei Oss, bei dem sie diente, empfohlen als sehr geschickt für hauswirtschaftliche Arbeiten. Angenommen von Pastor Van der Zandt, als er in Berchem auf Familienbesuch war.
1904	
1852	Empfohlen von Pater Godhardt OFM, Amsterdam - wurde von Lehrer Van den Eertweg, Leveroy bei Heythuysen, vorbereitet auf das Lehrerinnenexamen.
ausgetreten	Wohnhaft gewesen zu Amsterdam - sie beherrschte die englische und französische Sprache - empfohlen durch Pater Op de Kamp OFM, Amsterdam. Später auf sein Drängen hin übergetreten zu den Franziskanerinnen von Roosendaal - Pastor Van der Zandt äußert dazu: "...wahrscheinlich, weil wir zu einfach waren."
1846	Wohnhaft gewesen zu Amsterdam - empfohlen von Pater Steemans OFM.
1885	War Oberin in Alkmaar, Mook, Neeroeteren, Maastricht.
1842	Nach dem Professionsregister war sie drei Jahre in einem Norbertinerinnenkloster, ohne Profeß abgelegt zu haben. "Zur Zeit der Revolution wurde sie aus dem Kloster vertrieben, bei uns angenommen und profeßt." Pastor Van der Zandt.
1870	"Sie hatte ein Examen in Sprachen abgelegt und bereits neun Jahre lang in Antwerpen in der französischen Sprache und in anderen Fächern unterrichtet." Chronik Pastor Van der Zandt. Pastor Greven von Grathem hatte sie kennengelernt, als er im Pensionat Soleilmont kollektierte. Pastor Greven war ein Freund von Pastor Van der Zandt. Über diese Wege lernte S. Augustine die Kongregation kennen.

Nr.	Familien- u. Klosternamen	Eltern	Geburtsort/Datum	Einkleidung
18.	M. Dortmans S. Scholastika	W. A. D. A. Der Kinderen	Rotterdam 20 Jahre alt	14.07.1841
19.	Wilh. Zavelkoul S. Delphine	W. Z. A. Titelaer	Blerik 1811	14.07.1841
20.	A. Verbiest S. Anna		Helmond 52 Jahre alt	28.12.1841
21.	G. Geenkens S. Agatha	P. J. G. I. Linders	Lille-St. Hubert Mittel-Limburg 39 Jahre alt	28.12.1841
22.	G. Meeuwsen S. Aloysia	G. M. M. van Gelder	Druten 1825	28.12.1841
23.	Louise Mensinck S. Bernardine	B. M. Ch. Fork	Borken/Westf. 1813	19.07.1842
24.	M. Terwindt S. Ludovica	J. T. J. Damen	Pannerden 1814	19.07.1842
25.	W. van den Brandt S. Anna	W. v. d. B. G. Verkullen	Uden 1807	19.07.1842
26.	M. van Breugel S. Martha	B. v. B. J. van der Heyden	Dessel Diözese Mechelen 1802	19.07.1842
27.	Cath. Nagel S. Agnes	F. A. N. M. Jacobs	Amsterdam 1817	29.09.1842
28.	M. Lissone S. Philomena	P. L. A. d'Aquin	Amsterdam 1819	29.09.1842
29.	A. M. Pulsers S. Catharina	J. P. G. van Grinsven	Uden 1792	29.09.1842
30.	G. van Ostendorp S. Pica	F. van O. G. Derix	Nijmegen 1823	04.10.1842
31.	M. Verstegen S. Ludovica	Math. V. Barbara Stox	Wessem/Limburg 1798	23.07.1843
32.	Petr. Crooymans S. Hyacintha	J. Cr. E. Biemans	Bakel 1820	15.04.1844
33.	M. Magd. van Daalhoff S. Lucia	W. van D. Joh. Everts	Alkmaar 26 Jahre alt	
34.	Maria Broekman S. Leonarda	Leon. Br. E. Horteloo	Nijmegen 1828	29.11.1844
35.	M. Janssens S. Raphaele	H. J. Agnes Titelaer	Blerick 1822	04.10.1845
36.	J. P. Janssens S. Humiliana	J. J. C. Lincen	Weert 1817	23.12.1845

gestorben ausgetreten	Anmerkungen zur Person
1865	Laienschwester - (zum ersten Mal an dieser Stelle angemerkt).
1842	
1853	
1848	Wurde von Lehrer Van den Eertweg, Leveroy bei Heythuysen, vorbereitet auf das Lehrerinnenexamen.
1883	Bei einer Familie in Winterswijk aufgezogen - bei Familie Grimmelt, von der später Töchter in die Kongregation eintraten, lernte sie zwei kollektierende Schwestern aus Heythuysen kennen - sie bekam eine Ausbildung in Leveroy - dritte Generaloberin der Kongregation 1846 - 1859.
1843	
1868	
1860	Laienschwester.
1885	Schwester von Schwester Pacifica - Siehe Nr. 12.
1871	Von dem Lehrer in Leveroy auf das Lehrerinnenexamen vorbereitet.
1870	
1870	
1887	Laienschwester - konnte kaum schreiben.
1869	
1850	In Alkmaar wurde die Pfarre von Franziskanern geleitet - 1845 wurde von Heythuysen aus ein Filial-Kloster in Alkmaar gegründet.
1853	Altschülerin des Pensionates, das am 1. Mai 1842 eröffnet wurde - wurde als Novizin in ein Lütticher Kloster geschickt, um dort Französisch zu lernen - starb als Oberin in Oldenzaal.
1877	Laienschwester - Vgl. Nr. 19 - Nichte?
1856	

Nr.	Familien- u. Klosternamen	Eltern	Geburtsort/Datum	Einkleidung
37.	Francisca v. d. Zandt S. Rosa	Andr. v. d. Z. El. Visschers	Herpen/Limburg 1824	07.10.1846
38.	Louise Broekman S. Victoria	Leon Br. El. Harteloo	Nijmegen 13.09.1830	07.10.1846
39.	Petr. van Dijk S. Bonaventura	H. v. D. L. Zanden	Leende N. Br. 1825	07.10.1846
40.	El. Theunissen S. Angela	J. Th. Amalia Schafs	Eysden 1825	07.10.1846
41.	Gertr. Geelen S. Constance	G. Geelen D. Aquarius	Thorn 1822	11.01.1847
42.	M. Kneepkens S. Christina	Mart. Kn. Petr. Verschuren	Roggel/Limburg 1821	11.01.1847
43.	M. Gerriss S. Clara	Lamb. G. Maria Salomons	El. (?) 1811	07.10.1846
44.	M. Sanders S. Seraphine	Leon. S. Wilh. Jansen	Weert 1827	19.03.1847
45.	Antoinette v. d. Heyden S. Theresia	Ant. v. d. H. El. Boer	Eindhoven 1827	19.03.1847
46.	Wilh. Cillekens S. Juliana	Hendr. C. Elise Knippenberg	Heythuysen 1827	07.10.1847
47.	Henriette Lenders S. Crescentia	Hendr. L. Cath. v. d. Heyden	Maastricht 1830	07.10.1847
48.	Joanna van den Heuvel S. Beatrix	Mart. v. d. H. Petr. Peters	Bakel 1819	07.10.1847
49.	Gerarda Brunninkhaus S. Mathia	Joh. B. Euph. Scholten	Ootmarsum 1820	07.10.1847
50.	Chr. Kruyen S. Bernarda	Joh. Kr. E. Gorren	St. Pieter bei Maastricht 1817	02.08.1848
51.	Helena Tenk S. Johanna	Joh. T. El. Gommerbach	Amsterdam 1819	02.08.1848
52.	J. van Moorsel S. Alphonse	Ger. v. M. Maria Wilten	Helmond 1823	02.08.1846
53.	Maria van Noy S. Hieronyma	Joh. v. N.	Arnhem 1824	08.07.1849
54.	Joh. Everts S. Benedicta	J. E. Gertr. Elbers	Venray 1821	12.04.1849
55.	Hendr. Geraads S. Baptista	H. G. Ida Ramakers	Swalmen 1826	12.04.1849
56.	El. Bosch S. Cunegondis	C. Bosch van Uedem (?)	Alkmaar 1824	07.1849

gestorben	Anmerkungen zur Person
1855	Nichte von Pastor Van der Zandt - Altschülerin des Pensionates - ausgebildete Lehrerin - starb als Oberin in Oldenzaal.
1853	Altschülerin des Pensionates - Vgl. Nr. 34.
1857	
1900	Altschülerin des Pensionates - jahrelang Oberin gewesen.
1895	Einige Zeit Oberin gewesen.
1859	
1900	Laienschwester.
1893	Bekam Unterrichtsbefugnis.
1858	
1868	Tochter eines wohlhabenden Geschäftsmannes in Heythuysen.
1916	Eine sehr intelligente Frau, die wichtige Aufzeichnungen über die älteste Geschichte der Kongregation nachgelassen hat - kurze Zeit Oberin - einige Jahre Sekretärin ihrer Schwester, Mutter Aloysia, der 4. Generaloberin - gute Lehrerin- Tochter eines Majors.
1853	Laienschwester.
1893	Laienschwester - sehr geschickt bei hauswirtschaftlichen Arbeiten.
1894	
1868	
1864	Laienschwester.
1850	
1869	Aus einer Franziskanerpfarrei?
1851	
1849	Seit 1845 hatte die Kongregation ein Kloster in Alkmaar.

Nr.	Familien- u. Klosternamen	Eltern	Geburtsort/Datum	Einkleidung
57.	Cath. Cillekens S. Paschalina	Hendr. C. El. Knippenberg	Heythuysen 1829	18.09.1849
58.	Maria Gertr. Lenders S. Aloysia	Hendr. L. M. Cath. v. d. Heyden	Maastricht 1832	18.09.1849
59.	Joh. Spies S. Vincentia	Bern. Spies Ant. Hoos	's Hertogenbosch 1831	18.09.1849
60.	Ant. Bouwens S. Helena	P. B. Gertr. Wouters	Brüssel 1831	18.09.1849
61.	Maria Poels S. Veridiana	Ger. P. Th. Elbers	Venray 1827	18.09.1849
62.	Jos. Broekman S. Stanislas	Leon. Br. L. Herteloo	Nijmegen 1832	18.09.1849
63.	J. van Hegelsom S. Aldegonda	W. van H. El. Lichteveld	Grubbevorst 1830	18.09.1849
64.	Theod. Grimmelt S. Josepha	Franz. Th. G. Gertr. Grotemeyer	Gescher Diözese Mstr. 1827	03.01.1850
65.	Jos. Bollen S. Célestine	Joh. B. Petr. van Wis	Helden L. 1824	03.01.1850
66.	Joh. de Bruin S. Hieronyma	Caspar de Br. Math. v. d. Putten	Riek od. Reek bei Grave 1828	11.04.1850
67.	Maria Bonniver S. Cecilia	Franc. Bonniver (Hoeberechts?)	Maastricht 1827	26.09.1850
68.	Adelheid Bonniver S. Ubaldine	Franc. Bonniver M. Bellefroid	Maastricht 1824	26.09.1850
69.	Hubertine Zanders S. Apollonia	Math. Z. Petr. Bos	Grubbevorst 1833	26.09.1850
70.	Clara Cremer S. Prudentia	Ben. Cr. El. Grimmelt	Volmering (?) Südlohn 1825	24.01.1851
71.	Louise Roberts S. Archangela	Andr. R. Barb. Startz	Maastricht 1830	24.01.1851
72.	Corn. Muselaar S. Eleonora	Lamb. M. Ard. van Dijk	Leiden 1827	24.01.1851
73.	Daatje Dulmers S. Bona	Hendr. D. Cath. Jansen	Amsterdam 1819	24.01.1851
74.	Nath. Mensinck S. Innocentia	Wencesl. M. Julia Rave	Borken/Westf. 1833	30.09.1851

gestorben	Anmerkungen zur Person
1851	Schwester von Nr. 46 - Vater wohlhabender Geschäftsmann.
1883	Schwester von Nr. 47 - Tochter eines Majors - Generaloberin von 1859-1876.
1865 ausgetreten	
1855	
1858	Vgl. Nr. 54 - Nichte?
1859 ausgetreten	Vgl. Nr. 34 und 38.
1897	
1899	Gründungsoberin in Freckenhorst und Kapellen, 1852.
1902	Wurde 1858 die erste Hausoberin des Mutterhauses in Heythuysen, blieb in diesem Amt bis 1876 - dann in dem gleichen Amt in anderen Klöstern - hinterließ wichtige Aufzeichnungen zur Geschichte der Kongregation.
1853	
1854	Nach dem Professionsregister ist der Name der Mutter Hoeberechts. Er fehlte zunächst in der Namensliste, später wurde nachgetragen Bellefroid (Stiefmutter?). In das Professionsregister schrieb Pastor Van der Zandt: "Praefata est matrimonio juncta cum Augustino Lehrman, a quo legitime separata est ob graves causas quoad thorum et habitationem simul et valde paenitens via Romana dispensata, hic est assumpta. Litterae dispensationis in archivis monasterii servantur."
1890	Vgl. Nr. 67.
1882	
1863	Nach dem Professionsregister in Südlohn, Diözese Münster, geboren.
1880	
1901	Lehrerin - hier und weiterhin wird nicht deutlich, ob eine Schwester nach ihrem Eintritt das Diplom bekommen hat, wahrscheinlich wohl in den meisten Fällen. Es ist auch möglich, daß eine Lehrerin genannt wird, die keine entsprechende Ausbildung hat.
1863	
1898	Vgl. Nr. 23 - Lehrerin.

Nr.	Familien- u. Klosternamen	Eltern	Geburtsort/Datum	Einkleidung
75.	Gommerina Schaanen S. Anastasia	Jos. Sch. Hel. de Groot	Rotterdam 1833	30.09.1851
76.	Euph. Balink S. Laurentia	Tob. B. Gertr. Wissing	Winterswijk 1825	30.09.1851
77.	Sophie Schmeing S. Isabella	Joseph Schm. Christ. Veer	Bentheim/Hannover 1830	30.09.1851
78.	Lucia Hillen S. Dominika	Alb. Hillen Lucia Gruben	Blerik 1833	30.09.1851
79.	Petr. Derks S. Paula	Math. D. Joanna Schoofs	Boxmeer 1828	30.09.1851
80.	Joh. Pronk S. Paschalina	Martt. P. M. Strooper	Warmenhuizen N.H. 1828	30.09.1851
81.	M. Woortman S. Baptista	?	Alkmaar ?	30.09.1851
82.	Martina Thijssen S. Melania	M. Thijssen El. Nelissen od. Meeuwesen	Wessem/Limburg 1834	30.09.1851
83.	Wilh. Meyerink S. Ignatia	W. M. Henr. Schreeven	Aalten bei Winterswijk 1826	30.09.1851
84.	E. van der Heyden S. Ursula	Ant. v. d. H. El. Boer	Eindhoven 1829	30.09.1851
85.	El. Eversmann S. Thiatildis	Wilh. E. Cath. Strauß	Freckenhorst 1827	13.02.1852
86.	Joh. Balink S. Emmerentia	Tob. B. C. Wissing	Winterswijk 1828	13.02.1852
87.	Cath. Koddebusch S. Clothilde	Bern. K. Cath. Berges	Münster St. Mauritz 1831	27.04.1852
88.	Bernardine Bleister S. Dorothea	Bern. B. G. Schulte	Münster St. Mauritz 1821	27.04.1852
89.	El. Dieckhaus S. Pelagia	Theod. D. Cath. Helmer	Münster St. Mauritz 1823	27.04.1852
90.	C. Wersebeckmann S. Mathilde	?	Münster St. Mauritz	27.04.1852
91.	Betti Rohländer S. Angelica	Alex. R. Sophie Niemer	Stadtlohn 1828	27.04.1852
92.	Maria Klein S. Modesta	Wilh. Klein Cath. Aupent	Laer/Westf. 1823	07.10.1852

gestorben	Anmerkungen zur Person
1897	Lehrerin.
1859	
1866	
1856	
1893	
1856	
1853 Novizin	
1869	Lehrerin.
1896	Lehrerin.
1875	
1908	Seit Oktober 1851 liefen Verhandlungen mit Dechant Hermann Schulte, Freckenhorst, wegen einer Klostergründung. Elisabeth Eversmann, eine junge Lehrerin aus der Schule Overbergs, war mindestens so sehr die treibende Kraft wie der Dechant. Ihm und ihr ging es um eine Verbesserung der Ausbildung für Mädchen vom Lande.
1872	Vgl. Nr. 76.
1872	Aus der Chronik von Pastor Van der Zandt, Heythuysen: "Bei der Gelegenheit (nämlich in Verbindung mit dem Besuch bei dem Bischof von Münster) besuchte die Würdige Mutter auch den hochw. Herrn Pastor von Mauritz, einer Vorstadt von Münster, einen Mann voll des Eifers für das Gute. Kaum war ihre Ankunft bekannt, da meldete sich eine ganze Schar von Postulantinnen im Pfarrhaus. Hochwürden kam im Februar (1852) mit einem vollen Münsterschen Wagen in unserem Konvent an. Kurz darauf wurden fünf (Frauen) eingekleidet."
1893	Sehr geschickt bei hauswirtschaftlichen Arbeiten.
1853	
1853 Novizin	
1895	
1875	

Nr.	Familien- u. Klosternamen	Eltern	Geburtsort/Datum	Einkleidung
93.	Anna Bex S. Eustochia	Jacob B. Maria Storcks	Warendorf/Westf. 1823	07.10.1852
94.	Aldegonda Porten S. Lucia	Peter P. Corn. Goossens	Mook 1832	07.10.1852
95.	El. Kessels S. Clementia	Severinus K. M. Krompvoets	Buggenum/Limb. 1832	07.10.1852
96.	... Campioni S. Paulina	Andr. C. Hel. Goedhart	Well Limb. 1834	07.10.1852
97.	Petr. Klaessens S. Margaretha	Mart. Kl. Gertr. Diericks	Venray 1820	07.10.1852
98.	Franc. van Dijk S. Odilia	H. van D. L. van der Sande	Leende N. Br. 1833	07.10.1852
99.	Maria Pennigs S. Walburga	Peter P. A. v. d. Heuvel	Helmond 1835	07.10.1852
100.	Theresia Lohkamp S. Cunigunde	Th. L. El. Ringelberg	Lüdinghausen 1822	07.10.1852
101.	Gerdina Verberne S. Brigitta	Hendr. V. El. Verstappen	Valkenswaard 1833	07.10.1852
102.	Anna Schlicker S. Camilla	Bern. Schl. C. Holscher	Dülmen/Westf. 1824	17.01.1853
103.	Josephine Ostkamp S. Felicitas	J. O. Gertr. Garthoff	Oelde/Westf. 1826	17.01.1853
104.	Ther. Meyerink S. Baptista	Wilh. M. Henr. Schreeven	Aalten bei Winterswijk 1828	17.01.1853
105.	Anna Lusing S. Perpetua	Herm. L. Gertr. Wastmann	Münster St. Mauritz 1824	23.02.1853
106.	Anna Alfers S. Blandine	Heinr. A. Bern. Bleister	Münster St. Mauritz 1822	23.02.1853
107.	Henr. van Kruchten S. Ludwina	Gerh. v. K. Everhardine Kloosters	Kranenburg 1822	23.02.1853

gestorben	Anmerkungen zur Person
1909	Von dem Mutterhaus in Heythuysen aus bestanden Kontakte mit Pater Xaverius Kaufmann, Guardian des Franziskanerkonventes in Warendorf, später Provinzialminister.
1906	Seit 1848 gab es ein Kloster der Kongregation in Mook.
1881	
1858	Lehrerin.
1879	Laienschwester.
1857	
1854	
1867	
1899	Laienschwester.
1858	
ausgetreten	
1903	
1892	
1906	Vgl. Nr. 88 - Nach dem Professionsregister ist der Name der Mutter: Bernardine Schulte Bleister.
1873	

Klostergründungen der Franziskanerinnen von Heythuysen bis 1900[*)]

In der ersten Rubrik wird die Reihenfolge angegeben, in welcher die Klöster gegründet worden sind.

In der vierten Rubrik werden alle Wirkungskreise aufgeführt, die das Kloster übernommen hat. Die Jahreszahlen geben den Beginn derselben an, die in Klammern beigefügte Zahl nennt die Anzahl der Schüler(innen), der Kranken (Stichjahr 1908). Bezogen auf die ambulante Krankenpflege, werden in Klammern drei Zahlen angegeben:

1. die Anzahl der Nachtwachen,
2. die Pflegetage,
3. die Krankenbesuche.

In der fünften Rubrik gibt die in Klammern eingefügte Jahreszahl an, wann die entsprechende Oberin ihre Amtszeit beendet hatte, die nachfolgende sie also begann.

*) aus: S. Paula Münster, Geschichte der Kongregation der Franziskanerinnen von der Buße und der christlichen Liebe, Nonnenwerth, 1910.

Klostergründungen von der Gründung des Mutterhauses in Heythuysen an bis zur Aufteilung der Kongregation in Provinzen (1900)

A. Niederlande

Nr.		Jahr der Gründung	Wirkungskreise	Oberinnen	
1.	Heythuysen bei Roermond St. Elisabeth Diözese Roermond Schwestern: 160	1835	Schule u. ambulante Krankenpflege Noviziat Pensionat 1842 (70) Lehrerinnenseminar 1862-1873; 1874 (100)	M. Magdalena Damen M. Theresia Rooyackers M. Bernardine Mensinck M. Célestine Bollen M. Pacifica Grimmelt	(1840) (1846) (1858) (1876) (1901)
2.	Alkmaar Provinz Nord-Holland Diözese Haarlem	1845 bis 1860	Nähschule 1845 Elementarschule 1847	M. Veronica Roelandse M. Willibrorda Rueff	(1857) (1859)
3.	Sybekarspel Provinz Nord-Holland Diözese Haarlem	1847 bis 1848	Bewahrschule 1847	M. Konstantia Geelen	
4.	Mook bei Nijmegen St. Maria Diözese Roermond Schwestern: 53	1848	Nähschule 1848 (20) Bewahrschule 1848 (71) Elementarschule 1848 (61) Pensionat 1848 (47)	M. Lucie Daalhof M. Crescentia Lenders M. Josepha Grimmelt M. Theresia van der Heyden M. Veronica Roelandse M. Angela Theunissen M. Ignatia Meyerinck M. Aldegonda van Hegelsom M. Alwine van Haeff	(1850) (1851) (1852) (1853) (1858) (1870) (1876) (1897) (1900)
5.	Oldenzaal St. Antonius Provinz Overijssel Erzdiözese Utrecht Schwestern: 62	1848	Bewahrschule 1848(232) Nähschule 1848-1861 (117) Töchterschule 1851 (10) Pensionat 1853-1865; 1871 (59) Elementarschule 1853 (363) Krankenhaus 1895 (86) ambulante Krankenpflege 1906 Fabrikschule 1875 (237)	M. Konstantia Geelen M. Leonarda Broekman M. Rosa van der Zandt M. Aldegonda van Hegelsom M. Ursula van der Heyden M. Alphonsa Houben M. Humiliana Bekking M. Pacifica Grimmelt M. Ignatia Meyerinck M. Henriette Schmitz	(1851) (1853) (1855) (1861) (1864) (1868) (1870) (1876) (1896) (1906)
6.	Thorn bei Roermond Diözese Roermond Schwestern: 5	1851 bis 1854	Elementarschule 1852 Bewahrschule 1851	M. Crescentia Lenders	(1854)
8.	Maastricht Diözese Roermond Schwestern: 8	1852 bis 1857	Elementarschule 1852 Bewahrschule 1852	M. Theresia van der Heyden M. Eleonora Muselaar	 (1857)

Nr.	Jahr der Gründung	Wirkungskreise	Oberinnen
15. Neeroeteren bei Maaseik Belgien Unbefleckte Empfängnis Diözese Lüttich Schwestern: 12	1856	Nähschule 1856 (40) Bewahrschule 1856 (75) Elementarschule 1856 (198) Pensionat 1856-1882	M. Angela Theunissen (1858) M. Konstantia Geelen (1861) M. Veronica Roelandse (1866) M. Ange Klaverweyde (1882) M. Monika Mynen (1895) M. Gratiana van't Groenewolt (1906)
20. Brunssum bei Sittard St. Joseph Diözese Roermond Schwestern: 55	1857	Nähschule 1857 (5) Bewahrschule 1857 (40) Elementarschule 1857 (112) Pensionat 1860 (79)	M. Bonifatia Sinkel (1868) M. Baptista Meyerinck (1868) M. Alphonsa Houben (1869) M. Rosalie Schlatmann (1872) M. Stephanie Boll (1901)
22. Almelo Provinz Overijssel St. Katharina Erzdiözese Utrecht Schwestern: 20	1858	Nähschule 1858 (225) Bewahrschule 1858 (181) Elementarschule 1865 (374)	M. Baptista Meyerinck (1861) M. Konstantia Geelen (1866) M. Pacifica Grimmelt (1870) M. Adelbertha Zeelen (1876) M. Ernestine Boes (1878) M. Adelbertha Zeelen (1906)
27. Silvolde Provinz Gelderland St. Klara Erzdiözese Utrecht Schwestern: 21	1862	Bewahrschule 1862 (70) Nähschule 1862 (40) Elementarschule 1862 (325) Pensionat 1873 (50)	M. Alphonsa Houben (1864) M. Philomena Sinkel (1866) M. Paula Derks (1877) M. Adelbertha Zeelen (1878) M. Antonia Basten (1885) M. Armella Moers (1887) M. Alwine van Haeff (1897) M. Virgilia Becker (1906)
28. Heerlen Provinz Limburg St. Klara Diözese Roermond Schwestern: 42	1863	Bewahrschule 1863 (162) Elementarschule 1863 (480) Lehrerinnenseminar 1873-1874 Pensionat 1875-1906	M. Baptista Meyerinck (1868) M. Alphonsa Houben (1868) M. Baptista Meyerinck (1874) M. Adelgonda van Hegelsom (1876) M. Thiatildis Eversmann (1879) M. Leo Pütz (1906)
29. Wyk-Maastricht St. Anna Diözese Roermond Schwestern: 22	1863	Bewahrschule 1863 (350) Töchterschule 1863 (203) Elementarschule 1864 (300) Fabrikschule 1865 (85) Nähschule 1892 (10)	M. Adelgonda van Hegelsom (1866) M. Veronica Roelandse (1885) M. Seraphine Sanders (1893) M. Lucie van ter Velden (1900) M. Godefrida Jonkergouw (1902)
30. Valkenburg Provinz Limburg St. Antonius Diözese Roermond Schwestern: 13	1865	Bewahrschule 1865 (95) Handarbeitsschule 1865 Elementarschule 1866 (168)	M. Monika Mynen (1876) M. Philomena Sinkel (1881) M. Mechtilde Evers (1903)
35. Huissen bei Arnhem St. Elisabeth Erzdiözese Utrecht Schwestern: 23	1866	Bewahrschule 1866 (101) Nähschule 1866 (20) Elementarschule 1866 (291) Hospiz für alte Frauen 1892 (8)	M. Helena Mascheck (1903) M. Mechtilde Evers (1906)

Nr.	Jahr der Gründung	Wirkungskreise	Oberinnen	
34. Nederweert Provinz Limburg St. Joseph Diözese Roermond Schwestern: 20	1866	Bewahrschule 1866 (62) Nähschule 1866 (21) Elementarschule 1867 (252) Hospiz 1887 (237)	M. Marina Diederen M. Ambrosia Westerfeld M. Severina Evers M. Egberta Boosten M. Alwine van Haeff	(1869) (1873) (1899) (1906) (1907)
35. 's Heerenberg Provinz Gelderland St. Aloysius Erzdiözese Utrecht Schwestern: 19	1866	Elementarschule 1866 (272) Nähschule 1866 (35) Bewahrschule 1866 (160) Hospital 1882 (31)	M. Severina Evers M. Ludmilla Walter M. Ambrosia Westerfeld M. Julia Coenders M. Felicitas Küppers M. Hypolita Nykamp	(1871) (1873) (1878) (1893) (1899) (1903)
49. Thorn bei Roermond St. Josef Diözese Roermond Schwestern: 9	1875	Pensionat 1875-1892 Elementarschule 1876 (110) Bewahrschule 1877 (92) Nähschule 1903 (10)	M. Konstantia Pesch M. Polykarpa Strasser M. Ludmilla Birckman M. Berthilde Cremer M. Henriette Schmitz M. Kasimira Schellings	(1877) (1885) (1886) (1893) (1896) (1908)
50. Eemnes Provinz Utrecht Hl. Herz Jesu Erzdiözese Utrecht Schwestern: 9	1875	Nähschule 1875 Bewahrschule 1875 (19) Elementarschule 1876 - 1878; 1884 (38) Paramentenstickerei 1875	M. Ludmilla Walter M. Baptista Meyerinck	(1878) (1902)
52. Zeddam Provinz Gelderland St. Joseph Erzdiözese Utrecht Schwestern: 13	1876	Nähschule 1876 (33) Bewahrschule 1877 (82) Elementarschule 1878 (172) ambulante Krankenpflege 1908 (54-68-807)	M. Monika Mynen M. Ambrosia Kuchenbecker	(1882) (1901)
58. Kralinen bei Rotterdam Diözese Haarlem	1881 bis 1895	Elementarschule 1881 Bewahrschule 1881 Nähschule 1881	M. Philomena Sinkel	(1895)
59. Haarlem Provinz Nord-Holland Unsere Liebe Frau, Hilfe der Christen Diözese Haarlem Schwestern: 45	1882	Bewahrschule 1882 (294) Elementarschule 1882 (500) Nähschule 1883 (57) Lehrerinnenseminar 1897- 1898	M. Ange Klaverweyde	(1902)
67. Heythuysen bei Roermond St. Magdalena Diözese Roermond Schwestern: 9	1889	Elementarschule 1889 (99) Nähschule 1889 (20) Bewahrschule 1889 (94)	M. Gratiana van't Groenewolt M. Monika Mynen	(1895) (1904)
76. Jutfaas bei Utrecht St. Franziskus Erzdiözese Utrecht Schwestern: 8	1895	Nähschule 1895 (16) Bewahrschule 1895 (39) Elementarschule 1895 (62) Paramentenstickerei 1901	M. Albertine Terstegen	(1904)

B. Niederländisch-Ost-Indien, Indonesien

Nr.	Jahr der Gründung	Wirkungskreise	Oberinnen
41. Semarang, Insel Java St. Joseph Diözese Batavia	1870	Waisenhaus 1870 (239) Elementarschule 1871 (104) Töchterschule 1871 (214) Bewahrschule 1871 (250) Noviziat 1892 Lehrerinnenseminar 1898-1909 (35) Handarbeitsschule für Javanerinnen	M. Alphonsa Houben (1876) M. Célestine Bollen (1888) M. Alphonsa Houben (1894) M. Magdalena Claessens (1901)
55. Larantoeka, Insel Flores St. Franziskus Xaverius Diözese Batavia Schwestern: 17	1879	Missionsschule 1879 (227 interne u. 69 externe Schül.)	M. Ambrosia Westerfeld (1901) M. Berlinde Rieter
80. Magelang, Insel Java Hl. Herz Jesu Diözese Batavia Schwestern: 29	1900	Waisenhaus 1900-1901 Nähschule 1900 (58) Bewahrschule 1900 (124) Pensionat 1901 (100) Töchterschule 1901 (118)	M. Ernestine Boes (1902)

C. Deutschland

Nr.	Jahr der Gründung	Wirkungskreise	Oberinnen
7. Freckenhorst Hl. Kreuz Diözese Münster Schwestern: 42	1852 bis 1876 1888	Wissenschaftliches Pensionat 1853-1876; 1898 (45) Haushaltungspensionat 1874-1876; 1888 (34) Bewahrschule 1901 (60)	M. Josepha Grimmelt (1852) M. Célestine Bollen (1854) M. Prudentia Cremer (1862) M. Stephanie Boll (1867) M. Magdalena Brexel (1876) M. Feliciana Grewer (1888-1896)
9. Kapellen bei Geldern St. Bernardin Diözese Münster Schwestern: 53	1852 bis 1876 1882	Elementarschule 1853-1875 Wissenschaftliches Pensionat 1853-1875; Noviziat 1853-1876; 1884-1890 Armen- und Krankenhaus 1866-1875 Töchterschule 1867-1875 Bewahrschule 1867-1875; 1883 (75) Haushaltungspensionat 1872-1876 Schule und Wohnheim für geistig behinderte Frauen 1882 (160)	M. Josepha Grimmelt (1852) M. Aloysia Lenders (1859) M. Stephanie Boll (1862) M. Gabriele Habricht (1864) M. Xaveria Boner (1871) M. Apollinaria Keßler (1872) M. Thiatildis Eversmann (1875) M. Aloysia Lenders (1876) M. Evangelista Heimbrock (1882-1891) M. Sophie Dahlhausen (1900)

Nr.	Jahr der Gründung	Wirkungskreise	Oberinnen	
10. Nonnenwerth St. Clemens Diözese Trier Schwestern: 140	1854 incorporiert	Wissenschaftliches Pensionat 1854-1879; 1889 (140) Noviziat 1854-1858;1890 Lehrerinnenkursus 1858, März bis Oktober Haushaltungspensionat 1882-1889; 1900 (10) Pflege älterer Damen 1879-1889	M. Angela von Cordier M. Camilla Schweden M. Thiatildis Eversmann M. Anastasia Hippacher M. Seraphine Lüders	(1864) (1879) (1882) (1889) (1902)
11. Mönchengladbach Maria-Hilf Erzdiözese Köln Schwestern: 86	1854	Waisenhaus 1854-1876 Bewahrschulen 1854-1877; 1883 (220) Töchterschule 1855-1875; 1892-1895 Elementarschulen 1855-1874 Fabrikschulen 1855-1876; 1886 (120) Krankenhaus 1856 (2487) Haushaltungspensionat 1896 (42)	M. Kamilla Schlicker M. Josepha Grimmelt M. Antonia Götschel M. Josepha Grimmelt M. Florentine Franken	(1855) (1860) (1862) (1868) (1902)
12. Trier, Böhmerstraße St. Elisabeth Schwestern: 39	1854	Ambulante Krankenpflege 1854 (798-392-1417) Pflege älterer Damen 1864 (18) Bewahrschule 1864-1878; 1881 (200) Paramentenstickerei 1864 Armenpflege 1900 (798)	M. Célestine Bollen M. Xaveria Boner M. Gregoria Schmitz M. Columba Räder M. Mathilde Kreymborg M. Benvenuta Weber	(1856) (1858) (1866) (1871) (1895) (1908)
13. Linz a. Rh. Schmerzhafte Mutter Diözese Trier Schwestern: 36	1854	Krankenhaus 1854-1860; 1863-1867 Waisenhaus 1854-1867 Elementarschulen 1861-1873 Anstalt für Gemütskranke 1862 (65) Ambulante Krankenpflege 1864-1867 Bewahrschule 1873-1875; 1881 (100) Höhere Mädchenschule 1899 (124) Wissenschaftliches Pensionat 1901 (42) Handarbeitsschule 1902 (27)	S. Kamilla Schlicker S. Angeline Kierwald S. Antonia Faber M. Evangelista Heimbrock M. Severina Neuerburg M. Laurentia Serries	(1855) (1859) (1861) (1882) (1885) (1900)
14. Till bei Kleve Unbefleckte Empfängnis Diözese Münster	1855 bis 1875	Handarbeitsunterricht 1855-1875 Elementarschule 1859-1875 Wissenschaftliches Pensionat 1859-1875 Waisenhaus 1861-1865	M. Coleta Nelissen M. Ursula Giersberg M. Ignatia Meyerinck M. Josepha Grimmelt	(1857) (1860) (1868) (1875)

Nr.	Jahr der Gründung	Wirkungskreise	Oberinnen	
16. Karthaus bei Trier St. Bruno Diözese Trier Schwestern: 39	1856	Waisenhaus mit Elementarschule 1856-1877 Noviziat 1858-1864 Lehrerinnenkursus 1858-1879 Pflege älterer Damen 1879 (11) Ambulante Krankenpflege 1879 (38 - 0 - 130) Haushaltungspensionat 1879 (32) Bewahrschule 1897 (100) Handarbeitsschule 1897 (64)	M. Ignatia Meyerinck M. Célestine Bollen M. Xaveria Boner M. Magdalena Brexel M. Maria Lichtenberg M. Hieronyma Crone M. Irmine Scheid M. Berthilde Cremer	(1856) (1858) (1865) (1867) (1868) (1874) (1894) (1906)
17. Zons bei Neuss Hl. Dreifaltigkeit Erzdiözese Köln	1856 bis 1882	Wissenschaftliches Pensionat 1856-1862; 1865-1875 Töchterschule 1856-1862 Elementarschule 1856-1877 Bewahrschule 1856-1875 Waisenhaus 1861-1875 Anstalt für geistig Behinderte 1875-1882	M. Kamilla Schlicker M. Mathilde Kreymborg M. Sophie Dahlhausen M. Scholastika Linnemeyer M. Hugoline Heiermann M. Severina Neuerburg	(1857) (1863) (1871) (1874) (1880) (1882)
18 Oberwesel bei St. Goar Diözese Trier	1856 bis 1876	Elementarschule 1856-1875 Krankenhaus 1856-1876 Ambulante Krankenpflege 1856-1876 Waisenhaus 1858-1876 Nähschule 1860-1875 Bewahrschule 1869-1875	M. Kasimira Hilt M. Dionysia van den Driesch M. Ludowika Osthoff M. Humiliana Eberhard	(1859) (1866) (1875) (1876)
19. Süchteln St. Irmgardis Erzdiözese Köln Schwestern: 17	1856	Elementarschule 1856-1875 Handarbeitsschule 1857-1876 Töchterschule 1861-1874; 1891-1909 Bewahrschule 1870-1876; 1881 (70) Ambulante Krankenpflege 1870 (160-60-428) Krankenhaus 1871 (176) Waisenhaus 1891 (10) Fabrikschule 1892 (35) Wissenschaftliches Pensionat 1905-1909	M. Salesia Kock M. Antonia Götschel M. Salesia Kock M. Gabriele Habricht M. Magdalena Brexel M. Gabriele Habricht M. Ignatia Meyerinck M. Anna Müller M. Sophie Dahlhausen M. Ludowika Osthoff	(1860) (1861) (1862) (1862) (1865) (1868) (1870) (1871) (1875) (1903)
21. Herford Diözese Paderborn	1857 bis 1860	Waisenhaus 1857-1860	M. Barbara van der Düngen	(1860)
23. Zell an der Mosel Diözese Trier	1858 bis 1875	Elementarschule 1859-1875 Töchterschule 1861-1875 Ambulante Krankenpflege 1861-1875 Handarbeitsschule 1863-1875 Bewahrschule 1864-1875	M. Dorothea Bleister M. Mathilde Kreymborg M. Cäcilia Steffen	(1864) (1871) (1875)
24. Oedt bei Krefeld Diözese Münster	1860 bis 1861	Krankenhaus	M. Barbara van der Düngen	(1861)

Nr.	Jahr der Gründung	Wirkungskreise	Oberinnen
25. Polch, Kreis Mayen St. Josef Diözese Trier	1861 bis 1875	Krankenhaus 1861-1875 Ambulante Krankenpflege 1861-1875 Handarbeits- und Bewahrschule 1861-1875	M. Leonie Mailand (1867) M. Hieronyma Crone (1868) M. Hugoline Heiermann (1874) M. Viktoria Scholten (1875)
26. Kerpen bei Köln Erzdiözese Köln	1862 bis 1867	Krankenhaus 1862-1867 Ambulante Krankenpflege 1862-1867 Töchterschule 1862-1867 Handarbeits- und Bewahrschule 1862-1867	M. Franziska Scheid (1863) M. Columba Räder (1865) M. Hieronyma Crone (1867)
31. Brüggen bei Dülken St. Josef Diözese Münster	1865 bis 1877	Waisenhaus 1865-1877 Elementarschule 1865-1876 Bewahrschule 1866-1876 Ambulante Krankenpflege 1868-1877	M. Florentine Franken (1868) M. Euphrasia Edelbrock (1874) M. Konstanze Pesch (1875) M. Leo Pütz (1877)
32. Remagen a.Rh. St. Anna Diözese Trier Schwestern: 45	1866	Haushaltungspensionat 1866 (60) Pflege älterer Damen 1866 (17) Töchterschule 1866-1876 Bewahrschule 1895 (80) Handarbeitsschule 1906 (25)	M. Apollinaria Keßler (1871) M. Angela Hippacher (1903)
36. Konitz, Westpreußen St. Borromäus Diözese Kulm Schwestern: 16	1867 bis 1875 1885	Töchterschule und Wissenschaftliches Pensionat 1867-1875 Handarbeitsschule 1867-1875 Bewahrschule 1867-1875; 1885 (80) Ambulante Krankenpflege 1867-1875 Waisenhaus 1868-1875; 1908 (17) Elementarschule 1868-1875 Krankenhaus 1885 (596) Haushaltungspensionat 1905-1906	M. Stephanie Boll (1870) M. Gonzaga Brexel (1875) M. Severina Neuerburg (1885-1902)
37. Lobberich bei Kempen Diözese Münster	1869 bis 1875	Töchterschule 1870-1871 Elementarschule 1869-1875 Ambulante Krankenpflege 1869-1875	M. Luzia Bresser (1870) M. Pudentiana Paessens (1875)
38. Linz a. Rh. St. Martin Diözese Trier Schwestern: 8	1867	Krankenhaus 1867 (126) Ambulante Krankenpflege 1867 (41-4-348) Waisenhaus 1867-1877	M. Leonie Mailand (1868) M. Ignatia Terheiden (1906)
39. Sonsbeck Diözese Münster	1869 bis 1876	Elementarschule 1869-1876 Bewahrschule 1869-1876 Ambulante Krankenpflege 1869-1876	M. Irmine Scheid (1870) M. Luciana Frenz (1871) M. Columba Räder (1872) M. Leonie Mailand (1876)

Nr.	Jahr der Gründung	Wirkungskreise	Oberinnen	
40. Prüm/Eifel St. Josef Diözese Trier Schwestern: 22	1869	Krankenhaus 1869 (186) Ambulante Krankenpflege 1869 (73-24-65) Bewahrschule 1869-1877; 1880 (90) Töchterschule 1870-1874; 1891 (64) Waisenhaus 1875-1877; 1884-1908 Haushaltungspensionat 1882 (41)	M. Severina Neuerburg M. Hubertine Haubert M. Berthilde Cremer M. Leona Meyer	(1871) (1893) (1894) (1906)
42. Wetzlar Diözese Trier	1871 bis 1875	Töchterschule 1871-1875 Handarbeits- und Bewahrschule 1871-1875 Ambulante Krankenpflege 1871-1875	M. Irmine Scheid M. Aemiliana Arnold	(1874) (1875)
51. Bünde bei Maastricht Hl. Kreuz Diözese Roermond Schwestern: 40	1876	Wissenschaftliches Pensionat 1876 (68) Haushaltungspensionat 1876 (12) Elementarschule 1876 (101)	M. Magdalena Brexel M. Antonia Müller M. Leontine Brockmüller	(1891) (1896) (1909)
53. Heer bei Maastricht St. Anna Diözese Roermond	1876 bis 1882	Haushaltungspensionat 1876-1882	M. Aloysia Lenders M. Leo Pütz M. Anastasia Hippacher	(1877) (1879) (1882)
56. Marienwerth bei Maastricht Unbefleckte Empfängnis Diözese Roermond Schwestern: 44	1879	Lehrerinnenkursus 1879-1898 Wissenschaftliches Pensionat 1879-1889; 1897 (32) Haushaltungspensionat 1889 (40) Pflege älterer Damen 1889 (4)	M. Camilla Schweden M. Seraphine Lüders M. Anastasia Hippacher M. Valeska Kluxen	(1888) (1889) (1899) (1902)
60. Elberfeld-Mirke St. Anna Erzdiözese Köln Schwestern: 20	1885	Ambulante Krankenpflege 1885-1886 Waisenhaus 1886 (145) Haushaltungspensionat 1894 (25)	M. Veronika Conradi M. Gudula Tonberge M. Nolasca Hölter M. Tharsilla Schüller	(1889) (1895) (1897) (1904)
63. Elberfeld, Marienstraße Erzdiözese Köln	1886 bis 1895	Ambulante Krankenpflege 1886-1895 Bewahrschule 1886-1895 Handarbeitsschule 1886-1895	M. Gudula Tonberge M. Luciana Frenz M. Nolasca Hölter	(1889) (1890) (1895)
64. Marpingen bei St. Wendel Diözese Trier	1886 bis 1889	Ambulante Krankenpflege 1886-1889 Handarbeits- und Bewahrschule 1886-1889	M. Heriberta Ebertz	(1889)
68. Prüm/Eifel, Konvikt St. Aloysius Diözese Trier Schwestern: 6	1887	Führung des Haushalts 1887	M. Albana Hauser M. Aquina Richard	(1897)

Nr.	Jahr der Gründung	Wirkungskreise	Oberinnen	
70. Neuwerk St. Josef und Barbara Erzdiözese Köln Schwestern: 24	1889	Krankenhaus 1889 (125) Ambulante Krankenpflege 1889 (119-0-297) Waisenhaus 1890 (18) Bewahrschule 1890 (40) Fabrikschule 1890 (76) Haushaltungspensionat 1891 (23) Pflege älterer Damen 1892 (10)	M. Adalberta Meyer M. Konradine Hölscher	(1897)
72. Remagen a. Rh. Maria Stern Diözese Trier Schwestern: 13	1892	Krankenhaus 1892 (25) Ambulante Krankenpflege 1892 (49-12-485)	M. Notburga Gossen M. Silvana Koppers	(1893) (1906)
73. Oberwinter bei Rolandseck St. Franziskus Diözese Trier Schwestern: 9	1892	Krankenhaus 1892 (44) Ambulante Krankenpflege 1892 (69-18-627) Handarbeitsschule 1892 (16) Bewahrschule 1892 (60) Waisenhaus 1893 (25)	M. Heriberta Ebertz M. Nolasca Hölter M. Kuniberta Voßschulte	(1897) (1897)
74. Mönchengladbach Marienschule Unbefleckte Empfängnis Erzdiözese Köln Schwestern: 30	1895	Höhere Mädchenschule 1895 (349) Handarbeitsschule 1895 (18) Bewahrschule 1895 (40)	M. Verona Krumm	(1908)
75. Lüdinghausen St.Antonius Diözese Münster Schwestern: 73	1895	Höhere Mädchenschule 1895 (93) Wissenschaftliches Pensionat 1896 (117) Haushaltungspensionat 1896 (16) Höheres Lehrerinnenseminar 1898 (75) Handarbeitsschule 1899 (32) Bewahrschule 1899 (87)	M. Feliciana Grewer	(1906)
77. Trier Hl. Herz Jesu Diözese Trier Schwestern: 46	1897	Krankenhaus 1897 (877) Handarbeitsschule 1898 (158) Bewahrschule 1898 (114) Haushaltungspensionat 1900 (33)	M. Albana Hauser	(1906)
83. Honnef a. Rh. St. Josef Erzdiözese Köln Schwestern: 31	1900	Höhere Mädchenschule 1900 (56) Wissenschaftliches Pensionat 1901 (45) Handarbeitsschule 1902 (25)	M. Aloysia Hellweg	(1909)

D. Brasilien, Rio Grande do Sul, Diözese Porto Alegre

Nr.	Jahr der Gründung	Wirkungskreise	Oberinnen	
43. São Leopoldo Collegio São José Schwestern: 51	1872	Volksschule 1872 (82) Wissenschaftliches Pensionat 1872 (50) Bewahrschule 1872-1876 Noviziat 1889	M. Anna Möller M. Ludgera Hellwig M. Hedwig Hack M. Philippine Gasse	(1881) (1901) (1904) (1907)
44. St. Cruz Collegio do S. S. Coracao Schwestern: 25	1874	Volksschule 1874 (141) Pensionat 1876 (47) Noviziat 1876-1889 Eingeborenenschule 1886 (23)	M. Ludgera Hellwig M. Albina Weiß	(1878) (1904)
57. Porto Alegre Collegio N. St. dos Anjos Schwestern: 21	1881	Volksschulen 1881 (320) Bewahrschule 1881 (30) Eingeborenenschule 1885-1888 Lehrerinnenseminar 1904-1905	M. Anna Möller M. Hedwig Hack M. Ludgera Hellwig	(1888) (1901) (1904)
65. Porto Alegre Orphanato N. St. da Piedade Schwestern: 10	1888	Krankenhaus 1888-1892 Eingeborenenschule 1888 (120) Waisenhaus 1892 (70)	M. Anna Möller M. Hyacintha Filz	(1893) (1905)
69. Pelotas Asylo das Orphãs N. St. da Conceicao Schwestern: 15	1889	Waisenhaus 1889 (40) Volksschule 1893 (120)	M. Maria Dutra M. Humiliana Eberhard	(1893) (1900)
71. Porto Alegre St. Casa da Misericordia N. S. dos Passos Schwestern: 31	1892	Krankenhaus 1892 (5357)	M. Anna Möller	(1893-1904)
78. Estrella Collegio St. Antonio Schwestern: 12	1898	Volksschule 1898 (119) Pensionat 1898 (61)	M. Hyacintha Tiedig	
81. Pelotas Caridade N. St. Mãi dos homens Schwestern: 14	1900	Krankenhaus 1900 (1338)	M. Karoline Hansel	

E. Vereinigte Staaten von Nordamerika

Nr.	Jahr der Gründung	Wirkungskreise	Oberinnen	
45. Buffalo, Washingtonstreet New York Sacred Heart Diözese Buffalo Schwestern: 40	1874	Pfarrschule St.Michael 1874 (326) Bewahrschule 1875 (20) Noviziat 1875-1908 Akademie 1878 (160) Pfarrschule zu Kenmore 1896 (51)	M. Hieronyma Crone M. Cäcilia Steffen	(1875) (1904)
46. Buffalo, Emsliestreet New York St. Joseph Schwestern: 39	1874	Pfarrschulen 1874 (1607) Bewahrschule 1875 (110)	M. Hieronyma Crone	(1907)
47. Columbus, Ohio St. Vincent Diözese Columbus Schwestern: 32	1875	Waisenhaus mit Schule 1875 (290) Holy-Rosary-Pfarrschule 1906 (238)	M. Euphrasia Edelbrock	(1907)
48. Columbus, Ohio Fourthstreet Sacred Heart Schwestern: 16	1875	Pfarrschule 1876 (370)	M. Sophie Dahlhausen M. Pudentiana Paessens	(1888) (1907)
54. New Lexington, Ohio St. Aloysius Diözese Columbus Schwestern: 35	1876	Töchterschule und Pensionat 1876 (120)	M. Gonzaga Brexel	(1904)
61. Delaware, Ohio Diözese Columbus	1885 bis 1890	Pfarrschulen	M. Felicitas Dues	(1890)
62. Rosebud Agency, S. Dakota St. Francis Diözese Lead Schwestern: 17	1886	Missionsschule für Indianer 1886 (270)	M. Kostka Schlaghecker M. Leopoldine Serries	(1888) (1907)
66. Pine Ridge Agency, S. D. Holy Rosary Diözese Lead Schwestern: 18	1888	Missionsschule für Indianer 1888 (240)	M. Kostka Schlaghecker	(1900)
79. Milo, Ohio St. Peter Diözese Columbus Schwestern: 7	1899	Pfarrschule 1899 (250)	M. Xaveria Kerz	(1905)
82. O'Neill, Nebraska St. Mary Diözese Omaha Schwestern: 20	1900	Akademie 1900 (176) Pensionat 1900 (92)	M. Kostka Schlaghecker	(1907)

Orts- und Namensverzeichnis